浙江省社科规划重点项目成果（17NDJC026Z）

绿色消费的情感—行为模型：混合研究方法

王建明　吴龙昌◎著

The Affection–behavior Model of Green Consumption:
Mixed Methods Research

经济管理出版社
ECONOMY & MANAGEMENT PUBLISHING HOUSE

图书在版编目（CIP）数据

绿色消费的情感—行为模型：混合研究方法／王建明，吴龙昌著 .—北京：经济管理出版社，2019.5
ISBN 978-7-5096-6800-9

Ⅰ.①绿⋯　Ⅱ.①王⋯②吴⋯　Ⅲ.①绿色消费—研究方法　Ⅳ.①C913.3-3

中国版本图书馆 CIP 数据核字（2019）第 155122 号

组稿编辑：张莉琼
责任编辑：张　艳　张莉琼
责任印制：黄章平
责任校对：王淑卿

出版发行：经济管理出版社
　　　　　（北京市海淀区北蜂窝 8 号中雅大厦 A 座 11 层　100038）
网　　址：www.E-mp.com.cn
电　　话：(010) 51915602
印　　刷：三河市延风印装有限公司
经　　销：新华书店
开　　本：720mm×1000mm/16
印　　张：21
字　　数：355 千字
版　　次：2019 年 9 月第 1 版　2019 年 9 月第 1 次印刷
书　　号：ISBN 978-7-5096-6800-9
定　　价：98.00 元

· 版权所有　翻印必究 ·
凡购本社图书，如有印装错误，由本社读者服务部负责调换。
联系地址：北京阜外月坛北小街 2 号
电话：(010) 68022974　　邮编：100836

前　言

近年来，尽管中国消费者的绿色消费（Green Consumption）意识已经有所提高，但总体上还未达到生态文明建设的要求。很多消费者在日常消费中不愿把常用品牌更换为绿色品牌，也不愿意为绿色产品的绿色属性支付溢价，专门购买绿色产品的消费者则更少。根据 2019 年 6 月生态环境部环境与经济政策研究中心发布的《公民生态环境行为调查报告（2019 年）》，消费者在绿色消费、垃圾分类、监督举报和环保实践等领域仍旧存在"高认知度、低践行度"的现象，生态环境行为还有较大提升空间。事实上，消费的绿色化已滞后于生产的绿色化，这使生产领域的绿色努力往往被消费领域的非绿色消费所抵消。这在一定程度上制约了中国绿色消费市场的发展和企业绿色营销的实施。推进绿色消费或绿色生活方式不但可以更深入践行"绿水青山就是金山银山"的发展理念，还能为更深远推进绿色生产和绿色发展提供需求侧激励。

2015 年原中国环保部发布《关于加快推动生活方式绿色化的实施意见》（环发〔2015〕135 号），2016 年国家发改委、中宣部、原环保部、商务部等十部委联合发布《关于促进绿色消费的指导意见》（发改环资〔2016〕353 号）。2017 年 10 月，中共十九大报告指出"加快建立绿色生产和消费的法律制度和政策导向，建立健全绿色低碳循环发展的经济体系"，"倡导简约适度、绿色低碳的生活方式，反对奢侈浪费和不合理消费，开展创建节约型机关、绿色家庭、绿色学校、绿色社区和绿色出行等行动"。2018 年 5 月，习近平在全国生态环境保护大会上再次指出"倡导简约适度、绿色低碳的生活方式，反对奢侈浪费和不合理消费"。2019 年 9 月，习近平主持召开中央全面深化改革委员会第十次会议，审议通过了《绿色生活创建行动总体方案》。指出倡导简约适度、绿色低碳的生活方式，要按照系统推进、广泛参与、突出重点、分类施策的原则，开展节约型机关、绿色家庭、绿色学校、绿色社区、绿色出行、绿色商场、绿色建筑等创建行动，建立完善绿色生活的相关政策和管理制度，推动绿色消费，促进绿色发展。事实上，唤醒绿色消费意识，推进绿色消费行为已成为驱动中国高质量发展的"重要性、紧迫性、艰巨性"课题，对推动中国生态文明建设迈上新台阶至关重要。

一般来说，启动和促进行为决策的路径可以分为两种：理性路径和情感路径。休谟（2011）指出，理性由于冷漠而又超然，不是行为的动机。而情感由于它产生快乐或痛苦并由此构成幸福和苦难，因而就能变成行动的动机，是欲望和意欲的第一源泉和动力。特别是与西方文化偏向理性、物质相比，东方文化更偏向情感、情理。古人云"道始于情"（见郭店竹简《性自命出》），忽视了情感因素，就不可能科学、有效地理解中国人的行为模式。从推进绿色消费的实践现实来看，目前推进绿色消费往往更多地以提高感知、认识为核心，忽视了微观个体的情感诉求或情感共鸣。换言之，我们仅仅基本做到了"晓之以理"，往往忽略了"动之以情"，这在很大程度上制约了绿色消费的推进。

情感是一种心情感动，是个体对客观事物是否符合其需要所产生的心理反应和主观态度。本书中，绿色消费情感（Affection Toward Green Consumption）是消费者对自己或他人的绿色消费或非绿色消费是否符合个人规范而产生的积极或消极态度体验（如赞赏、愉快、讨厌、羞耻等）。这里的绿色消费情感既不同于一般的生态情感或环境情感，也不同于一般的购买情感或消费情感，它是消费者在评价产品购买或消费行为时纳入生态环境考量所产生的情感（当然，绿色消费情感既有生态或环境情感的一般特征，也有购买或消费情感的一般特征）。深入探索情感和行为之间的相互关系及其内在规律，检验绿色消费情感是否对绿色消费行为存在更重要、更显著的影响，这成为绿色消费乃至整个消费者行为研究领域的一项前瞻性、基础性研究课题。

本书采用质性研究和量化研究相结合的混合研究方法（Mixed Methods Research，MMR）。混合研究方法整合质性研究和量化研究两者优势，使质性研究和量化研究两者的数据资料和分析结果相互佐证（即三角验证），可以提高研究结果的鲁棒性，从而更全面地测度绿色消费情感对绿色消费行为决策过程的影响效应，并对作用机理进行深入解析、深度诠释。具体来说，本书采用质性研究、问卷调研检验和网络在线实验三种方法。

（1）质性研究阶段（探索性研究）。本书探索了绿色消费情感和绿色消费行为的内部结构以及两者的关系，初步构建了绿色消费的情感—行为模型假说（概念模型）。我们首先基于理论抽样法选取了30名典型消费者进行深度访谈（包括16名男性和14名女性，访谈形式包括面对面访谈和网络在线访谈），接着依据扎根理论的分析程序，依次通过开放式编码、主轴编码、选择性编码对相关概念及范畴进行了界定，在此基础上进行理论雏形的构建。

（2）问卷调研检验阶段（验证性研究）。本书从情感行为模型和双因素模型的双重视角切入，具体提出了绿色消费的情感—行为模型假说，并进一步验证了情感—行为模型假说的科学性和稳定性。我们以节能环保的白色家电（如空调、电冰箱和洗衣机）为例，通过现场问卷调研获得 927 个消费者样本数据，综合运用基于协方差的结构方程模型和基于方差的结构方程模型（CB-SEM 和 PLS-SEM）对绿色消费情感和绿色消费行为之间的相互关系规律进行验证。

（3）网络在线实验阶段（解释性研究）。本书基于大样本实验数据进一步检验了绿色情感诉求—行为决策过程模型的存在及其机制。我们以节能环保冰箱的购买决策过程为例，通过网络在线实验收集一手数据（4×2 个实验组，共 400 个有效被试），运用方差分析模型和阶层回归模型考察不同绿色情感诉求对绿色消费决策过程的影响效应和作用机理，重点探究正面情感诉求和负面情感诉求之间的差异，并测度绿色涉入度和儒家价值观在模型中的调节效应。

本书通过探索性研究不但提出了绿色消费的情感—行为模型假说（概念模型），还通过验证性研究和解释性研究构建并验证了绿色消费的情感—行为模型（最终模型）。主要研究结论如下：

（1）绿色消费的情感和行为均具有显著的二维特征（即情感和行为都存在双因素）。质性研究和大样本问卷调查均发现，绿色消费情感可分为积极情感和消极情感两个维度（这是根据愉悦度正负来划分的），可见情感二维划分法在绿色消费领域同样存在；绿色消费行为可分为"购买绿色产品行为"和"抵制非绿色产品行为"两个维度（即分为"有所为"和"有所不为"两种境界），消费者"购买绿色产品"和"抵制非绿色产品"均可视为绿色消费行为的表现。

（2）相对于认知来说，绿色消费情感是绿色消费行为更重要、更显著的驱动因子。一般来说，绿色消费认知具有短暂性、浅层性、情境性、低卷入性，而绿色消费情感具有持久性、深刻性、稳定性、高卷入性。如果消费者对绿色消费的短暂、浅层、易逝、低卷入的了解知晓提升到持久、深刻、稳定、高卷入的心灵触动，这将有助于激发其绿色消费动机，更有效、更持久地促成其绿色消费行为，最终走出"知易行难"困境。

（3）绿色消费情感通过影响动机的强度、方向和持续性，从而促成绿色消费行为。质性研究结果显示，绿色消费情感对绿色消费行为的影响作用主要体现在三个方面：①绿色消费情感对绿色消费行为具有激活和启动作用；②绿色消费情感对绿色消费行为具有组织和调整作用；③绿色消费情感对绿色消费行为具有维持和强化作用。大样本调研和在线实验检验结果进一步证实，绿色消费情感会显著促成其绿色消费行为，激发消费者情感是启动和促进绿色消费行为的一条有效路径。

（4）不同维度情感对不同维度行为的影响效应差别较大。积极情感对绿色消费行为的影响效应大于消极情感（四维度情感的实证研究结果均如此），绿色消费情感（无论是积极情感还是消极情感）对"购买绿色产品行为"的影响效应大于其对"抵制非绿色产品行为"的影响效应，自豪感对"购买绿色产品行为"和"抵制非绿色产品行为"的促进作用最大，赞赏感对"购买绿色产品行为"几乎没有直接的影响效应，厌恶感则对"抵制非绿色产品行为"没有显著的直接影响效应。

（5）情感—行为矩阵受消费者与情感对象间心理距离的影响作用。对自身消费的情感（自豪感和愧疚感）要比对他人消费的情感（赞赏感和厌恶感）更能促进个体行为。对他人消费的情感与个体间的心理距离相对较远，相应的情感往往容易呈现出麻木、沉睡或休克，故其对自身行为没有产生应有的启动和促进作用。与之相对应，对自身消费的情感与个体间的心理距离相对更近，相应的情感更容易被激活或唤醒，故其对自身行为能产生更大的启动和促进作用。

（6）绿色情感诉求中传递"正能量"情感诉求更能产生积极效果。相对于负面情感诉求（负能量）来说，正面情感诉求（正能量）对购买决策过程的影响效应更显著，即自豪诉求相对内疚诉求的影响效应更显著，赞赏诉求相对鄙视诉求的影响效应更显著。并且，绿色情感诉求对绿色消费决策过程的作用不受消费者与情感对象间心理距离的影响，即自豪诉求和赞赏诉求的影响效应没有显著差异，内疚诉求和鄙视诉求的影响效应也基本没有显著差异。

（7）广告态度和感知价值能显著中介绿色情感诉求对购买意向的影响。从两变量的中介效应对比来看，广告态度的中介效应更大，中介路径也更重要。此外，不同情境特征消费者对绿色情感诉求的购买决策过程不同。对高绿色涉入度、高儒家价值观消费者来说，绿色情感诉求对其绿色消费决策过程的作用更显著；绿色涉入度和儒家价值观两情境变量对解释变量—结果变量之间的直接路径不存在调节作用，但对于感知价值—购买意向这一间接路径存在正向调节作用。

本书首次对绿色消费的情感—行为模型进行了系统研究，一定程度上弥补了绿色消费研究领域的不足，研究结果对企业和政府部门的绿色消费战略和绿色情感策略提供了重要借鉴价值。在当今社会下，很多消费者已经习惯了"看客"身份，对看似"事不关己""距离遥远"的生态环境问题和绿色消费行为往往呈现出漠不关心、无动于衷、麻木冷淡的"情感冷漠症"特征。在这一时代背景下，我们更应洞悉并激发人的情感，让接受者以某种方式达到心灵触动，实现以情促思（思考和认知），以情促意（动机和意念），以情促行（意向和行为），从而更有效地推动绿色消费。由此，通过激发情感以促成绿色消费行为，这值得各政府部门、地方政府、工商企业、各类学校、环保组织高度重视。

为了更有效地推进绿色消费，政府、企业和公益机构应该做好以下几个方面的工作：①运用诗歌、音乐、图片、短片和故事等多样化形式更多地传达感染、感动、触动等情感信息，而不是更多地展现事实、数据、道理等理性信息。②通过榜样塑造、形象标杆、典型模范等激励措施激发消费者对绿色消费的积极情感（自豪感、赞赏感），只有消费者从内心真心地认同绿色消费行为是有益、良好的行为，他们才更有可能行动起来改变自身的购买行为模式。③通过体验式、情境化措施激发消费者对非绿色消费的消极情感（厌恶感、愧疚感）。如在非绿色产品上增加让消费者内疚的标识或图片信息提示，购买非绿色产品时（特别是在线购买时）增加预警信息，适度激发其愧疚感。④有效地进行市场细分，向特定的目标消费者传播更有效、更有针对性、更易接受的内容，这样才能提升推进绿色消费活动的效率与效果。例如，相对于高学历者来说，我们更应侧重激发低学历者的绿色消费情感（包括积极情感和消极情感）以促进其绿色消费行为。

本书总结了"以情促行"（即拨情感之弦 促绿色之行）的实施路径和具体策略。主要包括积极培育消费者对自身绿色消费的自豪感，大力培养消费者对他人绿色消费的赞赏感，适度激发消费者对自身非绿色消费的愧疚感，尽量触发消费者对他人非绿色消费的厌恶感，有效地提升消费者对美好生态环境的热爱感，充分唤醒消费者对环境污染问题的忧虑感六个方面。对"以情促行"的上述六个方面，我们提出了若干创新性的具体策略。

最后，本书中的"以情促行"主要针对消费者绿色消费行为这一特定行为，但是它对于一般的合宜行为（如一般的公益行为或相关的亲社会行为等）也同样适用。在一般合宜行为领域，情感同样可以激发行为动机，促成相应的合宜行为，从而走出普遍存在的"知易行难"困境。由此通过激发情感

（包括自豪感、赞赏感、愧疚感、厌恶感、热爱感和忧虑感等）以促成相应的合宜行为（拨情感之弦　促绿色之行，即以情促行），这或许会成为很多公共部门或非营利组织的一条重要政策路径。换言之，"以情促行"是一条重要的"美德之路"，也是习近平总书记"法安天下，德润人心"思想的贯彻落实和具体应用。

目　录

第一章　导　论 ··· 001
 第一节　研究背景和问题提出 ··· 001
 第二节　研究意义和研究目的 ··· 023
 第三节　研究方法和技术路线 ··· 030
 第四节　研究特色和主要创新 ··· 033

第二章　绿色消费的情感—行为相关研究述评 ····························· 039
 第一节　绿色消费行为的相关研究回顾 ··································· 039
 第二节　绿色消费情感的相关研究回顾 ··································· 061
 第三节　情感—行为关系的相关研究回顾 ······························· 075
 第四节　情感—行为相关研究的简要评述 ······························· 089

第三章　情感—行为模型假说的质性研究 ···································· 091
 第一节　质性研究设计 ·· 091
 第二节　资料收集方法 ·· 098
 第三节　扎根理论技术 ·· 103
 第四节　开放式编码 ··· 110
 第五节　主轴编码 ·· 113
 第六节　选择性编码 ··· 116

第四章　情感—行为模型的问卷调研检验 …… 121

- 第一节　假设提出和概念模型 …… 121
- 第二节　问卷设计和样本分析 …… 126
- 第三节　数据的初步量化分析 …… 136
- 第四节　结构方程模型的分析 …… 156
- 第五节　中介和调节效应检验 …… 162
- 第六节　四类情感的效应比较 …… 168

第五章　情感—行为模型的在线实验检验 …… 183

- 第一节　假设提出和概念模型 …… 183
- 第二节　实验设计和测量量表 …… 191
- 第三节　样本描述和操控性检验 …… 194
- 第四节　绿色情感诉求的主效应 …… 196
- 第五节　中介效应检验 …… 199
- 第六节　调节效应检验 …… 201

第六章　情感—行为模型研究的结论和启示 …… 213

- 第一节　质性研究的主要结论 …… 213
- 第二节　问卷调查研究的主要结论 …… 216
- 第三节　在线实验研究的主要结论 …… 219
- 第四节　情感—行为模型构建和启示 …… 222

第七章　以情促行的实施路径和具体策略 …… 233

- 第一节　积极培育消费者对自身绿色消费的自豪感 …… 233
- 第二节　大力培养消费者对他人绿色消费的赞赏感 …… 237
- 第三节　适度激发消费者对自身非绿色消费的愧疚感 …… 241
- 第四节　尽量触发消费者对他人非绿色消费的厌恶感 …… 246
- 第五节　有效提升消费者对美好生态环境的热爱感 …… 250

第六节　充分唤醒消费者对环境污染问题的忧虑感 …………… 255

第八章　研究局限和未来展望 …………………………………… 261
　　第一节　研究局限 ………………………………………… 261
　　第二节　未来展望 ………………………………………… 266

附　录 …………………………………………………………… 269
　　附录1　质性研究的深度访谈提纲 ……………………… 269
　　附录2　量化研究的大样本调研问卷 …………………… 270
　　附录3　量化研究的在线实验材料 ……………………… 272

参考文献 ………………………………………………………… 276

后　记 …………………………………………………………… 317

图目录

图1-1	2100年全球碳排放量及升温情况预测	004
图1-2	全书研究的基本框架	029
图1-3	技术路线	032
图2-1	绿色消费行为的影响因素	053
图2-2	TAM及其拓展模型中情感的角色	083
图2-3	TPB及其拓展模型中情感的角色	085
图3-1	扎根理论研究过程与量化研究过程的对比	105
图3-2	扎根理论研究流程	109
图3-3	扎根理论的资料编码流程	110
图3-4	绿色消费情感对绿色消费行为的影响机制	118
图3-5	绿色消费的情感—行为模型（探索性模型）	118
图4-1	绿色消费行为的传统假设和双因素假设	123
图4-2	情感—行为的双因素模型假说	126
图4-3	使用最大方差法旋转后的绿色消费情感因子空间	138
图4-4	使用最大方差法旋转后的绿色消费行为因子空间	139
图4-5	验证性因素分析汇总	142
图4-6	Bollen-Stine Bootstrap卡方值分布	147
图4-7	结构方程模型的标准化估计结果	157
图4-8	不同学历群组的情感—行为模型	166
图4-9	不同收入群组的情感—行为模型	167
图4-10	基于PLS-SEM构建的概念模型	171
图4-11	将显变量转化为单指标潜变量	172
图4-12	在模型中引入Method潜变量	172
图5-1	绿色情感诉求的双因素假设	185
图5-2	绿色情感诉求—行为决策过程假设模型	190

图 5-3	不同绿色情感诉求下购买决策过程的均值比较	197
图 5-4	不同绿色涉入度水平下的各变量均值	203
图 5-5	绿色涉入度的调节效应	204
图 5-6	不同儒家价值观水平下的各变量均值	206
图 5-7	儒家价值观的调节效应	207
图 5-8	有效激发情感的绿色情感诉求深层特征	209
图 5-9	绿色情感诉求七个特征对情感与行为的影响作用	210
图 6-1	绿色消费的情感—行为模型（简化的最终模型）	223

表目录

表1-1	主要国家/地区/组织降低碳排放的政策及其目标	006
表1-2	中国削减碳排放、应对气候变化的部分政策及其主要内容	012
表1-3	居民人均消费支出情况	016
表1-4	居民家庭平均每百户年底耐用消费品拥有量	017
表1-5	公众生活能源消费量	019
表2-1	各类绿色消费行为（倾向）的操作性定义汇总	042
表2-2	绿色消费者分类一	047
表2-3	绿色消费者分类二	047
表2-4	绿色消费者分类三	048
表2-5	绿色消费研究中的各类影响因素	054
表2-6	各类情感的操作性定义	062
表2-7	绿色消费行为研究中情感的类别和维度	074
表2-8	情感所承担的三类角色代表性文献	081
表2-9	情感对绿色消费的影响作用研究	086
表3-1	不同学者对质性研究的内涵界定	092
表3-2	质性研究和量化研究的优劣对比	097
表3-3	深度访谈样本基本信息汇总	101
表3-4	三种扎根理论流派	106
表3-5	开放式编码示例	112
表3-6	主轴编码结果	114
表3-7	绿色消费情感的维度结构及其特征	116
表4-1	绿色消费情感的维度结构及特征	127
表4-2	消极情感高低分分组平均数相等性的t检验	129
表4-3	积极情感高低分分组平均数相等性的t检验	129
表4-4	抵制非绿色产品行为高低分分组平均数相等性的t检验	130

表 4-5	购买绿色产品行为高低分分组平均数相等性的 t 检验	131
表 4-6	预试问卷的题项信度汇总	132
表 4-7	样本总体特征分布	135
表 4-8	问卷的克朗巴哈系数值	136
表 4-9	单个因子的组成信度	137
表 4-10	绿色消费情感因子分析汇总	137
表 4-11	绿色消费行为因子分析汇总	138
表 4-12	观察变量的描述性统计分析	141
表 4-13	验证性因子分析（CFA）结果汇总	143
表 4-14	潜变量之间的标准化相关系数	144
表 4-15	模型违犯估计检测	145
表 4-16	结构方程模型的标准化残差矩阵	146
表 4-17	模型整体拟合度指标	147
表 4-18	常用拟合指数对非正态分布数据的稳健性	148
表 4-19	修正后的模型整体拟合度指标	148
表 4-20	数据正态检验	149
表 4-21	ML 法与 Bootstrap 2000 次的非标准化系数差异汇总	150
表 4-22	旋转后的成分矩阵	152
表 4-23	平均提取方差值（AVE）法	154
表 4-24	Bootstrap 信赖区间报告	155
表 4-25	SEM 系数检验法	156
表 4-26	结构方程模型的参数情况	157
表 4-27	结构方程模型的路径系数	158
表 4-28	交叉效度的类别	158
表 4-29	原始模型稳定性检验	160
表 4-30	决策类型	161
表 4-31	统计功效与最小样本数	161
表 4-32	中介效应显著性检验	162
表 4-33	Prodclin 95% CI 间接效应检验	163
表 4-34	在 0.8 统计功效下的必要样本量	164
表 4-35	情感对行为的总影响效应	164
表 4-36	人口统计变量的嵌套模型拟合度指标汇总	165

表 4-37	各人口变量的嵌套模型比较结果	165
表 4-38	人口统计变量对中介效应的调节作用检验	168
表 4-39	CB-SEM 和 PLS-SEM 之间的主要区别	169
表 4-40	近三年学者在 PLS 上的争论焦点	170
表 4-41	多元共线性检验结果	171
表 4-42	CMV 分析结果	173
表 4-43	样本量充足性检验结果	175
表 4-44	PLS-SEM 的路径估计结果	176
表 4-45	模型中各潜变量的 Q^2 值	178
表 4-46	情感对"购买绿色产品"间接效应的显著性检验	179
表 4-47	影响效应和效应量汇总	179
表 4-48	模型稳定性检验结果汇总	180
表 5-1	绿色情感诉求的内容设计	192
表 5-2	问卷量表	193
表 5-3	被试样本的描述性统计分析	195
表 5-4	不同变量之间的相关系数	196
表 5-5	不同绿色情感诉求对购买决策过程的影响	197
表 5-6	绿色情感诉求对不同消费者的影响	198
表 5-7	绿色情感诉求和广告态度对购买意向的直接效应	199
表 5-8	绿色情感诉求对购买意向的间接效应(以广告态度为中介)	200
表 5-9	绿色情感诉求和感知价值对购买意向的直接效应	200
表 5-10	绿色情感诉求对购买意向的间接效应(以感知价值为中介)	201
表 5-11	绿色涉入度对绿色情感诉求—中介/结果变量路径的调节效应	202
表 5-12	绿色涉入度对中介变量—结果变量路径的调节作用	204
表 5-13	儒家价值观对绿色情感诉求—中介/结果变量路径的调节效应	205
表 5-14	儒家价值观对中介变量—结果变量路径的调节作用	207
表 5-15	有效激发情感的绿色情感诉求深层特征编码	208
表 6-1	绿色消费情感的维度结构及其特征	214
表 6-2	绿色消费的情感—行为矩阵	218

表 6-3	绿色信息内容的分类	228
表 6-4	绿色传播的传统渠道	229
表 6-5	绿色传播的社会化媒体渠道	230
表 7-1	培育消费者对自身绿色消费自豪感的具体方式	236
表 7-2	培育消费者对他人绿色消费赞赏感的具体方式	241
表 7-3	激发愧疚感内容的可操作层面	243
表 7-4	情感激发方式的可操作维度	245
表 7-5	触发消费者对他人非绿色消费厌恶感的具体方式	249
表 7-6	有效提升消费者对生态环境热爱感的具体方式	253
表 7-7	激发消费者对环境污染问题忧虑感的具体方式	258

第一章

导 论

全球气候变化、能源耗竭、污染物排放、空气雾霾等环境问题已经给人类的生存和发展带来了严峻挑战，提高消费者的绿色消费意识、推进绿色消费行为，实现节能减排成为人类自身生存和发展的客观需要，也是当前国际社会的共识。[①] 本章是全书的导论，先分析当前环境问题（以碳排放和全球气候变化为例）的严峻形势和购买消费过程中节能减排的重要性、紧迫性，接着提出本书研究的理论意义和现实意义、研究目的和研究内容、研究方法和技术路线、研究特色和主要创新。

第一节　研究背景和问题提出

一、全球气候变化形势严峻

化石能源消耗导致的温室气体（主要是二氧化碳）排放和气候变化问题已经成为当前不可回避的全球性重大议题（Wang 等，2017）。工业革命前大气中二氧化碳的存储水平为 280ppm，而目前大气中二氧化碳的存储水平相当于 430ppm。二氧化碳存储水平的升高使全球温度上升了 0.5℃ 以上。在未来几十年内，由于气候系统的惯性作用，温度很可能至少再上升 0.5℃。即便二氧化碳排放量保持现有水平不变，到 2050 年，二氧化碳存储水平也将达到 550ppm。而且由于经济发展和人口、消费增长，二氧化碳排放量会逐年增加，由此 550ppm 的存储水平可能会在 2035 年或更早达到。按照这种水平，至少

[①] 碳排放是温室气体排放的简称。鉴于温室气体中最主要的气体是二氧化碳，由此使用碳排放这一简称虽并不完全精确，但易被多数人所理解与接受。

有 77%~99%的可能性导致全球平均温度升高超过 2℃（任小波等，2007）。2007 年，联合国政府间气候变化专门委员会（IPCC）发布了全面、权威的第四次报告，运用最新的科学证据，从气候变化的科学基础、影响、适应、脆弱性等角度进行分析，得出全球气候变化已是不争的事实（IPCC，2007；曹荣湘，2010）。2013 年 9 月，联合国政府间气候变化专门委员会发布了第五次评估报告，给出了更多的观测数据和证据证实全球正在变暖：自 1880 年以来，地球的表面平均温度上升 0.85℃；过去三个十年，每一个十年都比自 1850 年以来的任何一个十年更炎热；过去 30 年是公元 600 年以来最热的 30 年；来自化石燃料燃烧的碳排放和土地使用导致温室气体也已达到前所未有的水平，至少是 80 万年来的最高水平；到 2100 年，全球气温会上升 2~4.8℃，海平面会上升 26~81 厘米；1901~2010 年，海平面上涨了 19 厘米，比过去 2000 年的任何一个时期都快，21 世纪的海平面上涨速度会更快；预计到 2050 年，北极区将成为几近无冰的区域。①

　　二氧化碳大量排放引发的全球气候变化导致生态系统退化、自然灾难频发、海平面上升等诸多全球性问题，对人类的生存和发展产生严重威胁。具体来说，全球气候变化给人类社会经济生活带来的严重影响包括（任小波等，2007）：①引发冰雪融化，导致洪水等自然灾害，随之便是水资源的短缺，这将威胁全球 1/6 的人口。②引起粮食作物产量下降。气温每上升 1℃，粮食产量将减少 10%。温度持续升高 4℃或更高，将使全球的粮食产量受到严重的影响。③导致大范围的营养失调和过热造成的死亡，同时可能引发带菌疾病的迅速传播，严重影响人类健康。气候变化最大、最直接的一个影响就是热浪。根据伦敦大学学院生物多样性和环境研究中心乔治娜·梅斯（Georgina Mace）的研究，到 21 世纪末死于极热天气的人数可能会增加 12 倍。② ④致使生态系统脆弱化。二氧化碳的存储水平升高致使海水更酸，会影响海洋生态系统，对鱼类生存产生严重负面影响。气温每升高 2℃，就有 15%~40%的物种面临灭绝。⑤导致海平面上升、风暴和其他相关灾害风险。根据联合国政府间气候变化专门委员会发布的第五次报告，21 世纪 1/3 的额外二氧化碳被海洋吸收，造成海洋酸化，强热带气旋出现的频率将会更高。

---

① 沈永平、王国亚：《IPCC 第一工作组第五次评估报告对全球气候变化认知的最新科学要点》，《冰川冻土》2013 年第 5 期。

② 克莱夫·库克森：《报告：气候变化影响人类健康》，FT 中文网，http://www.ftchinese.com/story/001062642#adchannelID=1300。

全球气候变化对人类的生存和发展影响巨大，世界各个地区都将受到气候变化的影响，然而受冲击最大的还是发展中国家。以中国为例，近100年来，中国平均地表温度明显增加约0.8℃，超过了全球同期气温增加的平均值0.74℃。而且，近50年来，中国气温上升尤为明显。另据预测，与2000年比较，2020年中国年平均气温将上升1.3~2.1℃，2050年将上升2.3~3.3℃。到2020年，全国平均年降水量将增加2%~3%，到2050年可能增加5%~7%，同时极端气候事件发生频率也可能增加（邢冀，2009）。此外，全球气候变化对小岛屿发展中国家的影响日益受到人们的广泛关注。小岛屿发展中国家对全球气候变化的"贡献"很小，却极易受到海平面上升、风暴、洪水和其他气候变化相关灾害的影响，小岛屿发展中国家应对所面临的气化变化挑战已成为当务之急。[①]

二、节能减排成为国际关注的焦点

全球气候变化对人类的生存和发展造成严重威胁，这是不争的事实。更重要的是，2007年联合国政府间气候变化专门委员会发布的第四次评估报告指出，全球气候变化90%以上是人类消费能源过程中所排放的二氧化碳等温室气体导致的。2013年联合国政府间气候变化专门委员会发布的第五次评估报告进一步指出，极有可能（95%的可能性）是人为活动导致全球气候变暖。[②] 根据联合国政府间气候变化专门委员会发布的第四次报告，要使人类实现可持续发展，应确保未来全球气温相对于工业革命前上升不超过2℃，大气中二氧化碳浓度需稳定在450ppm的水平。为此，就2020年中期而言，发达国家需要在1990年基数上减排25%~40%，发展中国家的二氧化碳排放应相对于正常的排放轨迹下降15%~30%。就2050年远期而言，全球二氧化碳排放则需要相对当前减排50%（曹荣湘，2010）。图1-1展示了2100年全球碳排放量及升温情况预测。如果一切按照原来的能源消费模式，全球将在2015

---

① 王奎庭：《2014年国内国际十大环境新闻》，《中国环境报》2015年1月20日第2版。
② 全球气候变化的主要驱动因素是自然因素还是人类活动因素，目前学术界还存在不同意见。以联合国政府间气候变化专门委员会为代表的主流认识是：工业化时代以来全球气候变化主要是人类活动引起全球温室气体排放量快速增加导致。联合国政府间气候变化专门委员会发布的第五次评估报告指出，人类对气候系统的影响是明确的，而且这种影响在不断增强，在世界各个大洲都已观测到各种影响。如果任其发展，气候变化将会增加对人类和生态系统造成严重、普遍和不可逆转影响的可能性。但也有一些学者认为，自然因素是主要驱动因素。无论争议如何，近百年来全球大气中二氧化碳浓度增加这个事实是不可否认的。

年570亿吨温室气体排放量（不仅仅是二氧化碳）基础上，增长至2100年的1390亿吨，相比工业化前温度上升2.7~5.9℃，二氧化碳浓度则将达到889~922ppm历史极值。如果各国遵循巴黎会议所作承诺，2100年温度上升将控制在2.0~4.6℃，二氧化碳浓度达到661~684ppm，若2030年承诺期结束后各国不再进一步采取行动，排放量将重新进入上升轨道。如果实行更加积极的减排努力，2100年温度上升将控制在1.0~2.7℃，二氧化碳浓度达到470~484ppm。[1]

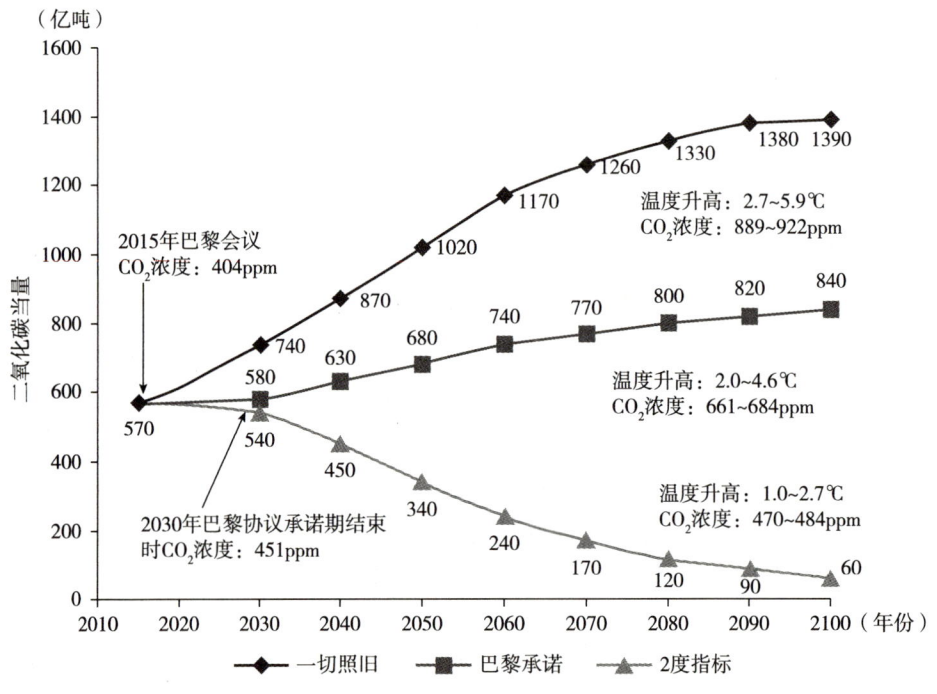

图1-1 2100年全球碳排放量及升温情况预测

资料来源：蔡斌（2016）。

推行节能减排（节约资源能源消耗、减少二氧化碳排放）、应对气候变化已经成为国际社会关注的焦点问题。1997年12月，149个国家和地区的代表通过了《京都议定书》，以限制发达国家二氧化碳排放量、减缓全球气候变暖。联合国环境规划署（UNEP）确立2007年世界环境日主题是"冰川消融，

---

[1] 蔡斌：《全球碳排放你要知道的数字》，《能源评论》2016年第1期。

后果堪忧"(Melting Ice—A Hot Topic?),2008年世界环境日主题是"转变传统观念,推行低碳经济"(Kick the Habit! Towards a Low Carbon Economy),2009年世界环境日主题是"地球需要你——团结起来应对气候变化"(Your Planet Needs You—UNite to Combat Climate Change)。连续三年的世界环境日主题都与气候变化问题密切相关。2009年12月全球气候大会达成《哥本哈根协议》。虽然该协议不具有法律约束力,但它至少表明了世界各国降低二氧化碳排放、应对气候变化的决心。2014年世界环境日主题为"提高你的呼声 而不是海平面"(Raise Your Voice Not the Sea Level),旨在呼吁国际社会采取紧急行动,帮助小岛屿发展中国家应对不断增长的风险,尤其是气候变化。这再次反映了当前削减碳排放、应对气候变化的关键性和紧迫性。2015年世界环境日主题为"可持续消费和生产"(Sustainable Consumption and Production),口号为"七十亿人的梦想:一个星球 关爱型消费"。旨在鼓励人们重新思考自己的生活方式,① 以及通过有意识的消费行为,减少人类社会对自然资源的影响。2016年世界环境日主题为"为生命呐喊"(Go Wild for Life),中国环境日主题为"改善环境质量,推动绿色发展";2017年世界环境日主题为"人与自然,相联相生"(Connecting People to Nature),中国环境日主题为"绿水青山就是金山银山";2018年世界环境日主题为"塑战速决"(Beat Plastic Pollution),中国环境日主题为"美丽中国,我是行动者";2019年世界环境日由中国主办,主题为"蓝天保卫战,我是行动者"(Beat Air Pollution)。从近几年环境日主题看,世界和中国都越来越强调动员社会各界践行绿色发展理念,共同履行节能减排责任。

虽然有部分国家仍未对气候变化做出改变(Hayat等,2019),但是推行节能减排、应对气候变化已提上全球大多数国家的发展议程。2003年,英国政府发布能源白皮书《我们的能源未来:创造一个低碳经济》,最早提出了低碳经济(Low-carbon Economy)概念,并承诺2010年二氧化碳排放量在1990年基础上减少20%,2050年在1990年基础上减少60%,建立低碳经济社会。2009年英国公布《英国低碳转变计划》,进一步明确了英国到2020年的低碳行动路线图。越南2016年承诺提升煤制品50%的税率或33.33%的石油产品税率以降低碳排量(Nong等,2019)。欧盟、日本、美国、澳大利亚、韩国、

---

① 生活方式即人们生活活动的各种形式和行为模式的总和,它反映的是怎样生活,怎样生活才是好生活的方式、方法(邓翠华和张伟娟,2017)。

新加坡等也都采取了一系列战略政策和策略措施，以降低碳排放量。表1-1总结了部分主要国家/地区/组织降低碳排放的政策及其目标。

表1-1 主要国家/地区/组织降低碳排放的政策及其目标

国家	政策时间	政策名称	降低碳排放的政策目标
英国	2003年	《我们的能源未来：创造一个低碳经济》	2010年二氧化碳排放量在1990年基础上减少20%，2050年在1990年基础上减少60%，建立低碳经济社会
	2008年	《气候变化战略》	提出"后碳时代城市"目标，到2026年减少二氧化碳排放60%、人均排放从6.6吨下降到2.8吨
	2008年	《气候变化法》	成为世界上第一个为温室气体减排目标立法的国家；到2020年可再生能源供应占15%，其中30%电力来自可再生能源，相应的温室气体排放降低20%，石油需求降低7%，到2050年温室气体排放量比1990年削减80%
	2009年	《英国低碳转变计划》	提出英国经济发展的核心目标是建设一个更干净、更绿色、更繁荣的国家，并明确了包括电力、重工业和交通在内的社会各部门的减排量。到2020年碳排放比2008年减少18%，可再生能源在能源供应中占15%的份额，其中40%的电力必须来自低碳能源，30%的电力来源于可再生能源
	2011年	《英国能源法》	以根除能效投资障碍、加强能源安全和确保低碳能源供应的投资为目标。对"提高能源安全的措施""扩大煤炭管理局的权限"等做出明确规定
德国	2004年	《可再生能源法》	新能源占全国能源消耗的比例最终要超过50%。清洁电能的使用率由2004年的12%提高到2020年的25%~30%，热电年供的使用率提高25%。2020年，建筑取暖中使用太阳能、生物燃气、地热等清洁能源比例由2004年的6%提高到14%。2009年修订时提出，到2020年可再生能源在电力供应中所占的份额提高10个百分点，即可再生能源电力份额达到30%
	2007年	《能源与气候变化综合法案》	以提高能效和优先使用低碳能源为基础，重申"供应安全、经济效率和环境保护"的能源政策，到2020年温室气体排放较1990年减少40%
	2008年	《可再生能量资源法案》	到2020年利用可再生能源提供30%的电力供给，这一目标在福岛核电灾难后将随着核能的逐步停用而提高到35%，2011年1月，以光伏系统替代13%发电量的规定开始生效

续表

国家	政策时间	政策名称	降低碳排放的政策目标
丹麦	2006年	《2050年能源战略》	到2020年煤、石油等化石能源的消耗量在2009年的基础上减少33%,到2050年完全摆脱对化石能源的依赖
瑞典	2007年	《能源可持续发展战略》	在未来10年内新建2000座风力发电站,力求实现到2020年彻底摆脱对化石燃料的依赖
澳大利亚	2008年	《减少碳排放计划》	2050年达到2000年温室气体排放的40%。2020年将可再生能源的比重提高到20%
澳大利亚	2009年	《强制性可再生能源目标》	修订后的《强制性可再生能源目标》规定,到2020年澳大利亚可再生能源发电量要占全国发电总量的20%
澳大利亚	2010年	《可再生能源目标法》	确定到2020年可再生能源将占电力需求的20%的目标
澳大利亚	2010年	《碳污染减排计划法》	确立国家排放限额,规定澳大利亚排放许可和其他可采用的排放许可与减排量
欧盟	2006年	《欧盟未来三年能源政策行动计划》(2007~2009年)	以到2020年减少能源消耗20%为目标,提出要提高能源效率,要求各成员国明确节约能源的"责任目标",依照各国的经济与能源政策特点,确定主要的节能领域,以便迅速采取落实措施
欧盟	2006年	《能源效率行动计划:实现潜力》	提出到2020年前减少总能源消耗20%的目标。提出覆盖建筑、交通运输和制造等行业75项措施,特别是明确十项应当优先启动的措施,以提高能源效率,抑制能源消耗
欧盟	2008年	《气候行动和可再生能源一揽子计划》	到2020年将可再生能源占能源消耗总量的比例提高到20%,将煤炭、石油、天然气等一次性能源的消耗量减少20%,将生物燃料在交通能耗中所占的比例提高到10%。到2020年温室气体排放量在1990年的基础上减少20%
欧盟	2010年	《2020年欧盟能源:竞争、可持续和安全的能源战略》	到2020年温室气体排放与1990年相比减少20%,能源效率提高20%,新能源占能源生产总量的20%
欧盟	2010年	《欧盟2020战略》	将"20/20/20"气候能源目标作为其发展低碳经济的中期目标,长期目标:到2050年碳排放要比1990年碳排放减少60%~80%
欧盟	2011年	《2050年迈向具有竞争力的低碳经济路线图》	提出欧盟温室气体减排的长期目标,即到2050年欧盟温室气体排放量在1990年的基础上减少80%~95%

续表

国家	政策时间	政策名称	降低碳排放的政策目标
欧盟	2014年	《欧盟秋季峰会决议》	到2030年将温室气体排放量在1990年的基础上减少40%（具有约束力），可再生能源在能源使用总量中的比例提高至27%（具有约束力），能源使用效率至少提高27%
	2018年	《为全欧人民的清洁能源一揽子法律》	确定2021~2030年汽车二氧化碳排放减少37.5%的最终目标，以及至2025年减少15%的中期目标
日本	2008年	《福田蓝图》	到2050年，温室气体排放量削减至目前的60%~80%
	2009年	《绿色经济与社会变革》	通过实行减少温室气体排放等措施，强化日本的低碳经济。中期目标：到2020年温室气体排放量比2005年降低15%
	2010年	《地球温暖化对策基本法案》	提出全国2020年温室气体排放比1990年下降25%，2050年比1990年下降80%等
	2011年	《再生能源特别措施法》	提出促进新能源技术革新，减少对核电的依赖，减少二氧化碳气体排放等，规定电力公司有义务购买个人和企业利用太阳能等发电产生的电力
	2015年	《日本的承诺（草案）》	提出到2030年温室气体排放比2013年削减26%的新目标
韩国	2008年	《应对气候变化国家综合行动计划》（2008~2012年）	可再生能源从目前的2.27%提高到2011年的5%。到2030年把能源结构调整到理想水平，新能源和可再生能源由目前的2%增长到11%，核能由目前的15%增长到28%。化石燃料由目前的83%降到61%。能源效率到2030年提高46%
	2009年	《国家绿色增长战略（至2050年）》	计划在2010~2012年减少使用37%的能源（相当于2007~2009年的平均水平）。明确了可再生能源在一次能源供应总量中的占比目标：在2020年达到6%，在2030年达到11%，在2050年达到30%
	2010年	《低碳绿色增长基本法》	在2020年以前，把温室气体排放量减少到"温室气体排放预计量（BAU）"的30%
美国	2007年	《低碳经济法案》	到2020年碳排放量减至2006年的水平，到2030年减至1990年的水平
	2009年	《美国再生、再投资法》	到2050年使美国所需电力的25%来自可再生能源，温室气体排放比2005年减少83%

续表

国家	政策时间	政策名称	降低碳排放的政策目标
美国	2009年	《美国清洁能源安全法案》	规定从2012年开始,每年的可再生能源发电量要占全年发电总量的6%,且以后每年逐渐递增,到2020年可再生能源发电量在整个发电量中占20%。2020年各州电力供应中15%以上必须来自可再生能源。2020年前将碳排放量在2005年水平上减少17%,在2050年前减少83%。同时,引入总量控制与排放交易制度,并要求在2020年前,电力部门至少有12%的发电量来自风能、太阳能等可再生能源
新加坡	2012年	《国家气候变化策略2012》	到2020年把碳排放量降低7%至11%
法国	2005年	《确定能源政策定位的能源政策法》	提出到2010年实现可再生能源在整个能源消费结构中比重达10%。建立风能开发利用区,并在这些开发区中实行国家定价机制
法国	2008年	《发展可再生能源的计划》	规定面积在30平方米以下的太阳能电板免税
法国	2010年	《格纳勒格法案(二)》	要求在风能开发利用符合条件的地区推行"大区风能概览(SRE)"特别规划
俄罗斯	2009年	《节能和提高能效法》	对白炽灯的禁用分步实施:从2011年1月1日起禁止生产和销售100瓦以上的白炽灯;从2013年1月1日起禁止生产和销售75瓦以上的白炽灯;从2014年起禁止生产和销售25瓦以上的白炽灯
加拿大	2010年	《气候变化责任法案》	设定全国2020年的减排目标比1990年下降25%,2050年比1990年下降80%
马尔代夫	2010年	《碳排放审计报告》	重申到2020年实现碳平衡的目标
新西兰	2018年	《零碳排放法案》	设立2050年减排目标,并设定目标实现路径的排放预算,采取一系列应对气候变化挑战的适应措施,设立独立的气候变化委员会以及投资低温室气体排放的绿色投资基金
新西兰	2019年	《塔拉纳基氢气路线图》	建设一个新的网络,包括在枯竭的气田中储存氢气或合成天然气,以及在塔拉纳基的燃气发电厂调峰时使用绿色氢气发电。通过新建基础设施,使地区天然的海上风能、海浪资源以及陆上风能、地热能、水能和太阳能资源可与综合氢气和电力系统整合。向低碳经济转型,实现零排放目标

续表

国家	政策时间	政策名称	降低碳排放的政策目标
联合国	2016年	《巴黎协定》	把全球平均气温上升幅度控制在"远低于"2℃的范围内,理想情况是不超出工业化之前水平的1.5℃。并且提出在21世纪下半叶实现温室气体人为排放与清除之间的平衡
中国、加拿大	2017年	《中国—加拿大气候变化和清洁增长联合声明》	中国和加拿大确认气候行动,包括坚定向低碳、气候适应型和可持续发展迈进至关重要。作为全球性挑战,气候变化和向清洁增长经济体转型的需求要求各国政府、企业和其他行为体在可持续发展和消除贫困的背景下,坚决、协力、合作回应,注入动力
中国、欧盟	2018年	《中欧领导人气候变化和清洁能源联合声明》	双方确认其在2015年达成的历史性的《巴黎协定》下所做的承诺,并将进一步合作加强协定的实施。承诺加强双多边合作,共同应对气候变化 长期温室气体低排放发展战略:中欧双方同意通过定期举行技术性对话,就制定21世纪中叶长期温室气体低排放发展战略开展合作,包括开展减缓和适应方案、能力建设和气候立法方面的对话
全球能源互联网发展合作组织、联合国	2018年	《全球能源互联网促进〈巴黎协定〉实施行动计划》	推动全球碳排放在2025年前后达峰,2050年降至1990年的一半以下,2065年前后实现净零排放,将2011~2100年能源累计碳排放控制在1万亿吨左右,从而实现2℃温度上升控制目标,并为最大程度实现1.5℃目标发挥关键作用

资料来源:笔者根据相关文献资料汇总整理。

总的来说,随着联合国政府间气候变化专门委员会第四次评估报告的发布,理论界积极倡导采取大幅度、强有力减排措施的呼声日益高涨,逐渐占据了主流(曹荣湘,2010)。在实践部门,推行节能减排、应对气候变化已经成为各国政府决策者的共识,是当前国际社会普遍关注和重视的一个焦点课题。

三、节能减排成为中国关注的焦点

面对日趋严峻的生态环境形势,中国政府一方面越来越频繁地参与应对气候变化的国际组织和国际会议,发挥积极主动的作用;另一方面积极出台削减碳排放、应对气候变化的相关措施,落实中国在国际协议中的承诺。早在 1998 年 5 月，中国就签署了《京都议定书》。此后，中国积极参加《联合国气候变化框架公约》缔约方大会，期间还发布了中美气候变化减排计划。2007 年 6 月，国务院颁布《中国应对气候变化国家方案》（国发〔2007〕17 号），明确了到 2010 年中国应对气候变化的具体目标、基本原则、重点领域。2011 年 12 月，国务院印发《"十二五"控制温室气体排放工作方案》（国发〔2011〕41 号），围绕到 2015 年全国单位国内生产总值二氧化碳排放比 2010 年下降 17% 的目标，大力开展节能降耗，优化能源结构，努力增加碳汇，加快形成以低碳为特征的产业体系和生活方式。2013 年 8 月，国务院印发《关于加快发展节能环保产业的意见》提出促进节能环保产业快速发展，为改善环境质量，保障改善民生和加快生态文明建设做出贡献的总体要求，提出节能环保产业产值年均增速在 15% 以上，到 2015 年总产值达到 4.5 万亿元，成为国民经济新的支柱产业的目标。2014 年 11 月，国家发改委印发《国家应对气候变化规划（2014-2020 年）》，提出到 2020 年，控制温室气体排放行动目标全面完成，单位国内生产总值二氧化碳排放比 2005 年下降 40%~45%，非化石能源占一次能源消费的比重达到 15% 左右，全国碳排放交易市场逐步形成。2014 年 11 月，中美发布《中美气候变化联合声明》，达成了削减碳排放协议，宣布了各自 2020 年后应对气候变化的行动。中国计划 2030 年左右二氧化碳排放达到峰值，且将努力早日达峰，并计划到 2030 年，非化石能源占一次能源消费比重提高到 20% 左右。2015 年 9 月，中国国家主席习近平和美国前总统奥巴马共同发表《中美元首气候变化联合声明》，重申坚信气候变化是人类面临的最重大挑战之一，两国在应对这一挑战中具有重要作用。两国元首还重申坚定推进落实国内气候政策、加强双边协调与合作并推动可持续发展和向绿色、低碳、气候适应型经济转型的决心。2016 年 10 月，国务院印发《"十三五"控制温室气体排放工作方案》，提出到 2020 年，单位国内生产总值二氧化碳排放比 2015 年下降 18%，碳排放总量得到有效控制。氢氟碳化物、甲烷、氧化亚氮、全氟碳化、六氟化硫等非二氧化碳温室气体控排力度进一步加大。支持优化开发区域碳排放率先达到峰值，力争部分重化工业 2020 年左右率先达峰，能源体系、产业体系和消费领域低碳转型取得积极成效。

2017 年 10 月中共十九大报告指出"积极参与全球环境治理，落实减排承诺"，"要坚持环境友好，合作应对气候变化，保护好人类赖以生存的地球家园"。2018 年 5 月，习近平总书记在全国生态环境保护大会上强调，"要坚持环境友好,引导应对气候变化国际合作";"要实施积极应对气候变化国家战略,推动和引导建立公平合理、合作共赢的全球气候治理体系,彰显中国负责任大国形象,推动构建人类命运共同体"。2018年7月,国务院印发《打赢蓝天保卫战三年行动计划》,提出经过3年努力,大幅减少主要大气污染物排放总量,协同减少温室气体排放,进一步明显降低细颗粒物(PM2.5)浓度,明显减少重污染天数,明显改善环境空气质量,明显增强人民的蓝天幸福感。近年来,中国削减碳排放、应对气候变化的部分政策及其主要内容如表1-2所示。

表1-2 中国削减碳排放、应对气候变化的部分政策及其主要内容

颁布时间	颁布部门	政策名称	政策主要内容
2007年6月	国务院	《中国应对气候变化国家方案》(国发〔2007〕17号)	明确了到2010年中国应对气候变化的具体目标、基本原则、重点领域
2011年3月	全国人大	《中华人民共和国国民经济和社会发展第十二个五年规划纲要》	非化石能源占一次能源消费比重达到11.4%。单位国内生产总值能源消耗降低16%,单位国内生产总值二氧化碳排放降低17%
2011年12月	国务院	《"十二五"控制温室气体排放工作方案》(国发〔2011〕41号)	围绕到2015年全国单位国内生产总值二氧化碳排放比2010年下降17%的目标,大力开展节能降耗,优化能源结构,努力增加碳汇,加快形成以低碳为特征的产业体系和生活方式
2012年8月	国务院	《节能减排"十二五"规划》(国发〔2012〕40号)	到2015年,全国万元国内生产总值能耗下降到0.869吨标准煤(按2005年价格计算),比2010年的1.034吨标准煤下降16%(比2005年的1.276吨标准煤下降32%)。"十二五"期间,实现节约能源6.7亿吨标准煤。到2015年,单位工业增加值(规模以上)能耗比2010年下降21%左右,建筑、交通运输、公共机构等重点领域能耗增幅得到有效控制,主要产品(工作量)单位能耗指标达到先进节能标准的比例大幅提高,部分行业和大中型企业节能指标达到世界先进水平。到2015年,非化石能源消费总量占一次能源消费比重达到11.4%

续表

颁布时间	颁布部门	政策名称	政策主要内容
2012年11月	中共第十八次代表大会报告	《坚定不移沿着中国特色社会主义道路前进为全面建成小康社会而奋斗》	明确了2020年实现全面建成小康社会宏伟目标,包括资源节约型、环境友好型社会建设取得重大进展。主体功能区布局基本形成,资源循环利用体系初步建立。单位国内生产总值能源消耗和二氧化碳排放大幅下降,主要污染物排放总量显著减少。森林覆盖率提高,生态系统稳定性增强,人居环境明显改善
2012年12月	工业和信息化部、国家发展和改革委员会、科技部、财政部	工业领域应对气候变化行动方案(2012~2020年)(工信部联节〔2012〕621号)	到2015年,全面落实国家温室气体排放控制目标,单位工业增加值二氧化碳排放量比2010年下降21%以上,主要工业品单位二氧化碳排放量稳步下降,工业碳生产力大幅提高。工业过程二氧化碳和氧化亚氮、氢氟碳化物、全氟碳化、六氟化硫等温室气体排放得到有效控制。建设一批低碳产业示范园区和低碳工业示范企业,推广一批具有重大减排潜力的低碳技术和产品。重点用能企业温室气体排放计量监测体系基本建立,工业应对气候变化的体制机制与政策进一步完善 到2020年,单位工业增加值二氧化碳排放量比2005年下降50%左右,基本形成以低碳排放为特征的工业体系
2013年11月	国家发改委、财政部、原农业部等九部门	《国家适应气候变化战略》(发改气候〔2013〕2252号)	到2020年,中国适应气候变化的主要目标是:适应能力显著增强,重点任务全面落实,适应区域格局基本形成 将适应气候变化的要求纳入中国经济社会发展的全过程
2014年5月	国务院办公厅	《2014~2015年节能减排低碳发展行动方案》(国办发〔2014〕23号)	2014~2015年,单位GDP能耗、化学需氧量、二氧化硫、氨氮、氮氧化物排放量分别逐年下降3.9%、2%、2%、2%、5%以上,单位GDP二氧化碳排放量两年分别下降4%、3.5%以上
2014年9月	国家发改委	《国家应对气候变化规划(2014-2020年)》	到2020年,控制温室气体排放行动目标全面完成,单位国内生产总值二氧化碳排放比2005年下降40%~45%,非化石能源占一次能源消费的比重为15%左右,全国碳排放交易市场逐步形成

013

续表

颁布时间	颁布部门	政策名称	政策主要内容
2015年10月	中国共产党第十八届中央委员会第五次全体会议决议	《中共中央关于制定国民经济和社会发展第十三个五年规划的建议》	必须牢固树立创新、协调、绿色、开放、共享的发展理念 推动低碳循环发展。推进能源革命，加快能源技术创新，建设清洁低碳、安全高效的现代能源体系 推进交通运输低碳发展，实行公共交通优先，加强轨道交通建设，鼓励自行车等绿色出行 主动控制碳排放，加强高能耗行业能耗管控，有效控制电力、钢铁、建材、化工等重点行业碳排放，支持优化开发区率先实现碳排放峰值目标，实施近零碳排放区示范工程
2016年10月	国务院	《"十三五"控制温室气体排放工作方案》（国发〔2016〕61号）	到2020年，单位国内生产总值二氧化碳排放比2015年下降18%，碳排放总量得到有效控制。氢氟碳化物、甲烷、氧化亚氮、全氟化碳、六氟化硫等非二氧化碳温室气体排放力度进一步加大。支持优化开发区域碳排放率先达到峰值，力争部分重化工业2020年左右实现率先达峰，能源体系、产业体系和消费领域低碳转型取得积极成效。全国碳排放权交易市场启动运行，应对气候变化法律法规和标准体系初步建立，统计核算、评价考核和责任追究制度得到健全，低碳试点示范不断深化，减污减碳协同作用进一步加强，公众低碳意识明显提升
2016年12月	国家发改委、国家能源局	《能源生产和消费革命战略（2016~2030）》（发改基础〔2016〕2795号）	到2020年，全面启动能源革命体系布局，推动化石能源清洁化。2021~2030年，可再生能源、天然气和核能利用持续增长，高碳化石能源利用大幅减少。能源消费总量控制在60亿吨标准煤以内，非化石能源占能源消费总量比重达到20%左右，天然气占比达到15%左右，新增能源需求主要依靠清洁能源满足；单位国内生产总值二氧化碳排放比2005年下降60%~65%，二氧化碳排放2030年左右达到峰值并争取尽早达峰

续表

颁布时间	颁布部门	政策名称	政策主要内容
2017年1月	国务院	《"十三五"节能减排综合工作方案》（国发〔2016〕74号）	到2020年，全国万元国内生产总值能耗比2015年下降15%，能源消费总量控制在50亿吨标准煤以内。全国化学需氧量、氨氮、二氧化硫、氮氧化物排放总量分别控制在2001万吨、207万吨、1580万吨、1574万吨以内，比2015年分别下降10%、10%、15%和15%。全国挥发性有机物排放总量比2015年下降10%以上
2017年10月	第十八届中央委员会	党的十九大报告	积极参与全球环境治理，落实减排承诺；要坚持环境友好，合作应对气候变化，保护好人类赖以生存的地球家园
2018年7月	国务院	《打赢蓝天保卫战三年行动计划》	经过3年努力，大幅减少主要大气污染物排放总量，协同减少温室气体排放，进一步明显降低细颗粒物（PM2.5）浓度，明显减少重污染天数，明显改善环境空气质量，明显增强人民的蓝天幸福感。到2020年，二氧化硫、氮氧化物排放总量分别比2015年下降15%以上；PM2.5未达标地级及以上城市浓度比2015年下降18%以上，地级及以上城市空气质量优良天数比率达到80%，重度及以上污染天数比率比2015年下降25%以上；提前完成"十三五"目标任务的省份，要保持和巩固改善成果；尚未完成的，要确保全面实现"十三五"约束性目标；北京市环境空气质量改善目标应在"十三五"目标基础上进一步提高

资料来源：笔者根据相关政策文件资料汇总整理。

四、消费领域节能减排成为重要课题

随着中国改革开放和经济高速发展，消费者消费水平有了很大提高。如表1-3所示，2018年城乡居民人均消费支出为19853元，相对于2013年增长50.17%。其中，农村居民人均消费支出为12124元，相对2013年增长61.98%；城镇居民人均消费支出为26112元，相对2013年增长41.24%。

表 1-3　居民人均消费支出情况

单位：元

指标	2013 年	2014 年	2015 年	2016 年	2017 年	2018 年
城乡居民人均消费支出	13220	14491	15712	17111	18322	19853
城镇居民人均消费支出	18488	19968	21392	23079	24445	26112
食品烟酒消费支出	5571	6000	6360	6762	7001	7239
衣着消费支出	1554	1627	1701	1739	1758	1808
居住消费支出	4301	4490	4726	5114	5564	6255
生活用品及服务消费支出	1129	1233	1306	1427	1525	1629
交通和通信消费支出	2318	2637	2895	3174	3322	3473
教育、文化和娱乐消费支出	1988	2142	2383	2638	2847	2974
医疗保健消费支出	1136	1306	1443	1631	1777	2046
其他用品及服务消费支出	490	533	578	595	652	687
农村居民人均消费支出	7485	8383	9223	10130	10955	12124
食品烟酒消费支出	2554	2814	3048	3266	3415	3646
衣着消费支出	454	510	550	575	612	648
居住消费支出	1580	1763	1926	2147	2354	2661
生活用品及服务消费支出	455	506	546	596	634	720
交通和通信消费支出	875	1013	1163	1360	1509	1690
教育、文化和娱乐消费支出	755	860	969	1070	1171	1302
医疗保健消费支出	668	754	846	929	1059	1240
其他用品及服务消费支出	144	163	174	186	201	218

资料来源：《中国统计年鉴》（2013，2018）。

随着经济收入和消费水平的提高，越来越多的人追求物质享受和物质刺激的生活习惯和消费方式。表 1-4 列出了城镇和农村居民家庭平均每百户年底耐用消费品的拥有量，可以看出，1995~2017 年，城乡居民的大多数耐用品拥有量都有较大幅度的增长，甚至是十几倍的增长。

表1-4 居民家庭平均每百户年底耐用消费品拥有量

	指标	1995年	2000年	2005年	2010年	2015年	2016年	2017年	2017年相对2010年增长（%）	2017年相对2000年增长（%）
城市居民	摩托车（辆）	6.29	18.80	25.00	22.51	22.70	20.90	20.80	-7.60	10.64
	洗衣机（台）	88.97	90.50	95.51	96.92	92.30	94.20	95.70	-1.26	5.75
	电冰箱（台）	66.22	80.10	90.72	96.61	94.00	96.40	98.00	1.44	22.35
	彩色电视机（台）	89.79	116.60	134.80	137.43	122.30	122.30	123.80	-9.92	6.17
	组合音响（套）	10.52	22.20	28.79	28.08					
	照相机（台）	30.56	38.40	46.94	43.70	33.00	28.50	29.10	-33.41	-24.22
	空调器（台）	8.09	30.80	80.67	112.07	114.60	123.70	128.60	14.75	317.53
	淋浴热水器（台）	30.05	49.10	72.65	84.82	85.60	88.70	90.70	6.93	84.73
	家用电脑（台）		9.70	41.52	71.16	78.50	80.00	80.80	13.55	732.99
	摄像机（架）		1.30	4.32	8.20					
	微波炉（台）		17.60	47.61	59.00	53.80	55.30	56.90	-3.56	223.30
	健身器材（套）		3.50	4.68	4.24					
	移动电话（部）		19.50	137.00	188.86	223.80	231.40	235.40	24.64	1107.18
	固定电话（部）		94.40	80.94						
	家用汽车（辆）		0.50	3.37	13.07	30.00	35.50	37.00	183.09	7300.00

续表

	指标	1995年	2000年	2005年	2010年	2015年	2016年	2017年	2017年相对2010年增长(%)	2017年相对2000年增长(%)
农村居民	洗衣机(台)	16.90	28.58	40.20	57.32	78.80	84.00	86.30	50.56	201.96
	电冰箱(台)	5.15	12.31	20.10	45.19	82.60	89.50	91.70	102.92	644.92
	空调机(台)	0.18	1.32	6.40	16.00	38.80	47.60	52.60	228.75	3884.85
	抽油烟机(台)	0.61	2.75	5.98	11.11	15.30	18.40	20.40	83.62	641.82
	自行车(辆)	147.02	120.48	98.37	95.98					
	摩托车(辆)	4.91	21.94	40.70	59.02	67.50	65.10	64.10	8.61	192.16
	电话机(部)		26.38	58.37	60.76					
	移动电话(部)		4.32	50.24	136.54	226.10	240.70	246.10	80.24	5596.76
	黑白电视机(台)	63.81	52.97	21.77	6.38					
	彩色电视机(台)	16.92	48.74	84.08	111.79	116.90	118.80	120.00	7.34	146.20
	照相机(台)	1.42	3.12	4.05	5.17	4.10	3.40	3.90	-24.56	25.00
	家用电脑(台)		0.47	2.10	10.37	25.70	27.90	29.20	181.58	6112.77

资料来源：《中国统计年鉴》(2018)，引用时进行了计算整理。

近年来，公众生活能源消费情况如表 1-5 所示。2000 年前公众生活能源消费量一直在 15700 万吨标准煤左右徘徊，2000 年以后公众生活能源消费量开始加速上升，2016 年达到 54209 万吨标准煤，20 年内增长了近 3.5 倍。从能源消费构成看，液化石油气、电力、热力的增长幅度较快，煤炭、煤油的增长幅度有限（甚至处于下降趋势）。从人均水平看，1983 年中国人均生活能源消费量为 106.6 千克标准煤，2016 年这一数字提高到 393 千克标准煤，33 年间增长了 270.75%。从中国历年人均生活能源消费量可以直观地看出，2001 年以前中国人均生活能源消费量的变化幅度不大，2002 年以后人均生活能源消费量的增长幅度加快。对于电力来说，人均电力消费量从 1983 年的 13.4 千瓦时增加到 2015 年的 4047 千瓦时，增长 302 倍。且从时间序列趋势看，人均电力消费量也存在加速上升的趋势。

表 1-5 公众生活能源消费量

年份 能源品种	1990	1995	2000	2005	2010	2014	2015	2016
合计/万吨标准煤	15799	15745	15614	25305	36470	47212	50099	54209
煤炭/万吨	16700	13530	8457	10039	9159	9253	9347	9492
煤油/万吨	105	64	72	26	21	29	29	26
液化石油气/万吨	159	534	858	1329	1537	2173	2549	2955
天然气/亿立方米	19	19	32	79	227	343	360	380
煤气/亿立方米	29	57	126	145	167	97	80	63
热力/10^2亿千焦	8972	12637	23234	52044	67410	86482	93841	98623
电力/亿千瓦时	481	1006	1452	2885	5125	7176	7565	8421

资料来源：《中国统计年鉴》（2017）。

公众消费对全社会资源环境具有非常重要的影响。对电子产品、塑料制品、金属制品、纸制品、玻璃制品、橡胶制品、皮革制品等工业产品和旅游、运输、仓储、住宿、餐饮、通信、文化、体育、娱乐等服务性产品以及农产品的需求增加，必然会或多或少地对自然资源和生态环境基础产生压力。以消费碳排放①为例，随着经济发展和人民生活水平的提高，消费者（公众）已经成为碳排放的一个主要群体。消费者（公众）的直接能源消费和间接能源消费产生的碳排放在全社会碳排放总量中已经占据重要地位（Abrahamse 等，2005）。张咪咪等（2010）利用投入产出技术，通过编制不变价能源环境投入产出表测算了消费者生活直接、间接、完全碳排放量。结果表明，1997~2007 年消费者完全碳排放量占全国碳排放总量的 52%~63%。其中，间接碳排放量占消费者完全碳排放量的 80% 以上。研究结果显示，欧盟居民部门的生活能源需求量早在 20 世纪 90 年代就已超过了产业部门的能源需求量。英美等发达国家更多研究结果也反映了同样的趋势：居民消费碳排放已经大大超过了产业部门，并逐渐成为碳排放的最重要增长点（Lenzen，1998）。Bin 等（2005）研究指出，家庭的能源消费碳排放占全社会碳排放的 84%。一些学者研究认为，欧盟若要达成 2050 年的碳减排目标，居民能源消费就必须有显著的降低（Hafner，2019）。而且更重要的是，从美国和欧洲的经验看，消费者消费碳排放的总量和比重均呈现持续增加的趋势（Abrahamse 等，2005；Nishio，2010）。在这一现实背景下，欧美等发达国家的能源管理已逐步从传统的供给侧管理转向对需求侧的管理（芈凌云，2012）。

总的来说，消费者的能源消费和碳排放问题已经成为影响全球气候变化不可忽视的重要因素，严重影响着社会的可持续发展（并将持续扩大影响）。在这一现实背景和发展趋势下，促进消费者降低直接和间接能源消费，实现节能减排（包括直接和间接的节能减排）成为当前中国和国际社会的重要现实课题。②

---

① 消费碳排放是指由消费行为引发的直接或间接碳排放。消费行为对碳排放的影响一般体现在两个方面：一是因消费者日常生活中直接使用能源（电力、天然气、汽油、煤炭等消费）而产生的碳排放，即"直接消费碳排放"。如住房供暖制冷、家电使用、燃气使用、交通通勤等直接能源消耗而产生的碳排放；二是消费者所消费的产品和服务（如食品、衣服、住房等消费）在其开发、生产、交换、使用和回收的整个生命周期过程中所产生的碳排放，或者说支持消费者产品和服务消费的相应产业由于能源消耗而产生的碳排放，即"间接消费碳排放"。

② 事实上，降低能源消费，削减消费碳排放也已经是每一个公民的义务和责任。2015 年 1 月 1 日施行的《中华人民共和国环境保护法》（2014 年 5 月修订版）明确规定，"一切单位和个人都有保护环境的义务"；"公民应当增强环境保护意识，采取低碳、节俭的生活方式，自觉履行环境保护义务"；"公民应当遵守环境保护法律法规，配合实施环境保护措施，按照规定对生活废弃物进行分类放置，减少日常生活对环境造成的损害"。2015 年 11 月 16 日，环境保护部发布了《关于加快推动生活方式绿色化的实施意见》（环发〔2015〕135 号），再次强调"绿色生活方式既是个人选择，也是法律义务，使公众严格执行法律规定的保护环境的权利和义务，形成守法光荣、违法可耻、节约光荣、浪费可耻的社会氛围"。

从历史的视角看，20 世纪 70 年代可持续发展问题就开始得到国际社会的重视。但总体上说，早期的可持续发展主要着眼于生产领域，主要关注生产方式的变革，消费领域和消费者责任并没有得到应有的重视。这导致生产领域的努力成果往往被消费的急剧增长或不可持续的消费所抵消。20 世纪八九十年代，消费的"下游效应"和"反弹效应"逐渐受到重视，国际社会开始反思"重生产、重技术、轻消费"的局限（李慧明等，2008）。越来越多的国家和国际组织开始关注消费行为的引导和消费模式的变革，作为与可持续发展相适应的可持续消费（Sustainable Consumption）模式在全球范围内开始被提上日程。1992 年，联合国环境与发展会议通过的具有里程碑意义的重要文件《21 世纪议程》，明确指出全球环境持续恶化的主要成因是不可持续的消费和生产形态。为此，需要改变消费形态，制定鼓励改变不可持续消费形态的国家政策和战略。1994 年，联合国环境规划署发表《可持续消费的政策因素》报告，首次明确了"可持续消费"概念，即"提供服务以及相关的产品以满足人类的基本需求，提高生活质量，同时使自然资源和有毒材料的使用量最少，使服务或产品在生命周期中所产生的废物和污染物最少，从而不危及后代的需求"。2002 年，联合国召开了"可持续发展世界首脑会议"，指出"根本改变社会的生产和消费方式是实现全球可持续发展所必不可少的。所有国家都应努力提倡可持续的消费形态和生产形态"。加强对消费者消费模式的引导和干预，改变不可持续消费模式，成为可持续发展领域的一个重要课题。

虽然目前中国消费者的绿色消费意识不断增强，但这并不意味着消费者真正去购买绿色产品（高键和盛光华，2017）。消费者在实际生活中的不可持续消费行为模式仍旧非常普遍，不利于人类社会的可持续发展（Princen，2002）。① 特别是中国的绿色消费还远远没有深入人心，消费者在现实生活中的绿色消费意识比较淡薄（韦庆旺和孙键敏，2013）。此外，消费者在绿色消费行为上往往表现出言行不一的现象（王财玉等，2017；Odou 等，2019）。根据 2019 年 6 月生态环境部环境与经济政策研究中心发布的《公民生态环境行为调查报告（2019 年）》，消费者在绿色消费、垃圾分类、监督举报和环保实践等领域仍旧存在"高认知度、低践行度"现象，生态环境行为还有较

---

① 可持续发展的概念由世界环境与发展委员会 [World Commission on Environment and Development，亦被称作布伦特兰委员会（Brundtland Commission）] 于 1987 年提出，它要求当代人应该在不削减后代人生活需求的情况下满足自己当下的需求（Brundtland，1987）。

大提升空间。其中，超五成（56.2%）受访者在购物时未能经常自带购物袋，超四成（45.8%）受访者认为自己在"选购绿色产品和耐用品、不买一次性用品和过度包装商品"行为上做得一般，近八成（79.6%）受访者未能经常改造利用、交流捐赠或买卖闲置物品。再加上对自身利益的考虑以及面子意识导致的铺张浪费，导致资源浪费现象比比皆是（吴波，2014），既造成了巨大资源能源浪费，也对生态环境造成了惊人破坏。

虽然环境方面的技术研发、保护系统和经济政策对中国可持续发展都有很重要的作用，[①] 但如果消费者的消费行为模式没有发生显著的改变，生产端或供给侧的努力必然被消费端或需求侧的急剧增长或不可持续消费所抵消（Peattie，2010）。谢颖和刘穷志（2018）指出，可持续性消费政策如果仅仅强调资源利用的效率提高和技术创新，通过技术方案和市场途径实现，那么它无法保证生态、环境、资源、社会和经济的可持续消费发展。相反，强硬的可持续消费政策要求进行社会变革，强调生产和消费环保产品，寻求解决消费的公平公正，实行能源消费的总量限制，只有这样才能避免可持续消费的反弹效应。湛泳和汪莹（2018）认为，绿色消费已成为新时代消费发展的大趋势，它是对传统消费模式的扬弃，引导人们注重可持续发展，是中国消费模式升级的重要体现。甚至有学者认为应当将消费者视作绿色发展的股东，通过创建共享价值作为战略发展路径（Nam 和 Hwang，2019）。周杨（2019）认为，全民行动、形成社会合力或社会氛围是实现绿色消费的关键。综上所述，改变现有消费模式、推进绿色消费对推动中国生态文明建设迈上新台阶、实现经济社会的可持续发展至关重要。

---

① 盛光华等（2017）指出，从供给侧促进绿色消费是中国经济新常态下形成新供给、新动力的重要途径之一。从企业发展角度来看，承担企业社会责任、开展绿色营销也成为提高自身市场竞争力的重要手段（王娜等，2017）。以酒店服务为例，Kularatne 等（2019）研究发现践行环保理念的酒店能够提升 46.8%~71.5%的效能。通过倒逼企业进行供给侧结构性改革，如通过大数据、信息技术、物联网、云平台等高新技术助力消费行为绿色化，建立起产品信息追溯机制，并加强产品生产、物流、品牌等信息的数字化建设，通过便民化服务、扫码服务等创新技术运用使消费者可以方便查看消费产品/服务的全面信息、链条信息（李桂花和高大勇，2018）。

第二节　研究意义和研究目的

一、本书的研究意义

绿色消费是以节约资源和保护环境为特征的消费行为，主要表现为崇尚勤俭节约，减少损失浪费，选择高效、环保的产品和服务，降低消费过程中的资源消耗和污染排放。它是绿色发展理念指导下的一种新型消费模式（湛泳和汪莹，2018）。一般来说，消费者是价值最大化的追求者，其购买决策与动机源于产品或服务满足其价值需求的能力（白凯等，2017），因此消费者购买特定产品或服务时会评估产品或服务给自身带来的利益和成本。而绿色消费的受益者往往不仅仅包括消费者自身，还包括社会、其他消费者或者地球，并且消费者在促成社会、他人益处的同时也给自己带来了成本（如额外的时间、增加的努力、行为的改变等），所以绿色消费的心理机制与其他消费行为必然会有所差异（吴波等，2016），价格高低的影响作用将大大下降（盛光华等，2019），态度、认知、情感等心理因素的影响作用则大大提高，这也是绿色消费行为区别于其他消费行为的一大特点。

一般来说，启动和促进行为决策的路径可以分为两种：理性路径和情感路径。休谟（2011）指出，"理性，由于冷漠而又超然，因而不是行为的动机，它仅仅通过给我们指明到达幸福或避免痛苦的手段而引起我们出自欲望或爱好的冲动。而情感，由于它产生快乐或痛苦并由此构成幸福和苦难，因而就能变成行动的动机，是欲望和意欲的第一源泉和动力"。事实上，很多研究均表明，相对理性因素来说，情感因素往往对行为有更重要的影响（Han等，2007）。根据 Lench（2009）的研究，情感会影响一个人的意识，在两难情境下左右其行为的决策。情感启发式（Affect Heuristic）认为个体头脑中物体和事件的表征会激起不同水平的情感体验并形成情感池（Affect Pool），情感池会对所有的表征做出积极或消极的标记，最终使个体有意识或无意识地基于自己对选项的主观情感标记来做出决策（Slovic 等，2007）。斯密（2017）指出，我们的行动由内心的情感所决定，情感还决定其善恶是非的性质。而且，与西方文化更偏向理性、物理相对应，东方文化更偏向情感、情理（何佳讯，2008）。古人云"道始于情"，忽视了情感因素，不可能有效理解中国人的行为模式及其心理过程。

情感（Affection）是个体对客观事物是否满足自己的需要而产生的态度体验。① 客观事物符合需要，个体就会呈现欢迎的态度，从而体现为喜爱、喜悦、愉快、快乐、高兴的情感；不符合需要，个体就会呈现拒绝的态度，从而体现为沮丧、讨厌、憎恨、愤怒、鄙视的情感。相应地，绿色情感或环境情感（Environmental Affection）是个体对环境问题或环境行为是否满足自己的需要而产生的态度体验。② 它既可能是积极、肯定的态度反映（如热爱、赞许、自豪等），也可能是消极、否定的态度反映（如担忧、羞耻、厌恶等）。忽视了个体对环境问题或环境行为的情感（即绿色情感）不可能有效地促进消费者实行绿色消费行为。并且已有学者通过实证研究证实，情感因素对绿色消费的影响效应显著高于认知因素（Meneses，2010；王汉瑛等，2018）。由此，在绿色消费领域，消费者的情感是否会影响其行为，如何激发绿色消费情感以促进其绿色消费行为，这是绿色消费和可持续发展领域亟待解决的基础理论课题。

（一）理论意义

本书研究的理论意义至少体现在如下三个方面：①引入混合研究方法，从质性研究和量化研究的双重视角深化对绿色情感作用机理的认识，完善绿色消费行为决策过程研究的理论和方法体系。本书首次引入混合研究方法对绿色消费的情感—行为模型进行了系统性研究，先以质性研究探索性提出绿色消费的情感—行为模型假说，再以量化研究进一步验证了这一模型假说，丰富了绿色消费研究的范式。②为推进绿色消费行为决策过程的情感路径研究拓展分析视野，丰富分析范式（从微视角描绘绿色消费行为决策过程，分析多维度绿色情感的差异化作用）。且本书前瞻性地基于中国文化背景和社会

---

① 这里需注意的是，尽管情感和情绪都是个体对客观事物的态度体验，但是情感与情绪不同。情绪更倾向于个体基本需求欲望上的态度体验，情感则更倾向于社会需求欲望上的态度体验（孟昭兰，2005；杨峻岭，2013）。情绪是随机的，它与特定情境、心情联系，具有情境性、机动性、暂时性和外显性。而情感相对稳定，它反映了个人的心理态度，具有稳定性、持久性、深刻性和内隐性。

② 环境问题的范畴很广，既包括地震、洪涝、干旱、台风、山体滑坡、泥石流等原生环境问题（主要由自然灾害导致的环境问题），还包括能源资源短缺、淡水危机、土地荒漠化、固体废弃物污染、有毒化学物质污染、生物多样性减少、全球气候变化等次生环境问题（主要由环境污染和环境破坏导致的环境问题）。由此，一般意义上的绿色情感或环境情感概念非常宽泛。本书中的绿色情感或环境情感概念主要是针对特定的环境问题（碳排放和全球气候变化）和相应的环境行为（如减少消费碳排放的绿色消费行为）而言，它属于狭义上的绿色情感或环境情感范畴。

特征,从情感视角探究有效推进绿色消费行为的内生动力,从而影响绿色消费决策过程和行为转化,为推进绿色消费研究拓展了分析视野。③为洞察绿色情感对绿色消费行为决策过程影响的真实效应提供第一手基础数据,且以大量数据资料和不同分析方法相互佐证确保了研究结论的科学性和可靠性,为互联网时代在绿色消费政策中普遍应用情感策略提供理论支撑和经验证据。

(二) 现实意义

本书将为政府相关部门设计和有效实施绿色消费策略以转变消费行为模式提出针对性的政策思路和实施路径、具体策略。本书有助于相关企业、政府部门和社会第三方机构制定有效的绿色消费行为促进策略,从而塑造消费者的绿色消费习惯或生活方式,降低人类活动对环境带来的负面影响,具有显著的经济效益、社会效益和生态效益。具体来说,本书的现实意义体现在如下三方面:

(1) 经济效益。本书对于绿色产品企业了解消费者的绿色消费情感和行为,制定针对性的营销策略具有重要的经济价值。目前多数国内企业尚未真正认识到绿色情感的重要性,部分企业的营销手段仍旧是停留于信息认知层面,还没有从根本上依据消费者的绿色情感特征实施针对性的绿色营销。企业不但要在市场营销的过程中突出本企业产品独特的特点,更要把有效地培养消费者的绿色消费情感作为长久之计。本书将有助于相关企业聚焦于绿色产品的有效诉求点,提升市场营销的效果,降低市场营销费用,促进绿色产品的良性循环,加快绿色消费市场的形成。

(2) 社会效益。一般而言,情感对人们的行为具有强大的驱动作用。换言之,绿色消费情感可以直接促进消费者的绿色消费行为。从这点来看,在明确了绿色消费情感对行为的作用机理以后,政府就可以更有效地引导非政府组织以及企业组织开展多种多样的生态公益和绿色营销活动,为消费者提供丰富多彩的绿色产品体验,培养消费者的绿色消费习惯,营造绿色消费的社会氛围,形成良性循环,建设可持续发展的社会。此外,相关机构与部门也需要让消费者切实了解和感受到自然资源枯竭和环境破坏的恶果,从而激起消费者的恐惧、愤恨、悲伤等情感,以及对自然资源浪费与自然环境破坏行为的厌恶、内疚、鄙视等情感,最终促使消费者在这种体验与对话中实现绿色消费情感的升华。

(3) 生态效益。本书研究内容集中在绿色消费领域，是对消费者绿色消费行为模式的探索、研究与应用。生活方式绿色化是中国生态文明建设的一个核心内容，促进生活方式绿色化需要通过推进绿色消费来实现（高键，2018）。鉴于中国庞大的人口基数（2018年末中国大陆总人口13.95亿），如果大部分消费者的绿色消费行为能够转化为一种生活方式，使其意识到绿色消费行为不仅仅是对环境负责任的一种表现形式，更是自身情感的一种诉求，是作为公民应有的自觉行为。那么，中国消费者对生态环境所造成的压力将大大减小，消费导致地球资源枯竭的趋势也会得到有效的遏制。

二、本书的研究目的

本书专门针对绿色消费的情感和行为这两个核心范畴进行质性研究和量化分析，重点检验情感—行为模型在绿色消费领域是否成立，在此基础上探索情感对行为的影响效应及其作用机理。具体来说，本书的研究目的如下：①梳理绿色消费情感和绿色消费行为的相关文献，运用扎根理论技术分析深度访谈资料，在此基础上提出绿色消费的情感—行为模型假说；②运用系统的问卷调查和在线实验等量化分析方法验证绿色消费情感—行为模型假说的合理性与有效性，探索绿色消费情感对绿色消费行为的影响机理，推动绿色消费理论的发展；③为企业或相关机构制定绿色营销策略、提升绿色传播效果提供科学的决策依据、理论支持与可行建议，以唤起消费者绿色消费意识，激发绿色消费情感，推进绿色消费行为，缓解消费绿色化滞后于生产绿色化这一现实社会问题，推动社会绿色发展。

三、本书的研究内容

本书共分为八章，各章节具体内容如下：

第一章为导论。全球气候变化、资源耗竭、空气雾霾等环境问题已经给人类的生存和发展带来了严峻挑战，提高消费者的绿色消费意识、倡导绿色消费行为，实现节能减排成为人类自身生存和发展的客观需要，也是当前国际社会的共识。本章先分析当前环境问题（以碳排放和全球气候变化为例）的严峻形势和购买消费过程中节能减排的重要性、紧迫性，接着提出本书研究的理论意义和现实意义、研究目的和研究内容、研究方法和技术路线、研究特色和主要创新。

第二章为绿色消费的情感—行为相关研究述评。本章对目前国内外学者在绿色消费行为、绿色消费情感以及两者之间的关系研究进行系统梳理与评述。具体而言，先回顾和综述绿色消费行为的概念、操作性定义、分类及其主要影响因素；再回顾和综述绿色消费情感的概念、操作性定义、分类以及它在绿色消费中所涉及的主要维度；接着回顾和综述绿色消费情感对绿色消费行为的影响作用；最后对现有研究的进展和不足进行简要评价。本章内容为后续的理论假设和模型建立提供了坚实的文献与理论基础。

第三章为情感—行为模型假说的质性研究。本章为本书的探索性研究部分，主要通过质性研究方法对绿色消费情感和绿色消费行为这两个核心范畴及其相互关系进行探索性分析。通过对30名典型消费者的深度访谈获得第一手资料，运用扎根理论技术对访谈资料进行分析，挖掘绿色消费情感和行为可能的内部结构，以及它们之间可能存在的影响关系。本章依次介绍了质性研究设计、资料收集方法、扎根理论技术和访谈资料的三级编码过程（开放式编码、主轴编码和选择性编码），在此基础上构建绿色消费的情感—行为模型假说（探索性模型）。

第四章为情感—行为模型的问卷调研检验。本章为本书的一个核心内容。先提出本书的概念模型以及具体的理论假设，接着介绍调研数据的来源、调研过程以及样本的特征。再基于调研数据对相关潜变量进行验证性因素分析，依次构建潜变量全相关模型、原始模型进行模型分析。接下来，通过对 AMOS 22.0 所构建的结构模型分析得到各个外生潜变量对绿色消费行为的影响效应，挖掘绿色消费情感对绿色消费行为的作用机制，随后对这一路径分析结果进行了模型稳定性分析和统计功效检验。通过 Smart PLS 2.0 构建基于偏最小二乘法结构方程模型对赞赏感、愧疚感、自豪感和厌恶感与绿色消费行为之间的关系进行了分析，最后对结构方程模型分析结果的稳定性和可靠性进行了评估与验证。

第五章为情感—行为模型的在线实验检验。本章是本书的另一个重点内容。本章基于情感行为反应理论和购买决策过程理论，提出了"绿色情感诉求—行为决策过程"的理论模型假设。以节能环保冰箱的购买决策过程为例进行实验设计并设计出测量量表，通过网络在线实验收集一手数据（4×2个实验组，共400个有效被试），运用方差分析模型和阶层回归模型考察不同绿色情感诉求对绿色消费决策过程的影响效应和作用机理，分析绿色情感诉求的主效应,重点探究正面情感诉求和负面情感诉求之间的差异,分析广告态度和感知价值的中介效应,并测度绿色涉入度和儒家价值观在模型中的调节效应。

第六章为情感—行为模型研究的结论和启示。本章基于前文质性研究、问卷调查研究（CB-SEM 分析和 PLS-SEM 分析）和网络在线实验研究,对情感—行为模型研究的结果进行深层次解读,总结出主要研究结论。在此基础上总结出绿色消费的情感—行为模型（最终模型）,并进行相应的理论阐释。最后讨论绿色消费情感—行为模型的管理启示,提出情感—行为模型的进一步思考——绿色信息传播的基本思路。

第七章为以情促行的实施路径和具体策略。激发消费者的绿色消费情感是启动和促进绿色消费行为一条更有效的路径。如何激发消费者对绿色消费的情感以启动和促进相应的绿色消费行为,这是理论界和实践人士需要高度重视的课题。为此,本章进一步分析以情促行的实施路径和具体策略。主要包括积极培育消费者对自身绿色消费的自豪感,大力培养消费者对他人绿色消费的赞赏感,适度激发消费者对自身非绿色消费的愧疚感,尽量触发消费者对他人非绿色消费的厌恶感,有效提升消费者对美好生态环境的热爱感,充分唤醒消费者对环境污染问题的忧虑感六个方面。

第八章为研究局限和未来展望。一方面总结本书在研究方法、实验对象、研究数据、分析工具等方面的研究局限,同时梳理绿色消费的情感和行为及其相关关系规律的进一步研究方向;另一方面基于笔者近十多年对绿色消费的研究,结合中国推进绿色消费过程中的实际问题,展望推进绿色消费中需要进一步研究或突破的空间。

在上述八章中,第一章是全书的导论,第二章是文献述评,也是后面实证研究的基础,第三章、第四章、第五章是本书实证研究的三块主要内容,也是本书的重点和核心,第六章、第七章是全书的研究结论和管理启示,第八章是全书的研究局限和未来展望。全书研究的基本框架如图 1-2 所示。

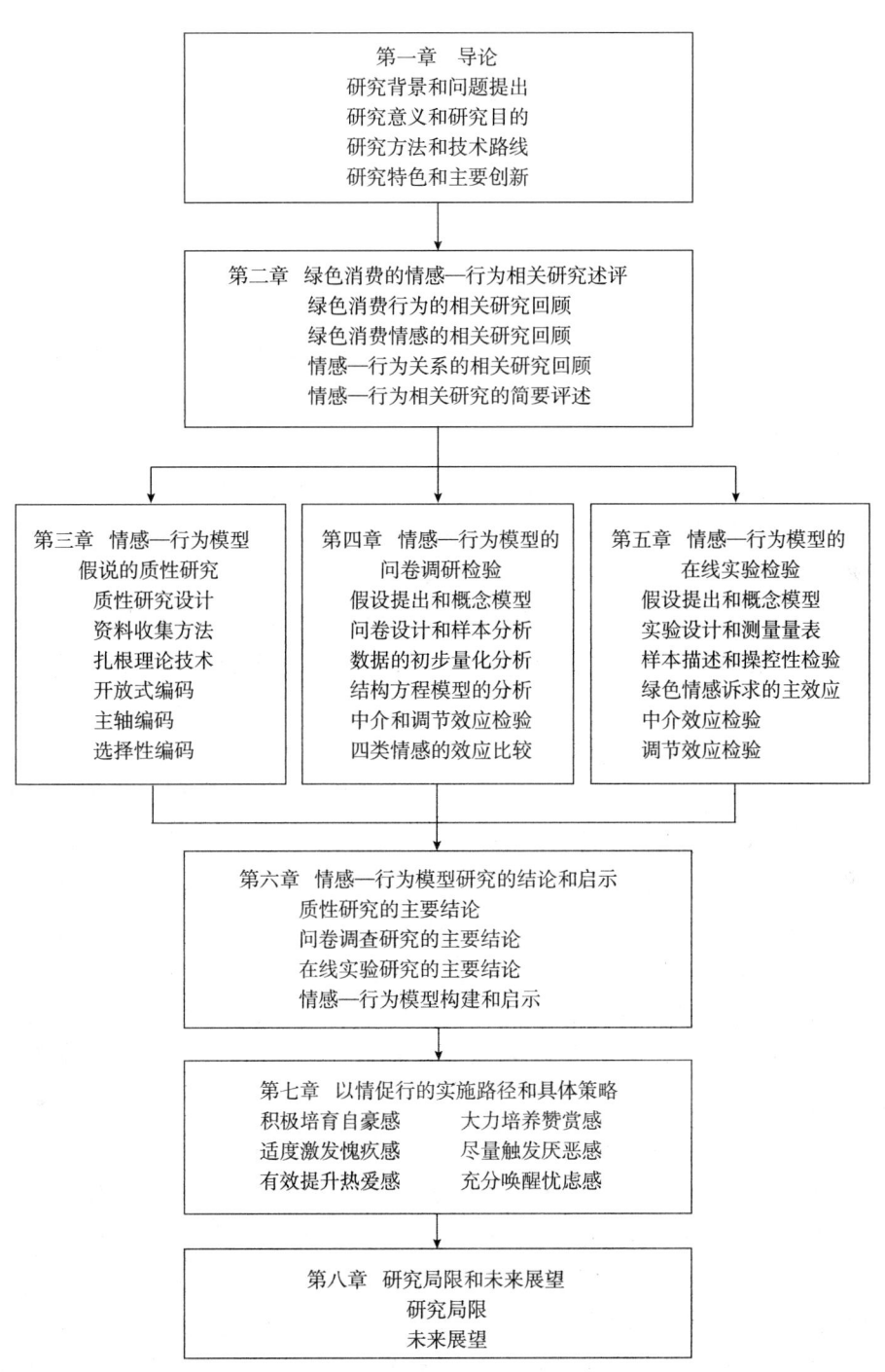

图1-2 全书研究的基本框架

第三节　研究方法和技术路线

一、本书的研究方法

本书采用质性研究和量化研究相结合的混合研究方法（Mixed Methods）。混合研究也称整合研究，是在社会科学研究中质性研究与量化研究两种研究范式的争论中产生的。陈斌（2010）指出，混合研究方法使用多种数据收集方式，多种分析方法，多个数据来源，多个分析人员和多个研究理念，采用三角验证（Triangulation）以确保研究的有效性。当然，这里三角验证的目的不是用不同的数据来源或调查方式获得同一结果，而是验证数据或结果的一致性。朱迪（2012）通过对消费模式的研究也证实混合研究方法可以丰富和深化研究结论，并能通过代表性样本挖掘消费生活的复杂性和多面性。原长弘和章芬（2014）指出，混合研究方法属于第三次研究方法运动，它结合定性研究与定量研究两类方法，能帮助研究者对各种现象产生丰富的理论洞见，是单独使用定性或定量方法不能实现的。臧雷振（2016）认为，混合研究方法是将定性研究方法和定量研究方法元素（如定性和定量结合的观点、数据收集、分析、归纳和推断的方法等）综合起来，从广度和深度上加深对研究问题的理解，确保研究方法的系统协同性。我们以为，混合研究方法整合质性研究和量化研究两者优势，使质性研究和量化研究两者的数据资料和分析结果相互佐证（即三角验证），可以提高研究结果的鲁棒性，从而更全面地测度解释变量对结果变量的影响效应，并对作用机理进行深入解析、深度诠释。具体而言，本书在混合研究方法视角下运用的具体研究方法有六种。

（1）文献研究法。通过收集绿色消费行为和绿色消费情感的大量文献（包括中英文硕博士论文、期刊论文、公开出版著作等），同时整理国内外绿色消费实践的发展现状文献，提出相应的假设和概念模型。主要文献有如下几部分：绿色消费情感的概念、操作性定义及其常见类别等；绿色消费行为的理论定义及其反映型指标和操作性定义；绿色消费行为的影响因素及其内在机制理论；绿色消费的情感—行为影响关系及其作用机理；等等。通过对国内外现有研究文献的广泛阅读，为后续进一步研究奠定基础。

（2）深度访谈法。本书通过对代表性消费者进行深度访谈（Depth Interview）来收集质性研究所需的第一手资料。访谈对象的选择采取理论抽样（Theoretical Sampling）的方法，按照分析框架和概念发展的要求抽取具体访谈对象。对抽取的30名受访者，我们使用非结构化问卷（开放式问卷）对其进行面对面访谈，或通过QQ聊天工具进行网络在线访谈。面对面访谈时我们征得受访者同意后对访谈过程进行了录音，访谈结束后再将录音文件整理转化为文本资料。网络在线访谈后，我们基于聊天记录整理出文本资料。由此获得受访者绿色消费情感、行为的深层次特征。

（3）扎根理论法。扎根理论是建构理论的一种科学方法。对于探索性的、低度发展的、不完全清晰的理论议题，更适合扎根理论方法。绿色消费的情感—行为模型研究属于探索性、低度发展的理论议题，借助扎根理论方法来揭示这一研究问题是非常适宜的。本书运用扎根理论技术对访谈资料依次进行开放式编码、主轴编码和选择性编码，明确绿色消费行为研究中的核心范畴，形成故事线，提炼出绿色消费情感和绿色消费行为相互作用的理论雏形。

（4）问卷调研法。本书以节能环保的白色家电（空调、电冰箱和洗衣机）为例，按照预试—分析—修改—再试的流程进行调研问卷设计，接着实行面对面的现场调研，现场发放问卷并及时回应受访者提问，在这一过程中从视觉和听觉角度观察和了解受访者（消费者）所表达意愿的真实性。共获得了927个相关样本数据（包括受访者的人口统计变量、绿色消费情感和绿色消费行为），接着综合运用基于协方差的结构方程模型和基于方差的结构方程模型，对绿色消费情感和绿色消费行为的关系进行验证。

（5）在线实验法。实验研究强调在真实、自然环境中，通过对多个行为变量变化以评估它对一个或多个政策变量的效应。本书以节能环保冰箱的购买决策过程为例，通过双因素被试间实验设计（Between-subjects Design）这一实验设计方案，基于网络在线实验收集一手数据（4×2个实验组，共400个有效被试），运用方差分析模型和阶层回归模型考察不同绿色情感诉求对绿色消费决策过程的影响效应和作用机理，重点探究正面情感诉求和负面情感诉求之间的差异，并测度绿色涉入度和儒家价值观在模型中的调节效应。

（6）统计分析法。本书综合运用SPSS、AMOS、SAS和Smart PLS 2.0等统计分析软件进行量化分析，通过SPSS 22.0对调研问卷进行信效度分析，并对绿色消费情感和绿色消费行为进行因子分析；使用AMOS 22.0进行结构方

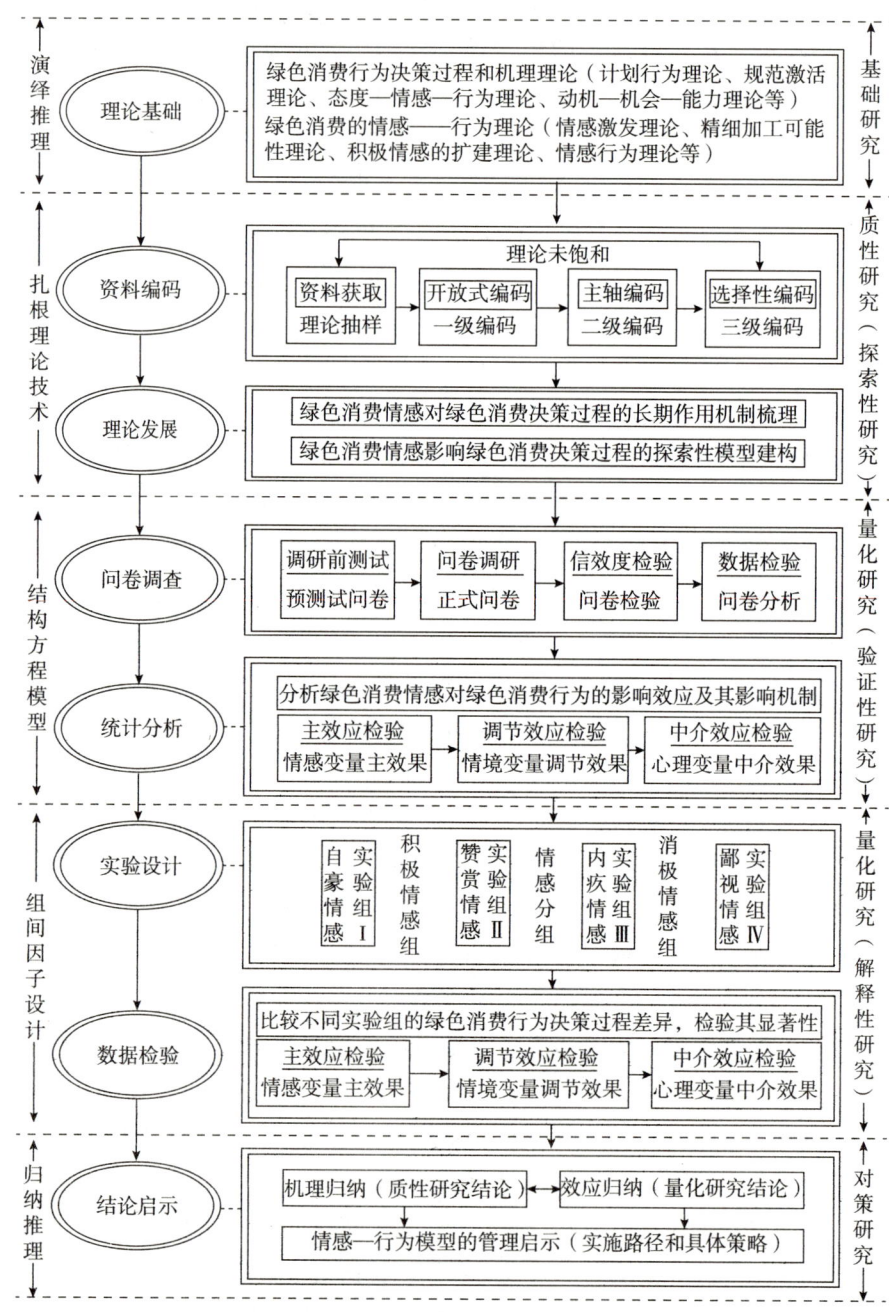

图1-3 技术路线

资料来源：笔者绘制。

程模型的最大似然估计（Maximum Likelihood Estimation，MLE），挖掘绿色消费情感和绿色消费行为之间的关系；使用 SAS 9.2 对基于协方差的结构方程模型的整体统计功效估计；使用 Smart PLS 2.0 构建基于方差的结构方程模型（或称偏最小二乘法结构方程模型），挖掘出不同维度绿色消费情感对不同维度绿色消费行为的影响差异。

二、本书的技术路线

综合前文的研究思路及研究方法，本书的研究技术路线如图 1-3 所示。

第四节 研究特色和主要创新

一、本书的研究特色

（1）采用混合研究方法，从质性研究和量化研究的双重视角深化对绿色消费的情感—行为关系机理的认识，完善了绿色消费决策过程研究的理论和方法体系。质性研究方面，本书基于理论抽样法选取消费者进行深度访谈，基于扎根理论技术对访谈资料进行开放式编码、主轴编码和选择性编码；量化分析方面，通过大规模的现场问卷调研和网络在线实验获取绿色消费行为相关的数据，依次构建基于协方差的结构方程模型和基于方差的结构方程模型对数据进行了深入分析，并对理论假设和概念模型进行了检验。多种方法有机结合，相互佐证，规避了单一研究方法的局限，确保了研究结论的可靠性。

（2）在混合研究的具体数据分析过程中运用多种分析软件工具，充分发挥各类分析（辅助）软件所长，这些软件包括 Nvivo 10、SPSS 22.0、R 3.2.2、SAS 9.2、AMOS 22.0 和 Smart PLS 2.0。其中，Nvivo 10 用于质性分析材料的组织及整理，SPSS 22.0 用于问卷调研数据的分析以及随机样本的抽取以及实验数据的分析，SAS 9.2 和 R 3.2.2 用于最小样本需求量的估计，SAS 9.2 用于对基于方差的结构方程模型样本充足性进行检验，AMOS 22.0 用于构建基于协方差的结构方程模型，Smart PLS 2.0 用于构建基于方差的结构方程模型。这些工具构成本书的软件工具系统，有效辅助数据资料的分析与研究结论的形成。

二、本书的主要创新

（1）提出并验证了绿色消费的情感—行为双因素假设。过去的绿色消费行为研究往往把认知类变量（而非情感类变量）作为主要影响因素，而少数将情感作为主要影响因素的研究又鲜有考量绿色消费行为的内部结构，粗略地把绿色购买行为等同于绿色消费行为，忽视了抵制绿色产品这种行为表现模式。本书以绿色消费情感和绿色消费行为作为分析对象，根据情感效价将绿色消费情感划分为积极情感和消极情感，基于行为的外部性特征将绿色消费行为划分为购买绿色产品行为和抵制非绿色产品行为，在一定程度上弥补了该研究领域的不足。

（2）构建并检验了绿色消费的情感—行为模型。本书通过对现有研究的系统回顾以及扎根理论的质性分析，构建了绿色消费的情感—行为模型假说（概念模型），并通过基于协方差的结构方程模型以及基于方差的结构方程模型分析证实了该模型假说的科学性和稳定性，在此基础上构建了绿色消费的情感—行为模型（最终模型）。本书通过剖析不同维度的绿色消费情感对不同维度的绿色消费行为所带来的不同影响效应，探索了它们之间的内在作用规律，在一定程度上弥补了该研究领域的不足。

（3）测度了绿色情感诉求对绿色消费行为决策过程的影响效应和作用机制。本书通过网络在线实验研究测度了绿色情感诉求对绿色消费行为决策过程的影响效应，发现并诠释了广告态度和感知价值在购买决策过程中的中介作用，丰富了对绿色情感诉求及其作用机制的认识。特别是本书检验了绿色情感诉求中正能量诉求和负能量诉求之间的效果差异，揭示了负能量诉求不如正能量诉求的客观现实。并基于中国文化背景和社会特征探索了绿色涉入度和儒家价值观的调节效应，解释了内外部情境变量的调节机理，推动了绿色情感和绿色消费的本土化理论研究。

三、本书的基本观点

（1）绿色消费情感具有显著的二维特征，即绿色消费情感可以归纳为双因素四维度。可见，Watson等（1985）对情感的二维划分法对绿色消费情感也同样适用。在绿色消费领域，消费者同样倾向于积极、美好的情感，而非消极、使自己不愉快的情感。此外，从情感的对象看，绿色消费情感可分为对他人购买的情感（赞赏感、厌恶感）和对自身购买的情感（自豪感、愧疚感），这同样体现出鲜明的二维特征。

（2）绿色消费行为可分为"有所为"和"有所不为"两种境界，即分为"购买绿色产品"和"抵制非绿色产品"两个维度。消费者"购买绿色产品"和"抵制非绿色产品"均可视为绿色消费行为的表现。前者是消费者购买绿色产品种类或数量的增加，后者是消费者购买非绿色产品种类或数量的减少；"购买绿色产品"能增加行为的正外部性，"抵制非绿色产品"能减少行为的负外部性。

（3）绿色消费情感可以激发个体行为动机，促成绿色消费行为，最终走出"知易行难"困境。与认知相比，绿色消费情感具有持久性、深刻性、稳定性、高卷入性。多数消费者对绿色消费并非缺乏感知或认识，而是这种感知或认识未能配合相应的情感反应或情感共鸣，这导致他们的感知和认识未能有效地转化为动机和行为。进一步说，"知易行难"的背后实质上是"知强情弱"。

（4）绿色消费情感通过影响动机的强度、方向和持续性，从而促成绿色消费行为。绿色消费情感对绿色消费行为的影响作用主要体现为三方面：绿色消费情感对绿色消费行为具有激活和启动作用，绿色消费情感对绿色消费行为具有组织和调整作用，绿色消费情感对绿色消费行为具有维持和强化作用。激发消费者的绿色消费情感是启动和促进绿色消费行为的一条有效路径。

（5）不同维度情感对不同维度行为的影响效应差别较大。积极情感对绿色消费行为的影响效应大于消极情感，绿色消费情感（无论是积极情感还是消极情感）对"购买绿色产品行为"的影响效应大于其对"抵制非绿色产品行为"的影响效应，自豪感对"购买绿色产品行为"和"抵制非绿色产品行为"的促进作用最大，赞赏感对"购买绿色产品行为"几乎没有直接的影响效应。

（6）相对消极情感来说，积极情感能更有效地推动绿色消费行为及其决策过程。积极情感更有助于拓展人们的注意、认知与行为范围，使个体更有效地做出更恰当的行动决策，并具有长期持续地增强个人资源的效应。与之相对，消极情感会让个体产生回天无力的感觉（削弱个体控制感），进而容易使人产生"破罐子破摔"的动机，这种负面能量削弱了它对行为决策的推动作用。

（7）绿色消费中的"有所为"决策相对"有所不为"能更显著地响应绿色情感。即绿色情感对"购买绿色产品"的影响力大于其对"抵制非绿色产品"的影响力。理性、刚性的手段（如法律、惩罚）更容易促进消费者"少做坏事"；感性、柔性的手段（如情感、道德）则更容易促进消费者"多做好事"。在绿色消费中，相对于阻止消费者"做坏事"来说，情感更能促进消费者"做好事"。

（8）情感—行为关系路径受消费者与情感对象间心理距离的调节作用。对他人的绿色情感与个体间的心理距离相对较远，相应的情感往往容易呈现出麻木、沉睡或休克，故而其对行为决策过程没有产生应有的启动和促进作用。与之相对，对自身的绿色情感与个体间的心理距离相对更近，相应的情感更容易被激活或唤醒，故而其对行为决策过程能产生更大的启动和促进作用。

（9）绿色广告态度和绿色感知价值在绿色情感诉求—行为决策模型中扮演重要中介作用。心理意识变量的多重中介效应检验结果显示，绿色广告态度和绿色感知价值两维度的中介作用显著，且为部分中介（而非完全中介）。可见，激发绿色情感可以有效地提高其绿色广告态度和绿色感知价值，最终促进其绿色消费行为决策（包括购买绿色产品和抵制非绿色产品两维度）。

（10）绿色涉入度、儒家价值观对情感—行为决策模型部分路径存在显著调节作用。以绿色涉入度为例，它对绿色价值感知—行为决策路径有显著的调节作用，而绿色涉入度对其他路径却不存在显著的调节作用。这表明对于高绿色涉入度和低绿色涉入度的消费者来说，绿色情感对绿色消费动机、绿色价值感知，以及绿色消费动机对行为决策的影响效果无差异。

（11）绿色情感诉求中传递"正能量"更能产生积极效果，即相对于负面情感诉求（负能量）来说，正面情感诉求（正能量）对购买决策过程的影响效应更显著。且绿色情感诉求对绿色消费决策过程的作用不受消费者与情感对象间心理距离的影响，即自豪诉求和赞赏诉求的影响效应没有显著差异，内疚诉求和鄙视诉求的影响效应也基本没有显著差异。

（12）不同情境特征消费者对绿色情感诉求的购买决策过程不同。对高绿色涉入度、高儒家价值观消费者来说，绿色情感诉求对其绿色消费决策过程的作用更显著。此外，广告态度和感知价值能显著中介绿色情感诉求对购买意向的影响。且广告态度的中介效应更大，中介路径也更重要；绿色涉入度和儒家价值观两情境变量对感知价值—购买意向这一间接路径存在正向调节作用。

（13）激发绿色情感是促进绿色消费行为决策的有效路径，即以情促行——拨情感之弦，促绿色之行。由此，可以运用诗歌、音乐、图片、短片等多样化形式更多地传达感动、触动等情感元素；通过榜样、标杆、典范等措施激发消费者对绿色消费的自豪感、赞赏感；通过体验式、情境化措施激发消费者对非绿色消费的羞耻感、愧疚感；等等。

第二章

绿色消费的情感—行为相关研究述评

本章对目前国内外学者在绿色消费行为、绿色消费情感以及两者之间的关系研究进行系统梳理与评述。由于绿色消费研究涉及多个学科（如社会学、心理学、管理学和经济学），因此在二十余年绿色消费研究中，学者的分析角度、概念的界定方式不尽一致，研究所涉及的理论、模型覆盖面广且非常复杂。本章主要从绿色消费行为和绿色消费情感的定义、分类和影响因素切入，接着对绿色消费的情感—行为相互关系进行回顾和评述。具体而言，本章首先回顾和综述绿色消费行为的概念、操作性定义、分类及其主要影响因素；其次回顾和综述绿色消费情感的概念、操作性定义、分类以及它在绿色消费中所涉及的主要维度；再次回顾和综述绿色消费情感对绿色消费行为的影响作用；最后对现有研究的进展和不足进行简要评价。本章内容为后续的理论假设和模型建立提供了坚实的文献和理论基础。

第一节 绿色消费行为的相关研究回顾

一、绿色消费行为的内涵特征

绿色消费的正式兴起可以追溯到 20 世纪 80 年代后期，英国率先掀起"绿色消费者运动"，随即席卷欧美主要发达国家。"绿色消费者运动"旨在呼吁消费者购买消费有益于环境的产品，同时也进一步促使生产者转向生产制造有益于环境的产品。1992 年，联合国环境与发展会议通过《21 世纪议程》，明确指出消费问题是环境危机问题的核心。全球环境持续恶化的一个主要成因是不可持续的消费形态。为此，需要改变消费形态，制定鼓励改变不可持续消费形态的国家政策和战略。1994 年，联合国环境署（UNEP）发表

《可持续消费的政策因素》报告，首次提出"可持续消费"概念，即"提供服务以及相关的产品以满足人类的基本需求，提高生活质量，同时使自然资源和有毒材料的使用量最少，使服务或产品在生命周期中所产生的废物和污染物最少，从而不危及后代的需求"。1994年，联合国召开"可持续消费专题研讨会"，也重申上述可持续消费的概念，并指出"对于可持续消费，不能孤立地理解和对待，它连接着从原料提取、预处理、制造、产品生命周期到影响产品购买、使用、最终处置诸因素等整个连续环节中的所有组成部分，而其中每一个环节的环境影响又是多方面的"。2002年，联合国召开"可持续发展世界首脑会议"，通过《约翰内斯堡可持续发展宣言》和《可持续发展问题世界首脑会议执行计划》。强调"消除贫困、改变消费和生产方式，保护和管理经济与社会发展所需的自然资源是可持续发展中心目标，也是可持续发展的根本要求"。指出"根本改变社会的生产和消费方式是实现全球可持续发展所必不可少的，所有国家都应努力提倡可持续的消费形态和生产形态"。

在相关研究文献里，绿色消费行为（Green Consumption Behavior）时常被简称为绿色消费（Green Consumption），它往往与绿色购买行为（Green Purchase Behavior）或绿色购买（Green Purchase or Green Buying）、亲环境消费（Pro-environmental Consumption）、生态购买（Ecological Purchase）、环境类消费（Environmental Consumerism）、生态消费（Ecological Consumption）、可持续消费（Sustainable Consumption）、可持续购买（Sustainable Purchase）、生态友好型购买（Eco-friendly Purchase）、生态友好型消费（Eco-friendly Consumption）、环境友好型消费（Environmentally Friendly Consumption）、环境影响消费（Environmentally Significant Consumption）、环境负责消费（Environmentally Responsible Consumption）、环境负责购买（Environmentally Responsible Purchase）、生态负责消费（Ecologically Responsible Consumption）、关心环境的消费者行为（Environmentally Conscious Consumer Behaviour）和关心生态的消费者行为（Ecologically Conscious Consumer Behavior）相近或等价并常常被混合使用。为了简明起见，本书在文献回顾和实证分析过程中统一采用"绿色消费行为"这一术语，忽略不同术语之间的细微区别。①

---

① 在有些情况下，上述术语会是上位概念和下位概念的关系。以绿色消费行为和绿色购买行为为例，前者一般作为后者的上位概念，然而很多学者在实证分析中只调研了样本的购买行为，并未涉及绿色消费的其他表现。因此，本书并未有意去区分绿色消费、绿色购买、碳减排行为、低碳消费等概念，而是着眼于它们的共同之处进行论述，这样有利于读者更全面地了解绿色消费行为研究领域的发展。

对于绿色消费行为的基本内涵，国际专家通常把绿色消费行为概括为5R，即节约资源、减少污染（Reduce），绿色消费、环保选购（Reevaluate），重复使用、多次利用（Reuse），分类回收、循环再生（Recycle），保护自然、万物共存（Rescue）（诸大建，2015）。Elkington和Hailes（1988）在《绿色消费者指南》一书中将绿色消费行为定义为避免使用以下六大类商品的消费模式。具体包括：①危害到消费者和他人健康的商品；②在生产、使用和丢弃时，造成大量资源消耗的商品；③因过度包装，超过商品本身价值或过短的生命期而造成不必要浪费的商品；④使用出自稀有动物或自然资源的商品；⑤含有对动物残酷或不必要的剥夺而生产的商品；⑥对其他国家尤其是发展中国家有不利影响的商品。Mainieri（1997）将绿色消费行为视作一种购买和消费对环境有利（Benign）产品的行为；美国环境组织（United Nations Environment Programme）将绿色消费行为界定为一种包含了许多关键性问题的消费者行为，譬如满足需求、提升生活品质、提高效率、减少浪费、引入生命周期的观念、公平性考量、顾及当代人和后代、持续降低环境损害和对人类健康的威胁等；黎建新等（2010）认为，绿色消费行为是消费者购买产品时会把产品的环保属性纳入购买影响因素中，进而产生的一种购买活动；张连刚（2010）则定义绿色消费行为是消费者在购买决策过程中综合考虑资源利用、资源效率和环境保护等因素，以完全没有或者较少危害人类生存环境为导向，优先选购绿色产品的行为；万后芬（2006）指出，绿色消费也称可持续消费，是指一种以适度节制消费，避免或减少对环境的破坏，崇尚自然和保护生态等为特征的新型消费行为和过程。杨爱杰和芦荣（2015）从价值观入手认为，绿色消费不仅包括节约的生活方式和消费理念，同时还包括尊重自然、珍惜生命、追求天人合一的生态伦理道德等，该论断丰富了绿色消费在精神层次上的内涵。吴芸（2015）从目标导向视角定义绿色消费为树立人类与自然和谐相处、共同发展的生态理念，使绿色消费、绿色出行、绿色居住成为人们的自觉行动，按照自然、环保、节俭、健康的方式生活。贾真等（2015）从行为表现视角界定绿色消费，体现在绿色供给、绿色包装、绿色采购、绿色回收、绿色饮食、绿色服装、绿色居住、绿色交通八个方面。中国环保部（2015）界定绿色消费和绿色生活方式为全民在衣、食、住、行、游等方面向勤俭节约、绿色低碳、文明健康转变的生活方式。2016年，国家发改委等十部委在《关于促进绿色消费的指导意见》中将绿色消费界定为，以节约资源和保护环境为特征的消费行为，主要表现为崇尚勤俭节约，减少损失浪费,选择高效、环保的产品和服务,降低消费过程中的资源消耗和污染排放。Ertz 等（2018）和 Dąbrowska 等（2018）研究发现共享消费和绿色消费没有显著差异。周杨（2019）将同时坚持适度消费、循环消费和公平消费原则的行为界定为绿色消费。综上所述,研究者对绿色消费行为（倾向）的操作性定义不完全一致但本质上差异不大,具体如表 2-1 所示。从该表可以发现,研究者对绿色消费行为（倾向）的操作性定义各有侧重,但主要都是测量消费者在相关购买行为上的努力程度、可能性或者频率高低。本书对绿色消费的界定沿用国家发改委等十部委在《关于促进绿色消费的指导意见》中的定义,即以节约资源和保护环境为特征的消费行为,主要表现为崇尚勤俭节约,减少损失浪费,选择高效、环保的产品和服务,降低消费过程中的资源消耗和污染排放。①

表 2-1　各类绿色消费行为（倾向）的操作性定义汇总

编号	变量名称	来源	定义
1	生态消费行为	Roberts（1996）	个体对于购买绿色产品或抵制非绿色产品所作出的努力程度
2	购买环保产品	Follows 和 Jobbe（2000）	个体预估自己在未来购买环保产品的可能性
3	绿色消费行为倾向 绿色消费行为	Chan（2000） Chan（2001） Akehurst（2012）	未来 1 个月内,个体因为产品的绿色属性而购买绿色产品、转换原有品牌至绿色品牌和购买绿色属性产品的可能性 过去的 1 个月中,个体购买绿色产品的频率、所耗费的金钱和数量
4	购买可持续性食品行为倾向	Robinson 和 Chery（2002）	在未来 2 周内,个体购买无抗生素和激素的肉制品可能性
5	购买绿色食品	Tanner 和 Kast（2003）	个体购买 19 种绿色食品的频率
6	绿色消费行为	何志毅和杨少琼（2004）	个体愿意专门购买、转换品牌购买和多付价格购买绿色产品的程度

---

① 从广义上说,绿色消费的基本内涵包括节约资源、保护环境和有益健康三个特征,由此有机食品、无污染食品、无公害产品等绿色产品消费也属于绿色消费。鉴于有益健康型绿色消费行为同节约资源和保护环境型绿色消费行为在特征表现、影响因素、形成机制、干预政策等方面均存在较大差异,因此本书不做专门讨论。如未特别注明,本书中的绿色消费均指以节约资源和保护环境为特征的消费行为,不包括有益健康的绿色消费行为。

续表

编号	变量名称	来源	定义
7	购买有机肉制品	Verhoef（2005）	个体是否选择购买有机肉制品和购买有机肉制品的频率
8	购买绿色产品	Kim 和 Choi（2005） 王国猛等（2010）	个体购买绿色产品的频率
9	绿色消费行为倾向	Mostafa（2006） Huang 等（2014）	未来1个月内，个体因为产品的绿色属性而购买绿色产品、转换原有品牌至绿色品牌和购买绿色属性产品的可能性
10	购买亲环境产品	Pickett-Baker 和 Ozaki（2008）	个体购买14种亲环境产品的行为频率
11	购买有机食品的行为倾向	Arvola 等（2008）	个体购买有机苹果和有机比萨饼的可能性
12	绿色消费行为倾向	Chang 和 Chen（2008） Chen 和 Chang（2012） Abbasi 等（2013）	个体由于产品的绿色属性、绿色表现和亲环境属性而倾向于、希望和乐意购买该产品的程度
13	绿色食品购买行为	孙剑等（2010）	个体在过去生活中购买绿色产品后使用效果满意度、购买过程中服务满意度、购买中便利的满意度、购买后向亲朋推荐、每月购买次数等
14	绿色消费行为	Yan 和 Xu（2010）	个体在过去购买绿色食品的频率
15	购买绿色电子产品的行为倾向	Qader 和 Zainuddin（2010）	个体愿意尝试、计划和倾向于购买绿色电子产品的程度
16	购买绿色产品的行为倾向	Ramayah 等（2010）	个体愿意为使用和推荐他人使用布制尿布所付出的努力程度
17	绿色消费行为	张连刚（2010）	个体过去购买绿色产品的频率、未来购买绿色产品的频率、支付高价格的意愿和接受低质量绿色产品意愿的强烈程度
18	购买绿色食品的行为倾向	Rezai 等（2011）	个体在5种不同情境下愿意为购买绿色产品所付出的努力程度
19	绿色消费行为倾向	Qader 和 Zainuddin（2011）	个体是否会倾向于、计划和尝试购买绿色产品（是/否）
20	绿色消费行为	Kim（2011）	个体已经为购买绿色产品所付出的努力（包括尽量购买绿色产品和避免购买非绿色产品）的程度

续表

编号	变量名称	来源	定义
21	购买绿色能源品牌产品的行为倾向	Hartmann 和 Apaolaza-Ibáñez（2012）	个体购买绿色能源品牌产品的可能性
22	绿色消费行为倾向	Mei 等（2012）	个体倾向于、考虑和计划购买绿色产品的可能性
23	绿色消费行为	白光林和李国昊（2012）	个体在过去生活中购买各式各样绿色产品（节能、简包装、有助于健康等）的符合程度
24	绿色消费行为倾向	张露等（2013）	个体愿意为绿色产品多支付的比例等级
25	购买绿色手机的行为倾向	Paladino 和 Ng（2013）	个体预估自己购买绿色手机的可能性
26	消费者购买行为倾向	Grimmer 和 Bingham（2013）	个体愿意为保护环境所作牺牲的程度
27	购买可持续性果蔬的行为倾向 购买可持续性果蔬的行为	Hanss 和 Böhm（2013）	个体在 18 种情境下愿意购买绿色果蔬的程度 个体在有限预算的情况下购买绿色果蔬的行为
28	绿色消费行为倾向	Dowd 和 Burke（2013）	个体愿意在下次购物时购买绿色食品的程度
29	绿色消费倾向	劳可夫（2013） 劳可夫和吴佳（2013）	个体愿意了解、购买和推荐绿色空调机的程度
30	绿色消费行为倾向	Weisstein 等（2014）	个体在购买洗衣液时选择绿色洗衣液的可能性
31	绿色消费行为倾向	Kanchanapibul 等（2014）	个体在未来的购物过程中避免购买伤害环境的产品、转变购买习惯和专门付出努力购买绿色产品的可能性
32	绿色出行行为	陈凯（2014）	个体上个月的绿色出行的频率
33	绿色产品购买意向	陈转青等（2014）	个体希望、乐意购买绿色产品的程度
34	绿色消费行为	Hahnel 等（2014）	个体认为下一部车是绿色车型或 5 年内会购买绿色车型的可能性
35	绿色消费行为	Almossawi（2015）	个体在 15 种情况下购买绿色产品的频率
36	绿色消费行为倾向	Wu（2015）	个体预估自己在未来购买电动摩托的可能性
37	绿色住宿倾向	Jiang 和 Kim（2015）	个体计划、希望和愿意努力住在绿色宾馆的程度
38	环境友好型消费	Marde 和 Verite-Masserot（2018）	个体购买各种绿色产品的行为

续表

编号	变量名称	来源	定义
39	绿色产品消费与推荐倾向	Madaleno 等（2019）	个体在未来消费本地绿色产品的可能性和向他人推荐此类产品的可能性

注：由于计划行为理论的盛行，很多研究者将行为倾向替代真实行为作为内生变量，因此有必要将"绿色消费行为倾向"纳入到本表格当中。

资料来源：笔者整理。

二、绿色消费行为的分类维度

对于绿色消费行为的分类维度，何志毅和杨少琼（2004）依据 AIO 方法将绿色消费和生活方式划分为价格敏感、冲动购买、信息关注等八个维度。Barr 和 Gilg（2006）从社会心理学视角将绿色消费和生活方式划分为态度、价值观和行为三个维度，而行为维度则又涵盖了购买决策、行为习惯和回收行为三个层面。黎建新（2015）从购买动机和消费后果角度，将绿色购买行为进一步细分为自利性购买和利他性购买。周宏春（2015）认为，绿色消费和生活方式体现在人们衣、食、住、行、游等方面实现勤俭节约、绿色低碳和文明健康，并从衣、食、住、行、游五个方面的行为表现对绿色消费进行了分类。Binder 和 Blankenberg（2017）在研究绿色消费与主观幸福感的关联时，亦从上述行为维度对绿色消费与生活方式进行分析研究。Ragas 等（2017）则更简单地将绿色消费分为温室气体减排、健康与环境保护两个维度。洪大用和李阳（2017）指出，绿色消费和生活方式有三方面特征：一是环境友好，包括理念上尊重自然、顺应自然、保护自然，行为上遵照环境保护法律规定、行使环境监督和享有健康环境的权利；二是资源节约，减少不必要的消费，遵循社会长远利益，谋求可持续发展；三是精神丰富，追求精神的提升和真实自我价值的实现。总的来说，学者研究的绿色消费行为分类维度有较大差异，本书分别从绿色消费行为的客体、主体和表现形式三个方面对其进行综述。

（一）绿色消费行为客体角度

根据绿色消费行为的客体不同，它可以被划分为抽象的绿色消费行为和具体的绿色消费行为。抽象的绿色消费行为是指不涉及具体商品的绿色消费行为，譬如 Laroche 和 Barbaro（2001）研究的是消费者是否愿意为绿色产品多支付10%的价钱这种行为；Li（1997）则以人们是否愿意比一般产品多支付20%的价钱这种形式来研究绿色溢价购买行为；Schlegelmilch（1996）研究的绿色消费行为则更为抽象，其将消费者选择购买绿色产品、愿意为绿色产品多支付金钱和为了绿色属性而购买绿色产品这三种购买行为整合成一般亲环境购买行为（General Pro-environmental Purchasing Behaviour）；Shrum等（1995）把其研究的绿色消费行为界定为愿意为购买可降解包装产品付出专门的努力和将经常购买的产品品牌转换为绿色品牌这两种行为；Cleveland等（2012）研究了人们推荐他人购买绿色产品的行为；Rice等（1996）所研究的绿色消费行为则更为宽泛，它包含了溢价购买绿色产品、停止购买非绿色产品、建议朋友停止购买非绿色产品、减少产品的购买等购买行为。

相对地，具体的绿色消费行为是指涉及商品具体品类的绿色消费行为。例如，Minton和Rose（1997）研究的绿色消费行为所针对的是人们在零售店就能购买到的、非食品、非耐用品的13种日常用品（包括织物柔性剂、垃圾袋、面巾纸、纸尿布、洗衣液清洁剂、肥皂等）；Roberts和Bacon（1997）以及Straughan和Roberts（1999）均研究了30种绿色消费行为，其中一部分行为指向具体的商品，比如可回收利用的纸品、节能家电和灯泡等；韦得胜等（2014）研究的则是北京市消费者购买绿色蔬菜的行为；陈转青等（2014）研究的是消费者对购买绿色家电、绿色食品的行为意向；杜鹏（2012）则专门从消费者体验视角研究了人们购买绿色产品的行为；Puska（2018）以虚构品牌有机食用商品为载体研究消费者购买行为；Torres-Ruiz等（2018）则以消费者购买有机橄榄油为例研究可持续消费行为。

（二）绿色消费行为主体角度

上文是从购买行为的客体（指向对象）对绿色消费行为进行了类别划分，除此之外，基于行为的实施主体——消费者的维度来考量绿色消费行为类别也是一个路径。但由于绿色消费的复杂性以及消费者践行绿色的动机各异（Gatersleben等，2017），学术界始终没有对绿色消费者有一个清晰一致的界定（Onel等，2018）。比如Ottman（1999）认为，绿色消费者是一种力求消费所谓的亲环境产品或绿色产品以达到自己消费活动对环境的影响小到忽略不计的消费群体；Shrum等（1994）认为，绿色消费者是购买行为受到环保意识影响的消费者群体；阎俊（2003）进一步根据消费者自我认定的"绿色度"对绿色消费者进行了区分，将他们分为深绿色消费者、中绿色消费者和浅绿色消费者三大类，其界定标准如表2-2所示。

表 2-2　绿色消费者分类一

消费者类别	概念
深绿色消费者	此类消费者的绿色意识已经深深扎根于其潜意识当中，他们对绿色消费有全面和深刻的认识，表现为自觉、积极、主动地参与绿色消费，对绿色产品的溢价接受程度大于15%，会提出新的绿色消费需求。群体特征表现为受教育程度和收入水平较高，对环境的态度很积极
中绿色消费者	这类消费者具有较强的环保意识，但对绿色消费还缺乏全面的认识，比如只认识到产品无害性或包装的可循环使用性，而没有认识到生产过程的无污性。他们是选择性消费者，主要选择与自身利益联系比较紧密的绿色产品，如绿色食品、绿色建材，对5%~15%的绿色产品溢价可以接受。群体特征表现为受教育程度和收入水平一般，对环境的态度比浅绿色消费者积极，受社会相关群体的影响更大
浅绿色消费者	此类消费者只有模糊的绿色意识，他们意识到应对环境进行保护，但没有在消费过程中把这种意识具体化，他们的绿色消费行为大多是无意识的和随机的，是潜在的、不稳定的绿色消费者，对绿色产品的溢价难以接受。群体特征表现为受教育程度和收入水平较低，对环境的态度不积极，比较容易受他人的影响

资料来源：阎俊（2003）。

同样地，Tamashiro 等（2013）也根据绿色程度对绿色消费者这一群体进行了分类。该研究将绿色消费者群体划分为 5 个类别，即真正绿色消费者（True Green）、金钱导向绿色消费者（Green Money）、近绿色消费者（Almost Green）、牢骚型消费者（Whiners）和基础棕色消费者（Basic Brown），各类别消费者的具体概念如表 2-3 所示。

表 2-3　绿色消费者分类二

消费者类别	概念
真正绿色消费者	这类消费者群体有强烈的环保信念，并且能够很好地贯彻这一信念。相对一般人而言，他们愿意付出三倍以上的努力来避免购买有破坏环境污名的企业所生产的产品，他们还有两倍以上购买绿色产品的欲望。此外，他们相信这些行为能够为解决环境问题带来一定的作用
金钱导向消费者	这类消费者群体更愿意通过捐赠金钱来解决环境问题，而不愿意付出自己的时间和专门的行动。他们对绿色产品的高价格不太敏感，即使绿色产品的价格比普通产品高15%以上也能够被他们认同

续表

消费者类别	概念
近绿色消费者	此类消费者群体最看重环保立法，并且他们不相信个体的行为能够为环境问题带来较为明显的积极影响。他们经常参加环保活动，却不愿意为绿色产品的溢价买账。此外，在选择环境还是经济问题上，他们常常举棋不定
牢骚型消费者	这群消费者很少实践环保行为并且相信其他人也是如此，解决环保问题是企业的责任。他们还认为所谓的绿色产品除了比一般产品更贵以外，并没有什么不同之处。总体而言，他们始终认为环境问题是其他人应当关注的问题，第三方应该为此担责
基础棕色消费者	这些消费者对环境问题基本不关注，他们相信个体对解决环境问题几乎没有什么作用

资料来源：Tamashiro 等（2013）。

Newton 和 Meyer（2013）通过对 1250 个家庭调查数据的分析，根据对环境的关心、行为倾向和行为阻碍因素等标准进行了聚类分析，提出了绿色消费者的三分类法，即敢于承诺的绿色消费者（Committed Greens）、物质层面的绿色消费者（Material Greens）和怀疑绿色的消费者（Enviro-Sceptics），他们的具体界定准则如表 2-4 所示。

表 2-4　绿色消费者分类三

消费者类别	概念
敢于承诺的绿色消费者	唯一一类愿意为绿色产品支付溢价的消费群体，认为目前的环境问题非常严峻，认同环境应当高于经济这个观点，拒绝使用塑料袋。总而言之，他们有强烈的亲环境信念与行动欲望，愿意为保卫环境而牺牲经济
物质层面的绿色消费者	这类消费者群体属于中庸的一派，他们认为环境和经济需要兼顾，但对环保行为的成效有一定的疑虑，尽量避免使用塑料袋。他们认为环境质量是重要的，却不愿为此更多地付出金钱、专门的个体努力，只会在行动成本很低的情况下保护环境
怀疑绿色的消费者	此类消费者认为花在保护环境上的都是冤枉钱，这些行为毫无意义。他们认为环保远没有经济发展重要，目前的环境问题是被过度夸大了，个人不应为环境问题负责，因此他们也不愿实施购买绿色产品、抵制塑料袋和花时间参加环保活动等行为

资料来源：Newton 和 Meyer（2013）。

(三) 绿色消费行为表现形式角度

绿色消费行为还可以依据它的表现形式划分为购买绿色产品和不购买/避免/抵制非绿色产品两大类。① 从现有研究看，现有文献对行为表现形式的覆盖面颇为广泛，包括环保包装产品消费、绿色宾馆住宿服务消费、绿色食品消费等，但几乎都属于"购买绿色产品"维度，忽视了"抵制非绿色产品"这一"购买绿色产品"的逻辑对立面（王建明和吴龙昌，2015）。消费者抵制行为是指消费者有意识地反对那些与其信念不符的事物（Lee 等，2011）。Cherrier 等（2011）研究指出，消费者出于环保或社会可持续发展的原因所采取的抵制行为并不是一个冗余的概念，它有助于行为者发现自身的价值，把自己和那些不关心环境的人群区分开来。"购买绿色产品"属于广大研究者最经常研究的类别，该类别的行为最大的特点在于"以获取绿色商品"为目的，正外部性明显；"抵制非绿色产品"属于目前新兴的研究领域，能显著减少人类活动的负外部性，属于逆消费（Anti-consumption）行为研究的一个分支。

逆消费行为是指个体出于某种原因，有意识地减少消费或者拒绝消费某些产品的行为（Lim，2017）。逆消费行为研究在行为阻碍层面积累了较多的成果，其研究主题覆盖了从抵制过度消费、抵制饮酒、抵制不道德商家产品等常见主题到胡萝卜暴民（Carrot Mob）行动、商品抵制的不参与行为等新颖主题。现有研究往往关注人们购买特定产品的促进因素，而忽视了人们不购买特定产品的意愿，这种现象也发生在目前绝大多数的行为研究之中。个体的行为是在促进要素和阻碍要素相互角力的情况下产生的，如果要不加偏倚、更为科学地认识个体的行为，在研究中兼顾行为支持要素和行为反对要素是十分必要的。逆消费研究的出发点是"拒绝某种行为的原因 A 不一定是接受这种行为的原因 B 的逻辑对立面"，例如，促使某个人购买耐克鞋的原因是由于它的高品质和良好的品牌形象，但阻碍其购买耐克鞋的原因却是这个消费者希望通过购买国产鞋支持民族产业。逆消费研究视角从行为抵制原因入手所挖掘的信息正好与传统研究从行为支持原因所获取的信息互为补充，使得行为研究更为全面和系统化。

---

① 本书将不购买非绿色产品、避免非绿色产品和抵制非绿色产品这三种行为视作等同，不考虑它们之间的区别。

三、绿色消费行为的影响因素

在诸多研究文献中,学者分析的往往不是各种变量对实际的绿色消费行为的影响效应和影响路径,而是把绿色消费倾向(Green Purchase Intention)作为实际行为的替代品来进行分析。一方面,这是由于消费者实际绿色消费行为的准确数据非常难以获得(例如,需要对同一人群实施二次调研)并且获取的成本较高。另一方面,1995年开始,计划行为理论(Theory of Planned Behavior,TPB)被学者广泛应用于解释亲环境行为(Pro-environmental Behavior)的机理,成为亲环境行为研究中应用最多也最成熟的理论。[①] 而该理论的一个特点就是在态度、知觉行为控制、主观规范这三个影响变量和实际行为之间增添了一个中介变量——行为倾向,使得研究者对行为变量的调研难度大大降低。出于简明的目的,本书若未特别说明,书中所提及的绿色消费行为均可视作绿色消费行为意向。

为了有效地促使人们实践绿色消费行为,众多研究者对绿色消费行为影响因素进行了大量分析。这些研究的形式多种多样,有的是以访谈为主的质性研究(Shirani 等,2015),有的是调查问卷形式的路径模型分析(Biswas 和 Roy,2015),有的是实验形式的问卷调查(Onwezen 等,2014),有的是实验形式的实地研究(Peloza 等,2013)。这些研究的具体目标有所不同,有的是分析哪些人群更会采取绿色消费行为(Diamantopoulos 等,2003);有的是探索影响绿色消费的核心因素有哪些(劳可夫和王露露,2015);有的是验证人们做出绿色消费决策的某一种具体路径(Peloza 等,2013);有的是对比不同人群在绿色消费行为上的异同(Chen 和 Lee,2015;Onwezen 等,2014);有的是从商家角度直接研究绿色产品的促销策略;有的则是从消费者角度直接研究不同推广手段对绿色消费行为的促进效果(Peattie,2001)。

早期许多学者围绕人口统计变量试图甄别绿色消费群体,然而由于人口统计变量对绿色消费欠缺足够的解释力(Diamantopoulos 等,2003;王建明,2016),社会心理因素逐渐成为绿色消费的影响因素研究中最受关注的一类因素。Hines 等(1987)的荟萃分析发现,消费者对绿色消费的知识、绿色消费知识的行为策略、控制点、态度、口头承诺以及个人的责任感都会对绿色消

---

① 计划行为理论是 Ajzen(1991)在 Ajzen 和 Fishbein(1973)理性行为理论(Theory of Reasoned Action,TRA)的基础上发展出来的。后面我们对理性行为理论和计划行为理论会进一步阐述。

费产生直接的影响。Bamberg 等（2007）进一步的荟萃分析发现，行为意愿在所有其他心理变量与绿色消费行为之间起到了显著的中介作用，同时除了态度和行为控制外，个人的道德规范是影响行为意图的第三重要变量。人们对环境问题的忧虑感也是一个重要的心理变量，它对绿色消费行为的影响将通过道德、社会规范、内疚和归因过程来进行中介。Klöckner（2013）荟萃分析发现行为意愿、感知行为控制和习惯能够直接影响实际的行为，态度、社会规范和感知行为控制能直接影响行为意愿，社会规范、感知行为控制、对环境结果的焦虑、生态世界观、自我超越价值观和责任归属感等因素能够影响个人规范的形成，自我提升的价值观对个人规范的形成产生负向影响。Morren 和 Grinstein（2016）的荟萃分析发现，对绿色消费的行为意愿往往能够转化成为实际的行动，同时态度能够显著地影响绿色消费意愿，而感知行为控制则只能部分影响绿色消费意愿。

除了运用荟萃分析进行总结之外，众多学者对影响绿色消费行为的心理因素变量进行更加深入的考量，环境态度、环境知识、环境情感、感知消费者效力、个体责任意识等心理变量在很多研究中被反复提及。贺爱忠等（2011）、高键（2017）发现，环境态度能够正向影响消费者绿色行为。Bamberg（2011）认为，具体行为的环境态度而非一般化的环境态度，能够更好地提升对绿色消费行为的预测性。欧阳斌等（2015）发现，环境意识、环境知识、环境现状均对消费者环保行为有显著的正向影响。崔维军等（2015）的分析结果表明，公众对气候变化的原因认知与危害程度认知都会显著影响其减排行为，危害程度认知影响程度高于原因认知；环境问题关注度和公共物品保护意识对公众减排行为也有显著的影响。聂伟（2016）研究发现，环境认知和环境责任感显著提升公众减排行为。王玉君和韩冬临（2016）的多层分析表明，个人环保知识和环境污染感知变量都对其环保行为有正面影响。盛光华等（2016）认为，环境关心能够正向影响绿色消费意愿，其中环境态度、主观规范和感知行为控制起间接效用。陈晓红等（2016）的分析表明，公众对"两型社会"建设的付出意愿以及对"两型社会"建设现状的满意度直接影响他们的两型行为（即资源节约型和环境友好型行为）。王晓楠和瞿小敏（2017）分析发现，居民对当地环境状况认知越差，环境风险感知越强，环境信念越强，社会信任感越高，政治参与越多，则其环境行为意愿越强。这些研究的成果或互相印证，如 Kalafatis 等（1999）、于伟（2010）、Han 等（2013）和张露等（2013）等均认为主观规范对绿色消费有显著的积极影响效应，或互相矛盾，如 Gadenne 等（2011）、Ali 等（2011）、Lee 和 Goudeau（2014）等的研究与 Prothero 等（2011）、劳可夫（2013）、劳可夫和吴佳（2013）在态度能否显著影响绿色消费行为的研究结果是相左的。

近年来，国内诸多学者对绿色消费态度—行为分离进行了深入探究。彭雷清等（2016）研究发现，性别和生态价值观对绿色消费态度和行为意向有调节作用。王晓红等（2018）认为，这一现象是现有研究方法和若干影响因素（譬如时间、心理距离等）共同作用的结果。王建国等（2017）则认为个人能力困境、产品缺陷属性、结构性条件限制、心理补偿等导致了绿色消费态度与行为之间的偏差。王财玉（2018）的研究则显示，绿色消费当前利益与长远利益、个人利益与社会利益的冲突是态度—行为差异的根本原因。针对这一现象，有的学者开始寻找态度中的核心成分，以找出更为稳定的影响效应。在此过程中，学者逐渐认识到情感在绿色消费行为中的重要作用，将越来越多的目光投向这一"非理性"变量。由此，对情感和绿色消费行为之间的关系研究逐渐受到人们的关注和重视。

王建明和吴龙昌（2016）对影响绿色消费行为的情感变量进行了剖析，结果肯定了情感对绿色行为的重要驱动作用。余真真和田浩（2017）指出，情感的作用越来越受到关注。积极情感和消极情感作为亲环境行为的影响因素发挥不同作用，情感卷入对亲环境行为也具有重要影响。亢楠楠和王尔大（2017）研究发现，主观幸福感对居民环境行为具有显著的影响作用，幸福感的提升能够增加居民参与环境行为的概率，由此带来的环境关心水平的提高被看作幸福感影响居民环境行为的主要机制。Thogersen 和 Olander（2002）研究发现，部分价值观会影响消费者的可持续性消费行为，但是影响强度并不是很高。吴波等（2016）实验研究发现当绿色消费和享乐消费是竞争关系时，对于认为环境价值观重要的个体来说，无论参与环保活动是出于内在动机还是外在动机都会增强消费者的环保自我担当，推进绿色消费。毛振福等（2017）的实验研究发现自我建构这一价值观对购买意愿存在显著的交互作用。

关于影响绿色消费的社会心理因素，学者研究中涉及的变量很多，包括认知、情感、知识、感知效力、价值观、异化、社会地位意识、敌对情绪、焦虑、自尊、娱乐、向往、支配、感觉、理解、避免伤害和容忍、社会化和责任、控制范围等（贺爱忠等，2011；王建明，2016；陈晓红等，2016）。研究变量的繁多和差异也从一个侧面表明，对于绿色消费的关键影响因素，学者还远远没有取得一致意见,且态度—行为意向—实际行为之间的差异仍是目前尚未跨越的鸿沟(和占琼和何民,2015;陈晓红等,2016;张砚和李小勇,2017;邸菲菲,2018;Geiger 等,2018)。

如图 2-1 所示,根据对绿色消费行为相关研究文献的回顾,学者曾研究过的影响因素可以粗略分为五类:①人口统计因素,人口统计变量在研究中被反复使用,但研究结果大相径庭,总体而言对绿色消费行为的影响不显著;②消费心理因素,包括态度、消费者知识、价值观和生活方式、个性等;③社会文化因素;④情境因素;⑤其他因素,比如环境关心、认知环境责任、自我效能等。但对单个影响因素进行剖解并深入分析它对绿色消费行为影响机理的研究总体相对较少。

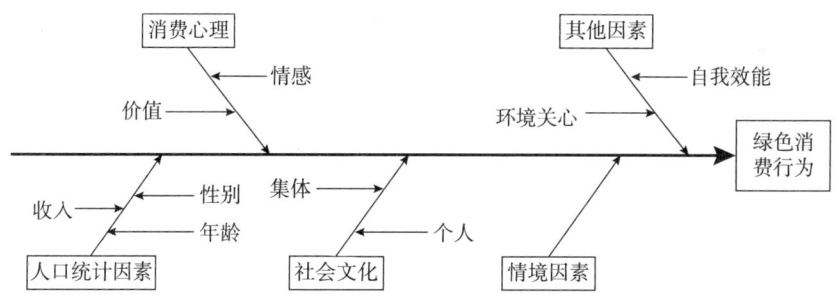

图 2-1 绿色消费行为的影响因素

进一步细化,影响绿色消费行为的因素主要包括 15 个类别,它们分别是经济理性(Economic Rationality)、人口特征(Demographics)、环保知识(Environmental Knowledge)、态度(Attitudes)、信念(Beliefs)、价值观(Values)、责任感(Responsibility)、知觉行为控制(Perceived Behavioral Control)、感知消费者效用(Perceived Consumer Effectiveness)、生活方式和习惯(Lifestyles and Habits)、消费者身份与个性(Consumer Identities and Personalities)、消费情境(Consumption Context)、社会、政治和历史情境(Social, Political, and Historical Context)、规范(Norm)和媒介(Media)。表 2-5 列举了涵盖上述因素的代表性研究及其研究对象、调研/研究方法、理论基础和主要结论。从这些代表性研究来看,特定情境下上述各变量对绿色消费行为都可能产生或多或少的影响效应。

表 2-5 绿色消费研究中的各类影响因素

编号	影响因素	研究举例	研究对象	调研方法/研究方法	理论基础	主要结论
1	经济理性	Turrentine 和 Kurani (2007)	57 户加利福尼亚家庭① (美国)	半结构化访谈	理性消费者模型 (Model of the Rational Consumer)	经济理性对绿色消费行为的影响非常有限
2	人口特征	Robinson 和 Chery (2003)	550 名明尼苏达州(美国)成人	现场问卷	计划行为理论	婚姻状况对绿色消费行为有显著影响效应
3	环保知识	Pedersen 和 Neergaard (2006)	—	文献回顾和理述阐述	—	环保知识提升对绿色消费行为没有明显的作用
4	态度	Lee 和 Goudeau (2014)	725 名消费者	网络问卷	情感—行为—认知理论 (Affect-behavior-cognition, ABC)	态度对绿色消费有显著促进作用
5	信念	De Leeuw 等 (2015)	713 名卢森堡高中生	现场问卷	计划行为理论	信念对绿色消费有显著促进作用
6	价值观	Aguilar-Luzón 等 (2012)	154 名家庭主妇	现场问卷	价值观—信念—规范模型 (Value-belief-norm Model)	价值观对绿色消费有显著影响效应
7	责任感	Dwyer 等 (2015)	149 名随机受试者	现场实验观察	规范行为聚焦理论 (Focus Theory of Normative Conduct)	个人责任感对社会规范和绿色消费行为的关系有显著调节效应
8	知觉行为控制	Bamberg 和 Möser (2009)	—	荟萃分析	计划行为理论	知觉行为控制有显著的积极影响效应

---

① 该数字为涉及目标变量的有效数据样本大小,即笔者最终用于分析的数据量大小。下同。

续表

编号	影响因素	研究举例	研究对象	调研方法/研究方法	理论基础	主要结论
9	感知消费者效用	Kang 等（2013）	714 名学生	现场问卷	计划行为理论	感知消费者效用对绿色消费行为态度有显著作用，进而影响绿色消费行为
10	生活方式和习惯	Han 和 Yoon（2015）	384 名消费者	网络问卷	目标导向理论	过去行为频率（常被学者用于习惯测量）对绿色消费行为有显著促进效应
11	消费者的身份与性格	Sparks 和 Shepherd（1992）	939 名随机居民	邮寄问卷	计划行为理论	自我身份认同（Self-identity）能够与 TPB 的传统三变量相独立并对绿色消费有显著促进作用
12	消费情境	Spaargaren 和 Van Vlie（2000）	—	文献回顾和理论阐述	生态现代化理论（Ecological Modernisation Theory）	绿色消费行为是人们自身特性与消费情境相互作用的结果
13	社会、政治和历史环境	Onwezen 等（2014）	3854 名受访者	委托机构问卷调研	—	情感对绿色消费的影响效应在集体主义文化和个人主义文化下有显著差异
14	媒介	Grimmer 和 Meghann（2014）	171 名大学生	实验形式的问卷	三成分态度模型（Tri-component Attitude Model）	不同形式的广告对绿色消费行为没有带来显著差异
15	规范	Rezvani 等（2018）	573 名车主	现场问卷	规范激活模型	主观规范能够有效促进绿色消费行为

资料来源：笔者整理。

四、绿色消费行为的内在机制

培养消费者对绿色消费行为的兴趣和承诺，要完成从外部控制到自我控制的转化，这就要求我们探索绿色消费行为的内在机制问题。绿色消费行为的内在机制理论较多，这里仅对几个典型理论模型进行综述。Guagnano 等（1995）提出的态度—行为—情境（Attitude-Behavior-Context，ABC）理论认为，环境行为是个体的环境态度变量和情境因素相互作用的结果。当情境因素的影响为中性时，环境态度和环境行为的关系最强；当情境因素极为有利或不利的时候，可能会大大促进或阻止环境行为的发生，此时环境态度对环境行为的影响会接近于零（即环境态度与环境行为之间呈倒 U 形函数曲线）。态度—情境—行为理论发现了两类因素（内在态度因素和外部情境因素）对公众行为的影响，并检验了情境因素对环境态度和环境行为之间关系的调节作用。但态度—情境—行为理论对态度的形成过程以及态度对行为的影响机制没有进行更深入的分析。

Fishbein 和 Ajzen（1975）提出的理性行为理论（TRA）认为，行为的产生直接取决于个体执行特定行为的行为意向（Behavior Intention）。行为意向则是个人态度、主观规范两大因素共同作用的结果。行为意向的第一个决定因素是个体对行为的态度（Attitude Towards the Behavior）。态度的形成可从个体对实行特定行为结果的显著信念（Salient Beliefs）和对结果的评价（Outcome Evaluations）两个层面解释。行为意向的第二个决定因素是主观规范（Subjective Norm）或社会态度。它是个体对身边重要的人或组织对其执行或不执行特定行为所产生压力的感知。

理性行为理论主要适用于预测完全受意志控制的行为，对于不完全受意志控制的行为，其预测作用就会降低。对此，Ajzen（1985，1991）引入了感知行为控制（Perceived Behavioral Control，PBC）变量，将理性行为理论延伸发展为计划行为理论（TPB），以期更合理地对个体行为进行解释和预测。计划行为理论认为，行为的直接决定因素仍然是行为意向。行为意向有三个决定因素：一是个人态度，二是主观规范，三是感知行为控制。前两个决定因素与理性行为理论一致。感知行为控制是个体预期在采取特定行为时自己所感受到可以控制的程度。它与自我效能或促成条件（Facilitating Conditions）概念类似。感知行为控制受控制信念（Control Beliefs）和感知促成条件（Perceived Facilitation）的影响。

Triandis(1977)认识到社会因素和情感因素在意向形成中的关键作用，强调了先前行为或习惯对调节当前行为的重要性，提出了人际行为理论(Theory of Interpersonal Behavior，TIB)。在人际行为理论中，意向也是行为的直接前提条件。意向的形成有三个显著性条件：态度或对期望结果的感知价值、社会因素、情感因素或情绪反应。其中，社会因素包括规范、角色和自我概念；规范是关于什么该做、什么不该做的社会规则；角色是特定个体在特定情境里采取的被认为是适宜的一系列行为；自我概念是对自我应追求和参与什么活动的自我评估(Jackson，2005)。对决策或决策形势的情感反应被认为是不同于对结果的理性—工具评价，且可能包括不同强度的积极和消极的情绪反应。事实上，在现有研究文献里，将情感因素作为前置变量整合入行为模型已经得到了越来越多的支持(Jackson，2005)。另外，人际行为理论还考虑了更复杂的习惯(先前行为的频率)对调节当前行为的重要性。

绿色消费作为一种亲社会行为，常常和道德规范联系在一起。个体可能会出于利他动机实行绿色消费行为。Schwartz(1977，1992)提出了规范激活理论明确考虑了行为对他人的期望结果，是一个普遍使用的模型。规范激活模型(Norm Activation Model，NAM)假设亲社会行为源自个人规范(Personal Norms，PN)的激活，Schwartz将其定义为完成或抑制特定行为道德义务感。规范激活模型认为，当个体承认没有执行亲社会行为将给他人造成不良后果(Awareness of Consequence，AC)，且个体感到对这些不良后果负有责任(Ascription of Responsibility，AR)时，个人规范将被激活。如果个人规范没被激活，亲社会行为将不被认为是恰当的并且不会被执行。在过去几十年来，已有越来越多的经验支持环境情境下的规范激活模型，如能源节约、为环保支付的意愿、循环行为和一般亲环境行为(De Groot 和 Steg，2009)。

Ölander 和 Thogersen(1995)提出的动机—机会—能力模型(Motivation-opportunity-ability)认为，态度和行为间的一致性只能在意志控制的条件下实现，由此在行为模型中纳入"能力"概念和便利条件或者"机会"概念能有效提高模型的解释能力。动机—机会—能力模型中的动机因子是理性行为理论的简化版。然而，Ölander 和 Thogersen(1995)也提出其他几个可能性，包括使用 Triandis 的人际行为理论模型中的动机部分或者加入 Schwartz 的规范激活模型。"能力"概念被认为是整合了习惯和任务知识两类元素。模型中的这一结论在很多地方得到了支持，包括关于垃圾源头分类和循环行为(Ölander 和 Thogersen，1995)。动机—机会—能力模型还强调了习惯的重要性，无论它是作为影响行为的独立变量，还是作为意愿的调节变量。任务知识显然也是一个重要的考虑因素，特别是与绿色行为相关的行为，如废旧产品的源头削减和分类回收行为。

Vinson等（1977）提出了价值观—态度系统模型（Value-attitude-system），认为消费者购买或消费行为取决于对产品的态度（产品属性评价），而态度又取决于个体信念系统（即价值观系统，包括总体价值观、特定领域价值观）。在价值观—态度系统模型基础上，Dembkowski和Hanmer-lioyd（1994）提出了环境价值观—态度系统模型（Environmental Value-attitude-system Model），他们认为环境意识购买和消费行为的最终（直接）决定因素是对环境友好型产品和品牌的态度，更间接但也更深层次的决定因素则是对环境友好型消费和使用模式的具体价值观和对生态环境的总体价值观。与Dembkowski和Hanmer-lioyd（1994）的观点类似，Fulton等（1996）也提出了一个倒三角的人类行为认知层次模型，即价值观—态度—行为系统模型（Value-attitude-behavior-system）。根据Fulton等（1996）的价值观—态度—行为系统模型，从倒三角的底部到顶端依次形成价值观、价值观导向、态度或规范、行为意图和行为的认知层次结构。底部的价值观与价值观导向数量少、相对稳定，超越具体情境，而顶端的行为意图和行为数量多、变化大且都是针对具体情境。从变量之间的关系看，底层变量对上层变量发挥着基础性的决定作用，且变量之间的距离越近，相互之间的关系越强；变量之间的距离越远，相互之间的关系则越弱（黎建新，2015）。

与价值观—态度—行为系统模型类似，Stern等（1999）提出了价值观—信念—规范（Value-belief-norm，VBN）理论。价值观—信念—规范理论融合价值观理论、规范—行为理论和新环境范式（New Environmental Paradigm，NEP）视角，通过五变量之间的因果关系作用来解释环境行为的形成。这五变量依次为：个人价值观（特别是利他价值观）、新环境范式、负面后果认识、个人能力感知信念和环保行为个人规范。价值观—信念—规范理论指出，环境态度变量受到个体的价值观体系影响，并通过实证验证提炼出个体价值观体系中与环境行为最相关的三种价值观：生态、利他和利己价值观。价值观—信念—规范理论首次明确了环境价值观的类型和作用，为环境行为的研究开辟了新的视野。而且，一些实证研究也证实了理论中因果次序关系的有效性（Stern等，1999）。

从绿色消费行为的内在机制理论看：第一，不同行为机制理论对于影响个体行为的关键性因素并没有形成一致意见。总体上看，多数理论都认同影响或驱动个体行为的关键性因素有内部因素和外部因素，但理论界对内部因素和外部因素的具体范畴尚存在较大的争议。第二，一些行为机制理论往往假设影响个体行为的各因素是独立、平行的变量，相互之间不存在交互作用。事实上，感情、认知等影响个体行为的关键因素并不一定孤立发挥作用，它们之间可能存在交互作用关系。第三，一些行为机制理论假设各影响因素间为单一线性的递进关系，没有考虑因素之间的层次关系。现有的理论大都假设了各影响变量之间呈逐层递进关系，而没有考虑变量之间的回馈和交互效应。显然，各影响因素之间还可能存在复杂的层次关系和交互作用。

基于对近20年来绿色消费行为的研究回顾，我们可以做如下简要评述：

第一，绿色消费行为的定性描述相对较多，但绿色消费行为的诸多基础理论问题有待进一步探讨。从国内外的绿色消费行为研究可以看出，学术界对于绿色消费行为、环保消费行为、生态消费行为、低碳消费行为、可持续消费行为等相关概念的内涵、特征、分类等讨论较为充分，但是对于绿色消费行为的诸多基础理论问题尚有待进一步研讨。例如，绿色消费行为的规范标准和实现深度到底如何确定？绿色消费行为需要做到什么程度，是不是绿色化程度越高越好（即越绿越好）？对微观主体来说，到底如何做才算是绿色（如开车是不是绿色消费行为）？如何全面、整体、深入（而不是局部、部分、浅层）地推进绿色消费行为？这些基础性问题仍有待进一步的探讨。

第二，绿色消费行为的影响因素研究相对较多，但绿色消费行为的内在机制尚需进一步梳理和整合。根据现有的相关研究，绿色消费行为的影响因素包括人口统计因素、心理意识因素和社会文化因素等诸多方面，但目前的研究仍旧相对零散化、碎片化。例如，可能影响绿色消费行为的社会心理因素包括社会舆论、社会心态、社会期望、社会网络、社会规范、社会认同、群体效能、群体情绪、群体互动、群体压力、群体认同、价值观念、责任意识、社会支持、社会剥夺、面子意识、群体导向、自我认同等，这些社会心理因素的数量非常庞杂且存在一定的交叉，如何重新梳理分类和科学界定，进而整合入一个统一的行为机制模型框架，还需要进一步的梳理和研究。

第三，绿色消费行为监管（干预或引导）的零散分析相对较多，但现代监管体系的整体架构还有待系统性梳理。① 总体上理论界和实践部门对绿色消费行为监管进行了大量探索，很多学者从完善法律法规、转变政府职能、强化民众理念、加强宣传教育等方面提出了很多政策建议。但绿色消费行为的监管（干预或引导）还是相对零散，监管尚未形成体系，管理碎片化，职能分散化，政策零星化。推进绿色消费行为需要政府、企业、社会组织和公众的共同参与，需要各主体间平等、自愿、协调、合作，共同构建高效、灵活、有机的现代监管体系架构（这里需要指出的是，现代监管体系在理念目标、微观基础、手段工具、实施机制等方面都不同于传统监管体系），这些都需要深入的系统性研究。

第四，绿色消费行为及其监管（干预或引导）的静态研究相对较多，长期维度下绿色消费行为及其监管（干预或引导）的动态研究值得关注。现有的研究大都从截面（静态）视角对绿色消费行为监管进行描述性研究或解释性研究。例如，多数研究往往通过现场实验研究特定政策的即期效果和直接效果，对特定政策的长期效果和间接效果的长期追踪研究相对缺乏。事实上，绿色消费行为往往是一个长期累积的过程（不是短期一次性完成的）。监管政策在短期会产生特定即期和直接效应，而长期实行监管政策却可能会产生"累积效应"或"抵消效应"。进一步说，长期效应与短期效应在数量和方向上可能并不一致，而长期维度下绿色消费行为及其监管的动态效应研究还非常欠缺。

第五，西方文化情境下政策效应研究相对较多，中国文化情境下政策的效应研究值得加强。监管政策对绿色消费行为的实际效应是否发生变化，发生何种方向和程度的变化，这需要深度的理论研究和实证测量。目前中国文化情境下监管政策对绿色消费行为的影响效应实验研究相对缺乏，特定监管政策的实际效应值得进一步评估；另外，发达国家对绿色消费行为的监管政策研究偏向"细枝末节"的微观领域（如研究信息反馈呈现方式的差异对绿色消费心理意识和行为决策的影响），国内研究偏向"举足轻重"的宏中观领域（如研究政府宏观政策对绿色消费行为的推动作用）。这无所谓优劣对错，

---

① 这里的绿色消费行为监管，是为了实现推进绿色消费行为的社会目标，监管（干预）者对各类消费者、厂商、组织等微观客体的行为所采取的一系列引导、限制或约束。它与"垄断产业监管""金融监管""煤矿安全监管""环境污染监管""网络平台监管"等领域的"监管"内涵并不完全一致。这些领域的"监管"更偏向于对恶意竞争、非法集资、金融欺诈等负面消极行为的限制或约束，这里推进绿色消费行为中的"监管"则更偏向对绿色环保等积极正面行为的引导或干预（当然其实它也包括对奢侈浪费和不合理消费等消极行为的限制或约束）。

但绿色消费行为监管政策的"细微枝末"领域确实值得中国学者进一步重视。

第六，传统时代的绿色消费行为研究较多，数字经济时代背景下的绿色消费行为研究值得加强。从经济层面来说（暂且撇开政治、历史、文化不谈），数字经济时代一方面意味着人民对美好生活需要的不断增长，对消费升级和品质生活的持续需求，这是从需求层面来说的；另一方面意味着移动互联、大数据技术、社交媒体、共享经济等网络技术和经济模式的突飞猛进和急剧发展，这是从供给层面来说的。显然，在需求和供给层面发生根本性变革的数字经济时代背景下，绿色消费行为的形成、特征、机理及其政策显然不同于传统时代，而现有的大多数研究主要针对传统时代情境，反映数字经济时代特征情境的研究还并不多见。

第二节　绿色消费情感的相关研究回顾

一、情感的一般定义和分类

从心理学上讲，情感（Emotion/Affection）就是人们的一种感觉。我们一般把个体对客观事物是否满足自己的客观需要而产生的态度体验称作情感。但这个定义并不能较好地帮助我们理解情感的内涵。Campos（1983）将情感定义为个体与环境意义事件之间关系的一种心理现象，该定义较为科学地定义了个体与环境之间的关系，承认心理状态是由环境决定的，但它又可以能动地反映特定环境，并且还比较准确地展示了其在消费者行为研究领域当中的内涵。杨巍峰（1986）认为，情感是人脑以主观体验形式，反映客观事物与主体需要关系的心理现象。由于体验是一切心理现象所共有的特征，而不是情感所独有的特征，通过强调情感的"体验"特征，实际上并没有把情感的特殊本质表现出来。郭祖仪（1987）进一步认为，情感是在需要的基础上产生的机体对事物的倾向性和动力性的反应，该定义兼具解释性和预见性，但并未将其与态度区别开来。Bagozzi（1999）指出，情感是包括感情、情绪和可能的态度等具体心理过程在内的统称，该定义实质上将情感的范畴扩大到各类心理活动，使情感失去了区分度。董文（2011）则指出，情感具有倾向性、稳定性、深刻性和效能性，根据这些特性可以将其与其他心理活动区分开来。Fredrickson（2001）认为，情感是一个相当宽泛的概念，情绪不过是它的一个子集。人们往往依靠自身的感觉来评价和判断自己所处的世界，因此情感对人们的行为有非常大的影响力。

前文对情感的概念进行了讨论，但与绿色消费知识需要进行多维度划分一样（龙成志和卿前龙，2017），具体情感的操作性定义对研究者而言是最为重要的，表2-6汇总了各类情感的操作性定义，从该表可以发现，各类情感的操作性定义均以目标情感为核心，有一定的延伸。

表2-6 各类情感的操作性定义

情感	操作性定义	文献出处
积极情感	高兴、兴奋、快乐、欣慰和自我肯定	Carrus 等（2008）
消极情感	愤怒、不满足感、悲伤、失望、压抑感和害怕	Carrus 等（2008）
内疚	愧疚和丢脸	Rees 等（2015）
个体愤怒	愤怒、生气、狂怒和发狂	Corral-Verdugo 等（2009）
绿色满意感	高兴和快乐	Chen 和 Lee（2015）
后悔	愧疚和良心谴责感	Kaiser（2006）
伤心	伤心	Nerb 和 Spada（2001）
恐惧	害怕和担心	Van Zomeren 等（2010）
忧虑	忧虑、不安和烦乱	Lee 和 Holden（1999）
预期愧疚	愧疚、良心谴责感和问心有愧	Elgaaied（2012）
预期后悔	担忧、后悔和紧张	Kim 等（2013）
预期自豪	自豪、完满感、自信和值得感	Harth 等（2013）
主观幸福感	高兴	Brown 和 Kasser（2005）
对自然的亲近感	热爱感	Kals 等（1999）
自豪体验	高兴和自豪	Antonetti 和 Maklan（2014）
愧疚体验	懊悔和愧疚	Antonetti 和 Maklan（2014）
集体自豪	自豪和欣慰	Harth 等（2013）
集体愤怒	愤怒和反感	Harth 等（2013）
集体愧疚	愧疚、懊悔和后悔	Ferguson 和 Branscombe（2010）
个体自豪	愉悦、高兴和自豪	Han（2014）
个体愧疚	懊悔、伤心和愧疚	Han（2014）

资料来源：笔者整理。

关于情感的基本维度，不同学者有不同的观点。Wundt 主张情感具有两极性或对抗性，提出"情感三度说"，即情感具有三个维度，愉快—不愉快、紧张—松弛、兴奋—沉静（谢彦君，2006）。Titchener 否定 Wundt 的"情感三度说"，认为情感只有一个维度，即愉快—不愉快，而紧张—松弛、兴奋—沉静两个维度不能像愉快—不愉快那样构成心理上截然相反的过程。Titchener 认为，紧张—松弛或兴奋—沉静更多是机体感觉，而不是单纯的情感元素（谢彦君，2006）。特纳（2009）总结了不同学科所提出的基本情感，发现多数研究者赞同愤怒、恐惧、悲伤和高兴四种情感为基本情感。其中前三种为负面情感，高兴情感为正面情感。在中国，根据传统的情感心理思想，情感的维度有七情（喜、怒、哀、乐、爱、恶、欲）、六情（喜、怒、哀、乐、爱、恶）、五情（喜、怒、哀、乐、怨）、三情（喜、悲、愿望）等不同观点（燕国材，1998）。特别是"六情说"把情感分为喜、怒、哀、乐、爱、恶六种，两两成对，体现了情感的两极对立特征。西方古代，则有"五情"和"六情"的分法。目前，对情感的主流分类方法为两种：一种是按照情感的基本表现形式，将其划分为应激、激情和心境；另一种是按照情感的社会性内容划分，包括道德感、美感和理智感。

一般地，与情感相近的概念有情绪（Mood）、感情（Affect）、心情（Mood）、感觉（Feeling）等，它们在心理学上都有明晰的、将彼此分离的界定，比如将情绪与情感相比较。随着个体对事物的认知的发展，以及在实践中对其需要获得满足或不满足程度的加深，对事物的情绪逐渐升华为情感。从心理体验的角度来看，情绪不稳定，具有较强的情境性、激动性和暂时性，而情感却有较强的稳定性、深刻性和持久性。从表现形式上来看，情绪有明显的冲动性和外部表现，而情感则比较内隐，情感的深度决定了情绪表达的强度，情感的性质决定了一定情境下情绪的表现形式。但一般在消费研究领域当中，它们都具有区别于认知活动、特定主观体验和外显表现，并且与人的特定需要联系在一起的属性。

情感的产生源于内在动机和外部环境的刺激，情感是人类适应生存的心理工具，能激发主体的心理活动和行为动机。英国生物学家、进化论奠基人达尔文认为，随着人类机体的不断进化，人类情感的发展也必然是一个不断进化的过程，情感的表现形式不断分化而增多，情感的层次结构不断复杂而有序，情感的行为驱动功能不断进化而加强（达尔文，1958）。达尔文（1958）在论及人类情绪、感情的起源和演化时提到，人类的情感和表达天然且具有共性。在休谟（2003）看来，最早的宗教观念并不是源于对自然的沉思，而是源于一种对生活事件的关切，源于激发了人类心灵发展的绵延不绝的希望和恐惧，正是这些情感引导了人们的行为。舒斯特曼（2018）认为，我们的情感是认知和意志行动之间的纽带，甚至存在于思想当中。爱德华兹（2001）提出，上帝这个人性的制作者，不仅给予人类以情感，而且也给予行动以基础……这些情感是动力，激发我们在生活和事业中活力四射。

情感是自然选择的产物，也自然地在人类生存和发展中发挥着重要功能作用，功能之一便是道德感源于人类的情感。在自然界的道德萌芽中，情感引导道德的发展，而同情就是其中发挥重要作用的一种情感。亚当·斯密也认为，道德感源于我们的心灵有能力"设身处地为痛苦的人着想"，即同理心（克兹纳里奇，2018）。卢梭（2015）将道德的法则建立在人的自然情感之上，认为自爱心和怜悯心这两种基本的天然情感能够激发人们实施道德行为，依赖于人的自然情感——良心——指引人们在道德上向善。① 克兹纳里奇（2018）指出，人类天生是社会动物，同理心是与生俱来的，在同理心的驱使下，人们设身处地为他人着想，理解他人的情感与视角，并且运用这个理解来指引我们的行动，同理心不只是局限于个人层面的善意感受，还可以进一步唤起大众携手推动社会变革。

二、绿色消费行为相关情感

本书中，绿色消费情感（Affection Toward Green Consumption）是消费者对自己或他人的绿色消费或非绿色消费是否符合个人规范而产生的积极或消极态度体验（如赞赏、愉快、讨厌、羞耻等）。这里的绿色消费情感既不同于一般的生态情感或环境情感，也不同于一般的购买情感或消费情感，它是消费者在评价产品购买或消费行为时纳入生态环境考量所产生的情感（当然，绿色消费情感既有生态或环境情感的一般特征，也有购买或消费情感的一般特征）。

在绿色消费行为研究中，从相关学者的研究目的、文献回顾、问卷设计和分析过程及结论来看，绝大多数文献的研究对象是人们较为稳定、持久的

---

① 在中国，"良心"一词最早见于《孟子·告子上》。孟子主张"恻隐之心，人皆有之；羞恶之心，人皆有之；恭敬之心，人皆有之；是非之心，人皆有之"。将恻隐、羞恶、恭敬和是非之心称为"良心"。在我们看来，"良心"是道德情感的基本形式，激发消费者的绿色情感应当从人的本性"良心"出发，从"良心"这一根本上启动和促进消费者具有道德属性的绿色行为。

态度体验——情感对绿色消费行为的解释/预测能力,而非瞬时情绪(Mood)对绿色消费行为的解释/预测能力,且国内外学者大都使用绿色情感或环境情感来进行概念的界定,而较少使用情绪、感觉这些词语。例如,Koenig-Lewis 等(2014)在其文献回顾部分同时使用了 Affect 和 Emotion,并认为,绿色消费中的情感研究几乎都是围绕三个领域:道德情感(Moral Emotion),对自然的亲近感(Emotional Affinity toward Nature),生态恐惧感(Ecological Fear),随后还根据前人的研究对前两种情感进行了明确的解释,即道德情感是人们基于生态规范(Ecological Norms)或生态责任感(Ecological Responsibility)所产生的情感,对自然的亲近感是人们对于人与自然关系稳定、持久的情感状态。至于生态恐惧感,根据作者后续的文献回顾与分析,它是一种人们对于环境恶化和环境问题稳定、持久的情感状态。最后,笔者对情感的测量题项为"当你知道自己用于饮水的塑料瓶包含部分植物性材料时,你会感到……",从该题项也可看出该研究所分析的是基于自我规范所产生的较为稳定的情感而非瞬时的情绪。下面本书对绿色消费情感中的积极情感和消极情感,以及自豪、愧疚、厌恶和赞赏等具体情感分别进行综述。

学术界常用的情感二分法根据人们情感的体验结构把情感划分为积极情感(Positive Emotion)和消极情感(Negative Emotion)两个维度(Watson 和 Tellegen,1985;Watson 等,1999)。简单地说,积极情感反映了一个人感到热情(Enthusiastic)、活跃(Active)、机灵(Alert)的程度。处于强积极情感(High Positive Emotion)状态下的人充满能量(A State of High Energy)、注意力高度集中(Full Concentration)、心情愉悦;处于弱积极情感(Low Positive Emotion)状态下的人悲哀而无生气(Lethargy)(Watson 等,1988)。积极情感一般包括自豪、兴奋、欣喜、感激、快乐、兴高采烈、热情等(邱林等,2008)。消极情感是人们主观上感到悲伤、不愉快或反感(Aversive)等一系列感觉。消极情感一般包括羞愧、难过、害怕、紧张、恐惧、内疚、恼怒、战战兢兢等(邱林等,2008)。当人们处于弱消极情感的状态时,会比较冷静和平静(Calmness 和 Serenity)(Watson 等,1988)。这样的划分方法给情感的归类提供了更为细致的标准,例如沮丧(Depression)和焦虑,前者属于弱积极情感而后者属于强消极情感(Tellegen,1985)。

在实证分析当中,积极情感受到的关注较少,其原因在于积极情感相较于消极情感的数目更少且较易混淆(De Rivera 等,1989;Ellsworth 和 Smith,1988)。例如,Ellsworth 和 Smith(1988)基于离散(Discrete)或基本

(Basic)情感进行科学分类后发现,每种积极情感有3~4种消极情感与之相对(Izard,1977;Tomkins,1982;Ekman,1992)。Nesse(1990)认为,这是由于情感在经过长久的自然进化选择后仅保留下基于威胁(Threats)和机会(Opportunity)这两种情境下的部分,而现实环境中威胁多于机会这一现象造就了消极情感多于积极情感。从面部表情来看,大部分积极情感都没有唯一显著的信号(Unique Signal Value)且均是基于杜乡微笑(Duchenne Smile)演化而来,具体的消极情感却有唯一且普遍为人所察觉的信号;在人们回忆过去愉快的经历时,他们自我报告的主观经历所涉及的积极情感之间有相当高的相关性,相互之间容易混淆。相反地,当人们在回忆过去不愉快的经历时,他们自我报告的主观经历所涉及的消极情感之间有较高的辨识度。对于这一情况,学者认为是由于失败(即被威胁影响)的成本远远高于失去机会的成本,因此恰当地对前者做出反应更为重要(Pratto和John,1991;Rozin和Fallon,1987)。更有趣的是,学者近年发现,人们对消极情感的区分而非积极情感的区分和心理幸福感(Psychological Well-being)有关(Demiralp等,2012;Pond,2012;Kashdan等,2010),并且消极情感有助于提高回忆内容的准确性。在绿色消费中,人们为了追求积极情感或避免消极情感而做出努力,由此这两种情感对绿色消费产生了显著的影响力。在该研究领域,消极情感相对于积极情感而言,仍旧更受研究者的青睐。此外,还有学者基于情绪唤醒程度视角在绿色消费框架下进行研究,发现高度情绪(包括积极情绪和消极情绪)向下调节环境参与度与绿色产品购买意图路径之间的正向关系;中度消极情绪向上调节环境参与度与绿色产品购买意图路径之间的正向关系(庞英等,2017)。

在积极情感中,自豪是一种包含了成就感和自我满足感的积极情感,并且它还是一种自我意识情感(Self-conscious Emotion)。这里,自我意识情感是一种高级情感,它产生于人们自我表征(Self-presentation)、自我觉察(Self-awareness)和自我评价(Self-evaluation)这一系列过程之后,包括自豪(Pride)、愧疚(Guilt)、羞耻(Shame)、崇敬(Respect)、妒忌(Jealousy)等(Tracy和Robins,2004;Tracy和Robins,2007)。在学术界,自豪往往被划分为两个维度,第一个维度是真正的自豪(Authentic Pride),另一个维度是傲慢(Hubristic Pride)(Tracy和Robins,2007;Mcferran等,2014)。前者是人们努力工作和获得成功后的副产品,它能够帮助人们在困难中坚持前行、关心他人、构建自己的自尊心;后者是人们对自己的能力、成就或身份的一种过高评价，它使当事人有一种凌驾于他人之上的感觉或态度并由此蔑视他人，这种情感包含了自我陶醉的成分，会带来敌意、人际关系问题、对他人的偏见等一系列问题（Tracy 和 Robins，2007；Ashton-James 和 Tracy，2012）。在实践中，真正的自豪往往与"成就感"和"自信"等词汇挂钩，它反映了情感亲社会（Pro-social）和成就导向的一面；傲慢往往与"自我放大"和"自负"等词汇挂钩，反映的是情感反社会（Anti-social）和侵略性的一面。因此，在绿色消费研究当中，真正的自豪是学者所关注的研究对象，它能够依托于当事人的行为标准或其所追求目标对相应行为产生强而有效的促进作用。

赞赏是指人们高兴地肯定和赞同他人的行为、成就或某种特质的一种感觉并且这种感觉对自己产生了激励作用（Keltner 等，1999；Algoe 和 Haidt，2009）。它是一种积极情感，并且有时与"非凡"（Marvelousness）联系在一起，但其程度比"敬畏"更浅。根据社会认知理论（Social Cognitive Theory）的观点，人们往往更愿意学习他们所赞赏的人或行为（Akers，1998；Bandura，2009；Wareham 等，2009）。所以，赞赏往往都是因为它能够刺激和帮助人们学习恰当的能力而被研究者所关注。例如，Algoe 和 Haidt（2009）发现，对他人的赞赏感能够促使人们在相关方面做得更好。Immordino-Yang 和 Sylvan（2010）则通过对赞赏的研究认为，它作为与低水平心理过程（Low-level Physiological Processes）相关的情感，能够通过无意识过程（Nonconscious Processes）提升人们的学习效果。在绿色消费研究领域，暂时还没有学者注意到赞赏这一情感对人们行为塑造的重要作用。

在消极情感中，愧疚是人们感到自己需要为某种不好的后果承担责任时所产生的一种消极情感，它也是一种自我意识情感。在学术界，研究者常常把愧疚和羞耻放在一起比较研究，因为它们都是消极情感并且当事人认为自己应该受到责备。但它们之间也有较明显的区别。愧疚产生于人们意识到过去的行为违反了道德标准并且自己应当为此负责的时候，当事人有维护这种道德标准的欲望并希望为这种不良行为作出弥补，例如，他们会道歉、取消损害行为或修复被损害的部分等，简言之，愧疚一般在当事人的不良行为只被自己知道的时候产生，羞耻一般在当事人的不良行为被他人发觉或公之于世的时候产生（Wolf 等，2010；Cohen 等，2011；Smith 等，2002）。愧疚是一种聚焦问题的（Problem-focused）情感，人们倾向于通过解决目标问题来削弱自身的愧疚感。相反地，羞耻是一种对当事人自尊有强大负面影响的消极情感，处于这种情感状态下的人们往往会有低人一等、没有存在感和无力的感觉。由此，羞耻之人非常地消极处事，例如，他们会自认为自己没有能力或不配去弥补曾经的过失。为了削弱自身的羞耻感，当事人一般采取聚焦情感的（Emotion-focused）策略（譬如无视或歪曲事实）而不是去设法解决问题。综上所述，愧疚相较于羞耻更适合涉及道德标准的绿色消费行为研究，这种情感会促使人们尽力避免违背个人的规范，购买绿色产品或抵制非绿色产品。值得一提的是，研究表明"纯粹的"羞耻也具有促进亲社会行为的作用，并且 Rees 等（2015）根据学者对愧疚和羞耻更为细致的定义（Gausel 和 Brown，2012；Rees 等，2013）所做的实证研究发现，它们对绿色消费行为均有显著的正向推动作用。

厌恶是一种人的基本情感，这种情感由人们最初对入口食物的心理和生理排斥反应逐步地延伸、泛化到其对接近人体的其他事物以及人际、道德等层面事物的排斥。厌恶具有特定的面部表情、生理体验和行为倾向，是人类社会化的重要途径。Rozin 等（2000）基于厌恶的刺激类别将其划分为五个维度：①味觉引起的厌恶（Distaste）；②死亡、不当性行为等兽性行为引起的动物本性厌恶（Animal-nature Disgust）；③背德之事引起的道德厌恶（Moral Disgust）；④由腐败物、动物、排泄物等引起的核心厌恶（Core Disgust）；⑤不想与某些人接触的人际厌恶（Interpersonal Disgust）。Marzillier 和 Davey（2004）则将厌恶分为初级厌恶（Primitive Disgust）和复杂厌恶（Complex Disgust）两类。初级厌恶包括前一分类标准中的①、②和④，该类情感体验单一，不包含其他的消极情感；复杂厌恶包括前一分类标准中的③和⑤，该类情感较为复杂，常常蕴含了愤怒、悲伤、蔑视、恐惧等其他消极情感。Rozin 等（2008）的研究发现，厌恶通过人类进化的过程中嵌入社会文化领域，能够影响人们日常生活中的道德判断，进而作用于他们的实际行为，起到了保持自我与非我的界限，保护当事人身心免于污染，维持社会秩序的作用。Tybur 等（2009）认为，人们厌恶不道德行为的主要原因在于，这样可以躲避自己在社会交往中可能给自己或所属群体带来伤害的个体。而 Hutcherson 和 Gross（2011）亦认为，人们厌恶不遵守社会规范的主体，其深层次原因即是他们有能力或意图伤害当事者。然而，厌恶作为一种重要的基本防御性情感，却往往被大多数的研究者所忽略。同样，在绿色消费研究领域，几乎所有学者都忽视了厌恶对行为的驱动作用。

三、绿色消费中情感的类别和维度

在绿色消费行为研究中，学者研究的情感名称和形式千差万别，但无论它们在研究中的表现形式如何多变，都脱离不了呈现形态、体验结构、时间维度和责任归属这四个类别/维度框架。

(一) 呈现形态

从绿色消费行为研究中情感的呈现形态看，它大致分为隐含情感、复合情感和特定情感三个类别。

(1) 隐含情感。在绿色消费行为研究中，学者常把情感元素隐藏在其他的心理潜变量当中 (Ali 和 Adil, 2014; Collado 等, 2015; Han 等, 2010)，即这些心理潜变量的测量题项包含了情感元素。为了和此类研究中的情感潜变量 (即复合情感和特定情感) 相区分，我们将这类情感元素称作隐含情感。其中，态度是最为常见的一种包含情感元素的变量，如 Schwepker 和 Cornwell (1991) 在考察居民对垃圾的态度、对生态环境的态度、对污染的认知等因素和购买环保包装产品之间的关系时，"对垃圾的态度"中纳入了测量居民不安、烦恼等情感的题项; Khaola 等 (2014) 在 "对绿色产品的态度" 测量中涵括了个体对绿色产品的喜爱、愉悦和欣慰等情感，进而分析该变量对绿色购买行为的影响效应; Hartmann 和 Apaolaza-Ibáñez (2012) 则将消费者对产品的态度具体到 "品牌"，笔者通过测量消费者对该绿色品牌的喜爱之情来反映绿色产品品牌态度 (Brand Attitude)，分析这一潜变量能否部分中介环境关心 (Environmental Concern)、功利性利益 (Utilitarian Benefits) 和在大自然中的体验 (Nature Experience) 对绿色购买行为的影响效应; 而对于行为态度的测量，有些学者将其划分为情感 (包括满足感和高兴) 和认知两个部分，研究行为态度在绿色消费行为中的作用，如购买绿色产品 (Arvola 等, 2008) 或入住绿色酒店 (Han, 2015)。

除态度之外，包含情感元素的心理变量还有个人规范 (Personal Norm) (Harland 等, 1999)、自我实现欲 (Self-actualization) (Iyer 和 Muncy, 2009) 等。值得一提的是，有些学者会在绿色消费行为研究中把人们对生物的情感隐匿到其他心理潜变量当中，比如 Nisbet 等 (2008) 在 "与大自然的关系" (Nature Relatedness, NR) 这个变量中纳入了个体对他人和动物的喜爱/厌恶之情，其研究发现 NR 与涉及购买、出行、环境污染的绿色消费行为均有显著的相关性，Zelenski 和 Nisbet (2013) 通过类似测量方法对 NR 又做了进一步研究，认为提升 NR 是一条给人类带来快乐和可持续发展的有效途径；Corral-Verdugo 等（2009）则使用居民对动植物多样性和人类种族多样性的喜爱（Like/Love）来测量他们的多样性追求（The Affinity Towards Diversity），证实了该变量对绿色消费行为的预测能力。类似的研究还有 Mayer 和 Frantz（2004），其分析的焦点是"与大自然的连接"（The Connectedness to Nature），该变量涵盖了人们对大自然（动植物）的亲密感和归属感，笔者在研究中深入探讨了这一变量的测量方法以及它对绿色消费行为的重要作用。

（2）复合情感。在绿色消费行为与情感潜变量的研究当中，常有学者分析由多种特定情感共同反映的、概念较为宽泛的情感对行为的影响机理（Chen，2013；Chen 和 Chang，2013；Han 和 Kim，2010）。为了将这种情感与此类研究中概念较为单一的特定情感相区分，我们将其称作复合情感。Chan 和 Lau（2000）研究了生态情感对居民绿色购买行为的影响效应，该情感由愤怒、害怕、失落和不安等多种情感共同反映；Finch（2006）的情感价值观（Emotional Value）则由积极情感（通过购买绿色食品时的高兴、满意、自豪等情感来反映）、舒适感和困惑感所构建，其实证研究证实，情感价值观对绿色食品的购买行为有较强的解释力；Steg（2005）则在研究中引入了"情感动机"（Affective Motivation），并证实它对绿色出行有显著的影响效应，这一变量是基于 Mehrabian 和 Russell（1974）的愉快—唤起情感模型（The Pleasure-arousal Emotional-state Model）对受访者使用私家车时的情感（对自己车辆/驾车行为的喜欢、喜爱、高兴和兴奋）测量而得；Rees 和 Bamberg（2014）以及 Rees 等（2015）在研究绿色消费行为时把愧疚和丢脸（Shame）这两种差异明显的情感复合为内疚（Guilty Conscience），分析了这种情感对行为的驱动作用。内疚这种新的情感使人们关注道德规则，并遵从这些规则以避免体验到内疚（特纳，2009）。

（3）特定情感。特定情感是指绿色消费行为研究中使用单一情感或一组非常相近的情感所表征的情感，诸如愤怒、后悔、恐惧等。Tapia-Fonllem 等（2013）使用居民对他人不恰当环境行为（如砍伐树木、乱扔垃圾、浪费水资源等）的愤慨（Indignation）来测量"愤怒"这一潜变量，其研究发现愤怒对包含绿色购买、节能、节水、物品回收、参与环保活动等行为在内的绿色消费行为有显著的影响效应；Kaiser（2006）研究的"后悔"是通过测量人们对没有实践绿色消费行为的愧疚和良心谴责感而得，其研究证实后悔对回收行为有直接的影响作用；Chen 和 Lee（2015）以星巴克为例，分析了不同绿色诉求类型下绿色满意感（Green Satisfaction）、绿色购买行为和其他变量的差异，其中绿色满意感是指顾客对自然环境的要求、可持续发展的期望和绿色需求被满足时的愉悦度水平（Chen，2010），其反映型指标包括顾客选择在星巴克消费时的高兴（Happy）和快乐（Glad）；忧虑与绿色消费行为之间的紧密联系也得到了实证研究的支持（Lee 和 Holden，1999）。还有些学者在同一研究中对多个特定情感进行了分析，例如，Nerb 和 Spada（2001）对受访者阅读"环境受到人类活动破坏"的新闻后产生的愤怒与伤心进行了测量，基于 91 名受试者的调查分析发现，只有愤怒对两种绿色消费行为（抵制相关机构和捐款修复环境）均有显著预测力；Van Zomeren（2010）应用双路径模型（The Dual Pathway Model）对恐惧（包括害怕和担心两个指标）在绿色消费行为中的显著影响效应进行了证实，并在研究过程中以愤怒（包括生气、狂怒和发狂三个指标）作为对比情感，凸显了恐惧的影响力；此外，还有些学者同时对自豪和愧疚在绿色消费行为中的影响效应进行了研究（Han，2014；Onwezen 等，2014）。

（二）体验结构

情感二分法根据人们情感的体验结构把情感划分为积极情感（Positive Emotion）和消极情感（Negative Emotion）两个维度（Watson 等，1999；Watson 和 Tellegen，1985），很多学者在这种维度框架下对情感和绿色消费行为之间的关系进行了研究，这些研究大多基于"个体会努力追求积极情感而避免消极情感"（Frijda，2007）这一假设。

一部分学者在绿色消费行为研究中同时引入了积极情感和消极情感这两个维度，例如，Carrus 等（2008）同时对积极情感、消极情感与居民绿色出行之间的关系进行了探索，不但测量了人们使用公共交通时预期产生的高兴、兴奋、快乐、欣慰、满足、自豪和自我肯定（Self-assured）七种积极情感，还对他们使用私家车时预期产生的愤怒、受挫感、不满足感（Unsatisfied）、不满意感（Discontented）、愧疚、悲伤、失望、压抑感和害怕九种消极情感进行了测量，研究结果表明积极情感和消极情感对绿色出行欲望（Desire）均有显著的影响效应，但只有消极情感对绿色出行意向有显著的影响效应；他们还单独研究了消极情感对家庭垃圾回收欲望的影响效应，证实这一效应是显著的。Meneses（2010）则在研究中同时分析了积极情感和消极情感对回收行为的促进作用，他通过对 339 名样本的分析得出了与 Carrus 等（2008）不同的结论，即积极情感对绿色消费行为的驱动作用显著大于消极情感，而不是小于消极情感。Chen（2013）对人们参与碳减排计划和 Koenig-Lewis 等（2014）对居民购买环保包装产品的实证分析也得出了同样的结论。

另一部分学者则在绿色消费研究中只分析了积极情感或消极情感中的一种，并且后者明显更受这些学者的青睐。譬如，Grob（1995）对消极情感进行了专门分析，该研究使用涵括"对破坏生态环境行为不安感"（Upset）在内的6个题项对722个样本的消极情感进行了测量，发现人们的消极情感受到个人心理价值观的显著影响，并对绿色消费行为有显著的预测效应；还有一些学者针对某一具体的消极情感和绿色消费行为之间的关系进行了研究，比如愤怒（Corral-Verdugo 等，2009）、后悔（Kaiser，2006）、愧疚（Ferguson 和 Branscombe，2010）。至于积极情感这一维度，Corral-Verdugo（2012）从理论层面专门探讨了积极情感对绿色消费行为的重要驱动作用，呼吁研究者重视这一情感维度在绿色消费行为领域的研究。O'Brien（2008）亦通过理论分析说明了快乐对人们可持续行为（包括大自然和社会两个方面）的重要性。

（三）时间维度

根据行为发生时点相对于调研活动的先后顺序，情感所解释或预测的绿色消费行为可以被分为行为意向（Behavior Intention）（Carrus 等，2008）和实际行为（Actual Behavior）（Onwezen 等，2014）。同样地，根据情感发生时点相对于行为活动的先后顺序，它也分为两个维度，即预期情感（Anticipated Emotion）和体验情感（Experienced Emotion）。

（1）预期情感。预期情感是指人们预期做出或不做出某种行为时产生的积极或消极情感（如高兴、后悔）（Rivis 等，2009）。研究预期情感的文献大多建立在"预期情感能够引导个体进行决策"（Mellers 和 McGraw，2001）这一前提假设之上。譬如 Elgaaied（2012）根据276个样本的分析结果发现，预期愧疚（Anticipated Guilt）在环境关心（Environmental Concern）、负面后果的认知（Awareness of Negative Consequences）和便利性感知（Perceived Facilitating Conditions）对回收行为的影响效应中起到了显著的中介作用；Kim 等（2013）对411个样本在环保餐馆（Eco-friendly Restaurant）的就餐意向进行了研究，结果发现预期后悔感（Anticipated Regret）与态度、主观规范和行为控制力同时作用于绿色餐馆就餐行为时，该情感能够对行为意向产生显著影响；Han（2014）则对与会者的"绿色参会行为"（Environmentally-responsible Convention Attendance）进行研究后发现，预期自豪和预期愧疚能够通过个体规范（Personal Norm）的完全中介作用影响到与会者的绿色参会行为。

（2）体验情感。体验情感是指人们在接受研究者的情感测量之前就已经体验到的情感。例如，Brown 和 Kasser（2005）分别研究了青少年群体和成人群体的主观幸福感（Subjective Well-being）与绿色消费行为之间的关系，发现两者有显著的相关性；Kals 等（1999）将个体对自然的亲近感、自己没有尽力保护自然所产生的愤怒（Emotional Indignation about Insufficient Nature Protection）和环境的认知作为自变量，分析它们对环境保护行为的影响，结果发现上述体验情感都对环保行为具有显著的影响效应。

特别地，在绿色消费行为研究领域，Antonetti 和 Maklan（2014）的研究证实消费后情感（Post Consumption Emotion）对绿色购买意向有显著的预测力，该研究中涉及两种特定情感：第一种是自豪，它由愉悦、高兴和自豪反映；第二种是愧疚，它由懊悔、伤心、后悔反映。此外，Antonetti 和 Maklan（2014）的另一项研究对自豪体验、愧疚体验这两种体验情感和绿色购买行为之间的关系进行了研究，也得出类似的结论。目前，以体验情感的形式对消费情感和绿色消费行为进行分析的研究较少，消费情感往往以预期情感的形式参与行为理论模型的构建（Arvola 等，2008；Han，2014；Onwezen 等，2014），原因在于消费后情感相对预期的消费情感而言，无论是在调研/实验设计还是实际操作中都更难获取有效的数据。

（四）责任归属

在绿色消费行为研究中，还可根据责任归属将情感分为个体情感和集体情感（Collective/Group-based Emotion）。个体情感是当事人对个人行为担责时所产生的情感（Leach 等，2007）；集体情感是指当个人所归属的小团体为某些行为承担责任时，他/她由此产生的情感（Leach 等，2007；Wohl 等，2006）。目前，大多数学者的研究对象是个体情感。如 Antonetti 和 Maklan（2014）、Han（2014）、Onwezen 等（2014）、Peloza 等（2013）等分析了自豪、愧疚与绿色消费行为之间的关系，Bamberg 和 Möser（2007）、Elgaaied（2012）、Peloza 等（2013）专门分析了愧疚与绿色消费行为之间的关系，这里的情感范畴其实都是个体情感。

只有少数学者在绿色消费行为研究中对集体情感进行了分析。譬如 Harts 等（2013）分别对集体愧疚（反映型指标为愧疚和后悔）和环境修复行为（Repair the Damage）、集体愤怒感（反映型指标为愤怒和反感）和惩罚破坏环境者（Punish Wrongdoers）、集体自豪（反映型指标为自豪和欣慰）和环境保护行为（In-group Favoring Environmental Protection）这三组关系进行了研究，发现上述三组情感—行为的组合最为恰当；Ferguson 和 Branscombe（2010）则证实了集体愧疚（反映型指标为愧疚、后悔和懊悔）对碳减排行为的显著影响效应。绿色消费行为研究中情感的类别和维度如表 2-7 所示。

表 2-7 绿色消费行为研究中情感的类别和维度

框架	类别	变量（测量指标）	文献出处
呈现形态	隐含情感	自我实现欲（恐惧和烦恼）	Ayer 和 Muncie（2009）
		个人规范（愧疚）	Harland 等（1999）
		对垃圾的态度（不安和烦恼）	Schwepker 和 Cornwell（1991）
		对绿色产品的态度（喜爱、愉悦和欣慰）	Khaola 等（2014）
		对绿色品牌的态度（喜爱）	Hartmann 和 Apaolaza-Ibáñez（2012）
		对行为的态度（满足感和高兴）	Arvola 等（2008）
		亲近大自然（喜爱和厌恶）	Nisbet 等（2013）
		多样性追求（喜爱）	Corral-Verdugo 等（2009）
		与大自然的连接（亲密感和归属感）	Mayer 和 Frantz（2004）
	复合情感	生态情感（愤怒、害怕、失落和不安）	Chan 和 Lau（2000）
		情感（喜欢、喜爱、高兴和兴奋）	Steg（2005）
		情感价值观（高兴、满意、自豪、舒适感和困惑感）	Finch（2006）
		积极情感（高兴、兴奋、快乐、欣慰、满足、自豪和自我肯定）	Carrus 等（2008）
		消极情感（愤怒、受挫感、不满足感、不满意感、愧疚、悲伤、失望、压抑感和害怕）	Carrus 等（2008）
		内疚（愧疚和丢脸）	Rees 等（2015）
	特定情感	个体愤怒（愤怒、生气、狂怒和发狂）	Corral-Verdugo 等（2009）
		绿色满意感（高兴和快乐）	Chen 和 Lee（2015）
		后悔（愧疚和良心谴责感）	Kaiser（2006）
		伤心（伤心）	Nerb 和 Spada（2001）
		恐惧（害怕和担心）	Van Zomeren 等（2010）
		忧虑（忧虑、不安和烦乱）	Lee 和 Holden（1999）
		自豪（愉悦、高兴和自豪）	Han（2014）
		愧疚（懊悔、伤心和愧疚）	Han（2014）

续表

框架	类别	变量（测量指标）	文献出处
体验结构	积极情感	高兴、兴奋、快乐、欣慰、满足、自豪、自我肯定	Carrus 等（2008）
	消极情感	愤怒、受挫感、不满足感、不满意感、悲伤、失望、压抑感、害怕、后悔（愧疚和良心谴责感）、愧疚（伤心、懊悔和后悔）……	Carrus 等（2008）；Kaiser（2006）；Ferguson 和 Branscombe（2010）
时间维度	预期情感	预期愧疚（愧疚、良心谴责感和问心有愧）	Elgaaied（2012）
		预期后悔（担忧、后悔和紧张）	Kim 等（2013）
		预期自豪（自豪、完满感、自信和值得感）	Harth 等（2013）
	体验情感	主观幸福感（高兴）	Brown 和 Kasser（2005）
		对自然的亲近感（热爱感）	Kals 等（1999）
		自豪体验（高兴和自豪）	Antonetti 和 Maklan（2014）
		愧疚体验（懊悔和愧疚）	Antonetti 和 Maklan（2014）
责任归属	个体情感	个体自豪（愉悦、高兴和自豪）	Han（2014）
		个体愧疚（懊悔、伤心和愧疚）	Han（2014）
	集体情感	集体自豪（自豪和欣慰）	Harth 等（2013）
		集体愤怒（愤怒和反感）	Harth 等（2013）
		集体愧疚（愧疚、懊悔和后悔）	Ferguson 和 Branscombe（2010）

注：括号内的情感是括号前变量的测量指标或反映型指标，有的情感变量在同一类别/维度中有多种测量方式，为避免歧义，此处仅显示一种。

资料来源：根据相关文献整理，下同。

第三节 情感—行为关系的相关研究回顾

一、绿色消费情感对绿色消费行为的影响作用

早期的文献极少专门研究绿色消费情感对绿色消费行为的影响，而是一般性地讨论环境态度或生态态度对绿色消费行为的影响（Hines 等，1987）。大多数研究文献中，人们对绿色或环境的态度经常被视作绿色消费行为的一

个关键影响变量,它可以揭示实施绿色消费行为的复杂的内在过程与心理机制。Gadenne 等(2011)、Aslan 等(2012)、Lee 和 Goudeau(2014)等的研究认为,绿色产品消费行为与消费者对绿色产品的态度有紧密的关联。虽然多数文献没有将绿色消费情感视为一个独立变量展开专门研究,但很多学者在态度变量里其实也或多或少、或明或暗地涉及了情感因素(Kinnear 等,1974;Hines 等,1987)。可见,早期的研究文献虽然没有意识到情感因素的重要性,但实际上无法回避情感因素。

Zhao 等(2014)对消费者群体的实证研究表明,态度因素对绿色消费行为存在显著影响作用。但是 Prothero 等(2011)的研究则表明消费者对可持续消费的态度和行为间存在不一致,两者之间的关联强度比较微弱。劳可夫(2013)的研究显示,绿色消费态度对绿色消费行为的影响并不显著。可以看出,国内外不同学者的结论似乎存在矛盾。这些研究结论存在矛盾的一个重要原因在于不同学者对态度范畴的理解不尽一致,使其测量方式也不一样,导致最终获得的"态度"也不一样。因此,十分有必要对态度进一步地剖析,分离出其最核心的成分,摒除其他干扰成分的影响,从而挖掘出影响绿色消费行为的关键成分。

弗里德曼(Freedman)定义态度为个体对某一特定事物、观念或他人稳固的心理状态,它由认知、情感和行为倾向三部分构成。其中,情感成分是态度的核心和关键成分,既影响认知成分,也影响行为倾向成分。自 20 世纪 70 年代以来,一些学者就开始将情感从态度中独立出来,研究绿色消费情感对绿色消费行为的影响。Triandis(1977)提出了人际行为理论(Theory of Interpersonal Behavior,TIB),较早地将情感与态度明确区分开来。根据人际行为理论模型,行为意向的形成有三个显著性条件:态度或对期望结果的感知价值、社会因素、情感因素或情绪反应。其中,对决策或决策形势的情感反应被认为不同于对结果的理性—工具评价,且可能包括不同强度的积极和消极的情绪反应。根据心理学中有广泛影响的知情意行理论,决定个体行为的三个基本要素是"知""情""意"。其中,"知"是认知、观念;"情"是情感、情绪;"意"是意志(王建明,2015)。陶行知提出"知情意合一"的美育观,强调必须把情感与理性结合起来,做到情感与理性合力。事实上,在现有研究文献里,将情感因素作为一个主要变量整合入行为理论模型已经得到了越来越多的支持(Jackson,2005)。然而,多数行为理论(如理性行为理论、计划行为理论、规范激活理论、动机—机会—能力理论、价值观—信念—规范理论等）仍旧将情感因素的作用抽象掉了。

从经验研究看，学者对于环境情感和环境行为之间关系的研究结论高度一致，即绿色消费情感和绿色消费行为之间存在正相关关系（Chan 和 Lau，2000）。Dispoto（1977）的相关分析表明，生态情感和生态行为之间的相关系数为 0.15。而且，许多只有很少环境知识的人仍旧对环境展现出强烈的情感忠诚。这显示环境知识和环境情感对相应的行为是两个彼此独立的影响变量（Martin 和 Simintiras，1995）。Poley（2000）等发现情感作为一种动机能够预测个人的环境态度从而影响其环保行为。还有部分学者探索了情感成分与感知在预测人们行为时的能力差异，结果证实情感成分比感知成分能够更好地预测目标行为。消费情感是消费者在受到外界环境刺激下，所产生的一系列情感反应，它对顾客的购买行为有着重要的影响效应。进一步地，学者普遍认为消费情感对个体的消费行为有很强的关联度。例如，Bagozzi 等（1999）在界定情绪、情感和态度的基础上，通过运用情绪评估理论（Appraisal Theory of Emotions）说明了消费情感对消费者反应行为的重要性。Nyer（1997）等的实证研究结果发现，顾客在消费过程中对目标产品的正面消费情感能够提升他们的再购买意向以及口头宣传意向。Kanchanapibul 等（2014）在对绿色消费行为的研究中，将影响因素限定为情感与知识两个独立的变量，结果发现情感对绿色购买意向的标准化路径系数高达 0.489，而知识对绿色购买意向的标准化路径系数只有 0.061。Chan 和 Lau（2000）的结构方程模型分析表明，生态情感对绿色消费意向存在显著的正向影响（标准化路径系数为 0.70），对绿色消费行为也存在显著的间接影响。Bamberg 和 Möser（2007）的荟萃分析发现，内疚感（这是环境情感的一种形式）对个体态度、道德规范和个体感知效力三变量存在显著的直接影响效应，对行为意向和行为则存在显著的间接影响效应。Mosler 等（2008）对家庭垃圾回收、堆肥和再利用行为的结构方程模型分析也表明，回收和堆肥受态度中情感成分的影响最强烈。Koenig-Lewis 等（2014）还发现情感可以有效中介环境关心和认知利益（Cognitive benefits）对消费者购买环保包装产品行为意向的影响效应，从而推动消费者的低碳消费行为。

在一般环保行为方面，Kals（1999）等发现，如果仅研究人们的理性认知无法很好地解释他们的环保行为，积极情感和消极情感也应纳入环保行为的预测要素。Fineman（1996）发现无论是积极情感还是消极情感都对组织成员的一般环保行为有战略性的地位。在绿色消费行为领域，Elgaaied（2012）等的研究则证实了消费情感是驱动绿色消费行为的非常重要的因素。Meneses（2010）对情感进行了专门研究。其研究中涉及的解释变量包括情感变量（悲伤、同情、羞耻或内疚、自信、厌恶、无聊、愤怒、自豪、自尊和羡慕）和认知变量（生态良知、回收知识、生态参与、生态不忧虑）。结果表明，相对于认知因素来说，消费者回收行为更多地与情感因素相关；相对负面情感来说，消费者回收行为更多地与正面情感相关。可见，消费者回收行为以其情感反应（特别是正面情感）为基础，而认知因素则是次要因素。汪兴东和景奉杰（2012）的研究发现，消费者个人因素（低碳认知和情感）对低碳购买态度的影响要大于文化因素（集体主义和天人合一）。且在个人因素中，低碳情感的影响要大于低碳知识。这表明，为了影响消费者对低碳环保的态度，激发情感比提高认知更有效。在普及低碳环保知识的同时，更应重视激发消费者对环境问题的情感（恐惧、愤怒、苦恼、欣慰等）。王丹丹（2013）的实证研究证明生态情感对绿色消费行为的促进作用不是生态知识所能比拟的。贺爱忠等（2013）研究发现，绿色认知和绿色情感显著正向影响绿色行为，且绿色情感在绿色认知对绿色行为的正向影响中起部分中介作用。Wang 等（2013）的研究再次证实，在心理意识因素中，生态情感对生态意识购买行为的总体影响效应最大。王建明（2013）对资源节约行为的实证研究进一步表明，相对问题感知、资源知识、责任意识、物质主义、社会风气等变量来说，环境情感对行为的总体影响效应最大，且很少受到情境变量和文化背景的干扰。

二、绿色消费情感对绿色消费行为的作用机理

目前，学者研究了诸多情境下情感对各种类别绿色消费行为的作用机理，研究种类纷繁多样。然而，从情感在绿色消费行为模型中的角色来看，它无外乎承担三种角色，即独立的自变量、中介变量和被中介的自变量。下文通过情感因素在行为模型中的这三种角色来梳理和分析情感对绿色消费行为的作用机理。

（一）独立的自变量

独立的自变量是指情感对绿色消费行为的影响不受其他变量的中介，同时也不作为中介变量传递其他变量对行为的影响效应。Meneses（2010）的研究认为认知和情感能够直接作用于回收行为，并且它们之间的关系受

到涉入度的调节作用。他把积极情感内的特定情感（自信、自尊感、亲近感、自豪等）、消极情感内的特定情感（羞耻、愧疚、厌倦感、乏味感、愤怒等）、认知（知识和行为认知判断）和实际回收行为的相关性逐一进行分析，不但发现情感对回收行为的影响效应大于认知，还发现情感与回收的关系、认知与回收的关系均显著受到涉入度（Involvement）的调节作用，且相对于情感而言，认知对这种调节效应更加敏感（模型如表2-8中①所示）。与Meneses（2010）的研究相类似，Kim等（2013）也同样将情感作为独立的自变量，但没有考虑情境变量的调节作用（模型如表2-8中①所示）。

（二）中介变量

（1）情感完全中介其他变量对行为变量的影响。Antonetti 和 Maklan（2014）基于216个样本对消费后情感与绿色购买意向之间的关系进行了深入探索，其分析结果发现，无论是自豪还是愧疚，当它们被单独放入模型后，都能够完全中介个人规范对绿色购买意向的影响，且自豪与愧疚对绿色购买意向的标准化路径系数均在0.5左右（模型如表2-8中②所示）。

特别地，Nerb 和 Spada（2001）认为，人们在面对环境问题时，认知过程会激发情感，而情感又反过来影响认知过程，两者是一个双向（Bidirection）作用的关系。因此，他们构建了环境危机评估的直觉化思考模型（Intuitive Thinking in Environmental Risk Appraisal, ITERA），该模型由印象生成模型（Model of Impression Formation）（Kunda 和 Thagard, 1996）发展而来，是一种整合了情感评估理论（Integrates Appraisal Theories of Emotions）和责任归属理论（Theories about the Ascription of Responsibility）的平行约束满足模型（Parallel Constraint Satisfaction Model）。在该研究中，作者假设所有认知活动对绿色消费行为的影响效应均由情感来传递，并且通过三个实验证明，"愤怒"能有效地预测"抵制破坏环境"行为，而伤心对"帮助恢复环境"行为的影响效应在其中的一个实验中并不显著，即整个研究仅部分支持"伤心"对绿色消费行为的预测作用（模型如表2-8中③所示）。

（2）情感部分中介其他变量对行为变量的影响。Koenig-Lewis 等（2014）对居民购买环保包装产品这种绿色消费行为的驱动因素进行了研究。其中，积极情感由消费者绿色购买时产生的高兴、乐观、兴奋、自豪和满足五个指标反映，消极情感由上述行为所产生的紧张、担忧两个指标反映。笔者基于312个样本的检验结果发现，积极情感和消极情感完全中介了认知利益对购买行为的影响，而环境关心对购买行为的影响仅被积极情感部分中介，即环境关心对消极情感的路径系数并不显著（模型如表2-8中④所示）。值得一提的是，Onwezen等（2013）曾经设想自豪与愧疚可以作为个人规范和绿色消费行为关系的调节变量，但最终还是认为它们作为个人规范对绿色消费行为影响的中介变量（部分中介）更为合适。

（三）被中介的自变量

（1）情感对绿色消费行为的影响被其他变量完全中介。Chen（2013）对飞机乘客参与碳减排计划的意向进行了研究，其中"态度"只包含乘客对参与碳减排计划的认知部分，积极情感则涵括愉悦、兴奋、高兴、满意、自豪和自我肯定共六种情感，消极情感涵括愤怒、受挫感、失望、不满、伤心和愧疚六种情感。此外，模型中还包含了个人规范、欲望以及参与意向这三种变量。笔者通过对330个样本的分析发现，态度和消极情感对欲望的路径系数均不显著，即只有积极情感和个人规范对欲望有显著的影响效应，并且这种影响效应也被欲望有效地传递给了行为意向（模型如表2-8中⑤所示）。

（2）情感对绿色消费行为的影响被其他变量部分中介。Antonetti和Maklan（2014）通过互联网组织了两次针对消费者的在线实验。研究1假设自豪和愧疚一方面能够影响绿色购买意向，另一方面也能对消费者感知效用产生影响。他们在该研究中对415个样本进行了分析，其中愧疚涵盖了懊悔（Remorseful）、伤心和愧疚三种情感，自豪涵盖了愉悦、高兴和自豪三种情感，结果发现自豪与愧疚对购买意向的路径系数均不显著，即消费者感知效用完全中介了这两种情感对购买意向的影响；研究2则基于135个样本对新模型进行了分析，该模型在研究1的基础上引入了一个新变量——中和过程（Neutralization），并且愧疚仅包含了懊悔、愧疚两种情感，自豪仅包含了高兴和自豪两种情感，结果发现愧疚对购买意向的影响被中和过程部分中介，而自豪对购买意向的影响却被中和过程完全中介（模型如表2-8中⑥所示）。

表2-8汇总了情感在这三类角色下具有代表性的研究。

表 2-8 情感所承担的三类角色代表性文献

类别	模型	文献来源	说明
①独立的自变量	涉入度、认知、积极情感、消极情感 → 回收行为	Meneses (2010)	情感对绿色消费行为的影响不受其他变量的中介，同时也不作为中介变量传递其他变量对行为的影响效应
②中介变量	可信度、利他价值观、社会可视度 → 个人规范 → 自豪/愧疚 → 购买意向；购买行为的道德特性 → 个人规范	Antonetti 和 Maklan (2014)	情感完全中介其他变量对绿色消费行为的影响（单向）
③中介变量	观察+、观察- → 破坏、人类、控制力、更高的目标、知识 ↔ 愤怒、伤心 → 抵制破坏环境、帮助恢复环境（↔促进，⇠抑制）	Nerb 和 Spada (2001)	情感完全中介其他变量对绿色消费行为的影响（双向）
④中介变量	环境关心、认知利益 → 积极情感、消极情感 → 行为意向	Koenig-Lewis 等 (2014)	情感部分中介其他变量对绿色消费行为的影响

续表

类别	模型	文献来源	说明
⑤被中介的变量		Chen（2013）	情感对绿色消费行为的影响被其他变量完全中介
⑥被中介的变量	研究1：愧疚、自豪→消费者感知效用→行为意向；研究2：愧疚、自豪→中和→消费者感知效用→行为意向	Antonetti 和 Maklan（2014）	情感对绿色消费行为的影响被其他变量部分中介

资料来源：笔者整理。

三、NAM 和 TPB 及其拓展模型中情感的角色

从 1995 年开始，规范激活模型（NAM）和计划行为理论（TPB）模型被广泛应用于解释绿色消费行为的形成机理，成为目前绿色消费行为研究领域中被学者应用最多也最为成熟的理论模型框架（Bamberg 和 Möser，2007）。目前，已有不少学者将情感因素纳入 NAM 和 TPB 及其拓展模型，有效地提升了模型的解释力。因此，为了更准确地把握研究现状和研究主流，有必要专门针对 NAM 和 TPB 及其拓展模型中情感的角色（即情感对绿色消费行为的作用机理）进行回顾和分析。

（一）规范激活模型

NAM 由 Schwartz（1977）提出，是一种基于个人规范来研究利他行为的理论模型（Harland 等，1999）。由于绿色消费行为常常和个人规范联系在一起，并且该模型中的问题感知和责任归属对各类绿色消费行为意向都有非常强的解释力（De Groot 和 Steg，2009），所以 NAM 经常被学者用于绿色消费行

为研究。再者,个体对事件责任归属的评估决定了他会产生什么样的情感(Weiner,1995),因此有的学者就在绿色消费行为研究中把受访者的情感——比如预期愧疚(De Groot 和 Steg,2009)——添加到 NAM 的个人规范里,即把情感对行为的影响效应隐匿在个人规范当中。一般认为,NAM 有两种路径模型可以用来预测绿色消费行为,Steg 和 Groot(2010)在对居民减少污染物排放行为的研究中同时分析了上述两种模型(如图 2-2 中①所示),并且在个人规范中包含了对高兴和愧疚的测量。

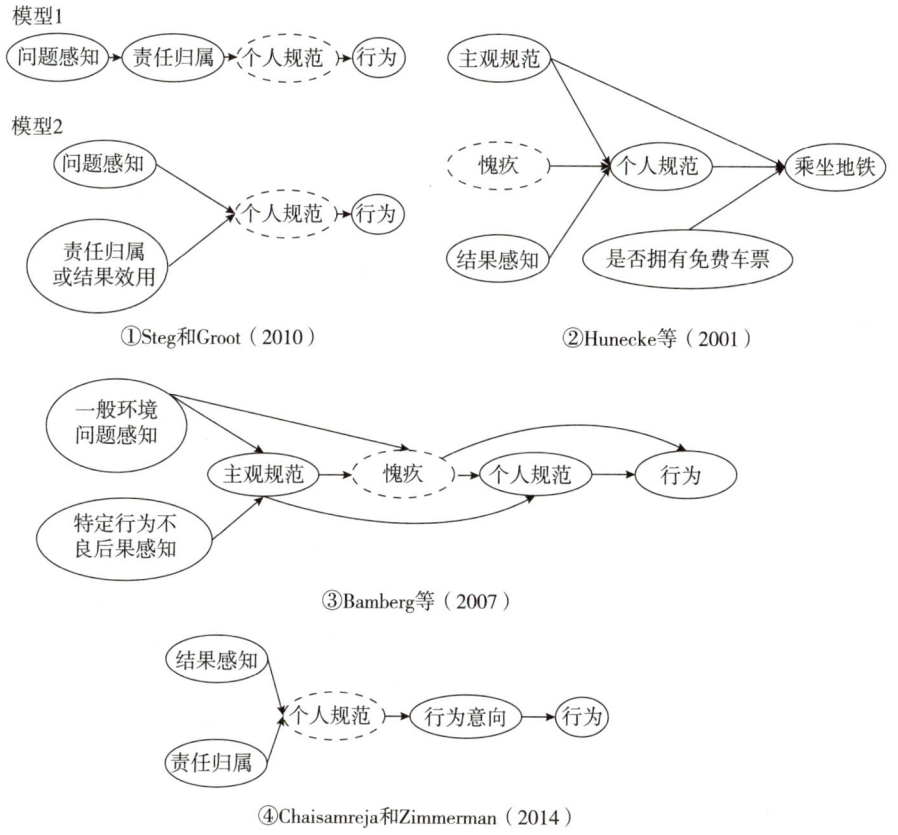

图 2-2　TAM 及其拓展模型中情感的角色

注:图中虚线框的变量是情感变量或隐含情感元素的变量。下同。

然而,有些学者认为 NAM 中的情感和个人规范应该是两个可以被有效区分的变量,因此将愧疚作为新的变量加入模型当中(Hunecke 等,2001)(如图 2-2 中②所示);Bamberg 等(2007)同样把愧疚作为自变量引入 NAM 模型当中，但对 NAM 进行了不同的调整（如图 2-2 中③所示）；还有学者对 NAM 模型进行了另一层次的拓展，引入"行为意向"，并将困惑感纳入个人规范的测量之中（Chaisamreja 和 Zimmerman，2014），发展出利他模型（Altruism Model）（如图 2-2 中④所示）。除此之外，还有些学者将 TPB 与 NAM 进行了整合，下文将对其进行详述。

（二）计划行为理论

TPB 是 Ajzen（1991）在 Ajzen 和 Fishbein（1973）所提出的理性行为理论（Theory of Reasoned Action，TRA）基础上发展出来的，该理论认为人们的实际行为完全受到行为意向的直接影响，而行为意向又受制于态度、主观规范和感知行为控制这三个变量。在绿色消费行为研究当中，TPB 有非常广泛的应用。但是，TPB 忽视了情感因素的作用，这使得该模型对绿色消费行为的解释能力大打折扣。为了弥补这一缺陷，一些学者在 TPB 中引入了情感变量，并对 TPB 进行了不同形式的演化与拓展。其中，最基本的模型演化就是在 TPB 原有的变量"态度"中加入情感的测量题项（Albayrak 等，2013），从而提升模型的整体解释力；Kim 等（2013）则将新的情感变量（预期后悔）添加到 TPB 模型当中，直接作用于绿色消费行为意向（如图 2-3 中①所示）；Song 等（2012）对 TPB 的拓展更为彻底，不但在行为意向之前引入了新的中介变量，还改变了原有变量对行为的作用路径，将 TPB 的拓展模型——目标导向行为模型（Model of Goal-directed Behaviour，MGB）（Perugini 和 Bagozzi，2001）应用于情感和绿色消费行为的研究（如图 2-3 中②所示）。这里的 MGB 与 TPB 相比，它的变化不仅仅是变量数量上的增加，更重要的变化在于它解释了行为的驱动因素如何整合转化为行为意向（Taylor 等，2005）；此外，也有学者对 MGB 模型进行了精简，譬如 Chen（2013）在对飞机乘客参与碳减排计划的行为进行研究时，在模型中仅保留了态度、个人规范、积极情感和消极情感这四个变量（如图 2-3 中③所示）。

除了对 TPB 进行模型框架内的演变，还有一些学者将 TPB 与 NAM 进行了模型框架之间的整合，例如 Harland 等（1999）把 NAM 中的个人规范直接加入 TPB 模型当中，其中个人规范变量中包含了对情感的测量（如图 2-3 中④所示）；再如 Onwezen 等（2013）的整合模型，他们不但在模型中引入了个人规范，还加入了社会规范、责任、预期自豪和预期愧疚（如图 2-3 中⑤所示）。此外，Han 和 Kim（2010）将 TRA、TPB 和 TPB 的拓展模型这三个一脉相承的理论框架基于同一样本数据进行了比较。其中，拓展模型（如图 2-3

中⑥所示）引入新的变量——服务质量和顾客满意感，对行为的整体解释力显著高于 TPB 和 TRA，证明了该模型的合理性。

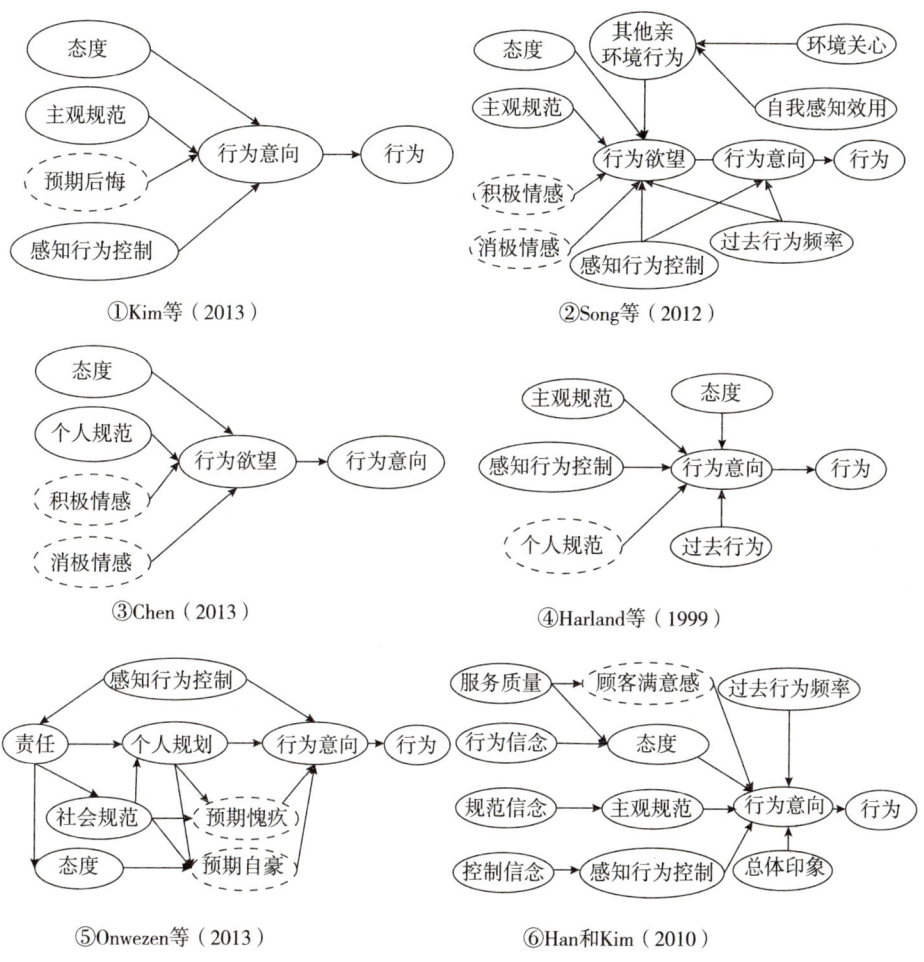

图 2-3　TPB 及其拓展模型中情感的角色

近年来，随着情感在绿色消费行为研究中越来越受到重视，学者对绿色消费中的情感与行为研究日趋增多。从绿色消费中的情感与行为研究看，学者要么从总体上研究积极情感、消极情感，要么研究具体的自豪和愧疚情感，其他维度的情感仍旧没有受到足够的关注和研究。表 2-9 将情感对绿色消费的影响作用研究进行了汇总。其中的情感涉及自豪、愧疚、厌恶和赞赏等各种不同积极或消极情感。从该表可以看出，这些情感对绿色消费行为有着重要的影响效应，但它们对行为的影响机理还需进一步的精细化研究。

表 2-9 情感对绿色消费的影响作用研究

编号	研究	研究对象	涉及情感	调研方法	理论基础	主要结论
1	Passafaro 等 (2014)	387 名居民	积极情感、消极情感	现场问卷	目标导向理论	积极情感能够有效中介态度、知觉社会规范、消极情感对绿色消费欲望的影响效应（绿色消费倾向的唯一前置变量）
2	Koenig-Lewis 等 (2014)	312 名居民	积极情感、消极情感	网络问卷	认知鉴别理论（Cognitive Appraisal Theory）	积极情感对绿色消费有直接的促进作用，消极情感对绿色消费有直接的抑制作用
3	Onwezen 等 (2014)	944；992 名居民[①]	自豪、愧疚	网络问卷	计划行为理论	自豪与愧疚对绿色消费行为均有正面的影响效应
4	Onwezen 等 (2013)	617 名受试者	自豪、愧疚	网络问卷	规范激活模型和计划行为理论	自豪与愧疚对绿色消费行为均有正面的影响效应
5	Chen (2013)	360 名航空乘客	积极情感、消极情感	现场问卷	目标导向理论	积极情感对绿色消费行为有正面的影响效应，消极情感影响效应不显著
6	Onwezen 等 (2014)	3854 名受试者	自豪、愧疚	委托机构问卷调研	—	自豪与愧疚对绿色消费情感效应的影响
7	Antonetti 和 Maklan (2014)	415；135 名受试者	自豪、愧疚	网络问卷	计划行为理论	自豪、愧疚经由知觉消费者效果促进绿色消费
8	Han (2014)	340 名受试者	自豪、愧疚	网络问卷	规范激活模型	愧疚经由个体规范作用于绿色消费，自豪没有显著影响效应
9	Harth 等 (2013)	67；84 名受试者	自豪、愧疚	现场问卷	—	自豪对环境保护类行为有最强的预测力，愧疚对环境修复类行为有最强的预测力

续表

编号	研究	研究对象	涉及情感	调研方法	理论基础	主要结论
10	Bamberg 和 Möser (2009)	—	愧疚	荟萃分析	计划行为理论	愧疚对包括绿色消费在内的绿色消费行为有显著的促进效应
11	Antonetti 和 Maklan (2014)	181, 279; 30 名受访者	自豪、愧疚	网络问卷；深度访谈	—	自豪与愧疚对绿色消费行为均有正面的影响效应
12	Peloza 等 (2013)	86; 79; 121; 165 名受试者	愧疚	问卷实验法、现场试验法	自我一致性理论（Self-consistency Theory）	责任归属引致愧疚，而愧疚能显著促进绿色消费
13	Corral-Verdugo (2012)	—	积极情感	文献回顾和理论简述	—	积极情感对绿色消费有重要的促进作用
14	Ferguson 和 Branscombe (2010)	79; 74 名受试者	愧疚	问卷实验法	价值观—信念—规范理论	愧疚能够有效中介信念对绿色消费的影响效应
15	Carrus 等 (2008)	180; 154 名受试者	积极情感、消极情感	现场问卷	目标导向模型	积极情感和消极情感对绿色消费欲望均有显著的影响效应[2]
16	Steenhaut 和 Kenhove (2006)	120; 78 名受访者	愧疚	现场问卷	亨特-维特尔营销道德理论模型（Hunt-Vitell General Theory of Marketing Ethics）	愧疚能够有效中介信念对绿色消费的影响效应
17	Rees 和 Bamberg (2014)	538 名受访者	愧疚	网络问卷和现场问卷	—	社会归属感能激发人们的愧疚感，从而促进包括绿色消费行为在内的亲环境行为

续表

编号	研究	研究对象	涉及情感	调研方法	理论基础	主要结论
18	王建明和吴龙昌（2015）	755名受访者	积极情感、消极情感	现场问卷	—	积极情感和消极情感对绿色消费均有显著的影响效应
19	Han和Yoon（2015）	384名受访者	积极情感、消极情感	E-mail问卷	目标导向理论	积极情感和消极情感对绿色消费欲望均有显著的影响效应
20	Song等（2014）	474名游客	积极情感、消极情感	现场问卷	目标导向理论	积极情感和消极情感对绿色消费均有显著的影响效应
21	Song等（2012）	400名游客	积极情感、消极情感	现场问卷	目标导向理论	积极情感和消极情感对绿色消费均有显著的影响效应

注：为了使本表格更为简洁，重点突出，"主要结论"中只给出与情感相关的结论，"部分文献对情感的划分更为细致，譬如集体愧疚感、消费后情感、预期情感等，为简明起见，不对这些细分情感进行区别。

① 不同研究之间的样本数用"；"进行分割。
② 本研究分为两个研究，第一个研究针对人们上班是否选择公共交通工具（即是否购买公共交通服务）；第二个研究则针对回收行为。第一个研究与绿色消费相关度较高，第二个研究只给出第一个研究所得出的与情感相关的结论。其他文献亦有类似情感，不再赘述。

资料来源：笔者整理。

第四节 情感—行为相关研究的简要评述

从本章对于绿色消费行为、绿色消费情感以及两者相关关系的文献梳理来看,我们可以做出如下几点评述:

(1) 绿色消费的兴起发展是历史发展的必然趋势,也是可持续发展的根本要求。尽管早期的环境保护和绿色发展更倾向于生产领域,关注绿色生产方式和绿色技术创新等,但随着消费的"下游效应"和"反弹效应"问题涌现,理论界和实践部门意识到"重生产、重技术、轻消费"的局限,绿色消费和可持续消费在全球范围内被提上日程,得到越来越广泛的重视。

(2) 不同学者对绿色消费的界定没有本质差异,即绿色消费是将绿色行为融入日常生活的一种消费模式和生活方式。但学者在绿色消费研究中往往把购买绿色产品作为绿色消费行为的代名词。忽视了绿色消费行为的另一种形式,即拒绝购买非绿色产品这种行为的重要意义。从现有相关研究的结论来看,后者有其独特的研究价值,能够与前者的研究形成互补,更好地指导实践活动的开展。

(3) 绿色消费行为的"黑箱"尚未完全打开,很多基础理论问题还没有得到充分探讨。从目前的研究看,认知类变量仍旧是绿色消费行为影响变量研究中的主角,且其因素纷繁复杂,在不同的研究情境下对绿色消费行为的影响作用也大相径庭。但总体而言,现有研究中的认知变量仍旧以态度、主观规范和自我行为控制感为主体,其他认知类变量为辅助,始终未能脱离TPB模型的框架。

(4) 情感的种类非常多样,其中很多情感难以被较明确地划分开来。情感潜变量往往通过相近维度的情感测量来得到,并且研究者的测量方式之间常常存在差别,没有较为明确、统一的情感测量范式。情感的分类方法也较多,不利于不同研究结论之间的比较与分析。另外,关于情感的基本维度,不同学者也有不同的观点。

(5) 研究者往往将情感范畴与感知、知识、态度等心理意识范畴混杂在一起,从整体上研究心理或态度变量,情感因素只是在心理或态度变量中或多或少、或明或暗地有所体现;大多数研究仅仅将情感范畴作为心理或态度范畴的一部分展开研究,只有少数学者专门针对情感范畴展开研究,并且与厌恶、赞赏相关的绿色消费研究几乎没有，情感研究的深度和广度远远不够。

（6）现有的多数行为理论将情感因素的作用抽象掉了，这使其现实性、应用性受到一定程度的质疑（王建明，2013）。一些行为理论（如人际行为理论、知情意行理论等）虽然将情感因素纳入模型，但也仅仅是将情感作为影响行为（或行为意向）的若干维度之一，鲜有行为理论专门考察绿色消费情感对绿色消费行为的影响机理。

（7）部分文献研究了情感因素对绿色消费行为的作用［如 Meneses（2010）对情感因素对绿色消费行为的作用进行了专门研究］，发现前者对后者确实具有较为显著的影响效应，但对于这种影响效应发生的内在机理和客观规律的分析还不够充分与深入，由于情感的精细度刻画程度不够导致其研究结论还达不到能够有效指导实践的深度。

（8）大部分文献采用单一的研究方法（如问卷调查或现场实验方法），数据来源也是单一的问卷调查数据，或现场实验数据，或宏观统计资料，或在线数据库。从研究方法来说，量化研究方法的使用较多，质性研究方法的使用偏少。此外，使用多种基础数据来源，综合多种研究方法的研究相对较少。

基于此，本书专门针对绿色消费的情感和行为及其关系与内在规律展开研究，我们不再把绿色消费情感和绿色消费行为作为一个整体，而是试图探索绿色消费情感和绿色消费行为的"黑箱"，分析绿色消费情感和绿色消费行为的维度结构。且与以往研究不同的是，我们使用多种数据来源，综合多种研究方法进行研究。本书采用质性研究和量化研究相结合的混合研究方法，使质性研究和量化研究两者的数据资料和分析结果相互佐证（即三角验证），可以提高研究结果的稳健性，从而更全面地测度绿色情感对绿色消费行为决策过程的影响效应，并对作用机理进行深入解析、深度诠释。

第三章

情感—行为模型假说的质性研究

本章是全书实证研究的第一部分,主要通过质性研究方法对绿色消费情感和绿色消费行为这两个核心范畴及其相互关系进行探索性分析。通过对30名典型消费者的深度访谈获得第一手资料,运用扎根理论技术对访谈资料进行分析,挖掘绿色消费情感和行为可能的内部结构,以及它们之间可能存在的影响关系。本章依次介绍了质性研究设计、资料收集方法、扎根理论技术和访谈资料的三级编码过程(开放式编码、主轴编码和选择性编码),在此基础上构建绿色消费的情感—行为模型假说(探索性模型)。

第一节　质性研究设计

一、质性研究的内涵界定

质性研究(Qualitative Research)也被称为"质的研究""质化研究"或"定质研究"。中国人类学界通常称其为"文化人类学",社会学界通常称其为"定性研究"(陈向明,2008)。[①] 另外还有一些术语在质性研究中经常交替使用:自然研究、诠释研究、田野研究、参与观察、归纳研究、个案研究、民族志等(麦瑞尔姆,2008)。质性研究与中国传统学术界仅仅通过思辨来进

[①] 目前,社会科学研究中的研究范式较为庞杂,它们所蕴含的方法论、本体论和认识论有所差异,但可以大致从四个方面来梳理这些研究范式:从价值取向来看,可分为实证研究(Empirical Research)和规范研究(Normative Research);从研究方法来看,可分为量化研究(Quantitative Research)和质性研究(Qualitative Research);从主导理论来看,可分为实证主义(Positivism)、解释主义(Interpretivism)和批判理论(Critical Theory);从研究形态来看,可分为实证类研究和思辨类研究(Speculative Research)(陈向明,2008)。

行的"定性研究"不同，因为前者是研究者在一定情境下把自身作为研究的核心工具，通过资料收集对目标现象与问题实行整体性的探索，基于原始资料形成研究结论甚至构建理论的一种活动（陈向明，2010）。

　　质性研究的起源可以追溯到人类学的民族志研究（田海龙，2013），即对特定文化下的人群进行详细、生动、情境化的描述，以探究特定文化中人们的生活方式、行为模式、价值观念等的一种研究活动（秦金亮，2002）。到20世纪70年代，学术界开始认识到量化研究的局限性与不足，以及认识到质性研究的重要性，学者对质性研究在概念、术语、理论和方法论上都有了新的认识（周宪和胡中锋，2015）。关于质性研究的内涵，目前学术界对质性研究一个定义为，"在自然环境下，使用实地体验、开放型访谈、参与型与非参与型观察、文献分析、个案调查等方法对社会现象进行深入细致和长期的研究；分析方式以归纳法为主，在当时当地收集第一手资料，从当事人的视角理解他们行为的意义和他们对事物的看法，然后在这一基础上建立假设和理论，通过证伪法和相关检验等方法对研究结果进行检验；研究者本人是主要的研究工具，其个人背景以及和被研究者之间的关系对研究过程和结果的影响必须加以考虑；研究过程是研究结果中一个不可或缺的部分，必须详细加以记载和报道"（陈向明，1996，2000，2008；刘立园等，2015）。当然，不同学者对于质性研究的内涵和操作方法仍然保持着不同的理解。不同学者对质性研究的概念界定如表3-1所示。

表3-1　不同学者对质性研究的内涵界定

研究者	概念界定	关键词
陈伯璋（1989）	质性研究是一种着眼于研究者和被研究者，在日常生活世界中意义的描述及诠释。在日常生活世界中，无论是客观的描述或主观的诠释，都牵涉语言的问题，因此日常语言分析、语意诠释，提供了了解客观世界或主观价值体系的媒介。同时在研究过程中，研究者与被研究者间的互动关系以及意义的分析与理解，本身就是一种复杂的符号互动过程	意义描述、诠释、互动
纽曼（Neuman，1997）	质性研究是一种避免数字、重视社会事实的诠释	社会事实、诠释
邓津和林肯（Denzin 和 Lincoln）	质性研究是一种在自然情境下，对个人的生活世界以及社会组织的日常运作进行观察、交流、体验与解释的过程	自然情境、观察、交流、体验、解释

续表

研究者	概念界定	关键词
克拉特沃尔 (Krathwohl, 1993)	质性研究是用文字来描述现象，而不是用数字加以度量	文字描述
麦克斯威尔 (Maxwell, 1996)	质性研究为一个对多重现实的探究和建构的过程，研究者在此过程中将自己投身到实际发生的事件中来探究局内人的生活经历和意义	现实探究、建构、经历、意义
施特劳斯和科宾 (Strauss 和 Corbin, 1997)	质性研究的目的不在验证或推论，而是在探索深奥、抽象的经验世界的意义，所以研究过程非常重视被研究者的参与及观点的融入；同时，质性研究对于研究结果不重视数学与统计的分析程序，而是强调借由各种资料收集方式，完整且全面地收集相关资料，并对研究结果做深入的诠释。质性研究可能是任何关于人的生活、人们的故事、行为，以及组织运作、社会运动或人际关系的研究	探索、意义、融入、诠释、生活故事、行为
费希尔 (Fischer, 1997)	质化的心理学研究探讨的是性质，即人的经验和行动的独特、本质的特征。质性研究是一种反思性、解释性和描述性的努力。它从特定情景中的参与者的角度来理解和描绘人的经验和行为	探讨性质、特征、反思、解释、描述
邓津和林肯 (Denzin 和 Lincoln, 1994，2000)、 洛克 (Locke, 2001)	质性研究是一种一致的质的范式设计，是在自然情景中以复杂、独特、细致的叙述来理解社会和人的过程	自然情境、细致、叙述、理解
麦瑞尔姆 (Merriam, 2008)	质性研究是一个大的概念，它包括多种研究形式，这些具体研究形式能够帮助我们在尽可能少地对自然场景干扰的情况下理解和解释各种社会现象的意义	理解、解释、社会现象、意义
陈向明 (2000，2008)	质性研究是以研究者本人作为研究工具，在自然情境下采用多种资料收集方法，对社会现象进行整体性探究，主要使用归纳法分析资料和形成理论，通过与研究对象互动对其行为和意义建构获得解释性理解的一种活动。它具有探索社会现象、阐释意义、发掘整体和深层社会文化结构的作用	自然情境、社会现象、整体性探究、归纳、互动、解释性理解、阐释意义、发掘

资料来源：根据陈向明（2000，2008）、麦瑞尔姆（2008）、文军和蒋逸民（2010）、曾伏娥（2010）等资料汇总整理。

可以看出，虽然不同学者对质性研究的内涵界定不完全一致，但其实没有实质性差别，只是界定角度、精练程度有所不同。总体上，学者在内涵界定时主要涉及以下关键词：自然情境、探究、解释、诠释、行为、意义、性质、特征、描述、互动等。这些关键词也反映了质性研究概念的主要内涵。在我们看来，质性研究是在自然情境下对社会现象或行为进行深度探索和诠释，以了解其丰富内涵，获得解释性理解的研究过程。一般来说，质性研究至少有以下五个特点（贺革，2000；陈向明，2000，2008；王建明，2012）：

（1）质性研究强调在自然情境中做自然式探究。质性研究对研究的情境不进行干预，更不会操纵，它侧重运用各种办法（观察、访谈等）去收集与研究对象（即现场自然发生的事件）相关联的一切信息，然后从其中的关系结构中去挖掘事件发生的内在原因和外在意义。对研究者来说，现场发生的每一个事件情节、事件细节都是重要的，都可能是一条有价值的线索，都会有助于更深入地了解所研究的对象。现代录音、摄像、摄影技术的发展也使质性研究较传统的定性研究更为客观精确。

（2）质性研究以丰富的资料来描述心理现象和过程。质性研究关心的问题在于过程而非结果。当然这并不表示质性研究不探讨结果，而是说它更为强调导致结果发生的过程（麦克斯威尔，2008）。这种对过程的探究正是量化研究所缺少的。基于此，质性研究不像量化研究那样用简单的数据资料来描述研究问题的表面现象，质性研究过程所收集的资料，多数属于软性的文字资料（而不是可以量化的资料），诸如现场记录、访谈记录、正式文件、私人文件、照片、录音、录像等，但这些资料却有丰富的描述，都是可供深入分析的资料。通过对这些资料的深度分析逐渐形成概念架构，结果的呈现也是以文字或图片甚至声音等形式来表述。

（3）质性研究以了解所研究对象的看法、态度为目标。质性研究不期望寻找到普遍规律，只是力求尽可能准确地再现所研究对象的深度心理特点，努力从当事人视角理解其行为的意义和他们对事物的看法，而不做任何价值上的判断。整个研究焦点往往是在资料收集过程中逐渐清晰，而不是在研究开始时就设定好假设以求验证。在这一点上质性研究不同于量化研究，后者是通过对事实的测量来验证研究者先前的假设。

（4）质性研究将研究者本人作为一个重要的研究工具。质性研究不回避研究者与被研究者之间心理上的互动（在深度访谈过程中，这是不可避免的）。质性研究要求研究者在资料收集过程中偏重于以下方式，即在被研究者的日常生活情境中与被研究者做长期的接触与互动,在长期的接触沟通中收集全面系统的资料。由此,研究者的研究动机、角色意识、个人经历、研究视角等也会对研究产生一定的影响,而且还能为其他研究者提供丰富多彩的信息,便于他人对本研究的可靠性作出判断。质性研究强调研究者要对此类研究背景材料进行清醒的反思,并将其写入研究报告中。

(5) 质性研究过程是开放、变化的。一般来说,质性研究有一套操作程序和检验方法,如确定研究现象、提出研究目的、分析研究背景、建构概念框架、进行样本抽样、收集分析材料、建立相关理论、理论饱和度检验、撰写研究报告等。这些操作程序虽然在形式上与定量研究接近,但其运行顺序、包含内容、操作方法却不尽相同。特别是在质性研究中,上述这些研究程序是相互重叠、彼此渗透、循环往复的。这就要求研究者具备富有弹性、开放性、易适应的品质,能根据现场的具体情况积极灵活地调整研究程序,包括研究方向和关注焦点。由此,质性研究过程是不完全规则的、不可标准化的。

具体而言,研究者在质性研究过程中通过和目标对象的互动,对他/她的行为及其意义进行解释,适合探究"什么"与"如何"这两类的问题。研究者在进行质性研究时所收集到的资料常常是一个个的故事,情境性非常强,相比量化研究的数据更为丰富(甚至庞杂)和生动,它们有助于研究者对感兴趣的事件过程进行细节或背景的描绘。此外,质性数据往往有比较好的连续性,有利于研究者恰当地对目标实施全过程的动态监控与分析(陈向明,1996)。它具有探索社会现象、对意义进行阐释以及发掘整体和深层社会文化结构的作用。可以看出,质性研究不同于一般意义上的定性研究,两者的共同之处是"解释世界",即都是对研究的社会现象进行意义解释。但与定性研究不同的是,质性研究还是基于实证、经验的研究,不完全是思辨性研究。换言之,质性研究不仅需要思考思辨,还需要有实地调查和第一手资料的支撑。

二、质性研究的理论基础

质性研究在经过数十年的发展以后,依次经历了传统、现代、后现代三个阶段。总体特点由完全注重科学性到平衡人文特点,由一元发展到了多元,由强调绝对的"客观性"到开始考虑"主体特性",由纯粹地描述事件、现象到系统地对其意义进行解释,由验证理论到建构可能的现实。随着质性研究的不断发展与成熟,学者对它的质量评价标准也在不断变化(卡麦兹,2011)。相对地,学者对质性研究的理论基础也有非常多样的看法。

后实证主义、批判主义和解释主义这三种范式构成了质性研究的理论基础（陈向明，2008）。此外，自然主义、阐释学、女性分析、现象学、符号学、有色人种研究、人类学、民族志、扎根理论、象征互动主义、文本分析、后现代主义等也都从不同的方面丰富和发展了质性研究（陈向明，2008）。胡中锋和黎雪琼（2003）认为质性研究首先基于解释学的理论，解释学发源于象征互动主义和现象学。还有学者从与量的研究方法相对应的角度出发，将质性研究方法的理论基础定位于现象学的解释主义，现象学应用质的自然探究法，以归纳的方式从整体上了解在各种特定情境中的人类经验，而解释学认为价值和理论中立是不可能的，社会是人创造的，各种社会现象的产生与发展受人类心智的影响（王根顺等，2009）。周宪和胡中锋（2015）则认为后实证主义、建构主义、现象学、解释主义、批判理论共同构成了质性研究的理论基础。这些理论取向有时互相矛盾，但又相互依存，共同对研究者的思想取向发生影响和作用。

不同学者对质性研究所持的观点不完全相同，主要是因为他们探讨的角度不同，往往是从某一个层面进行阐述，而没有从整体全面的角度进行论述。整体而言，质性研究内部仍旧是解释主义占主导地位，出现了越来越多样化的"理解"和"解释"风格与立场，研究者通过"对话"来检验自己的"知识宣称"。质性研究者对"理解"和"解释"的认识也发生了变化：从强调"客观""中立"，到"体验""移情"，再到在"参与"和"对话"中"共同建构"意义（陈向明，2008）。目前学术界对于质性研究的主流观点是：质性研究不但需要对分析对象"深描"，还要从中提炼出本土化的理论假设并与现有的理论成果展开比较。

三、质性研究的主要局限

作为研究工具，没有放之四海皆准、十全十美的方法，任何方法都有其适用的合理性，也存在不足（龙海霞，2006）。质性研究亦是如此，周宪和胡中锋（2015）认为质性研究的主要缺点包括：①研究取证的不确定性。质性研究在开放的条件下取样，增加了取证的不确定性与对人的依赖性。②研究过程控制难。质性研究过程会受到多种因素影响，缺乏对自然情境复杂因素的有效控制。③研究者身份定位难。研究者在进入研究范围时，需要对自己的身份（如"局内人"与"局外人"还是"双重人"）进行定位，这对结果的客观性与对研究对象的态度会产生不同的影响。④研究结果的迁移性小。质性研究结果往往因为缺少"代表性"，不能重复推广受到质疑。⑤研究质量缺少相应的衡量标准，研究结果的信效度不确定性大。质性研究过程相对复杂，研究者很难再重返当时的研究情境。这种研究过程的不确定性，研究资料的不可逆性，研究过程的难以重复测量性，这三者是质性研究缺少质量衡量标准的重要原因。

质性研究和量化研究可以看成是研究者在不同层面、不同角度、不同方法上对事物（事物是质和量的统一体）的"质"进行研究。质性研究认为社会现象是主体涉入的生活世界，它绝对不同于客观的物理主义世界，研究者与被研究者是双主体的互动过程，涉及人的双主体研究保持价值中立是不可能的（王枬和葛孝亿，2010），因此质性研究具有长期和实地观察的特点，近距离观察社会及文化层面的现象（胡幼慧，2002）。而量化研究则假定社会现象是独立于研究者之外的客观存在，研究者在量化研究中保持价值中立，无论是研究设计、选择被试、研究控制、操作化过程还是结果形式化表达等方面都力图以局外人的方式保持价值无涉（秦金亮，2002），因此量化研究强调基于先验经验的观察与实验，受限于已有的经验及理论模式，研究范围大大缩小。秦金亮（2002）从质性研究和量化研究对比的角度分析了质性研究的缺陷，具体如表 3-2 所示。

表 3-2 质性研究和量化研究的优劣对比

	优点	缺点
质性研究	（1）能对微观的、深层的、特殊的社会现象进行深入细致的描述与分析，能了解被试复杂的、深层的心理生活经验。 （2）适合对陌生的、异文化的、不熟悉的社会现象进行探索性研究，为以后建立明确的理论假设奠定基础。 （3）适合于动态性研究，对社会现象的整个脉络进行详细的动态描述。 （4）采取自然主义的研究范式，重视在自然情境下研究人的经验世界，因而研究的结果更切合人们的生活实际，研究结果的运用更具有针对性。 （5）采用归纳的方式建立自下而上的理论，适合于扎根理论或小型理论的建立。 （6）重视研究者与被研究者之间的互动过程，重视在互动中建构理论和知识体系，可避免教条主义和机械主义。	（1）不适合宏观研究。 （2）不适合对社会现象进行数量的因果分析和相关分析，不利于发现社会现象间的因果规律。 （3）研究结果不能作概率上的推断演绎，研究结果不具有普遍代表性和可推广性。 （4）具有一定的主观性、人为性、经验性、情境性。 （5）研究过程缺乏具体的操作化程序和技巧，在实施过程中更多的是靠研究者的知识经验、文化背景、个人悟性等主观因素，同量化研究相比其知识体系不利于学习、传播和推广，对于初学者和天赋不高者难以在短时间内掌握。 （6）结果和评估标准具有一定的模糊性，一般没有明确的结论，更不能盖棺定论，同时质性研究的评估标准不像量化研究有客观、明确的标准，研究质量主要通过"读者"的主观认可

续表

优点	缺点
（1）适合于宏观研究，发现趋势性特征，如一般人群的智力呈正态分布，反应时间呈正偏态分布等。 （2）适合于对社会现象进行数量化的因果分析和相关分析，发现趋势性的因果规律与相关规律。 （3）研究结果可作概念上的推断演绎，只要测量尺度、数据类型符合数学模型的要求，推断就是正确的、有代表性的、可推广的。 （4）可证实或证伪已形成的理论假设，并不断地修改和完善已有的理论假设。 （5）具有一定的客观性，量化研究方法有具体、明确的操作程序，结果的检验有具体的检测手段和系统的评估标准，上述特点基本能保证研究操作和结果的可重复性。	（1）主要是对社会现象的表层进行量化测量，然后以"黑箱"的方式推知其内在过程，不能揭示深层、内在的结构。 （2）测量的是行为事实，不能测得行为的意义，行为的意义需要质性研究的体验和理解。 （3）重视对社会现象进行静态的横向研究，虽然也有纵向的时间序列设计，但依然难以描述社会现象的动态过程及其作用机制。 （4）习惯以资料趋中的平均水平，反映某一行为事实，因而它代表的是总体的平均状况，而对总体的特殊个体不仅不具有代表意义，而且会扭曲特殊个体的实际状况。 （5）有相当多的量化研究很难达到理想数学模型的约束条件，但仍用该数学模型，导致不真实或错误的结论。

（量化研究）

资料来源：秦金亮（2002）。

综上所述，从质性研究的内涵界定、理论基础及其和量化研究的优劣对比可以看出，质性研究对于探索式的、不完全清晰以及低度发展的理论议题更合适；与之相对，量化研究对于强调控制与预测功能的理论议题则更合适。目前专门针对绿色消费情感和绿色消费行为及其关系规律研究较少且深度不足，由此绿色消费情感和绿色消费行为及其关系规律研究属于探索式、低度发展的、不完全清晰的领域。这就有必要通过质性研究提炼出这一研究领域的重要概念与核心范畴，构建起理论雏形。由此，本章通过质性研究挖掘绿色消费情感和绿色消费行为的内部结构以及彼此之间可能具有的影响作用，从而初步构建起理论框架，为后续量化分析确定方向、做好铺垫。

第二节 资料收集方法

质性研究的资料收集方法多种多样，包括事件描述、个人事迹、笔记、备忘录、报纸、书刊、学术论文、学术专著、深度访谈、座谈会等。陈向明

(1996)认为质性研究资料收集的方法基本可以归纳为三种,即实物分析、深度访谈和观察。其中,深度访谈(In-depth Interview)是质性研究中的一种非常重要的、使用频率非常高的研究方法,研究者在访谈过程中通过与受访者的深入交谈,从而了解目标群体的行为模式、生活方式和人生经历,并据此分析目标社会现象的形成过程及机理,从而提出解决这一社会问题的策略和方法。本书在利用深度访谈这种方式来获取第一手研究资料的过程中,更看重访谈的质量而不是访谈的数量,由此在深度访谈对象的选择过程中并不使用随机抽样法,而是根据资料分析的结果、理论构建的角度来选取合适的抽样方法(范明林和吴军,2009)。换言之,本书的深度访谈采用理论性抽样来替代传统深度访谈的抽样方法,其中"理论抽样"包括开放性抽样(Open Sampling)、关系性和差异性抽样(Relational and Variational Sampling)以及区别性抽样(Discriminating Sampling)(孙晓娥,2011)。

"理论抽样"是扎根理论技术的核心程序之一。20世纪60年代,Glaser和Strauss借用了量化分析方法中的"抽样"这一词语来使扎根理论技术可以在前者占主宰地位的时期被学者所接受,由于扎根理论技术中的理论抽样是把收集材料、编码和理论建构这三项工作融合成一个持续往复的过程,其含义与量化分析方法中的"抽样"完全不同。这种借用的词语虽然给扎根理论技术披上了科学的外衣,但也使理论抽样的意义变得较为含糊、易被人误解(Coyne,1997)。譬如Becker(1993)发现,有许多宣称其遵循了扎根理论技术的研究并未真正采取正确的理论抽样程序。Charmaz(2006)则发现一些学者经常将"理论抽样"错误地理解为:①代表人口特征分布的抽样;②处理初始研究问题的抽样;③直到某种模式一再出现的抽样;④寻找相反案例的抽样。实际上,"理论抽样"不是要追求抽样样本在人口统计上的代表性,而是要使被选中的样本能够发展概念和理论;"理论抽样"是学者研究将要到达的地方,"初始抽样"才是学者研究开始的地方;"理论抽样"并非结束于某种模式一再出现,而是在新的材料不能再产生新的理论见解时结束,即达到"理论饱和"状态;最后,寻找相反案例的抽样也不一定就是"理论抽样",即"理论抽样"并不是单纯为了找反例,而是寻找那些能够被用来充实概念及理论的反例(Charmaz,2006)。

为了使"理论抽样"程序的意义更加清晰并帮助使用扎根理论技术的研究者掌握"理论抽样"程序,Strauss和Corbin(1990)把它划分为三个阶段:开放抽样、关系与变异抽样、区别抽样(卢崴诩,2015)。在开放抽样阶段,研究者选择能够提供最丰富信息的人物、地点和情境；在关系与变异抽样阶段，研究者在多个情境间收集最有可能引出变异的次级类属的人物、情境和文献；在区别抽样阶段，研究者选择特定的人物、情境和文献以确认不同类属之间的关联并继续发展尚未成熟的类属（Strauss 和 Corbin，1990）。但 Glaser（1992）却对这一划分方法并不认同，他认为这会导致"理论抽样"的原有含义被扭曲。Charmaz（2006）基于自己的实践经验来向研究者介绍"理论抽样"程序：由材料出发形成初步想法并通过进一步的经验研究来检验这些想法。这是一种整合了归纳与演绎的诱导式推论方法，研究者在基于初步收集的案例材料进行分析之后，归纳出一个推论，该推论为这些案例材料提供了可能的理论解释。随后，研究者根据这个理论解释演绎出后续的理论假设，再回到经验世界去收集更多的案例资料来检验这一假设并发展出更细致的理论。在这个过程中，具体的"理论抽样"程序不能被事先设定，它必须生成于经验研究的过程当中，即研究者进行理论抽样的具体原因取决于其所察觉到的分析性问题，包括初步的想法、随后发现的理论模糊性与漏洞（Charmaz，2006）。Charmaz（2006）认为困惑、不确定和模棱两可是研究者在进行理论抽样程序时必须经历的感受，它们是研究者创造力的源泉。

但是，部分学者的看法却与上述观点不同。他们发现困惑、不确定和模棱两可会使研究者对"理论抽样"程序感到无所适从。因此，他们希望通过提供更多预设好的操作步骤来降低研究者的焦虑。然而，一味地延续预先设定好的操作步骤反而使扎根理论的核心目标（即从有意义的社会互动过程生成理论）被动摇。卢崴诩（2015）认为，解决这一悖论的方法是明确地指出符号互动论才是扎根理论技术真正的理论根据，而量化方法只是起着装饰的作用。只要研究者牢牢地抓住扎根理论技术的符号互动论本源，明了此程序背后的理由，其在使用"理论抽样"程序时就不会盲目地遵从和依赖各类书籍上死板的程序操作顺序，因而拥有更充足的自信去面对这个程序所带来的困惑、不确定和模棱两可。

本书遵循"理论饱和"（Theoretical Saturation）原则来确定深度访谈样本量，这一原则的阐述是"人员访谈和资料分析在质性研究过程当中是互相推动、浑然一体的，研究者在上述过程中不断验证和完善理论或假设，直到无法从访谈当中获得新的、重要的信息时，就可以认为该研究在目前阶段已经达到理论饱和，不再需要开展新的访谈了"。本书依循上述原则，采用半结构化访谈的模式对受访者进行交流，附录1给出了此次访谈的深度访谈提纲，整个访谈提纲围绕消费者关于节能环保家电的购买/抵制行为、购买情感以及消费群体特点而构建。在访谈过程中，首先，我们用较为通俗的语言对节能家电的概念进行明确——"节能环保家电是指在运行过程中能够节水节电并对环境污染小的家电，目前市场上的空调、冰箱和洗衣机等家电都有这种节能环保型号的"——以确保受访者不会对核心的讨论对象产生误解；其次，咨询受访者相关情感、购买/抵制行为以及两者关系的看法；最后，与受访者探讨激发情感的有效途径。

在整个质性研究过程中我们进行了三轮深度访谈，每轮深度访谈选择了10名受访者，最终一共选取了30名受访者。包括16名男性和14名女性，受访者职业涵盖了医生、安防工程师、厨师、本科生、网络工程师、家庭主妇、市政工程管理人员和在读研究生等。每次访谈时间均在30分钟及以上，访谈形式包括面对面访谈和网络在线访谈（通过QQ、微信等聊天工具），最终共获得15.6万余字的访谈资料。深度访谈样本的基本信息如表3-3所示。

表3-3 深度访谈样本基本信息汇总

序号	受访者	性别	年龄（岁）	职业	工作年限	访谈时间（分钟）	访谈形式
1-1	曹小姐	女	26	医生	1	32	面对面
1-2	袁先生	男	21	厨师	5	31	面对面
1-3	李小姐	女	21	本科生	0	33	面对面
1-4	干先生	男	25	网络工程师	2	31	面对面
1-5	孔小姐	女	45	家庭主妇	6	36	网络在线
1-6	何先生	男	25	IT工程师	2	33	网络在线
1-7	刘小姐	女	23	在读研究生	0	30	网络在线
1-8	陈先生	男	26	安防工程师	3	35	面对面
1-9	金先生	男	27	市政工程管理人员	5	32	面对面
1-10	任先生	男	47	铁厂主管	24	35	面对面
2-1	李小姐	女	27	不详	不详	38	网络在线
2-2	蔡先生	男	28	在读研究生	4	42	网络在线
2-3	林小姐	女	25	公司职员	2	43	网络在线
2-4	魏先生	男	18	高中生	—	30	网络在线
2-5	余小姐	女	18	高中生	—	40	网络在线
2-6	凤小姐	女	18	高中生	—	40	网络在线

续表

序号	受访者	性别	年龄（岁）	职业	工作年限	访谈时间（分钟）	访谈形式
2-7	邱小姐	女	30	公司职员	8	35	网络在线
2-8	刘先生	男	30	足球裁判员	10	30	网络在线
2-9	丁女士	女	41	幼儿园老师	20	30	网络在线
2-10	陆先生	男	26	在读研究生	—	30	网络在线
3-1	杨女士	女	37	小学老师	16	30	面对面
3-2	许先生	男	46	钢铁公司员工	20	30	网络在线
3-3	杨女士	女	45	家庭主妇	15	40	网络在线
3-4	许先生	男	48	高校副校长	24	30	面对面
3-5	刘小姐	女	30	私营业主	12	30	网络在线
3-6	陈先生	男	27	工程师	2	30	面对面
3-7	张小姐	女	33	公司职员	7	30	面对面
3-8	徐先生	男	30	汽车配件生产工人	6	25	网络在线
3-9	黄先生	男	37	烟酒商店老板	17	45	面对面
3-10	王先生	男	41	资源局职员	18	30	面对面

资料来源：笔者整理。

对于上述访谈所获得的影音和文本资料，我们主要通过电脑软件来协助管理。手工整理资料的烦琐性往往对学者的质性分析施加了明显的牵绊，使人望而却步。因此，从20世纪60年代开始，众多协助研究者进行质性研究的电脑辅助软件相继已经问世（如AFTER，AnSWR，A QUAD，QUALOG，ask-Sam，Folio Views，ATLAS/ti，Idealist，Info Tree 32XT，TETBASE ALPHAHype，Qual2，Kwalitan，QuALPRO，QCA，Nvivo，Code-A-Text，HyperRESEARCH，Ethnograph，WinMAX，Data Collector，NUDIST等）（郭玉霞，2009），且国外学术界在80年代就已经较为盛行使用此类软件来提高质性资料的整理和分析效率。然而，中国学者接触此类软件较晚，因此普及率还不高。具体而言，本书使用Nvivo 10来组织和管理上述访谈资料，该软件是Tom Richards 1981年研制的一套质性研究辅助软件，它的原名为Nudist（Non-numerical Unstructured Data by Techniques of Indexing Searching and Theorizing）。Nvivo的使用有助于学者对庞杂的质性资料进行整理和分析，此外它还能够提供针对样本的频率分析和画图功能（张敬伟，2010）。概括来说，Nvivo 10能够给研究者提供五大功能：①管理资料；②管理想法；③查询资料；④构建图形模型；⑤基于资料撰写报告。

第三节 扎根理论技术

一、扎根理论技术的内涵特征

扎根理论技术作为质性研究中的一种方法，由社会学家 Glaser 和 Strauss 在 1967 年提出，它是一种归纳式研究方法（徐淑英和刘忠明，2004），被认为是"今日社会科学中最有影响的研究范式，走在质性研究革命的最前沿"（陈向明，2000）。扎根理论虽名为"理论"，但其实是一种研究技术或研究策略。20 世纪 80 年代以后，扎根理论在教育学研究领域得到肯定和承认，并成为发达国家具有一定影响力的研究范式。目前，在发达国家社会科学研究中，扎根理论的价值也逐步得到心理学、教育学主流研究人员的认可。在中国，20 世纪 90 年代中期以后扎根理论方法开始应用于教育学研究领域，并逐渐扩展到社会学、心理学、管理学等研究领域。

汪涛等（2012）认为，扎根理论技术是一种有效的、基于二手定性材料的研究方法，它通过系统化的材料收集、分析和归纳等途径来建立与发展研究者所观察到的、表层现象背后的规律，并暂时性对这一理论进行验证，这个过程中不但涵盖了理论演绎这一分析过程还吸纳了理论归纳这种分析方法（王锡苓，2004）。在扎根理论技术这种研究方法形成以前，社会学研究普遍存在理论研究与经验研究严重脱节的现象。而扎根理论由于它十分强调"社会学需要建构理论"这一目标，由此构建理论研究和经验研究之间的桥梁。它突破了以往质性研究过于注重经验传授与技巧训练的局限性，提供了一套系统而明确的策略，即开放性访谈、文献分析、参与式观察和三层次编码（韩正彪和周鹏，2011），这些策略能够帮助研究者思考、分析和整理各类材料，从而最终实现研究者挖掘并建立理论的目标。从实用的角度来看，扎根理论特别适用于以行动为导向的、较为微观的社会互动过程研究（Strauss 和 Corbin，1990）。在绿色消费行为研究领域，国内也存在一些基于扎根理论技术的研究成果（王建明和王俊豪，2011）。

扎根理论不侧重对先验的理论假设进行验证，而是强调以经验资料为依据进行归纳分析，它是自下而上建构理论的一种实证研究技术（而不是理论研究方法）。其核心是资料收集和分析过程，即在收集分析经验资料（一般以文字资料而不是数据资料为主）的基础上挖掘概念，通过发现这些概念之间的关联建构扎根于社会事实和情境脉络的相关理论。这一过程既包含理论演绎又包含理论归纳，其重点是通过对研究对象的"意义"及其概念关系的整理和概括，形成研究结论。扎根理论技术和其他分析技术不同之处在于目的的差异。扎根理论技术的主要目的概括起来有三个方面：第一，扎根理论侧重在资料中发掘"主题"或者从分散的概念中发展出一个理论性架构；第二，扎根理论侧重于建立理论而不仅仅是验证理论；第三，扎根理论协助研究者不断突破自己以前的偏见和假设，使研究者最终可以发展建立起联结现实世界、内容丰富、系统完整、具有解释力的理论（范明林和吴军，2009）。

扎根理论分析技术不像量化研究那样将数据切换为预设的标准化数字代码（如李克特量表），而是在对数据资料的诠释过程中形成编码。编码又称译码或登录，是形成理论的开始环节（范明林和吴军，2009）。它将观察笔记、访问稿、备忘录等文字资料逐字、逐句、逐段进行分解并加以标签，即将个别的事件或现象赋予一个概念性的范畴。编码便于研究者对资料进行有效的定义和分类，使研究者对资料获得新的理解，有助于研究者明确下一步资料收集的重点，而且可以引导研究者进一步明确研究方法。扎根理论采用持续比较分析思路，通过在理论和理论之间、资料和资料之间持续不断地进行比较、分析、归纳、概括，然后根据资料与理论之间的关联提炼出有关的概念范畴及其属性，直至发展出相应理论。持续比较分析思路贯穿于研究的全过程（包括研究的所有阶段、层面和部分）。扎根理论的基本思想是持续比较和理论取样（王璐和高鹏，2010）。因此，它的研究过程与量化研究有明显的区别，两者的研究逻辑对比如图3-1所示。

二、扎根理论技术的主要流派

扎根理论有三种不同的流派（田秋丽等，2015）：以Glaser为代表的后实证主义（亦被称作原始版本，Original Version）、以Strauss和Corbin为代表的批判主义（亦被称作程序化版本，Proceduralised Version）和以Charmaz为代表的建构主义（亦被称作构建型扎根理论，The Constructivist's Approach to Grounded Theory）（Charmaz，2006；费小冬，2008）。上述三大扎根理论技术流派之间的争论使该方法成为社会科学中使用最为广泛却也被误解最深的研究方法论之一（Denzin和Lincoln，1994）。

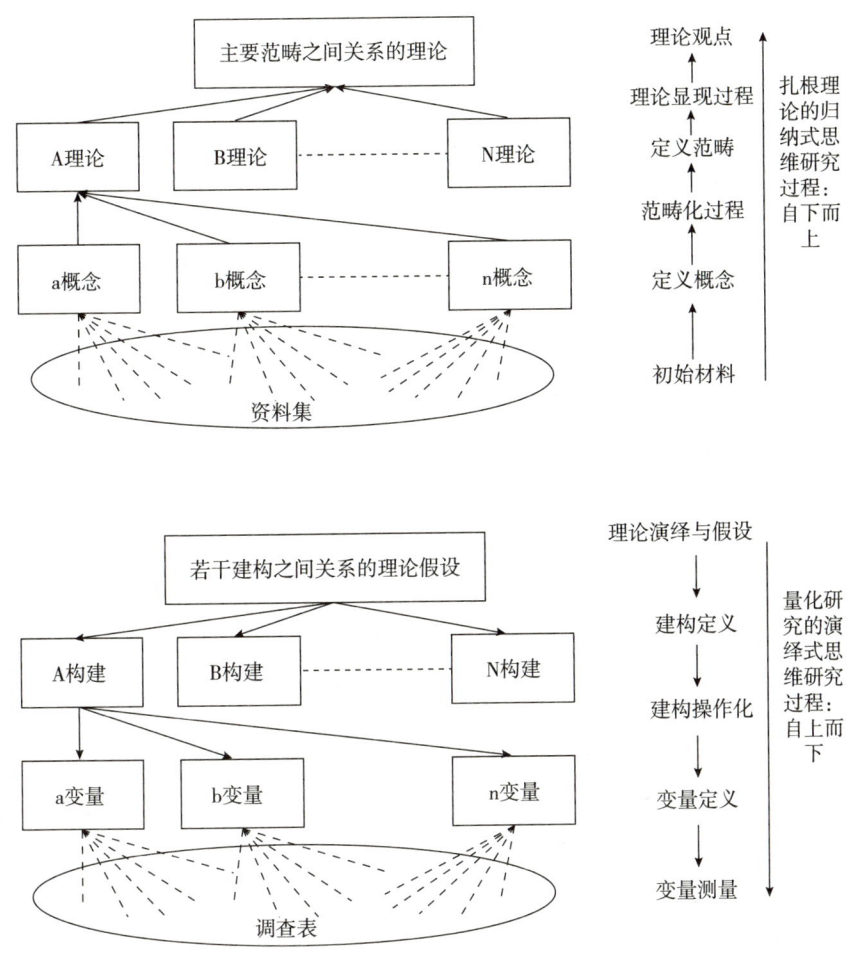

图 3-1 扎根理论研究过程与量化研究过程的对比

资料来源：张敬伟和马东俊（2009）。

Strauss 和 Corbin 在 1990 年出版的 *Basics of Qualitative Research*: *Grounded Theory Procedures and Techniques* 对扎根理论技术的普及带来了巨大推动作用，也使其在各学科的研究中被大量使用。然而，该书作者在程序化版本的扎根理论技术中提出了一些新的概念和方法，如维度化（Dimensionalizing）、条件矩阵（Conditional Matrix）和主轴编码（Axial Coding）等。Glaser 认为这些概念和原则已经背离了扎根理论技术最为可贵的精神，即不应先入为主地构想问题、范畴和假设来限制材料的收集和理论的形成，而是让数据中蕴含的社会规律自然涌现。为此，Glaser 对该书的观点进行逐章批判，最终在 1992 年出版了 Basics of Grounded Theory Analysis 一书。此后 Charmaz 对扎根理论进行深入研究后，逐渐形成了一个新的扎根理论方法体系，被称之为构建型扎根理论。Charmaz（1995）认为，扎根理论应该基于实证主义源头继续发展，将建构主义者在过去 20 年里所提出的方法和问题融入进来，使其成为一种更加细致和反思性的研究方法。然而，Glaser（2007）对 Charmaz 的观点也不予认同，并撰文 Constructivist Grounded Theory? 予以反驳。这三种扎根理论流派的简要信息如表 3-4 所示。

表 3-4　三种扎根理论流派

流派	出现年份	代表人物	核心
原始版本	1967	Glaser	基于数据的研究中发展理论，而不是从已有的理论中演绎可验证性的假设
程序化版本	1990	Corbin	预先设定研究领域，在设定的研究领域中产生理论，而不是去验证预设的理论
构建型版本	1995	Charmaz	通过比较分析进行连续的抽象，分析研究者本身和生成性分析的互动，当然也包含研究者的解释

资料来源：笔者整理。

（一）原始版本

Glaser 和 Strauss 于 1967 年出版的 The Discovery of Grounded Theory: Strategies for Qualitative Research 中首次系统阐述了原始版本的扎根理论技术。它不但是对当时社会学研究中主流的"演绎—验证"路径的反对，还是对该类方法实践的系统呈现与体系化。原始版本扎根理论旨在没有理论预设的情况下直接从数据中挖掘理论（Glaser 和 Strauss，1967），坚持实证主义立场，强调理论的浮现/发现，即该版本的扎根理论认为存在一个有待发现的客观真实，研究者的任务就是通过对数据的分析使之浮现或者被发现。在这一点上它与当时实证主义的主流思想并无二致，所以该版本的扎根理论只是在方法论上反对当时实证主义的主流思想，但在本体论和认识论上与之保持一致。需要注意的是，这种立场主要归属于 Glaser 而非 Strauss，这与二人的学术出身有关。Glaser 在有着实证主义传统的哥伦比亚大学接受社会学训练，而 Strauss 则出身于芝加哥大学社会学系——芝加哥学派的实用主义哲学及其衍生的社会学符号互动论的大本营。Glaser 曾指出，其在哥伦比亚大学所接受的训练内容便是如何回应芝加哥学派对实证主义的批评，他常用的方法就是将研究贴近数据，从中直接发展理论，但被发展的理论应与数据中的潜在结构有关，对这个潜在结构的概念化应独立于具体的情境（Glaser, 2002），这是标准的实证主义本体论和认识论。目前，原始版本扎根理论学者以 Glaser 为代表。1992年以来，Glaser 继续对经典扎根理论进行完善和提升，而他对目前流传最广的程序化扎根理论的批评也得到了许多学者的认同，如 Eaves（2001）认为"目前大部分讨论扎根理论技术的文献都是违背和脱离原始版本的"。

(二) 程序化版本

程序化版本的扎根理论方法源于实用主义和符号互动论，虽然该方法的使用者不必认同这两个哲学和社会学理论取向，但必须认识到该方法从中形成的两个重要原则：其一，社会现象被认为是变化而非静止的，需要经验地予以把握；其二，扎根理论方法拒斥决定论和非决定论，即同时强调人的能动性及外部条件的作用，并旨在把握这两者间的交互。这两个原则与 Glaser 的本体论和认识论是彼此相互抵触的。该版本的扎根理论技术由开放式编码、主轴编码和选择性编码三阶段构成。与原始版本不同，程序化版本并未关注扎根理论研究应坚持何种范式，它是帮助最初接触质性数据的初学者解决一些实际问题。这种从实践出发的初衷使程序化版本更注重的是如何开展研究的问题，这种考量并非纯粹是工具性的，而是源于前文的两点原则，其核心是认为研究试图发现的并非客观真实，而是在特定条件下社会互动中形成的共享意义，因而只要能够阐明目标现象的形成条件与过程，研究者便能把握这个共享意义并通过研究发现的形式呈现出来；程序化版本的扎根理论在形式上比原始版本更为程序化，但同时也更强调研究者的能动性。此外，程序化扎根理论承认研究者既有经验与知识的作用，但相应地也就放弃了对研究过程的诸多限制，如放弃了严格的文献后置做法，程序化扎根理论认为与实质性领域有关的研究文献亦可被用于分析过程；程序化版本的路径限制更少且更具可操作性，因此更容易被接受。但 Glaser 认为程序化版本对研究者能动性的强调及其形式化的程序与方法会导致研究者在分析过程中的先入为主，"逼迫"数据形成概念性的描述，并非原始版本扎根理论技术所希望的"从数据中浮现的理论"。Strauss 和 Corbin（1990）则认为研究者在研究过程中难免会有偏见，也会有对程序与方法的刻板使用，但"任何人只要有点耐心、多练习",就能学会如何避免这些不利影响,从而灵活地使用这些方法与技术。

(三)构建型版本

构建型版本扎根理论明确提出研究过程是互动和流动的,数据收集的方法取决于研究问题,研究者本身也同样是研究内容之一,研究过程中的数据和分析都是社会建构的(王红利,2015),其重点和核心是通过比较分析进行连续的抽象,分析研究者本身和生成性分析的互动,当然也包含了研究者的解释。因此,它与前两种流派之间最大的不同在于前两者都强调研究者在研究过程中应保持适当距离,以免将个人偏见及预先假设渗入其中,而构建型扎根理论遵循的是建构主义,强调是由研究者与研究参与者在数据的收集和分析过程中共同建构意义(连志英,2015)。

很多人仍旧在使用原始版本的扎根理论,而且这个传统在 Corbin、Miles 和 Huber 等的工作中仍可以看到,但与此同时,构建型扎根理论日益受到研究者的重视,譬如有研究者为了揭示特定社会、历史和文化背景下有关人员建构出来的"真实",使用 Wolcott 提出的"转化质性资料"的策略:先对原始资料进行"深描",通过细节呈现本质和文化回声;继而对资料中隐含的、有据可依的主题、特征及主题之间的模式化规律进行分析,将它们系统、有序地呈现出来;最后对资料的意义进行解释,建立知识宣称,达到理解的目的(陈向明,2008)。

三、扎根理论技术的操作流程

无论是哪一种流派的扎根理论,它们都将理论建构、文本分析和抽样访谈看作一个彼此之间不断互动并互相促进的过程。具体而言,抽样访谈为文本分析和理论建构提供了所需的信息,而后面两个过程又能不断地指导抽样访谈的样本选择和内容方向(孙晓娥,2011),具体的操作流程如图 3-2 所示。研究者首先需要对与研究兴趣相关的文献进行阅读,再综合考量各类因素确定初始取样的范围并实施取样。通过初始样本的分析确定后续取样的范围与对象(即理论抽样)。基于理论抽样所获得的第一手资料进行纵向理论构建,采用三阶段编码对资料进行整理,并对提取出的概念加以分析、讨论,最终发展原始理论,如果还能够从后续样本中获取新的重要信息,则不断重复抽样—纵向理论构建—数据处理—数据分析—数据发展这一过程,即研究者需要采用持续比较(Constant Comparison)的分析思路,不断地根据新的资料提炼和修正理论,直至达到理论饱和(王建明和王俊豪,2011)。

第三章 情感—行为模型假说的质性研究

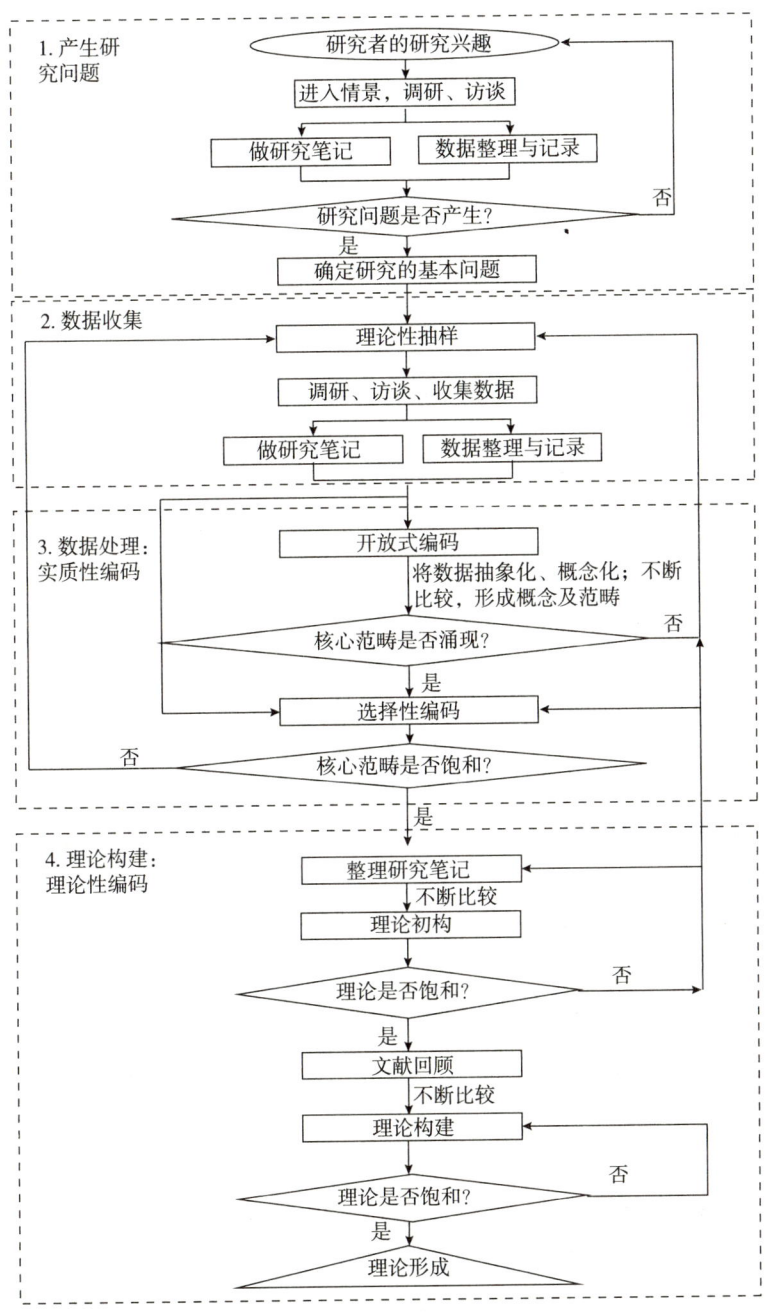

图 3-2 扎根理论研究流程

资料来源：贾旭东和谭新辉（2010）。

本书的资料分析借助 Nvivo 10 来完成。在扎根理论当中，资料分析的第一步是编码（Coding），它是研究者基于多种不同划分标准对访谈资料进行总结归纳、提炼概念的一个过程。具体而言，研究者在这个过程中需要使用简洁、概括性的词汇来描述访谈资料中的人、事、物。因此，它有助于研究者从新的视角来理解现有资料，有助于其进一步开展资料的收集，即引导研究者向着未知的、有益于理论构建的方向前进（孙晓娥，2011）。本书的资料分析流程选择 Strauss 和 Corbin（1998）的扎根理论编码程序，这一编码程序依次囊括了开放式编码（Open Coding）、主轴编码（Axial Coding）和选择性编码（Selective Coding）三个过程（见图3-3）。在研究之前，通过反思和自我分析来帮助减少研究过程中的主观和潜在偏见（Whetten，2009；Alvesson，2003），并且在整个扎根理论研究过程中，资料的收集和分析是同时发生的，本书一直采用备忘录来记录研究目标。下文从开放式编码、主轴编码和选择性编码三个方面依次阐述本书的质性分析过程。

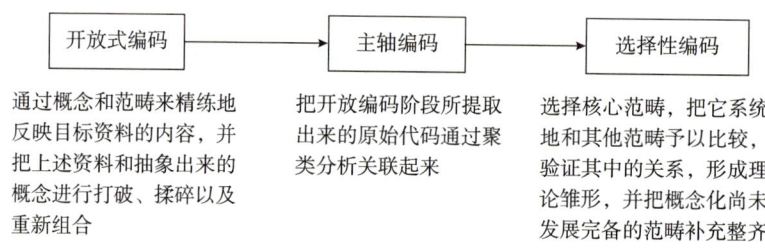

图3-3　扎根理论的资料编码流程

资料来源：Pandit（1996）。

第四节　开放式编码

开放式编码亦被称作一级编码，是指研究者将其获得的资料一步一步地进行概念化与范畴化，通过概念和范畴来精练地反映这些资料的内容，并把上述资料和抽象出来的概念进行打破、揉碎以及重新组合的过程（陈向明，2000）。简言之，它是一个将资料进行解剖、审查、比较、概念化和范畴化的过程（施特劳斯和科尔宾，1997）。

在初始编码阶段，Glaser（1967）在扎根理论技术发展的早期曾主张过严格的、没有任何理论预想的初始编码。然而这并不是一种客观的、直面研究者既存思维方式的要求。Charmaz（2006）提出，为了保证初始编码的独立性，除了要确保编码的开放性和可修正性之外，还要保证：①研究者在初始编码的时候，尽可能地采用动词或者动名词的代码特征，这样就可以直接贴近经验材料的鲜活性，而避免被静态的预设理论所俘获；②要允许研究团队中不同研究者对数据进行编码，然后对编码结果进行比较、整合，即进行多元印证；③初始编码所产生的代码应尽可能使用原生代码，其中原生代码是指研究对象在访谈中直接使用的关键性话语和焦点性词语，这些语句应当是研究对象认为现实生活中人人共享而使用的。

根据Strauss和Corbin的建议，开放式编码一般遵循如下程序（斯特劳斯和科尔宾，1997）：①定义现象。把原始资料分解为一件件独立的故事、想法或事件，再赋予它们一个名字，这个名字能够概括其指代内容的精髓，并且它又可以被细为"贴标签"和"概念化"两步；②发掘范畴。范畴是一组概念，把看似与同一现象有关的概念聚拢成一类的过程称为"范畴化"，同时还需要为范畴取名字以及发展范畴的性质和面向，其中面向代表范畴在一个连续系统上所有不同的位置。由于开放式编码的目标在于帮助研究者锚定现象、界定概念、挖掘范畴（即对概念进行聚类）（汪涛等，2012），因此研究者在这个阶段需要不断向自己提出以下问题（Glaser，1978）：①此次获取到的数据是和什么样的研究有关？②某个特定事件所关联到的是哪一个范畴？它反映了萌芽理论中什么部分的特定范畴的特点？③此次获取到的数据中真正发生了什么？④哪些基本社会心理过程或社会结构过程可以用于分析这一问题？⑤此次研究中的基本问题和过程可以从哪里挖掘？

本书采取开放的研究视角（Glaser，1978），依据理论性取样原则，通过深度访谈收集数据的同时进行开放式编码。在开放式编码中，我们尽可能使用原生代码，即受访对象通过自己的用语习惯来表达自己的观点时所使用的用词，这有利于真实反映受访者的观点，同时也能呈现他/她对所处特定情境的感知与真实反应。此外，本书在开放式编码的过程中，依次运用"逐行编码""逐句编码""逐段编码"对文本进行处理，使文本中所蕴含的初始概念自然涌现。最后，从30份访谈资料、15.6万余字的访谈记录中共抽取了1160个初始概念（见表3-5 开放式编码示例）。

表 3-5 开放式编码示例

原始访谈材料	开放式编码——原始代码
Q：如果你购买了节能环保的白色家电，你是否会在情感上感到开心、欣慰或者自豪？能否具体说明一下原因？ A：我会感到开心。因为我觉得自己有远见、省电、省钱，还环保。 Q：如果你购买了非节能环保的白色家电，你是否会在情感上感到不好受？ A：会有内疚和一点点痛心。因为我的经济承受能力有限，尽管无论什么东西我内心都偏向买节能环保的，但是当事情不能如意时，我也不会特别怪罪自己。当然买了不环保的东西，以后会对环境造成损害，这是我不愿看到的，难免会有内疚和痛心。 Q：你觉得哪一类情感最能够促使人们抵制、不购买能效等级最差的家电？ A：内疚。本来一想到的是鄙视，后来想想还是觉得内疚（最能促使人们抵制能效等级最差的家电）。鄙视是别人给予的，内疚是自发的，毕竟多么在乎别人的看法，最后归根结底还是形成自己的情感，自己主导购买权。 …… Q：哪些人的情感可能会更强烈？ A：性格比较爱憎分明的人，受教育程度高的人，当地风俗文化重视节能环保的人。 Q：为什么？ A：因为性格分明的人情感丰富，善于表达。受教育程度高的人，更注重节能环保，相对情感上也更强烈些。当地文化风俗重视节能环保的人与受教育程度高的人相似，更想要做到节能环保。 Q：你觉得自己在购买家电的时候，会专门挑选节能环保的家电吗？为什么？ A：会。因为我喜欢节能环保的家电。它们对环境污染少，能耗低，对人的身体损害小，长期利益比一般家电高，值得购买。 Q：你觉得自己在购买家电的时候，愿意花比买一般家电更多的钱来买节能环保家电吗？ A：一般情况是愿意的，但是这是建立在价格合理的基础上，不能说价格高很多，节能环保上只进步一点点。如果是成正比的我会很愿意买。 …… Q：你认为哪种方法能够激励人们购买这一类环保的家电或抵制非环保的家电呢，你觉得什么方法可以这样？ A：就像之前的柴静的纪录片一样的那种。 Q：宣传片？	C4-1 节能 C4-2 环保 C1-15 开心 C3-5 远见 C4-3 省电 C4-4 省钱 C4-5 非节能环保 C1-44 不好受 C1-0 情感 C1-27 内疚 C1-35 痛心 C4-36 经济承受能力 C2-11 内心都偏向买节能环保 C1-47 怪罪自己 C4-48 对环境造成损害 C4-51 不愿看到 C1-37 鄙视 C4-57 在乎别人的看法 C4-58 爱憎比较分明 C4-59 受教育程度高 C4-60 性格分明 C4-61 风俗文化重视节能环保 C4-62 受教育程度高 C2-4 会，因为我喜欢节能环保的家电 C4-63 对环境污染少 C4-64 能耗低 C4-65 对人的身体损害小 C4-66 长期利益 C2-5 值得购买

续表

原始访谈材料	开放式编码——原始代码
A：嗯，就是柴静之前拍的有关雾霾的纪录片，那个不是社会影响很大嘛？我觉得类似的影片会让人们印象更深一点，现在节能的话，城市里还好一点，乡下很多人都不太清楚的，宣传力度还是不够。如果像柴静拍的这种宣传片多一些，很多人可能就会对自己的这种（购买）行为感到愧疚，要是别人买那种不节能的产品，也会对他这种做法感到讨厌。这样时间一久，人们都这样认为了，买节能家电就会是一件好事，大家买了也高兴啊。 Q：除了这种呢，你觉得还有其他什么方法可以激发一下他们购买这种节能环保家电的欲望吗？ A：那就厂家不要生产不节能的不就行了？ Q：不要生产？嗯，那其他的，比如说店员的那种促销，你觉得这一类是有用的吗？是有效还是无效的？ A：那肯定是有效的。 Q：也是有效？ A：特别是就那种年纪大一点的人去买家电，这种促销的还是很有用的。 Q：那如果亲朋好友那种的推荐呢？比如说那种人际之间的传播，说节能比较好，这类也可以吗？ A：那肯定可以的，如果有朋友跟我推荐，比如说我买个松下的冰箱，特别省电而且噪声也小，而且很节能之类的，那我肯定只要价格不是高得受不了，我就选择这个了。	C2-6 价格合理 C2-17 如果是成正比的，我会很愿意买 C4-7 不节能 C4-37 柴静的宣传片 C4-38 雾霾 C4-39 社会影响很大 C4-40 印象深刻 C4-41 城市 C4-42 乡下 C4-43 宣传力度 C1-14 愧疚 C1-19 讨厌 C4-21 好事 C1-9 高兴 C4-67 年纪大一点的人 C4-68 朋友跟我推荐 C2-41 只要价格不是高得受不了，就选择这个

资料来源：笔者整理。

第五节　主轴编码

主轴编码亦被称作二级编码，它可以凭借"条件—行动/互动策略—结果"的范式模型（Paradigm Model）将高阶范畴与低阶范畴联结在一起（Corbin 和 Strauss，1990；周江华等，2012）。具体而言，主轴编码是把研究者在前一编码阶段所提取出来的原始代码通过聚类分析关联起来。因此，有学者将主轴编码的任务归纳为发现概念、类属之间的联系，展现资料中各个部分之间的有机关联（郑庆杰，2015）。其中，上述关联可以是因果关系、时间先后关系、语义关系、情境关系、相似关系、差异关系、对等关系、类型关系、结构关系、功能关系、过程关系、策略关系等（陈向明，2000）。研究者在主轴编码完成之后，要回答哪里、为什么、谁、怎么样、结果如何的问题，这就要提出一套科学化的策略术语，形成一个结构性分析框架，包括一个现象的原因条件与后果、情景和影响条件以及行动策略（弗里克和武威，2011）。但这样的要求在一定程度上用一种理论预设束缚了原始材料和数据的多元化分析路径，因此，郑庆杰（2015）认为此分析框架可能会窒息编码过程中具有活力的原创性思想观点，建议研究者应当对其提出的结构性分析框架保持谨慎的态度，以避免分析思维的僵化。

在这个过程中，研究者需要不断分析每个范畴在概念层次上有没有存在潜在的关联，始终遵循"将编码分类到某些变量上，并使这些变量能够按照某一理论和核心变量足够显著相关"的原则（Glaser，1978），从中找出理论构建的线索（陶厚永等，2010）。为此，本书把开放式编码中所获得的不同范畴之间联系的资料一一进行分析，以分析出潜在的脉络或者因果关系。通过上述过程，可以发现访谈资料是存在一定聚类的并且它可以形成四个大类，具体如表3-6所示。

表3-6 主轴编码结果

主范畴	子范畴	原始代码
积极维度行为情感	自豪感	C1-1 坦然、C1-15 开心、C1-16 安心、C1-3 有点激动、C1-12 兴奋、C1-19 自豪、C1-6 光荣、C1-7 荣耀、C1-8 荣誉、C1-9 高兴、C1-10 幸福、C1-31 快乐
	赞赏感	C1-4 称赞、C1-13 佩服、C1-36 欣赏、C1-38 尊重、C1-33 敬佩、C1-5 钦佩、C1-2 感谢、C1-29 赞赏、C1-26 敬重、C1-19 感激、C1-20 爱戴、C1-21 赞叹
消极维度行为情感	愧疚感	C1-35 痛心、C1-18 懊恼、C1-27 内疚、C1-28 惭愧、C1-17 负罪的感觉、C1-30 愧疚、C1-11 自责、C1-24 很丢脸、C1-44 不好受、C1-47 怪罪自己
	厌恶感	C1-15 反感、C1-34 厌恶、C1-25 可恶、C1-32 无奈、C1-37 鄙视、C1-14 难受、C1-22 讨厌
购买节能环保产品	专门购买	C2-1 优先考虑节能环保的家电；C2-3 首先会看这一类型的；会，可以节约能源、环保；C2-4 会，因为我喜欢节能环保的家电；C2-7 我环保节能意识较强，会的；C2-9 愿意，节能环保的效果是长远的；C2-11 内心都偏向买节能环保
	溢价购买	C2-15 差额在700元以内；C2-17 如果是成正比的我会很愿意买；C2-23 1000块是可调节资金；C2-35 300元左右做准备金；C2-37 节能环保的效果是长远的，不能单纯从购买时候的价格方面来考虑；C2-39 虽然第一次购买时可能价格偏高，但从其节能环保的长远效益看，还是后者更节能、环保效益好；C2-43 以后可以把多出来的钱省回来；C2-47 比方说，我买这个洗衣机，我是节能的，我用的水少

续表

主范畴	子范畴	原始代码
购买节能环保产品	更换节能品牌	C2-55 需要确认该冰箱品牌节能环保效果才能放心购买；C2-59 会，我不抵触新事物；C2-63 功能都一样就可以了，换换品牌试试效果；C2-66 多了节能环保的功能，肯定会买的；C2-69 既然新产品会优秀，何必故步自封
抵制非节能环保产品	—	C2-73 一定不会。购买家电主要考虑实际功效；C2-79 一定不会，我喜欢往高处走，赚钱就是为了更好的生活；C2-85 一定不会，性价比太低，没安全感，至少要买节能等级适中的家电；C2-83 这和我的使用场景有关；C2-93 不会，虽然那种家电可能更漂亮便宜，但以后用起来麻烦，不节能环保、功能又不好，还是买好的用起来也舒服；C2-99 不会，就出于长远的利益；C2-105 不会，至少我不会挑最差的。因为这种东西买来很快就要被淘汰的，也会被自己鄙视的。我是非常乐意为节能环保奉献一己之力的

资料来源：笔者整理。

根据本书对访谈资料的编码分析，我们探索发掘出了大量本土化的绿色消费情感初始概念，如反感、厌恶、内疚、惭愧、钦佩、赞赏、高兴、光荣等。对这些初始概念进一步范畴化可以发现，绿色消费情感分为双因素四维度，即厌恶感、赞赏感、愧疚感、自豪感。在绿色消费情感的四维度中，从情感的效价看，厌恶感、愧疚感属于负面（消极）情感，赞赏感、自豪感则属于正面（积极）情感；从情感的对象看，厌恶感、赞赏感、愧疚感、自豪感是对人（个体环境行为）的情感。与之相对，忧虑感、热爱感是对物（外界生态环境）的情感；[①] 从情感的强度看，任一维度的绿色消费情感至少都可以分为三种强度：低强度、中强度和高强度。以愧疚感为例，低强度的愧疚感体现为消费者对非绿色消费感到羞耻、羞愧，中强度的愧疚感体现为消费者对非绿色消费感到内疚、悔恨，高强度的愧疚感体现为消费者对非绿色消费感到痛苦、痛心。基于情感的强度差异，我们可以用 12 个情感关键词来描述绿色消费情感的四维度（我们还开发了相应的测量量表）。绿色消费情感的维度结构及其特征如表 3-7 所示。

---

① 质性研究中我们没有专门研究消费者对物（外界生态环境）的情感。事实上，消费者对美丽清洁的生态环境会产生环境热爱感，对污染脏乱的生态环境会产生环境忧虑感。王建明（2015）曾对此进行了专门的研究。

表 3-7　绿色消费情感的维度结构及其特征

情感维度	低强度	中强度	高强度	情感效价
厌恶感	讨厌	鄙视	气愤	负面情感
愧疚感	羞耻	内疚	痛心	
赞赏感	赞许	欣赏	敬重	正面情感
自豪感	欣慰	开心	自豪	

资料来源：笔者整理。

第六节　选择性编码

选择性编码亦被称作三级编码，它是指研究者在编码过程中选择核心范畴，把它系统地和其他范畴予以比较，验证其间的关系，形成理论雏形，并把概念化尚未发展完备的范畴补充整齐的过程，它比逐行、逐句、逐段编码会更具有选择性、指向性以及概念性（Glaser，1978）。这个编码过程的主要任务是找出能够涵盖其他范畴的主范畴，用所有资料及由此开发出来的范畴、关系等简明扼要说明全部现象，即开发故事线；继续开发范畴使其具有更细微、更完备的特征（李志刚和李国柱，2008）。选择性编码基于大量的数据来实现筛选目的，提取核心范畴（即自然涌现），其主要有两个特征：①关联的重要性；②频繁重现性（汪涛等，2012）。这一阶段的编码工作直接指向理论构建层面，不再停留在描述性阶段，从而形成分析性与解释性路径（郑庆杰，2015）。这一阶段的编码工作直接指向理论构建层面，不再停留在描述性阶段，从而形成分析性与解释性路径，每项研究的分析框架和理论化取向都应该基于初始田野数据和材料的自我涌现（郑庆杰，2015）。

本书对访谈资料进行开放编码、主轴编码后，再从研究目的对访谈资料、概念和范畴，尤其是范畴关系实施不断地进行比较，最终把本书的核心问题范畴化为"绿色消费情感"及"绿色消费行为"两大主题。消费者会对绿色消费行为形成较为稳定的情感，这种情感会影响到消费者对绿色产品的实际购买行为。比如有的消费者对于"购买节能环保产品"的想法是"开心第一，因为自己买了新东西，而且对社会自然的污染少，又能在一定程度上节省电费，觉得也是一件不错的事情"，有的消费者对于"抵制非节能环保产品"的观点是"中国人都爱面子嘛，自己买个非节能的产品被鄙视或者自己都感觉内疚，就不会买了"。

不仅如此，很多受访者均认为情感比认知的作用更大。如有消费者表示"应该是自我的那种感觉——可耻，让他觉得可耻，他就会促进自己去改善。人都有羞耻心。你告诉他，'你做了这件事情是非常可耻的'，可能他会更积极主动地去改进……人嘛，就一个羞耻心，夺走我的自尊或者什么的，我会觉得我要维护一下或者怎样子。所以从这个角度讲，我想从可耻情感这种角度来灌输这个概念，个人感觉可能会见效快一点"，"赞许的作用更大。赞许他人，既能够鼓励别人继续去做低碳环保的行为，又能够影响自己也去做低碳环保的行为"。

这里需指出的是，消费者在购买产品以满足自身需求的过程中，获取的产品"绿色"程度分为两类，第一类是该产品是节能环保的，即它是"绿色"的；第二类是该产品在同类产品中对资源消耗较大或对环境污染较大，即它是"非绿色"的。由此，对绿色产品来说，消费者会存在"购买"和"不购买"正反两种行为；对非绿色产品来说，消费者也会存在"不抵制非绿色产品"和"抵制非绿色产品"正反两种行为。

为了考察绿色消费情感对绿色消费行为的影响作用，我们对访谈资料进行了进一步分析，发现如下这些关键概念（信息节点）被受访者反复提及："思想重视""心理驱动""调动起来""不会无动于衷""心理正能量""避免忘记""不会逃避""避免后悔""努力改进""自然而然""继续的动力"等。对这些关键概念进行深描、诠释可以发现，绿色消费情感对绿色消费行为的影响作用主要体现为三方面：首先，绿色消费情感对绿色消费行为具有激活和启动作用。绿色消费情感作为一个独立的心理过程，它能激活个体的绿色消费行为动机（提高绿色消费行为动机的强度），从而对绿色消费行为产生激活和启动作用。其次，绿色消费情感对绿色消费行为具有组织和调整作用。绿色消费情感既能对良好行为动机（如绿色消费行为动机）发挥组织、协调作用，也能对不良行为动机（如非绿色消费行为动机）发挥调整、阻断作用，从而对绿色消费行为产生组织和调整作用。最后，绿色消费情感对绿色消费行为具有维持和强化作用。绿色消费情感可以维持行为动机的稳定（避免消费者忽略或忘记），强化个体对行为动机的心理投入，增强行为动机的持续性，从而对绿色消费行为产生维持和强化作用。由此可见，绿色消费情感通过影响动机的强度、方向和持续性，从而促成绿色消费行为。绿色消费情感对绿色消费行为的影响机制如图 3-4 所示。

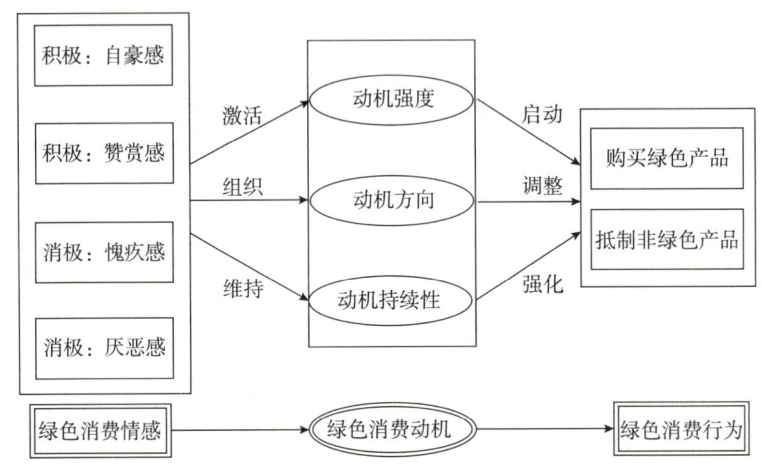

图 3-4 绿色消费情感对绿色消费行为的影响机制

资料来源：笔者绘制。

根据选择性编码所获得的分析结果，本书初步构建了绿色消费的情感—行为模型（探索性模型），具体如图 3-5 所示。

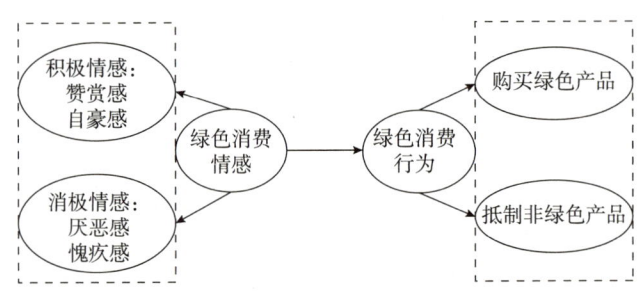

图 3-5 绿色消费的情感—行为模型（探索性模型）

资料来源：笔者绘制。

这一探索性模型中，我们有如下发现：①绿色消费情感具有显著的二维特征，即绿色消费情感包含积极情感和消极情感两个范畴，其中积极情感主要涵盖了赞赏感和自豪感两种情感，消极情感主要涵盖了厌恶感和愧疚感。从情感的对象看，厌恶感、赞赏感、愧疚感、自豪感这四个情感都是对人

(个体行为)的情感。②绿色消费行为体现在购买绿色产品和抵制非绿色产品这两种形式,即可分为"有所为"和"有所不为"两个基本维度。消费者"购买绿色产品"和"抵制非绿色产品"均可视为绿色消费行为的表现。③从总体上来看,绿色消费情感能够有效促进绿色消费行为的实施。绿色消费情感对绿色消费行为有显著的影响作用,且相对于认知来说情感的作用更重要,即绿色消费情感是绿色消费行为更重要、更显著的驱动因子。

第四章

情感—行为模型的问卷调研检验

本章是本书实证研究的第二部分,在第二章文献梳理和第三章质性分析的基础上,进一步分析影响消费者绿色消费行为的各情感因素以及它们之间的关系。主要通过大样本问卷调研获取消费者的绿色消费情感和绿色消费行为相关数据,构建结构方程模型对绿色消费的情感—行为模型假说进行实证检验。本章首先提出绿色消费的情感—行为双因素概念模型假说,在此基础上进行调研问卷设计和现场调研获得大样本调研数据;其次运用 AMOS 22.0 构建基于协方差的结构方程模型(Covariance-base Structural Equation Model,CB-SEM)对大样本数据进行量化分析,检验数据和潜变量的质量;再次对结构方程模型的结构模型部分进行分析,并进行模型稳定性检测、统计功效检测,从而保证模型分析结果的可靠性;最后引入基于偏最小二乘法的结构方程模型(Partial Least Squares Structural Equation Model,PLS-SEM)对情感—行为模型进行进一步分析,以验证前文的假设。

第一节 假设提出和概念模型

一、绿色消费情感的双因素假设

对于绿色消费情感的基本维度(或基本因素),本书借鉴消费情感或生态情感的分类维度来进行探讨。美国心理学者 Waston 等(1985)针对消费情感提出了情感双因素模型,该模型把顾客的消费情感划分为正面情感和负面情感。Westbrook 等(1987)的研究也表明,顾客在消费过程中可能同时体验到兴奋、高兴等积极情感和伤心、失望、焦虑、愤怒等消极情感。目前,学术界大多采用 Izard(1977)所开发的基本情感量表,将消费情感划分为正面情感和负面情感两个维度来开展研究（何云和张秀娟，2006）。且情感的二分维度在诸多绿色消费行为研究中已得到证实。譬如，Carrus 等（2008）对居民参与回收行为和绿色出行行为的研究亦根据情感的效价将其划分为积极维度和消极维度；Lench（2009）的研究发现，人们对于未来事件预期结果所产生的积极情感或消极情感反应会对目前的行为决策产生明显的影响偏差；Chen（2013）对航空乘客参与碳减排计划的研究中将此类行为的相关情感划分为积极和消极两个维度；Koenig-Lewis 等（2014）和 Passafaro 等（2014）对绿色消费行为进行研究后发现，情感的二分维度是适用于发达国家消费者的。基于本书第三章的质性研究结果，同时综合上述相关前期研究结果，本书假设中国文化环境下的消费者对绿色消费的情感（包括对自身绿色消费或对他人绿色消费的情感）也可以分为积极和消极两个维度，这就是绿色消费情感的双因素假说：

H1：绿色消费情感可以划分为积极绿色消费情感和消极绿色消费情感两个基本维度。

二、绿色消费行为的双因素假设

一般地，学者往往基于消费者购买的产品是否"绿色"直接分析绿色消费行为。这实际上将消费者行为划分为"购买绿色产品"和"不购买绿色产品"两种情况，即绿色消费行为的对立面是非绿色消费行为。我们以为，这种划分方法过于粗略和片面，并不能很好地反映消费者绿色消费行为的复杂多维特征。消费者在购买产品以满足自身需求的过程中，获取的产品"绿色"程度分为两类：第一类是该产品是节能环保的，即它是"绿色"的；第二类是该产品在同类产品中对资源消耗较大或对环境污染较大，即它是"非绿色"的。由此，对绿色产品来说，消费者会存在"购买"和"不购买"正反两种行为；对非绿色产品来说，消费者也会存在"购买非绿色产品"和"抵制非绿色产品"正反两种行为。实际上，已有部分学者在绿色消费行为的操作性定义中同时囊括了"购买绿色产品"和"抵制非绿色产品"这两个维度（参照本书第二章第一节）。与之前简单的二分法相比，这一种分类方法将绿色消费行为进行了更细致的剖析，有助于更好地刻画绿色消费行为的复杂多维特征。相应地，本书假设绿色消费行为可以分为"购买绿色产品"和"抵制非绿色产品"两个维度，这就是绿色消费行为的双因素假说：

H2：绿色消费行为可划分为购买绿色产品和抵制非绿色产品购买两个基

本维度。

在满足一项需求的前提下，消费者由于做出了拒绝购买的决策而导致其需求未被满足，一般会使他的下一次购买决策紧随其后，即它们在时间上是连续的。鉴于前一次决策行为已经调动消费者对商品绿色属性的关注，相对一般情况而言，它会提高消费者发生绿色消费行为的概率。由此，消费者在获知产品绿色属性并有意识地做出购买决策的情况下，前一次"拒绝购买非绿色产品"的决策对本次"购买绿色产品"决策会产生一定的影响作用。相反地，"购买绿色产品"这种行为满足了消费者的需求，使满足该需求的前后两次购买决策在时间上产生了分离，随着时间的流逝，前一次绿色消费行为对本次购买决策并不产生直接影响，而是通过对消费者购买习惯或生活方式的塑造产生间接影响，如图4-1所示。

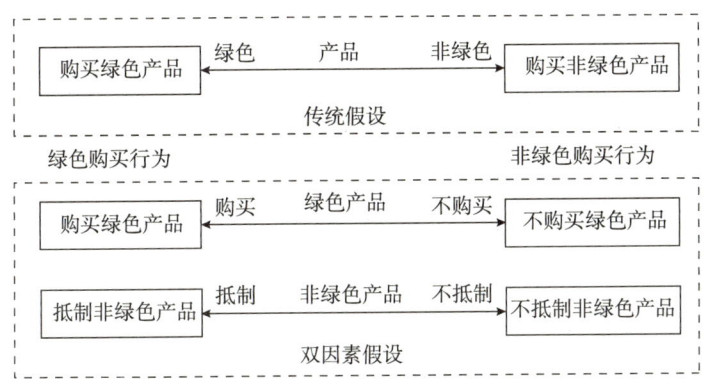

图 4-1　绿色消费行为的传统假设和双因素假设

资料来源：笔者绘制。

因此，本书提出如下假设：

H2-1：抵制非绿色产品行为对购买绿色产品行为存在显著的正向影响。

三、情感—行为双因素的关系假说

在现有的研究当中，已有一部分学者同时对购买绿色产品和抵制非绿色产品开展分析研究。譬如 Roberts（1996）研究了态度类变量和人口统计变量对消费者购买绿色产品和抵制非绿色产品行为的影响效应；Kim（2011）分析了集体主义价值观、消费者感知效价和环境态度对购买绿色产品和避免购买非绿色产品行为的影响效应；Kanchanapibul 等（2014）研究了感知价值和环保知识对个体在未来的购物过程中避免购买伤害环境的产品、转变购买习惯和专门付出努力购买绿色产品所产生的影响。然而，上述研究均把购买绿色产品和抵制非绿色产品纳入同一个行为（倾向）潜变量当中来开展分析。本书依据假设 H2 以及假设 H1 的观点，认为绿色消费情感与绿色消费行为可以构成 2×2 的适配矩阵（见图 4-2）。相应地，提出了"情感—行为的双因素模型假说"：

H3-1：积极绿色消费情感对购买绿色产品行为存在显著的正向影响。

H3-2：积极绿色消费情感对抵制非绿色产品行为存在显著的正面影响。

H3-3：消极绿色消费情感对购买绿色产品行为存在显著的正向影响。

H3-4：消极绿色消费情感对抵制非绿色产品行为存在显著的正面影响。

四、人口统计变量的调节效应假设

一般地，由于性别、年龄、学历、收入和职业等人口统计变量的不同，个人情感的产生方式以及一种情感对同一行为的影响程度与方向都会有较明显的差异。然而，目前的研究过度简化了人口统计变量和绿色消费行为之间的因果关系，并且学者往往认为绿色消费者群体具有年轻、女性、高学历、富有和自由主义的特点。而部分研究则发现年长、女性、高学历、富有和自由政治导向的消费者群体更愿意实践绿色消费行为（Roberts，1993；Roberts，1996；Olli 等，2001；Sanne，2002；Bulut，2017）。Robinson 等（2002）的研究则显示，性别、年龄、学历和收入等人口统计变量使人们对绿色环保产品的态度（包括情感）和购买行为均有一定的差异。Diamantopoulos 等（2003）为了更深入地挖掘人口统计变量对绿色消费行为的影响效应，通过对人口统计变量较为全面的文献回顾以及进一步的实证研究发现，人口统计变量对绿色消费行为的影响作用相当有限，即直接研究这类变量对环保行为的预测作用不是很有价值。Leonidou 等（2010）更是直接建议学者在研究居民的环保行为时，应将人口统计变量作为调节变量而不是一般变量。

王建明和郑冉冉（2011）的实证研究表明，性别和学历等人口统计变量对意识（包括情感）和行为间路径关系存在调节作用。Li（1997）专门研究了性别、收入、居住地（城市还是农村）等人口统计变量对生态环境态度（包括情感）与绿色购买倾向之间关系的调节作用，发现其调节效应都是显著的。Rezai（2011）等的研究结果证实了收入和学历对环境忧虑和绿色消费的关系有显著的调节效应。进一步地，Azizan 等（2013）对马来西亚居民进行调查分析后发现，收入在环境态度对绿色消费意向的影响路径上具有显著的调节效应。① Muralidharan 和 Sheehan（2018）专门研究了性别在内疚—绿色消费路径上的作用，发现女性相对男性来说，其绿色消费行为更易受到愧疚感影响。综上所述，本书假定人口统计变量对情感—行为路径关系存在显著的调节效应，相应的假设如下：

H4-1：性别对绿色消费情感和绿色消费行为之间的路径关系存在调节效应。

H4-2：年龄对绿色消费情感和绿色消费行为之间的路径关系存在调节效应。

H4-3：学历对绿色消费情感和绿色消费行为之间的路径关系存在调节效应。

H4-4：个人月收入对绿色消费情感和绿色消费行为之间的路径关系存在调节效应。

五、概念模型构建

本书以消费者的绿色消费情感和绿色消费行为为主要研究对象，旨在研究不同情境下情感与行为之间的作用机理。本书的情感—行为双因素模型假说（概念模型）如图4-2所示。② 其中，概念模型涉及的自变量为积极绿色消费情感、消极绿色消费情感，因变量为购买绿色产品行为和抵制非绿色产品行为。此外，本书还考察了性别、年龄、学历和收入等人口统计变量对模型的调节效应。

---

① 该文作者将环境态度（Environmental Attitudes）和环境知识（Environmental Knowledge）设定为两个不同的变量进行分析，所以环境态度包含更多的是情感因素。

② 需说明的是，本书中情感—行为双因素模型假说的提出受到了赫茨伯格的双因素理论（Two Factor Theory）的启发。赫茨伯格的双因素理论也称为激励保健理论（Motivator-hygiene Theory）。根据赫茨伯格，属于工作本身或工作内容方面的因素（如挑战性的工作、认可、责任）使职工感到满意；属于工作环境或工作关系方面的因素（如地位、工作安全感、薪水、福利）使职工感到不满。前者称为激励因素（Motivational Factors），后者称为保健因素（Hygiene Factors），它不产生激励作用。赫茨伯格认为，满意的对立面不是不满意，而是没有满意；不满意的对立面不是满意，而是没有不满意。低层次需求的满足，并不会产生激励效果，只会导致不满意感的消失。当然，本书中的情感—行为双因素模型完全不同于赫茨伯格的双因素理论。

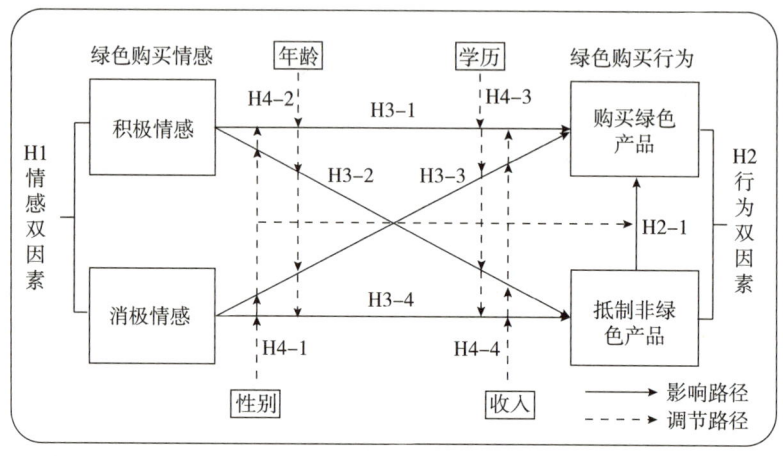

图 4-2 情感—行为的双因素模型假说

资料来源：笔者绘制。

第二节　问卷设计和样本分析

一、调研问卷设计

本书以前人文献为基础，参考国内外权威期刊论文中各变量的测量题项设计此次调研问卷。由于白色家电（包括电饭煲、洗衣机、电冰箱、空调、微波炉等）属于消费者经常接触和熟知的物品，价值相对略高（这导致消费者在购买过程中会细致考虑而不会草率购买），绿色属性在该类产品上也体现得比较明显，因此本书选择白色家电作为调查载体。

调研问卷除了包含受访者的性别、年龄、学历和个人月收入等基本信息外，还采用李克特 7 点量表测度了城镇居民对白色家电的绿色消费情感和绿色消费行为（其中，7 为完全真实，1 为完全不真实），共设置 28 个题项。鉴于 Richins（1997）针对消费情感开发的 CES 模型（Consumption Emotion Descriptors）相对 PAD 模型（Pleasure - Arousal - Dominance Model）、Plutchik（1974）的情感剖图指数（Emotions Profile Index）和 Izard（1977）的情感四维度研究模型，能够更好地识别和包含各种消费情感及其变化，所以本书在

CES模型基础上,根据白色家电的绿色消费情感特点,在积极情感和消极情感两个维度上分别提取出具有代表性的两类情感。其中,积极情感包括对他人绿色消费行为的赞赏感和对自身绿色消费行为的自豪感,消极情感包括对他人非绿色消费行为的厌恶感和对自身非绿色消费行为的愧疚感,上述情感要么是目前在绿色消费行为研究中已被证实为最为有效的情感类别,要么属于在一般心理学研究中对几乎大部分行为类别都有显著驱动作用的情感类别。此外,本书每个类别的购买情感又根据情感的强烈程度差异分为3个指标,如表4-1所示。其中,自豪感与愧疚感的测量题项借鉴Onwezen等(2013)的研究。赞赏感的测量题项改编自Li和Fishcer(2007);厌恶感的测量题项则是参考Harth等(2013)的研究。

表4-1 绿色消费情感的维度结构及特征

情感维度	情感类别	低强度	中强度	高强度	情感对象
积极情感	赞赏感	赞许(pe1)	欣赏(pe2)	敬重(pe3)	他人购买绿色产品
	自豪感	欣慰(pe4)	开心(pe5)	自豪(pe6)	自己购买绿色产品
消极情感	厌恶感	讨厌(ne1)	鄙视(ne2)	气愤(ne3)	他人购买非绿色产品
	愧疚感	羞耻(ne4)	内疚(ne5)	痛心(ne6)	自己购买非绿色产品

资料来源:笔者整理。

对消费行为的测量,本书在何志毅(2004)开发的绿色消费行为量表基础上增加了一个行为类别,即把绿色消费行为分为专门购买、溢价购买、转换品牌购买和抵制非绿色消费(新增类别)共4种类别。这4种行为分别针对绿色消费的不同方面:第一类消费行为测度消费者对绿色消费的专门购买意愿;第二类消费行为则测度消费者对绿色价格的支付意愿;第三类消费行为测度消费者放弃常用品牌、转换购买更环保品牌的意愿;第四类消费行为则测度消费者抵制或拒绝购买非绿色产品行为的意愿。第二类和第三类消费行为是对个人购买绿色产品的兴趣所作的更加严格的测试,因为对第二类消费行为的肯定可以体现人们在购买绿色产品时对环保与金钱的考虑,对第三类消费行为的同意表明了一种放弃某些利益从而使环境得到保护的意愿。为了使调查问卷更具信度,问卷将绿色消费行为分别置于4种情境下进行测量,第一种情境是该白色家电能效等级最好,下文简称"能效等级";第二种情境是朋友或亲人认为该白色家电节能环保，下文简称"亲友意见"；第三种情境是自己认为该白色家电节能环保，下文简称"自身认知"；第四种情境是该白色家电有节能环保类标志，下文简称"环保标志"。最终的绿色消费行为量表一共包括16个题项（4种情境×4种行为类别）。具体题项精简自 Roberts 和 Bacon（1997）以及 Kanchanapibul 等（2014）的研究。

二、预试样本描述和分析

本次预调研以实地问卷调研方式进行。预调研共发放问卷55份，回收有效问卷50份，问卷有效率90.9%。在回收的有效样本中，15~24周岁14人，25~34周岁19人，35~44周岁6人，45~54周岁3人，55周岁以上8人。从学历看，初中及以下9人，高中/中专11人，高职/大专12人，本科13人，研究生及以上5人。从个人月收入看，1470~3200元14人，3201~4800元14人，4801~6400元4人，6401~8000元2人，8001元以上3人，剩余样本为学生（默认为无收入）。从职业看，全日制在校学生13人，制造、运输工人、手艺人和相关人员9人，服务业员工、商业人员、销售人员17人，政府或企事业单位职员、管理者4人，各类专业技术、教育科研人员6人，个体经营者、老板、工商户或其他职业1人。

根据 Kelly（1939）、Cureton（1957）和 Gelman 等（2008）的观点，对于一个特定样本数据而言，其27分位数和73分位数可作为整个样本数据高低群组的划分标准。因此，本书根据数据中目标题项的27分位数和73分位数将样本数据拆分为低分组和高分组，对其进行t检验，如果结果显著，则表示该题目具有鉴别力，可以保留该题目，反之则将其删除。因此，本书使用独立样本t检验来检验问卷单个题项的鉴别力，将未达到显著水平的题项删除，从而提高问卷的效度。具体操作步骤如下：①按潜变量求出题项的总分；②将数据依总分高低排序；③找出总分排序中27%和73%处的数值；④根据所得临界值将样本区分为高分组及低分组；⑤以独立样本t检验辨别两组题项的差异；⑥删除不显著的题项。

本书使用 SPSS 22.0 执行以上步骤，得到消极情感高低分分组平均数相等性的t检验结果如表4-2所示，从显著性和置信区间来看，t检验结果均显著，因此所有消极情感的分组题项差异显著。

表 4-2 消极情感高低分分组平均数相等性的 t 检验

		Levene 方差检验		平均值相等性的 t 检验				差值的 95% 置信区间	
		F	显著性	t	自由度	显著性（双尾）	平均差	标准误差差值	下限	上限
讨厌	方差齐性	3.400	0.078	-7.155	24.000	0.000	-3.538	0.495	-4.559	-2.518
	方差不齐			-7.155	21.738	0.000	-3.538	0.495	-4.565	-2.512
鄙视	方差齐性	0.043	0.837	-9.519	24.000	0.000	-4.077	0.428	-4.961	-3.193
	方差不齐			-9.519	23.777	0.000	-4.077	0.428	-4.961	-3.193
气愤	方差齐性	0.278	0.603	-9.203	24.000	0.000	-4.077	0.443	-4.991	-3.163
	方差不齐			-9.203	23.736	0.000	-4.077	0.443	-4.992	-3.162
羞耻	方差齐性	0.006	0.937	-10.031	24.000	0.000	-4.308	0.429	-5.194	-3.421
	方差不齐			-10.031	23.983	0.000	-4.308	0.429	-5.194	-3.421
内疚	方差齐性	5.899	0.023	-6.944	24.000	0.000	-3.462	0.499	-4.490	-2.433
	方差不齐			-6.944	15.536	0.000	-3.462	0.499	-4.521	-2.402
痛心	方差齐性	2.231	0.148	-16.545	24.000	0.000	-4.846	0.293	-5.451	-4.242
	方差不齐			-16.545	18.578	0.000	-4.846	0.293	-5.460	-4.232

资料来源：笔者整理。

积极情感高低分分组平均数相等性的 t 检验结果如表 4-3 所示，从显著性和置信区间来看，t 检验结果均显著，因此所有积极情感的分组题项差异显著。

表 4-3 积极情感高低分分组平均数相等性的 t 检验

		Levene 方差检验		平均值相等性的 t 检验				差值的 95% 置信区间	
		F	显著性	t	自由度	显著性（双尾）	平均差	标准误差差值	下限	上限
赞许	方差相等	9.906	0.003	-6.110	36.000	0.000	-1.947	0.319	-2.594	-1.301
	方差不等			-6.110	19.950	0.000	-1.947	0.319	-2.612	-1.282
欣赏	方差相等	13.396	0.001	-5.598	36.000	0.000	-2.263	0.404	-3.083	-1.443
	方差不等			-5.598	21.622	0.000	-2.263	0.404	-3.102	-1.424
敬重	方差相等	9.552	0.004	-6.439	36.000	0.000	-2.842	0.441	-3.737	-1.947
	方差不等			-6.439	25.617	0.000	-2.842	0.441	-3.750	-1.934

续表

		Levene 方差检验		平均值相等性的 t 检验					差值的 95% 置信区间	
		F	显著性	t	自由度	显著性（双尾）	平均值差	标准误差差值	下限	上限
欣慰	方差相等	15.478	0.000	-6.551	36.000	0.000	-2.737	0.418	-3.584	-1.890
	方差不等			-6.551	20.358	0.000	-2.737	0.418	-3.607	-1.866
开心	方差相等	5.500	0.025	-5.975	36.000	0.000	-2.000	0.335	-2.679	-1.321
	方差不等			-5.975	23.468	0.000	-2.000	0.335	-2.692	-1.308
自豪	方差相等	12.155	0.001	-5.921	36.000	0.000	-2.789	0.471	-3.745	-1.834
	方差不等			-5.921	24.594	0.000	-2.789	0.471	-3.760	-1.818

资料来源：笔者整理。

抵制非绿色产品行为高低分分组平均数相等性的 t 检验结果如表 4-4 所示，从显著性和置信区间来看，t 检验结果均显著，因此所有抵制非绿色产品行为的分组题项差异显著。

表 4-4 抵制非绿色产品行为高低分分组平均数相等性的 t 检验

		Levene 方差检验		平均值相等性的 t 检验					差值的 95% 置信区间	
		F	显著性	t	自由度	显著性（双尾）	平均值差	标准误差差值	下限	上限
能效等级—抵制	相等	9.611	0.004	-3.965	40.000	0.000	-1.746	0.440	-2.636	-0.856
	不等			-4.508	35.863	0.000	-1.746	0.387	-2.531	-0.960
自己—抵制	相等	22.863	0.000	-4.288	40.000	0.000	-1.842	0.430	-2.711	-0.974
	不等			-5.148	26.516	0.000	-1.842	0.358	-2.577	-1.107
环保标志—抵制	相等	12.353	0.001	-3.376	40.000	0.002	-1.546	0.458	-2.471	-0.620
	不等			-3.857	35.154	0.000	-1.546	0.401	-2.359	-0.732
亲友—抵制	相等	13.717	0.001	-5.002	40.000	0.000	-1.944	0.389	-2.729	-1.158
	不等			-5.947	28.302	0.000	-1.944	0.327	-2.613	-1.274

注：表中的"相等"是指"方差相等"，"不等"是指"方差不等"。
资料来源：笔者整理。

购买绿色产品行为高低分分组平均数相等性的 t 检验结果如表 4-5 所示，从显著性和置信区间来看，t 检验结果均显著，因此所有购买绿色产品行为的分组题项差异显著。

表 4-5　购买绿色产品行为高低分分组平均数相等性的 t 检验

		Levene 方差检验		平均值相等性的 t 检验					差值的 95% 置信区间	
		F	显著性	t	自由度	显著性（双尾）	平均差	标准误差值	下限	上限
能效等级—专门购买	相等	18.282	0.000	-4.050	42.000	0.000	-1.633	0.403	-2.447	-0.819
	不等			-4.376	27.884	0.000	-1.633	0.373	-2.398	-0.869
能效等级—溢价购买	相等	2.979	0.092	-3.999	42.000	0.000	-1.750	0.438	-2.633	-0.867
	不等			-4.162	39.370	0.000	-1.750	0.420	-2.600	-0.900
能效等级—转换购买	相等	1.035	0.315	-4.112	42.000	0.000	-1.967	0.478	-2.932	-1.002
	不等			-4.256	40.504	0.000	-1.967	0.462	-2.900	-1.033
亲友—专门购买	相等	13.790	0.001	-4.874	42.000	0.000	-1.983	0.407	-2.805	-1.162
	不等			-5.278	27.177	0.000	-1.983	0.376	-2.754	-1.213
亲友—溢价购买	相等	3.287	0.077	-5.482	42.000	0.000	-2.108	0.385	-2.884	-1.332
	不等			-5.741	37.903	0.000	-2.108	0.367	-2.852	-1.365
亲友—转换购买	相等	1.095	0.301	-3.557	42.000	0.001	-1.625	0.457	-2.547	-0.703
	不等			-3.653	41.523	0.001	-1.625	0.445	-2.523	-0.727
自己—专门购买	相等	8.387	0.006	-3.334	42.000	0.002	-1.542	0.462	-2.475	-0.609
	不等			-3.554	32.422	0.001	-1.542	0.434	-2.425	-0.659
自己—溢价购买	相等	7.329	0.010	-4.539	42.000	0.000	-1.725	0.380	-2.492	-0.958
	不等			-4.843	32.174	0.000	-1.725	0.356	-2.450	-1.000
自己—转换购买	相等	9.042	0.004	-3.725	42.000	0.001	-1.700	0.456	-2.621	-0.779
	不等			-3.951	34.081	0.000	-1.700	0.430	-2.574	-0.826
环保标志—专门购买	相等	23.183	0.000	-5.165	42.000	0.000	-1.917	0.371	-2.665	-1.168
	不等			-5.556	29.433	0.000	-1.917	0.345	-2.622	-1.212
环保标志—溢价购买	相等	6.969	0.012	-6.000	42.000	0.000	-2.383	0.397	-3.185	-1.582
	不等			-6.447	29.796	0.000	-2.383	0.370	-3.138	-1.628
环保标志—转换购买	相等	4.856	0.033	-5.600	42.000	0.000	-2.508	0.448	-3.412	-1.604
	不等			-5.960	32.998	0.000	-2.508	0.421	-3.365	-1.652

注：表中的"相等"是指"方差相等"，"不等"是指"方差不等"。
资料来源：笔者整理。

综合前文的数据分析可以发现，所有潜变量的测量题项均具备足够的鉴别力，全部予以保留。

三、预试问卷信效度分析

信度（Reliability）是指多个题项的测量结果具有一致性或稳定性的程度，它是效度的必要而非充分条件。本书采用内在信度（Internal Reliability）指标对量表信度进行检验。Cronbach's α 是研究者最常用来评估信度的指标，在验证性研究中，Cronbach's α 大于等于 0.7 被视为信度可接受，大于等于 0.8 被认为是信度良好。通过运用 SPSS 22.0 统计软件对问卷进行内在信度分析，检测得到问卷的整体 α 值为 0.957，任意单个因子维度的 α 值均在 0.85 以上（如表 4-6 所示），大大超过信度标准的门槛值 0.70。虽然诸多学者诟病其不能很好地反映信度的真实情况（Lucke，2005；关守义，2009；Revelle 和 Zinbarg，2009；Green 和 Yang，2009），但在本书这种情况下它还是有一定参考价值的。上述分析结果表明，本书所用的问卷具有较好的一致性和稳定性，数据的内在信度良好。[①]

表 4-6 预试问卷的题项信度汇总

项目	总体	积极情感	消极情感	专门购买	溢价购买	转换品牌购买	抵制非绿购买
题数	28	6	6	4	4	4	4
Cronbach's α	0.957	0.902	0.945	0.903	0.884	0.938	0.880

资料来源：笔者整理。

效度（Validity）是指测量工具能够正确测量出目标对象/问题的程度，因此对效度的评估就是要确认所收集的数据能否真正得到所要得到的结论、反映所要讨论的问题。效度一般分为内容效度（Content Validity）、标准关联效度（Criterion-related Validity）、结构效度（Construct Validity）和共轭效度（Conjugate Validity）。内容效度是指一个测验本身所包含的概念意义范围或程

[①] 特别需要注意的是，这个标准只是一个所谓的经验法则（Rule of Thumb），它在很多情况下是没有任何实际价值的，本研究只是按照惯例进行了报告。"Cronbach's α 大于等于 0.7"这一标准的引用出处大都为 Nunnally 和 Bernstein（1994）的 *Psychometric Theory* 这本书。然而，恰恰正是这本书中的内容特别提醒读者：“判断信度是否足够的标准往往需要根据具体情况而定”，换句话说，这种"一刀切"的推断式标准并不具备科学性，Lance 等（2006）更是毫不含糊地建议研究者应当弃这一标准。若要准确地对信度的好坏进行判断，必须根据研究目的、目标变量、数据特点等进行综合考量。

度,也就是测验或量表内容的适当性与代表性;标准关联效度用来检验研究者所设计的测量标准的有效性;结构效度表征测量工具能够测量出理论的特质或概念的程度;共轭效度是聚合效度与区别效度的总称,聚合效度(Convergent Validity)是指测量同一潜变量的观察变量之间的关系紧密程度,区别效度(Discriminant Validity)是指测量不同潜变量之间、观察变量之间的区分度。下文对预试问卷的内容效度和结构效度逐一进行检验。

(1)内容效度。调研组先后进行两轮小组讨论,总结各方的合理意见,对问卷进行了多次修正和完善,最后确定了问卷内容。总的来说,本书的调研问卷所涵盖的内容具有足够的广度并且贴合此次研究目标,内容效度良好。

(2)结构效度。本书运用因子分析法对预试所获得的数据进行分析。先分析情感因子的结构效度。评估消费者情感的题项共有12题,KMO值为0.836,Bartlett的球形检验卡方值为548.433,自由度为66,在0.001的显著性水平下显著,表明其适合进行因子分析。使用主成分分析法进行因子分析的因子总方差解释,第一个因子提取载荷平方和为40.491%,第二个因子提取载荷平方和为33.764%,前两个因子的累积解释度已达74.256%,已经远远超过一般社会科学研究领域中60%的要求。使用Kaiser标准化最大方差法对成分矩阵进行旋转,属于同一因子的题项系数均大于0.6,且对其他因子的系数小于0.4,由此可以认为情感题项效度良好。

再分析消费行为的结构效度。评估消费者绿色消费行为的题项共有16题,KMO值为0.828,Bartlett's球形检验卡方值为548.433,自由度为66,在0.001的显著性水平下显著,表明其适合进行因子分析。使用主成分分析法进行因子分析的因子总方差解释,第一个因子提取载荷平方和为45.540%,第二个因子提取载荷平方和为27.566%,前两个因子的累积解释度已达73.106%,也已经远远超过一般社会科学领域中60%的要求。使用Kaiser标准化最大方差法对成分矩阵进行旋转,属于同一因子的题项系数均大于0.6,且对其他因子的系数小于0.4,由此可以认为行为题项效度良好。

四、正式问卷调研过程

CB-SEM是一种大样本的量化分析技术,样本数不能够太小,否则分析结果不够稳定和可靠。根据Loehlin(1992)的建议,CB-SEM样本量应至少达到200个,否则其产生的相关矩阵不够稳定,降低其分析结果的信度。Ang和Straub(1998)也认为实证研究的样本量至少要达到200,才能保证较高水平的统计功效。本书运用两种方法来估计本书所需最小样本量的大小：

（1）快速估算法。有很多学者都给出了估计 CB-SEM 的最小样本量大小的经验法则。根据 Bentler（1989）的建议，样本数与估计参数（Parameters）的数量之比应当大于 5，Nunnally（1967）则要求样本量是观察变量（Observed Variances）数量的 10 倍。将测量题项乘以 10 得到本书的最小样本数为 280。[①] 此外，Jackson（2003）建议样本量在题项的 20 倍以上时最理想的，即本书模型的理想样本数应在 560 以上。

（2）利用 RMSEA 进行估算。MacCallum 等（1996）提出在 SAS 中利用 RMSEA 来计算样本量要求的方法。在 CB-SEM 整体模型适配指标要求中，RMSEA 的上限在 0.05 左右，再则根据概念模型可预估统计模型的自由度在 38 左右。因此，在显著性水平为 0.05、接近拟合（Close Fit）的假设下，设 H0：RMSEA≤0.05，统计功效（Statistic Power）为 0.8，对立假设 H1 将 RMSEA 设 0.08，自由度预估为 38，运用 SAS 9.2 运行脚本得到最小样本量为 261.719；在显著性水平为 0.05、非接近拟合（Not Close Fit）的假设下，设 H0：RMSEA≥0.05，统计功效为 0.8，对立假设 H1 将 RMSEA 设 0.01，自由度预估为 38，运用 SAS 9.2 运行脚本得到最小样本量为 315.625。这种方法在统计功效及影响效果（$\varepsilon_0 = 0.05$ 或 $\varepsilon_a = 0.08$）固定的情形下，自由度的增长会降低估计所得的样本数。但由于该方法评估样本量大小时用的是 RMSEA，而估计 RMSEA 时的数据要在大样本的前提下才能近似于卡方分布。因此，这种方法在实际评估时的样本数要以 SEM 的基本样本量要求为下限，即一次研究至少要抽取 300 个样本。此外，由于本次调研属于同一调研范围内的连续性实地调研，因此无须进行样本同质性检验。

本书实地调研的地点为浙江省杭州市西湖区翠苑街道。翠苑街道地处西湖区高新文教中心，成立于 1986 年，人口逾 10 万，是杭州市非常具有代表性的街道。调研活动主要在翠苑小区和物美大卖场进行，实行面对面的现场调研，即现场发放问卷并现场核实回收。为了使样本更契合城市消费者的实际，本书以《浙江省 2010 年第六次全国人口普查主要数据公报》的人口数据为依据，采用分层随机抽样技术进行样本调查。调研过程中共发放纸质问卷 1000 份，收回问卷 965 份，回收率为 96.5%，其中有效问卷 927 份（无效问卷包括现场发现胡乱填写和整理时发现没有填答完整的问卷）。根据前面的分

---

① 根据经验，估计参数一般是观察变量的 2 倍。

析，基于保守性原则本次研究所需的样本量至少为316，因此本书的样本量完全满足要求。

五、样本描述性分析

在927个有效样本中，从性别看，男性383人，占41.3%；女性544人，占58.7%。从年龄看，15~24周岁271人，占29.2%；25~34周岁333人，占35.9%；35~44周岁129人，占13.9%；45~54周岁78人，占8.4%；55周岁以上116人，占12.5%。从学历看，初中及以下121人，占13.1%；高中/中专197人，占21.3%；高职/大专192人，占20.7%；本科332人，占35.8%；研究生及以上85人，占9.2%。从个人月收入看，1470~3200元210人，占22.7%；3201~4800元212人，占22.9%；4801~6400元154人，占16.6%；6401~8000元96人，占10.4%；8001元以上82人，占8.8%；剩余样本为学生，默认为无收入，占18.7%。从职业看，在校学生173人，占18.7%；制造、运输工人、手艺人和相关人员93人，占10%；服务业员工、商业人员、销售人员264人，占28.5%；政府或企事业单位职员、管理者122人，占13.2%；各类专业技术、教育科研人员155人，占16.7%；个体经营者、老板、工商户或其他职业120人，占12.9%。样本总体特征分布如表4-7所示。

表4-7 样本总体特征分布

变量	值	人数	百分比（%）	变量	值	人数	百分比（%）
性别	男	383	41.3	学历水平	初中及以下	121	13.1
					高中/中专	197	21.3
					高职/大专	192	20.7
	女	544	58.7		本科	332	35.8
					研究生及以上	85	9.2
年龄（岁）	15~24	271	29.2	收入水平（元）	1470~3200	210	22.7
	25~34	333	35.9		3201~4800	212	22.9
	35~44	129	13.9		4801~6400	154	16.6
	45~54	78	8.4		6401~8000	96	10.4
	55以上	116	12.5		8001以上	82	8.8

注：年龄、学历水平与收入水平等变量的样本累计百分比不是100%，而是100.1%或99.9%，这是由于统计时四舍五入的缘故。后文也是如此，不再一一说明。

资料来源：笔者整理。

从方法学角度来看，CB-SEM 的重要价值在于它能够对误差部分进行细致的处理，除了预测剩余的估计残差之外，还能够分离测量误差，使结构方程模型对于潜变量的定义更符合一般心理计量学者所称的构成性概念，其代表性软件有 LISREL、EQS、AMOS 和 Mplus 等。因此，本章主要是运用 AMOS 22.0 构建 CB-SEM 对现场调研所获得的数据进行量化分析，检验数据和潜变量的质量。

第三节 数据的初步量化分析

一、问卷信效度检验

本书使用 SPSS 22.0 统计软件对问卷进行内在信度分析，检测得问卷的整体克朗巴哈系数（Cronbach's α）值为 0.950，所有单个因子维度的 α 值均在 0.8 以上（如表 4-8 所示），它们都大大超过信度标准的门槛值 0.7。

表 4-8 问卷的克朗巴哈系数值

项目	总体	积极情感	消极情感	专门购买	溢价购买	转换品牌购买	抵制非绿购买
题数	28	6	6	4	4	4	4
Cronbach's α	0.950	0.922	0.896	0.878	0.889	0.876	0.824

资料来源：笔者整理。

根据温忠麟和叶宝娟（2011）的建议，本书引入组成信度（Composite Reliability，CR）这一指标对问卷的信度进行评估。虽然杨强等（2014）已给出利用 SPSS 来计算 CR 的算法，然而相对于结构方程模型类分析软件（比如 AMOS，Smart PLS）能够直接给出 CR 值或经过一步计算就能得到 CR 值而言，这种算法就显得非常繁琐了。因此，本书通过 Smart PLS 2.0 直接构建一个涵盖所有潜变量与题项的无意义的、基于方差的结构方程模型，通过软件的模型估算功能来直接获取所有潜变量的 CR，结果如表 4-9 所示。从该表可以看出，CR 均大于 0.7，这进一步表明本书所用的问卷具有较好的一致性和稳定性，数据的内在信度良好。

表 4-9 单个因子的组成信度

因子	消极情感	积极情感	专门购买	溢价购买	转换品牌购买	抵制非绿购买
组成信度	0.939	0.920	0.917	0.923	0.915	0.884

资料来源：笔者整理。

针对问卷的结构效度，本书运用因子分析法进行分析。先分析绿色消费情感因子的结构效度。针对绿色消费情感运用主轴因子法进行因子分析并使用最大方差法（Varimax）对其成分矩阵进行旋转，分析结果如表 4-10 所示。其中，KMO 值为 0.884，Bartlett 球形度检验的显著性水平为 0.000。

表 4-10 绿色消费情感因子分析汇总

项目	赞许（pe1）	欣赏（pe2）	敬重（pe3）	欣慰（pe4）	开心（pe5）	自豪（pe6）
因子 1	0.765	0.849	0.775	0.817	0.766	0.747
因子 2						

项目	讨厌（ne1）	鄙视（ne2）	气愤（ne3）	羞耻（ne4）	内疚（ne5）	痛心（ne6）
因子 1						
因子 2	0.692	0.811	0.788	0.730	0.693	0.716

KMO 值	0.884	Bartlett 球形度检验	卡方值	8108.950	因子	累积方差解释度
			自由度	66	因子 1	33.526%
			显著性	0.000	因子 2	63.245%

注：为了更清晰地判断因子维度，低于 0.4 的载荷系数已被隐去。
资料来源：笔者整理。

通过观察旋转后的成分矩阵中的系数，可以发现这 12 种绿色消费情感能较好地被两个因子解释，旋转后的绿色消费情感空间分布如图 4-3 所示。赞许（pe1）、欣赏（pe2）、敬重（pe3）、欣慰（pe4）、开心（pe5）、自豪（pe6）在因子 1 的系数均大于 0.6 而在因子 2 上的系数均小于 0.4（0.4 以下的系数不予显示），所以因子 1 较好地解释了这 6 种情感，根据它们的特性，因子 1 可以抽象为积极情感；讨厌（ne1）、鄙视（ne2）、气愤（ne3）、羞耻（ne4）、内疚（ne5）、痛心（ne6）在因子 2 的系数均大于 0.6 而在因子 1 上的系数均小于 0.4，所以能被因子 2 较好地解释，根据这 6 种情感的特性，因子 2 可以抽象为消极情感。综上所述，此次因子分析进一步表明情感测量题项效度良好。

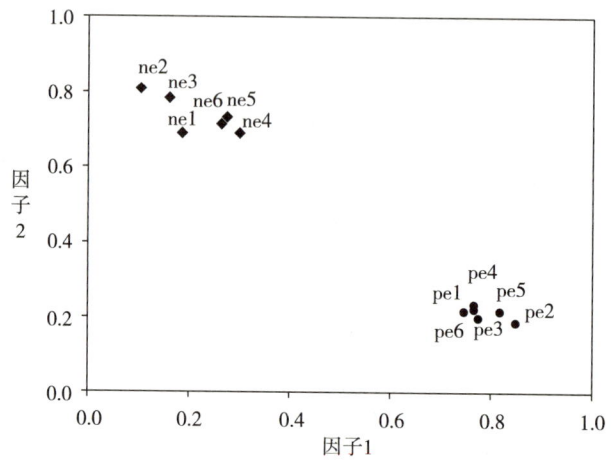

图 4-3　使用最大方差法旋转后的绿色消费情感因子空间

资料来源：笔者绘制。

再分析绿色消费行为因子的结构效度。运用主轴因子法对所有 16 种绿色消费行为进行因子分析并使用最大方差法对其成分矩阵进行旋转，分析结果如表 4-11 所示。其中，KMO 值为 0.935，Bartlett 球形度检验的显著性水平均为 0.000。

表 4-11　绿色消费行为因子分析汇总

项目	旋转后的成分矩阵		项目	旋转后的成分矩阵	
	因子 1	因子 2		因子 1	因子 2
能效等级—专门购买	0.681		自身认知—专门购买	0.679	0.411
能效等级—溢价购买	0.746		自身认知—溢价购买	0.718	
能效等级—转换品牌购买	0.703		自身认知—转换品牌购买	0.695	
能效等级—抵制非绿购买		0.709	自身认知—抵制非绿购买		0.828
亲友意见—专门购买	0.721		环保标志—专门购买	0.693	
亲友意见—溢价购买	0.792		环保标志—溢价购买	0.724	
亲友意见—转换品牌购买	0.742		环保标志—转换品牌购买	0.696	

续表

项目	旋转后的成分矩阵		项目	旋转后的成分矩阵	
	因子1	因子2		因子1	因子2
亲友意见—抵制非绿购买		0.721	环保标志—抵制非绿购买		0.746
KMO 值	0.935	Bartlett 球形度检验	卡方	10605.183	因子	累积方差解释度
			自由度	120	因子1	40.565%
			显著性	0.000	因子2	62.387%

注:为了更清晰地判断因子维度,低于0.4的载荷系数已被隐去。
资料来源:笔者整理。

通过观察旋转后的成分矩阵系数,可以发现前三类消费行为在因子1的系数均大于0.6,而在因子2上的系数除"自身认知—专门购买"略微大于0.4外均小于0.4(0.4以下的系数不予显示),所以因子1能较好地表达前三类绿色消费行为,根据前三类绿色消费行为的特性,可以将因子1抽象为购买绿色产品。第四类消费行为在因子2的系数均大于0.6而在因子1上的系数均小于0.4,所以因子2能较好地表达第四类绿色消费行为,所以因子2抽象为抵制非绿色产品。旋转后的因子空间分布如图4-4所示。综上所述,此次因子分析进一步表明行为测量题项效度良好。

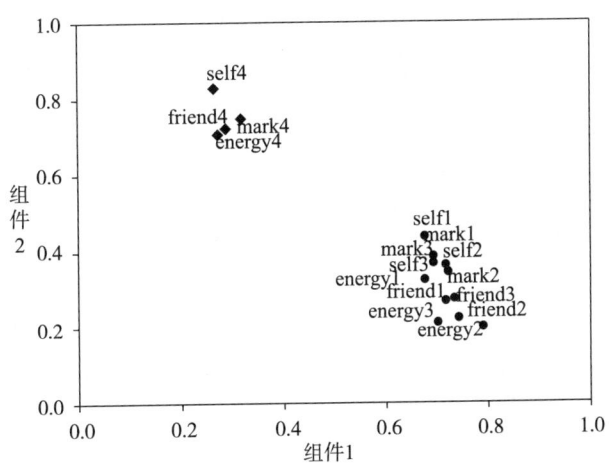

图4-4 使用最大方差法旋转后的绿色消费行为因子空间
资料来源:笔者绘制。

二、变量描述性分析

由于本书的主要目标在于评估潜变量之间的关系（即结构模型分析），而题项打包技术（Item Parceling）在这个目的下具有提高共同度、[①] 使模型估计更易收敛、减少随机误差、提高估计结果稳定性和建模效率（Little 等，2002；Matsunaga，2008），还能够提高指标信度、模型的拟合度（Bandalos，2002；Landis 等，2000；Hall 等，1999），并减少非正态现象，该技术的使用还可参考 Bagozzi 和 Heatherton（1994）以及 Perugini 和 Bagozzi（2001）。因此，在不显著影响结构模型分析结果的影响下，根据吴艳和温忠麟（2011）的建议，本书使用内部一致性的题项打包法扩大组间差异，[②] 构建部分聚合模型（Partial Aggregation Model）的方法将二阶模型转换为一阶模型（Baumgartner 和 Homburg，1996；Hau 和 Marsh，2004；吴艳和温忠麟，2011）。由于在因子分析阶段已证明各个潜变量均符合单一维度性（Unidimensionial），并且属于大样本（N>200）分析，满足二因子分析法则（Two-indicator Rule）的要求（Bollen 和 Richard，1991；O'Brien，1994；Kline，2011），对模型估计的结果与原模型估计结果相差无几。因此本书将四类情感——对他人绿色消费的赞赏感、对自身绿色消费的自豪感、对他人绿色消费的厌恶感和对自身绿色消费的愧疚感——各自的三个测量指标得分分别进行加总取平均值得到新的4个变量后（admire_min，guilty_mean，hate_mean，pride_mean），再输入模型当中。并将前三类绿色消费行为在4种情境下的得分分别进行加总取平均值得到新的3个变量后（brand_min，more_min，always_min），再输入模型当中，将二阶模型转换为一阶模型。

因此，厌恶感（hate）、愧疚感（guilty）、赞赏感（admire）、自豪感（pride）、转换品牌购买（brand）、溢价购买（more）、专门购买（always）、环保标志—抵制非绿购买（r1）、自身认知—抵制非绿购买（r2）、亲友意见—抵制非绿购买（r3）、能效等级—抵制非绿购买（r4）的均值、标准差、偏度、峰度以及相互之间的皮尔逊相关系数可以大致描绘数据的分布状况以及它们的相互依存关系，数据描述及相关系数矩阵如表4-12所示。从变量的均值比

[①] 亦叫共同性，指每个变量在一个共同因子的负荷量的平方和。

[②] 该法通过增加指标的一致性来提高潜变量的单维性，在扩大组间差异的同时缩小了组内差异，打包后的指标含义清楚、结构清晰（Hoyle 和 Smith，1994），参数估计偏倚相对较小（Hall 等，1999），模型拟合方面尽管比让组间差异变小的策略要差，但比直接使用原始题目要好。

较可以发现，专门购买的均值最高，其次是抵制非绿色产品，转换品牌购买和溢价购买的均值相近；自豪感和赞赏感这两种积极情感的均值明显高于厌恶感和愧疚感这两种消极情感的均值。从变量之间的相关系数可以发现，在四种消费行为中，转换品牌购买、溢价购买和专门购买之间的相关性最高；在四种情感中，赞赏感和自豪感之间的相关性最高，厌恶感和愧疚感之间的相关性也较高；在情感和行为的相关系数矩阵中，可以发现不同维度之间的正向相关系数都在 0.01 的显著性水平下显著。

表 4-12　观察变量的描述性统计分析

项目	r1	r2	r3	r4	brand	more	always	pride	hate	guilty	admire
均值	5.44	5.68	5.47	5.65	5.076	5.133	5.704	5.467	3.858	3.965	5.380
标准差	1.779	1.679	1.712	1.705	1.450	1.479	1.278	1.582	1.705	1.774	1.661
r1	1.000										
r2	0.606	1.000									
r3	0.533	0.581	1.000								
r4	0.477	0.510	0.481	1.000							
brand	0.533	0.470	0.462	0.482	1.000						
more	0.496	0.510	0.469	0.421	0.685	1.000					
always	0.487	0.498	0.479	0.451	0.700	0.698	1.000				
pride	0.392	0.373	0.371	0.337	0.505	0.485	0.580	1.000			
hate	0.258	0.196	0.203	0.179	0.365	0.316	0.384	0.358	1.000		
guilty	0.307	0.249	0.247	0.263	0.418	0.346	0.446	0.456	0.665	1.000	
admire	0.329	0.306	0.364	0.283	0.443	0.428	0.491	0.737	0.340	0.430	1.000

注：相关性系数的 P 值均小于 0.001。

资料来源：笔者整理。

三、验证性因素分析

Thompson（2004）提出 SEM 研究人员在执行结构模型分析之前，应先分析测量模型，因为测量模型可以正确地反映研究的潜变量。并且，潜变量是 SEM 中的一部分，如果它本身不值得注意（即没有信度），那这些潜变量的联结将毫无意义。CFA 测量模式与传统的因素分析最大的不同在于，它可以突破单维测量（Unidimensional Measurement）的限制，一般作为进行整合性 SEM 分析的前置性步骤或基础构架。鉴于 AMOS 22.0 强大的 Bootstrap 功能，本书采用 AMOS 22.0 软件的最大似然估计法对假设模型的潜变量逐一进行验证性因素分析（Confirmatory Factor Analysis，CFA）模型拟合度、因子负荷量、收敛效度等。

（1）积极情感与消极情感。根据模型构架，可以初步判断其符合二指标法则，是可以被识别的。这种二反映型指标模型亦可见于 Collado 等（2015）的文中。执行 CFA 后的估计结果如图 4-5 所示，情感的验证性因素分析中标准化负荷系数均大于 0.7 且小于 0.95，残差均为正数且显著，没有出现违犯估计现象。积极情感的组成信度为 0.858，大于 0.7；平均方差抽取量（Average Variance Extracted）为 0.751，大于 0.5。消极情感的组成信度为 0.823，大于 0.7；平均方差抽取量为 0.702，大于 0.5。

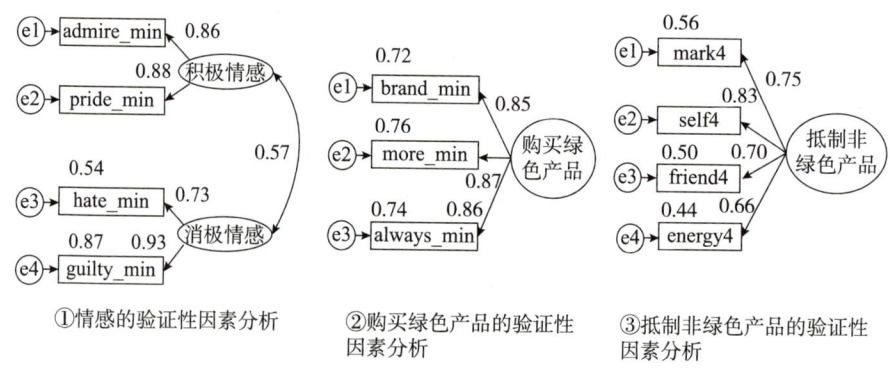

图 4-5　验证性因素分析汇总

资料来源：笔者绘制。

（2）购买绿色产品的行为。执行 CFA 后的估计结果如图 4-5 所示，购买绿色产品的验证性因素分析中标准化负荷系数均大于 0.7 且小于 0.95，残差均为正数且显著，没有出现违犯估计现象。组成信度为 0.895，大于 0.7；平均方差抽取量为 0.739，大于 0.5。

表 4-13 验证性因子分析（CFA）结果汇总

变量		模型参数估计值					收敛效度			模型拟合度指标					
潜变量	观察变量	非标准化因子负荷	标准误	C.R.(t value)	P	标准化因子负荷	SMC	组成信度	AVE	卡方	自由度	卡方/自由度	GFI	AGFI	RMSEA
消极情感	guilty_min	1				0.932	0.766	0.823	0.702	0.757	1	0.757	1.000	0.996	0.000
	hate_min	0.760	0.048	15.809	***	0.732	0.535								
积极情感	pride_min	1				0.875	0.869	0.858	0.751						
	admire_min	1.024	0.051	19.910	***	0.858	0.736								
购买绿色产品	always_min	0.912	0.030	30.721	***	0.861	0.717	0.895	0.739	0.000	0	—	—	—	—
	more_min	1.036	0.033	31.012	***	0.871	0.758								
	brand_min	1				0.847	0.741								
抵制非绿色产品	energy4	0.846	0.046	18.440	***	0.660	0.556	0.827	0.546	4.051	2	2.025	0.998	0.989	0.033
	friend4	0.888	0.045	19.607	***	0.704	0.696								
	self4	1.044	0.048	21.952	***	0.834	0.495								
	mark4	1				0.746	0.436								

资料来源：笔者整理。

（3）抵制非绿色产品的行为。抵制非绿色产品的行为有4个观察变量，它们分别为环保标志—抵制非绿购买（mark4）、自身认知—抵制非绿购买（self4）、亲友意见—抵制非绿购买（friend4）、能效等级—抵制非绿购买（energy4），执行CFA后的估计结果如图4-5所示，抵制非绿色产品的验证性因素分析中，除了能效等级—抵制非绿购买的标准化负荷系数外，其余均大于0.7且小于0.95。而能效等级—抵制非绿购买的标准化负荷系数虽然未达到0.7的标准，但仍在可接受的范围内。所有观察变量的残差均为正数且显著，没有出现违犯估计现象。组成信度为0.827，大于0.7；平均方差抽取量为0.546，大于0.5。

SEM所有的潜变量经一阶CFA分析完毕后，将所有潜变量的相关信息汇总于表4-13，该表包括模型参数估计值（非标准化系数、标准误、t值、p值）、收敛效度（标准化系数、多元相关平方、组成信度、平均方差萃取量）及模型拟合度（卡方差异值、自由度、卡方/自由度、GFI、AGFI及RMSEA）等。

四、SEM 二阶段检验

一般而言，有效的验证性因素分析模型是执行SEM分析的必要条件，因此它需要在SEM分析之前进行。验证性因素分析结果显示，该潜变量全相关模型的卡方值为106.416，自由度为38，卡方/自由度为2.800，RMSEA为0.044，GFI为0.980，AGFI为0.966，所以该模型的模型拟合度很好。

表4-14汇总了潜变量两两之间的皮尔森相关系数。从模型中的标准化相关系数来看，所有潜变量之间的两两相关系数介于0.398~0.796，即潜变量之间全部是中度相关，这表明潜变量之间没有共线性问题存在，也没有不相关的潜变量存在。

表4-14　潜变量之间的标准化相关系数

变量名称	相关	变量名称	皮尔森相关系数
消极情感	↔	积极情感	0.562
积极情感	↔	购买绿色产品	0.699
积极情感	↔	抵制非绿色产品	0.570
购买绿色产品	↔	抵制非绿色产品	0.796
消极情感	↔	购买绿色产品	0.549
消极情感	↔	抵制非绿色产品	0.398

资料来源：笔者整理。

另外,表4-15展示了模型违犯估计检测的可能性,从该表可知本书模型中的所有残差皆为正数并且达到显著性水平,模型没有违犯估计的问题。

表4-15 模型违犯估计检测

变量	估计值	标准误	临界比	P	变量	估计值	标准误	临界比	P
消极情感	1.612	0.142	11.352	***	e7	0.373	0.026	14.409	***
积极情感	1.746	0.126	13.892	***	e6	0.558	0.035	15.880	***
购买绿色产品	1.440	0.092	15.622	***	e5	0.559	0.035	16.014	***
抵制非绿色产品	1.717	0.134	12.771	***	e11	1.493	0.080	18.658	***
e1	0.882	0.065	13.547	***	e10	1.295	0.072	17.903	***
e4	0.536	0.122	4.390	***	e9	0.922	0.061	15.153	***
e3	1.246	0.096	12.978	***	e8	1.279	0.076	16.861	***
—	—	—	—	—	e2	0.363	0.062	5.902	***

资料来源:笔者整理。

模型的标准化残差矩阵如表4-16所示,表内所有数值的绝对值均小于2.58,表明模型没有序列误差存在,模型的内在质量没有出现问题。

结构方程模型的整体拟合度指标结果如表4-17所示。[①] 从该表可以发现,除了P值,结构方程模型的拟合度指标均很好(温忠麟等,2004;Kline,2011)。此外,在使用SEM进行大样本分析时(N>200),一般不报告P值,因为在样本大于200的情况下它的值几乎都是显著的(Tanaka,1993;Maruyama,1998),此处仅是为了检验卡方值膨胀的原因而将其列出。

---

① 此处需要注意的是,研究者常用的一些模型拟合度指标已经被批评并不具备任何实际价值,但出于惯例考虑,再加之"一个模型与数据拟合度的好坏必须通过多个指标来考量",本书依然给出这些指标。以CFI为例,大部分CB-SEM书籍均建议CFI≥0.95表示模型和数据拟合度较好。但是,CFI的实际意义是将目标模型和基础模型(Baseline Model)进行比较,而基础模型就是囊括所有变量的、与数据拟合度最差的那个模型,那么比基础模型优秀并不一定能够说明问题,它并不能表明该模型与数据的拟合度具体高到了什么水平。

表4-16 结构方程模型的标准化残差矩阵

	mark4	self4	friend4	energy4	brand_min	more_min	always_min	pride_min	hate_min	guilty_min	admire_min
mark4	0.000										
self4	0.368	0.000									
friend4	-0.437	0.326	0.000								
energy4	-0.545	-0.122	0.102	0.000							
brand_min	1.202	-1.042	-0.232	1.600	0.000						
more_min	0.430	0.304	0.195	0.076	0.288	0.000					
always_min	-0.546	-0.742	-0.205	0.291	-0.250	0.043	0.000				
pride_min	0.457	-0.515	0.272	0.277	-0.422	-0.711	1.128	0.000			
hate_min	1.034	-1.076	-0.382	-0.464	0.693	-0.542	0.925	-0.644	0.000		
guilty_min	1.114	-0.903	-0.364	0.858	0.231	-1.611	0.610	-0.063	0.000	0.000	
admire_min	-0.172	-1.206	1.255	-0.240	-0.535	-0.725	0.366	0.000	0.069	0.660	0.000

资料来源：笔者整理。

表 4-17 模型整体拟合度指标

拟合指标	χ^2	df	χ^2/df	P	RMSEA	GFI	CFI	IFI	TLI	AGFI	SRMR
指标值	99.028	38	2.606	0.000	0.041	0.982	0.989	0.989	0.984	0.968	0.022

资料来源：笔者整理。

Kline（2011）认为，χ^2 会随着样本量的增大而变大，最终导致 P 值显著。因此，针对 P 值为 0，本书运用 Bollen-Stine Bootstrap 运行 2000 次来鉴定卡方值的显著性是由样本数增长所造成的还是模型本身拟合不良所造成的（Bollen 和 Stine，1992；Enders，2005）。经过程序运行后，2000 个样本群的模型拟合度均比原模型更好，Bollen-Stine boostrap 的 P 值为 0.0005。[①] 由于它小于 0.05，因此，我们可以认为原模型卡方值膨胀是大样本数造成的。Bollen-Stine Boostrap 运行 2000 次后的卡方值分布如图 4-6 所示。

	15.855	*
	21.790	**
	27.724	********
	33.659	****************
	39.593	*******************
	45.528	******************
	51.462	*****************
N=2000	57.397	*********
Mean=44.662	63.331	******
S.E.=0.257	69.265	**
	75.200	**
	81.134	*
	87.069	*
	93.003	*
	98.938	*

图 4-6 Bollen-Stine Bootstrap 卡方值分布

资料来源：笔者绘制。

[①] Bollen-Stine Boostrap 的 P 值计算方式请参照 IBM 公司官网 AMOS 中的 Q&A：http://www-01.ibm.com/support/docview.wss? uid=swg21592992。

根据易丹辉（2008）的建议，常用拟合指数对非正态分布数据的稳健性如表4-18所示。

表4-18 常用拟合指数对非正态分布数据的稳健性

拟合指标	χ^2	χ^2/df	RMSEA	CFI	TLI
数据不符合整体分布时是否能很好估计	否	否	未知	低估	低估

资料来源：易丹辉（2008）。

因此，以Bollen-Stine Bootstrap运行2000次后得到的卡方值为基础，可以计算得到修正后的部分模型整体拟合度指标，具体如表4-19所示。① 可以发现χ^2/df已被修正到1~2的可接受范围内。

表4-19 修正后的模型整体拟合度指标

拟合指标	χ^2	df	χ^2/df	RMSEA	GFI	CFI	IFI	TLI	AGFI
值	44.662	38	1.175	0.014	0.992	0.999	0.999	0.984	0.971

资料来源：笔者整理。

五、数据正态性检验

（1）数据正态性检验。根据Nancy等（2005）提出的数据正态性检验标准，通过比较偏态的临界比（Critical Ratio, C. R.）及峰度的临界比是否大于2.58可以判断目标数据的正态性，但这一检验方法较容易受到样本数量大小的影响。因此，Kline等（2005）提出另一种经验法则：对单变量而言，若其偏态的绝对值在2以内，峰度的绝对值在8以内，则称该变量服从单变量正态分布。多元正态检验的临界比在10以内，则可视该数据符合多元正态分布；当发现数据的多元正态检验的临界比大于10时，即便该数据符合单变量正态分布，却不符合多元正态分布，仍可能导致模型估计时卡方值的膨胀。最大似然估计法对中度的多元非正态数据具有鲁棒性（Robust），即数据违反多元正态的统计假设时仍可得到不错的信度与效度（当然，它对中度的数据单变量

---

① 由于AMOS 22.0无法直接基于该修正后的卡方值得到其他模型拟合度指标，因此需要自行计算这些指标。

非正态性亦有鲁棒性)。表4-20显示了本书所用数据符合正态分布的程度。从该表可以发现，本书所有变量偏态绝对值都没有超过2，峰度也没有超过7，因此根据Kline（2005）所建议的标准，观察变量全部符合单变量正态分布。然而，本书数据的多元正态检验值（Critical Ratio）为46.227，大于Kline所建议的标准，因此数据并不符合多元正态分布。所以本书的数据只符合单变量正态，但未能符合多元正态，可能造成标准误的低估及卡方值的膨胀。

本书采用自助法（Bootstrap）对非多元正态是否会造成严重影响进行鉴定。自助法是1978年由美国斯坦福大学的Efron教授提出的一种对原始样本进行重复抽样的方法。该方法通常应用于数据违反多元正态性假设的时候，通过这种方法所得到的模型估计值更符合样本所代表总体的实际情况。虽然最大似然法对数据违反多元正态分析结果具强韧性，即当数据违反正态、同质、独立等假设时，仍可得到不偏的估计值。但为了求得更精确的估计值，Nevitt等建议研究者至少Bootstrap 250次（鉴于当时低下的计算机处理速度，笔者给出了这一标准），并与ML法的估计结果比较，来了解估计偏差的状况。若估计值及标准误和ML法的估计值均没有很大的差异，则可说明即使在多元非正态下，ML法仍然是可信的。因此，本书采用ML法及Bootstrap法进行并行估计。

表4-20 数据正态检验

变量	最小值	最大值	偏度	临界比	峰度	临界比
mark4	1.000	7.000	−1.024	−12.725	0.159	0.989
self4	1.000	7.000	−1.316	−16.352	1.064	6.611
friend4	1.000	7.000	−1.029	−12.795	0.361	2.242
energy4	1.000	7.000	−1.231	−15.299	0.665	4.133
brand_min	1.000	7.000	−0.687	−8.537	0.068	0.426
more_min	1.000	7.000	−0.815	−10.124	0.359	2.228
always_min	1.000	7.000	−1.398	−17.379	2.253	14.001
pride_min	1.000	7.000	−1.012	−12.583	0.464	2.882
hate_min	1.000	7.000	0.015	0.181	−0.764	−4.750
guilty_min	1.000	7.000	−0.014	−0.180	−0.850	−5.280
admire_min	1.000	7.000	−0.977	−12.138	0.228	1.418
多变量（multivariate）					51.354	46.227

资料来源：笔者整理。

（2）针对数据违反多元正态性的 Naive Bootstrap 修正。本书使用 Bootstrap ML 执行 Bootstrap 估计法 2000 次，ML 法与 Bootstrap 2000 次的非标准化系数差异如表 4-21 所示。

表 4-21　ML 法与 Bootstrap 2000 次的非标准化系数差异汇总

路径	标准误	标准误差值	平均值	乖离率	标准误乖离率
积极情感→抵制非绿色产品	0.050	0.001	0.397	0.001	0.001
消极情感→抵制非绿色产品	0.037	0.001	0.078	-0.002	0.001
积极情感→购买绿色产品	0.041	0.001	0.238	0.001	0.001
消极情感→购买绿色产品	0.028	0.000	0.122	-0.001	0.000
抵制非绿色产品→购买绿色产品	0.053	0.001	0.614	0.001	0.001
消极情感→guilty_min	0.000	0.000	1.000	0.000	0.000
消极情感→hate_min	0.042	0.001	0.801	0.001	0.000
积极情感→pride_min	0.000	0.000	1.000	0.000	0.000
积极情感→admire_min	0.036	0.001	0.924	0.001	0.001
购买绿色产品→always_min	0.038	0.001	0.928	0.001	0.001
购买绿色产品→more_min	0.029	0.001	1.012	0.001	0.001
购买绿色产品→brand_min	0.000	0.000	1.000	0.000	0.000
抵制非绿色产品→energy4	0.000	0.000	1.000	0.000	0.000
抵制非绿色产品→friend4	0.064	0.001	1.047	0.003	0.001
抵制非绿色产品→self4	0.069	0.001	1.167	0.003	0.002
抵制非绿色产品→mark4	0.072	0.001	1.178	0.004	0.002

资料来源：笔者整理。

其中，标准误（SE）表示自助法估计的标准误，这个值一般比 ML 法的估计值更小；标准误差值（SE-SE）表示最大似然法估计的标准误与 Bootstrap 估计的标准误之间的差距，如果很小则表示两种方法的估计值差异不大；平均值（Mean）表示 Bootstrap 估计的参数值；乖离率（Bias）表示 ML 法的估计值减去 Bootstrap 估计值的差值，如果很小则表示两种方法估计差异不大。若两种方法的标准误相近且乖离率很小，即便数据偏离了多元正态分布或是样本过小可能造成参数计算的偏误，使用 ML 法估计的结果仍具有一定的可靠性。

从表 4-21 可以发现，ML 法与 Bootstrap 2000 次的非标准化系数差异非常小。此外，本书亦对 ML 法与 Bootstrap 2000 次的标准化系数差异、协方差和相关系数差异、方差差异和 SMC 差异，其差异均非常小。综合上述比较结果可以发现，ML 法与 Bootstrap 2000 次的估计结果相差很小，表明 ML 法对本次调研所得的多元有偏数据具有强韧性，后续分析结果和研究结论比较可靠。

六、共同方法变异检测

（1）共同方法变异的定义。一般地，测量误差可被划分为随机性误差及系统性误差，Schwab 等（2005）对系统性误差有以下两种解释：①当研究者测量到非目标潜变量时，调研问卷的潜变量效度就会受到污染，也就是多测到了研究者原本没想要测量的部分时会产生系统性误差；②当测量工具没测量到研究者预想的潜变量时，测量工具所测到的信息并不完整，从而产生了潜变量效度的不足，导致系统性误差的产生。综上所述，多余的测量信息造成了潜变量效度的污染，不足的测量信息则使潜变量效度不足，这两种情况都会降低潜变量的效度。其中，方法变异对潜变量的效度影响属于第一种情况，即方法变异是多测量到的部分。进一步地，如果同时对两个或两个以上的潜变量进行测量，测量结果显示潜变量之间的相关性非常高，那么，它们之间的高相关性有可能并不是潜变量之间真正有高相关度所导致的，而是由测量工具造成的，即方法变异同时出现在多个潜变量的测验结果中，产生的共同方法变异（Common Method Variance，CMV）导致潜变量之间相关系数的膨胀，是模型分析中一个比较严重的潜在效度威胁。

CMV 又被称作共同方法偏差（Common Method Bias）。Campbell 等（1959）是最早对共同方法变异进行评估的学者，其利用多维特质法（Multitrait-Multimethod）来检测测量工具所产生的系统性误差。Podsakoff 等（2003）认为，CMV 主要来自测量工具的误差，这种测量误差会影响潜变量之间的关系，从而降低研究结论的效度。由于本书主要是通过问卷形式来研究人的行为，Podsakoff 等（2003）认为非常有必要进行 CMV 检测。根据 Richard（2011）的观点，CMV 检测方法有多种，但都有自身的缺陷和局限性。因此，依据前文 SEM 的二阶段检验，各潜变量之间的相关系数在 0.398~0.796 且模型拟合度良好，可以初步推定本数据不存在严重的共同方法变异后，本书首先通过哈门氏单因子法和单因子及多因子共同方法变异检测法来大致证实这一结论，最后在 PLS-SEM 分析阶段引入一种更为严格的检验方法对 CMV 问题的存在与否加以分析。然而，只要研究者无法做到每个观察变量都是通过不同受访者获得的，那么 CMV 必然存在。目前所有的 CMV 检测、修正方法都必须承认这样一个事实:"CMV 是根本无法避免的,没有任何一种方法能够完美地解决 CMV 问题,它们都有各自的不足"。

（2）哈门氏单因子法。传统做法是研究者将所有潜变量的题项全部放进探索式因素分析中（Greene 和 Organ，1973；Schriesheim，1979；Organ 和 Greene，1981；Andersson 和 Bateman，1997；Aulakh 和 Gencturk，2000），评估单一因素解释这些题项方差的能力。当这一个因子能解释所有题项大部分的可解释方差或只得到一个因子（方差解释能力的阈值并没有一个确定的数值，一般以 50%作为标准）时，则可以认为变量之间存在共同方法偏差。通过因子分析总共得到四个因子，总解释能力达到 65.684%，单因子最大解释能力只有 44.048%，并未超过 50%。四个因素的方差解释能力为 4.167% ~ 44.048%，平均解释能力为 16.407%，标准差为 18.586%，这些因子的单个最大解释能力并未超过平均解释能力两个标准差，单个因子的最低方差解释能力也未低于平均解释能力两个标准差，因此，本研究未出现大部分的方差解释集中于其中一个因子的现象。综上所述，初步证实本书没有严重的 CMV 问题。

在上述因子分析的过程中得到的旋转后的成分矩阵如表 4-22 所示，小于 0.4 的系数不予显示（因子提取方法为主成分法，矩阵旋转方法为最大方差法）。从该表可以看到，因子的维度归属是比较理想的。

表 4-22 旋转后的成分矩阵

变量	组件			
	1	2	3	4
亲友—溢价购买	0.780			
能效等级—溢价购买	0.759			
环保标志—溢价购买	0.739			
自己—溢价购买	0.734			
亲友—转换购买	0.720			
自己—转换购买	0.681			
环保标志—转换购买	0.673			
能效等级—转换购买	0.670			
亲友—专门购买	0.667			

续表

变量	组件			
	1	2	3	4
自己—专门购买	0.662			
环保标志—专门购买	0.660			
能效等级—专门购买	0.638			
积极情感—欣赏		0.832		
积极情感—敬重		0.802		
积极情感—赞许		0.791		
积极情感—欣慰		0.762		
积极情感—开心		0.729		
积极情感—自豪		0.721		
消极情感—鄙视			0.833	
消极情感—气愤			0.815	
消极情感—羞耻			0.757	
消极情感—痛心			0.754	
消极情感—讨厌			0.735	
消极情感—内疚			0.725	
自己—抵制				0.787
环保标志—抵制				0.693
能效等级—抵制				0.679
亲友—抵制				0.656

注：小于0.4的系数不予显示。

资料来源：笔者整理。

（3）单因子及多因子共同方法变异检测法。单因子验证式因素分析结果显示，卡方值为1276.802，自由度为44，RMSEA为0.174，GFI为0.791，AGFI为0.686，因此该模型的模型拟合度非常不好。多因子验证式因素分析结果显示，卡方为106.416，自由度为38，RMSEA为0.044，GFI为0.980，AGFI为0.966，两个模型之间的自由度差值为6，卡方的差值却高达1170.386，差异显著性P等于0，即拒绝虚无假设，因此这两个模型差异性非常显著。从这个结果来看，本书的潜变量没有共同方法变异存在的可能性

(Korsgaard 和 Roberson，1995；Mossholder 等，1998；Podsakoff 和 Organ，1986；Mcfarlin 和 Sweeney，1997）。因此，本书不用担心 CMV 所造成的问题，它不会给模型路径系数的估计带来严重偏误。

七、共轭效度的检验

（1）聚合效度。在 SEM 分析中，研究者一般采用组成信度来评估潜变量的聚合效度。因此，本书通过检测因子负荷量、多元相关系数平方、组成信度和平均方差抽取量对潜变量的组成信度进行评估。根据前文可知因子负荷量只有一个因子为 0.66（接近 0.7），其余观察变量的因子负荷量均大于 0.7；多元相关系数平方均大于 0.5；组成信度均大于 0.7；平均方差萃取量均大于 0.5。因此，可以认为模型内的潜变量聚合效度不错。

（2）区别效度。根据区别效度检验的一般经验准则，由于潜变量之间的标准化相关系数均未大于 0.85，所以可以初步认为原始模型的潜变量之间具有区别效度。为了证实这一初步判断，下文依据 Ping（2004）介绍的三种方法来对其进行验证。

1）平均方差抽取法。平均方差抽取法是最常用的检验区别效度的方法，根据前文的分析结果，取得每个潜变量的 AVE 值后，将 AVE 与潜变量的相关系数平方做比较，如表 4-23 所示。根据 Fornell 等（1981）的建议，AVE 应该要大于相关系数的平方，才能证明区别效度的存在。潜变量之间的相关系数以及各自 AVE 的平方根如表 4-23 所示，将各潜变量平均方差提取量的平方根和与其有关的相关系数对比，仅购买绿色产品与抵制非绿色产品的相关系数略大于抵制非绿色产品 AVE 的平方根，所以本书认为模型潜变量的区别效度是可以接受的。

表 4-23 平均提取方差值（AVE）法

变量	消极情感	积极情感	购买绿色产品	抵制非绿色产品
消极情感	**0.823**			
积极情感	0.562	**0.861**		
购买绿色产品	0.554	0.690	**0.833**	
抵制非绿色产品	0.399	0.547	0.795	**0.732**

注：矩阵对角线中的数据为 AVE 平方根，其他为两两潜变量之间的相关系数。

资料来源：笔者整理。

2）信赖区间法。由平均方差抽取法可知潜变量之间相关系数的绝对值有一个大于 0.7，对于这种情况的区别效度检验，使用信赖区间法更为合适。这种方法通过建立潜变量之间相关系数的信赖区间，判断该区间是否包含 1。如果包含了 1，则表明这两个潜变量之间完全相关；若未包含，则表示潜变量之间具有区别效度。SEM 要得到系数的信赖区间，可在 95% 的置信水平下，令 AMOS 22.0 Bootstrap 1000 次。若信赖区间不包含 1，则拒绝虚无假设，称此相关的潜变量之间具有区别效度；反之，则无区别效度。结果如表 4-24 所示，可以看出 Bias-corrected 和 Percentile 信赖区间内均不包含 1，所以可以认为原始模型的潜变量区别效度良好。

表 4-24　Bootstrap 信赖区间报告

路径			Bias-corrected		Percentile		相关系数	S. E.	$\varphi \pm 2\sigma$	
			低	高	低	高			低	高
消极情感	↔	积极情感	0.491	0.627	0.494	0.631	0.562	0.035	0.492	0.632
积极情感	↔	购买绿色产品	0.637	0.755	0.637	0.755	0.699	0.031	0.637	0.761
积极情感	↔	抵制非绿色产品	0.493	0.64	0.491	0.639	0.57	0.037	0.496	0.644
购买绿色产品	↔	抵制非绿色产品	0.743	0.848	0.743	0.847	0.796	0.027	0.742	0.85
消极情感	↔	购买绿色产品	0.486	0.606	0.482	0.605	0.549	0.031	0.487	0.611
消极情感	↔	抵制非绿色产品	0.333	0.47	0.326	0.463	0.398	0.035	0.328	0.468

资料来源：笔者整理。

3）SEM 系数检验法。由于平均方差抽取法所得到的区别效度并不是非常理想，因此，本书使用第三种方法对前两种方法的结果进行验证。根据 Bagozzi 等（1991）的建议，可以通过将所有潜变量重新用 CFA 进行估计的方式对潜变量的区别效度进行评估。这种方法每次固定两个潜变量之间的皮尔森相关系数为 1，检验其在减少一个自由度的情况下增加的卡方值是否显著。如果增加的卡方值超过一定的标准（如一个自由度所增加的卡方值大于 3.8415）则拒绝虚假设，表明潜变量之间具有区别效度。

按 C1 至 C6 的顺序依次设定 6 个设限模型，每个设限模型分别令两个潜变量的皮尔森相关系数为 1，因此得到包括默认模型在内的共 7 个模型。经过 AMOS 22.0 估计后的结果整理如表 4-25 所示。若要证明潜变量的区别效度，P 值最好要在 0.001 以下，而不是传统的 0.05；实务（Practical）上的显著性

ΔCFI 的绝对值则应超过 0.01（Byrne，2010；Cheung，2002）。依结果而言，所有潜变量之间的相关系数在设限后得到的 Δ 卡方值均超过 3.84，达到显著程度并且 P 值为 0.000 小于 0.001。此外，所有 ΔCFI 的绝对值均大于 0.01 的标准，表明实际上的差异存在。因此，本模型的潜变量均具有区别效度。

表 4-25 SEM 系数检验法

成对潜变量			设限模型		不设限模型		Δ 卡方	P	ΔCFI
			卡方值	自由度	卡方值	自由度			
积极情感	↔	消极情感	495.237	39	106.416	38	388.821	0	-0.068
积极情感	↔	购买绿色产品	508.202	39			401.786	0	-0.07
积极情感	↔	抵制非绿色产品	627.714	39			521.298	0	-0.091
购买绿色产品	↔	抵制非绿色产品	399.703	39			293.287	0	-0.051
购买绿色产品	↔	消极情感	508.774	39			402.357	0	-0.07
消极情感	↔	抵制非绿色产品	597.785	39			491.369	0	-0.086

资料来源：笔者整理。

综上所述，三种区别效度的检验方法的检验结果一致，有足够的证据支持本模型的潜变量之间具有足够的区别效度。

第四节 结构方程模型的分析

一、结构方程模型估计的路径系数

本书使用 AMOS 22.0 的最大似然法进行结构方程模型分析。为了得到最优模型，我们在初始假设模型基础上逐步释放或删除特定路径参数，并根据拟合效果变化情况对各模型进行比较和反复修正。根据各竞争模型的拟合情况，同时结合相应的理论，最终确定最优模型。对最终模型进行估计后的标准化路径系数估计值如图 4-7 所示。从该图初步可知，积极情感对抵制非绿色产品行为的影响效应最大，而对购买绿色产品行为影响效应最大的是抵制非绿色产品行为。

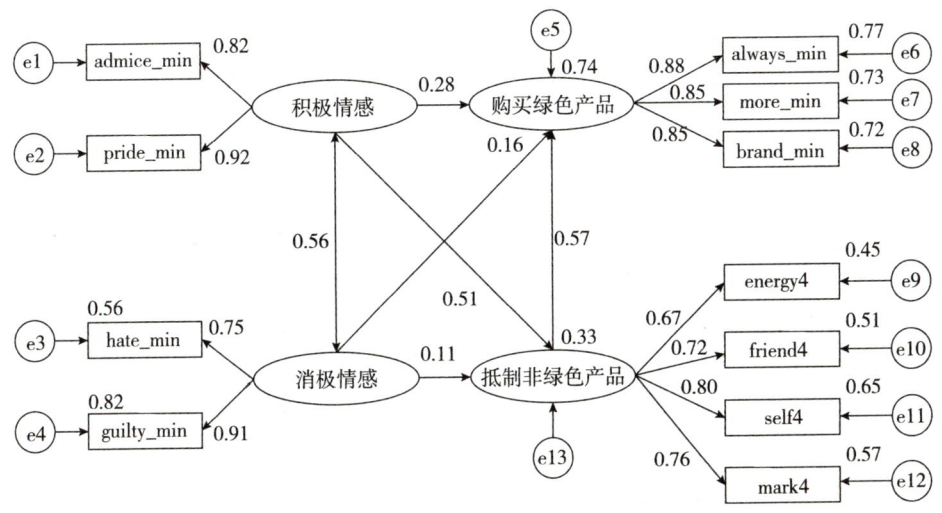

图 4-7 结构方程模型的标准化估计结果

资料来源：笔者绘制。

该模型的参数特征及其分布情况如表 4-26 所示，从该表可知该模型参数总计 45 个，需要估计的参数共计 28 个。

表 4-26 结构方程模型的参数情况

	权重（Weights）	协方差	方差	平均值	干扰（Intercepts）	总计
预先赋值（Fixed）	17	0	0	0	0	17
预先赋名（Labeled）	0	0	0	0	0	0
未预先赋名（Unlabeled）	12	1	15	0	0	28
总计	29	1	15	0	0	45

资料来源：笔者整理。

结构方程模型经估计后的路径系数见表 4-27，由该表可知积极情感和消极情感对绿色消费行为两维度的影响路径都在 0.01 的显著性水平上显著，可见绿色消费情感两维度对绿色消费行为两维度均存在显著影响，假设 H3-1、假设 H3-2、假设 H3-3、假设 H3-4 得到验证。另外，抵制非绿色产品行为对购买绿色产品行为也存在显著影响，即假设 H2-1 得到验证。由此，绿色情感两维度还通过抵制非绿色产品行为变量这一中介变量对购买绿色产品行为

157

这一最终行为变量产生显著的间接影响。最后，两个行为变量（购买绿色产品和抵制非绿色产品）的 R^2 分别为 0.740 和 0.334，调整后的 R^2 计算可得为 0.726 和 0.298。Hair 等（2011）认为，$R^2_{substantial}$ = 0.75，$R^2_{moderate}$ = 0.50，R^2_{weak} = 0.25，由此可见，绿色消费情感对绿色消费行为的解释力是非常强的。

表 4-27　结构方程模型的路径系数

变量 1	变量 2	标准化路径系数	非标准化路径系数	S. E.	C. R.	显著性水平
积极情感	购买绿色产品	0.282	0.237	0.031	7.608	***
	抵制非绿色产品	0.506	0.395	0.038	10.39	***
消极情感	购买绿色产品	0.163	0.123	0.024	5.06	***
	抵制非绿色产品	0.114	0.08	0.031	2.585	**
抵制非绿色产品	购买绿色产品	0.570	0.613	0.043	14.323	***

注：** 表示 0.01 的显著性水平下显著；*** 表示 0.001 的显著性水平下显著。

资料来源：笔者整理。

二、结构方程模型的稳定性检测

Diamantopoulos 等（2000）在介绍 LISREL 时将交叉效度检测的主要形式划分为四种（如表 4-28 所示）：①模型稳定性：一个单一的假设模型，在属于同一个总体的不同样本之间拟合良好的程度；②效度延展性：一个单一的假设模型，在属于不同总体的样本之间拟合良好的程度；③模型选择性：从几个竞争模型中选出一个模型，检验是否可以适用于同一组样本；④效度普适性：从几个竞争模型中选出一个模型，利用不同总体的样本，检验模型的估计参数是否具备稳定性。

表 4-28　交叉效度的类别

模型数量	样本来源	
	相同总体	不同总体
单一模型	模型稳定性	效度延展性
不同模型	模型选择性	效度普适性

资料来源：Diamantopoulos（2000）。

本书使用三种方法来验证原始模型的稳定性。

（1）根据 Cudeck 等（1983）的模型交叉效度验证方法，本书样本量大于 300，可以利用 SPSS 22.0 的随机样本分配函数 RV. BERNOULLI，将 927 个样本按近似 50% 的比例随机分配，随机分配后两群分别为 462 个样本（占 49.84%）及 465 个样本（占 50.16%）。其中，一群作为测验样本，另一群作为标准样本。前文计算所得的最小样本量为 316 个，两个样本均满足这一标准。在假设原始模型是正确的前提下，将随机分群得到的两个群组进行比较：第一步将模型中两群组的全部 7 个因子负荷量（Measurement Weights）设定为相同，卡方值（CMIN）增加 7.931，检验结果 P = 0.339，未达 0.05 显著水准，意味着这 7 个因子负荷量被设定为等同是可以接受的，因此可以认为这 7 个因子负荷量全等；第二步在第一步的基础上再增加 5 个结构路径系数（Structural Weights）的相等设定，卡方值增加 5.561，检验结果 P = 0.351，未达 0.05 显著水准，意味着这 5 个结构路径系数予以设定等同是可以接受的，因此可以认为这 5 个结构路径系数全等；第三步在第二步的基础上再增加 3 个变量的方差和协方差（Structural Covariances）相等的设定，卡方值增加 6.89，检验结果 P = 0.075，未达 0.05 显著水准，意味着这 3 个变量的方差和协方差予以设定等同是可以接受的，因此可以认为这 3 个变量的方差和协方差全等。

以上结果已经满足了 Byrne（2010）所提出的温和检验要求，原始数据被随机划分为两群后被检验为同质，说明原始模型具备一定的稳定性。虽然测量残差并不全等，[①] 但残差（包括 Structural Residuals 和 Measurement Residuals）全等一般被认为是过于严苛的，因此只要群组全等比较达到温和检验，即可认定两群组全等，模型具有稳定性。模型二群组比较结果如表 4-29 所示，该表展示了方程、自由度、CFI、P 值、TLI、RMSEA 以及 P CLOSE FIT 等相关信息。从该表可知 P CLOSE FIT 均为 1，所以该模型是稳定的。

（2）根据 Cheung 等（2002）提出的模型稳定性标准，利用 CFI 指标在不同情境下具有一定稳定性的特点，若不同情境下的模型之间的 $\Delta \text{CFI} \leq 0.01$，则可以认为这两个嵌套结构模型之间没有实务上的差异，具有一定的稳定性。根据表 4-29 所示，在温和检验的条件下模型之间的 $\Delta \text{CFI} \leq 0.01$，即进一步证明了原始模型具备一定的稳定性。

---

① 在温和检验的基础上再增设结构残差相等和测量残差相等即变为严格检验。

表 4-29 原始模型稳定性检验

模型	CMIN	ΔMIN	DF	ΔDF	CFI	P	ΔTLI	RMSEA	P CLOSE FIT
1. Unconstrained	162.522	—	76	—	0.985	—	—	0.035	1
2. Measurement weights	170.453	7.931	83	7	0.985	0.339	-0.002	0.034	1
3. Structural weights	176.014	5.561	88	5	0.985	0.351	-0.001	0.033	1
4. Structural covariances	182.905	6.890	91	3	0.984	0.075	0	0.033	1
5. Structural residuals	186.233	3.329	93	2	0.984	0.189	0	0.033	1
6. Measurement residuals	208.505	22.271	104	11	0.982	0.022	0	0.033	1

资料来源：笔者整理。

(3) 根据 Little 等（1997）提出的 $\Delta TLI \leq 0.05$ 是嵌套结构模型之间没有差异的标准，由表 4-29 可知，ΔTLI 的绝对值最大为 0.002，[①] 远小于 0.05，符合群组全等的要求，模型具有稳定性。

综上所述，方法 1 从统计（Statistical）显著性角度证明了模型的稳定性，方法 2 和方法 3 从实务显著性角度证明了稳定性，因此可以非常明确地说，本书模型是稳定的。

最后进行结构方程模型的统计功效检测。在推论统计中，由于无法知道总体参数的真正性质，只能根据样本统计量进行推论，因此可能会发生以下两类错误：①第一类型错误（型Ⅰ），以符号 α 表示；②第二类型错误（型Ⅱ），以符号 β 表示。

表 4-30 决策类型

	H_0 为真	H_0 为假
拒绝 H_0	α （型Ⅰ）	$1-\beta$ （统计功效）
接受 H_0	$1-\alpha$ （正确选择）	β （型Ⅱ）

资料来源：吴明隆（2009）。

统计功效是对模型犯型Ⅱ错误的检测，它的数值越大则表明研究的正确性概率越大。根据 Hoyle 等（1995）的意见，统计功效的报告在 SEM 中是非常重要的，统计功效计算是在显著性水平 0.05 下，Close fit 检验 $\varepsilon_0 = 0.05$ 及 $\varepsilon_1 = 0.08$。ε_0 为 RMSEA 的虚无假设，ε_1 为 RMSEA 的对立假设；在 Not-close fit 检验下 $H_0 = 0.05$ 及 $H_1 = 0.01$。脚本运行结果如表 4-31 所示。

表 4-31 统计功效与最小样本数

自由度	样本数	统计功效	
		Close fit	Not-close fit
38	927	0.9998621	0.9999861

资料来源：笔者整理。

[①] 部分文献会将 ΔTLI 写作 ΔRho。

本书样本数为 927 个，远大于最小样本数的要求，统计功效也非常接近 1，因此我们对本书模型估计结果的正确性非常有信心。

第五节 中介和调节效应检验

一、中介效应显著性检验

如果自变量 X 通过某个变量 M 对因变量 Y 产生了一定的影响效应，则 M 即为 X 与 Y 的中介变量。由于 Sobel（1982），Baron 和 Kenny（1986），Freedman 等（1992）和 Clogg 等（1992）的传统中介效应检验方法局限于简单的 Z 检验（温忠麟等，2004；方杰等，2012；李静和赵必华，2014），并且其检验的数据通常不符合常态分布，1.96 的绝对值并不代表实务上的显著。因此，本书通过以下两种方法检测中介效应的显著性：

（1）参考 Lockwood 和 MacKinnon（1998），Shrout 和 Bolger（2002），MacKinnon 等（2004）以及 Preacher 和 Hayes（2004，2008）利用 Bootstrap 重新计算简单中介模型间接效果的标准误与置信区间的方法，本书在 95% 的置信水平上，令 Bootstrap 运行 5000 次，经过 AMOS 22.0 估计后的结果如表 4-32 所示，一般优先参考 Percentile 的置信区间，鉴于两类置信区间均不包含 0 并且 Z 值均大于 1.96，可以认为原始模型为部分中介模型。

表 4-32 中介效应显著性检验

路径	点估计	Product of Coefficients		Bootstrap			
				BC 95%CI		Pencentile 95%CI	
		S.E.	Z	低	高	低	高
总影响效应							
积极情感 → 购买绿色产品	0.479	0.049	9.78	0.388	0.579	0.388	0.580
消极情感 → 购买绿色产品	0.172	0.038	4.53	0.098	0.247	0.096	0.244
间接影响效应							
积极情感 → 购买绿色产品	0.242	0.033	7.33	0.186	0.316	0.184	0.313
消极情感 → 购买绿色产品	0.049	0.023	2.13	0.007	0.098	0.004	0.094

续表

路径	点估计	Product of Coefficients		Bootstrap			
				BC 95%CI		Pencentile 95%CI	
		S.E.	Z	低	高	低	高
直接影响效应							
积极情感 → 购买绿色产品	0.237	0.040	5.93	0.162	0.324	0.160	0.322
消极情感 → 购买绿色产品	0.123	0.028	4.39	0.072	0.179	0.071	0.177

注：BC 为 Biased-Corrected。

资料来源：笔者整理。

（2）MacKinnon 等（2007）运用劳伦级数（Laurent Series）进行置信区间估计的方法来检验中介变量的间接效应显著性，能够保持较高的统计功效和稳定的型 I 错误率。通过 Prodclin 计算的结果如表 4-33 所示，置信区间不包含 0，说明间接效应是显著的，即原始模型为部分中介模型。

表 4-33 Prodclin 95% CI 间接效应检验

路径	区间下限	区间上限
积极情感 → 购买绿色产品	0.177	0.317
消极情感 → 购买绿色产品	0.011	0.090

资料来源：笔者整理。

最后，积极情感—绿色消费路径的中介路径中 α 等于 0.51，β 等于 0.57，消极情感—绿色消费路径的中介路径中 α 等于 0.11，β 等于 0.57。根据 Fritz 和 MacKinnon（2007）的经验性要求，在统计功效为 0.8 的情况下（见表 4-34），在以上检验单一中介因子显著性的方法中，Percentile Bootstrap 需要的必要样本量区间分别为（36，78）和（406，412），Bias-Corrected Bootstrap 需要的必要样本量区间分别为（34，71）和（377，400）；Prodclin 法需要的必要样本量分别在区间（35，74）和区间（401，402）内，而本书的样本量远大于必要样本量，因此可认定中介变量的显著性结论是可靠的。

表 4-34 在 0.8 统计功效下的必要样本量

检验方法		SS	SH	SM	SL	HS	HH	HM	HL	MS	MH	MM	ML	LS	LH	LM	LL
	Prodclin	539	402	401	402	402	161	125	120	404	124	74	57	404	121	58	35
Boot	Percentile	558	412	406	398	414	162	126	122	404	124	78	59	401	123	59	36
Strap	BC	462	377	400	385	368	148	115	118	391	116	71	53	396	115	54	34

注：检验方法中前一个字符代表 α 值，后一个字符代表 β 值，其中，S=0.14，H=0.26，M=0.39，L=0.59；BC 为 Biased-Corrected。

资料来源：Fritz 和 MacKinnon（2007）。

基于结构方程模型的标准化路径载荷所计算出的情感对行为的总影响效应如表 4-35 所示。由该表中的数值可以发现，积极情感对绿色消费行为的总影响效应大于消极情感对绿色消费行为的总影响效应。

表 4-35 情感对行为的总影响效应

路径描述	直接影响效应	间接影响效应	总影响效应
积极情感 → 购买绿色产品	0.291	0.263	0.554
消极情感 → 购买绿色产品	0.168	0.074	0.242
积极情感 → 抵制非绿色产品	0.472	0.000	0.472
消极情感 → 抵制非绿色产品	0.133	0.000	0.133

注：总影响效应=直接影响效应+间接影响效应。
资料来源：笔者整理。

二、调节效应检验

本书将所有人口统计变量均分为两组进行比较。其中，性别为男性和女性，年龄为 35 岁以下和 35 岁及以上，学历为大专以下和大专及以上，个人月收入为 4800 元以下和 4800 元及以上。随后运用吴明隆（2009）在 AMOS 中进行群组比较的策略，把对不同群组的结构路径系数强制设置为相等的限制模型与不作任何改动的非限制模型进行比较，从而检验人口统计变量的调节效应。模型拟合指标以及嵌套模型显著性情况汇总如表 4-36 所示。

表4-36 人口统计变量的嵌套模型拟合度指标汇总

调节变量	模型	χ^2	df	χ^2/df	RMSEA	GFI	AGFI	CFI	TLI
性别	未限制	143.521	76	1.888	0.031	0.974	0.954	0.988	0.983
	限制	147.598	81	1.822	0.030	0.973	0.956	0.988	0.984
年龄	未限制	143.298	76	1.886	0.031	0.973	0.954	0.988	0.983
	限制	145.473	81	1.796	0.029	0.973	0.956	0.989	0.984
学历	未限制	141.038	76	1.856	0.030	0.974	0.955	0.989	0.983
	限制	153.888	81	1.900	0.031	0.972	0.954	0.987	0.983
收入	未限制	132.557	76	1.744	0.031	0.970	0.948	0.988	0.976
	限制	146.107	81	1.804	0.033	0.967	0.946	0.986	0.981

资料来源：笔者整理。

表4-37汇总了各人口统计变量（包括性别、年龄、学历和收入）在95%置信水平上嵌套模型的比较结构。从该表可知，性别的嵌套模型比较P值为0.538，大于0.05，表明性别对绿色消费情感与绿色消费行为关系没有显著的调节效应。年龄的嵌套模型比较P值为0.824，大于0.05，表明年龄对绿色消费情感与绿色消费行为关系没有显著的调节效应。学历的嵌套模型比较P值为0.025，小于0.05，表明学历对绿色消费情感与绿色消费行为关系有显著的调节效应。收入的嵌套模型比较P值为0.019，小于0.05，表明收入对绿色消费情感与绿色消费行为之间关系有显著的调节效应。

表4-37 各人口变量的嵌套模型比较结果

变量	ΔDF	ΔCMIN	P	ΔNFI	ΔIFI	ΔRFI	ΔTLI
性别	5	4.076	0.538	0.001	0.001	-0.001	-0.001
年龄	5	2.175	0.824	0.000	0.000	-0.002	-0.002
学历	5	12.850	0.025	0.002	0.002	0.001	0.001
收入	5	13.550	0.019	0.003	0.003	0.001	0.001

资料来源：笔者整理。

综上分析，通过嵌套模型卡方值差值系数比较也可以发现学历的系数值最大，即学历对绿色情感与绿色消费之间关系的调节效应最明显。在

0.05 的显著性水平下，假设 H4-1 和假设 H4-2 不成立，假设 H4-3 和假设 H4-4 成立。

学历对情感—行为之间具体路径的调节效应如图 4-8 所示，其中，左侧路径图为低学历组在未限制模型中的标准化路径系数图，右侧路径图为高学历组在未限制模型中的标准化路径系数图。本书通过未限制模型中高低群组的系数临界比的绝对值是否大于 1.96 来判断学历在该条路径上是否有显著的调节效应。对于调节效应显著的路径，图中将在路径系数上标 * 来加以标明，即学历对积极情感→购买绿色产品、消极情感→抵制非绿色产品和抵制非绿色产品→购买绿色产品共三条路径有显著的调节作用。

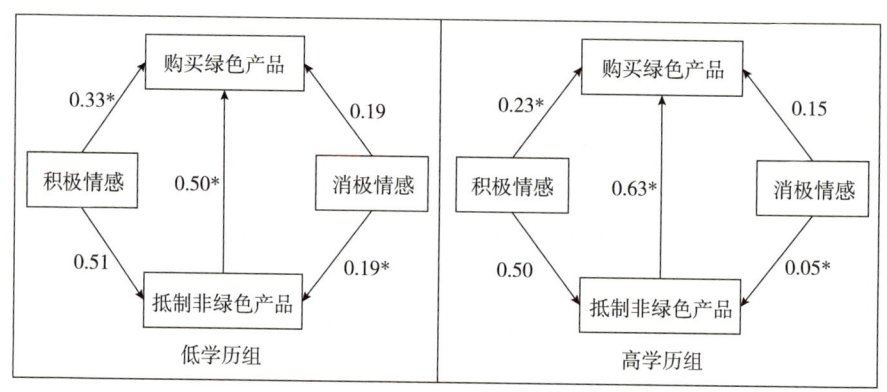

图 4-8　不同学历群组的情感—行为模型

注：上标 * 的路径表明调节效应是显著的。
资料来源：笔者绘制。

收入对情感—行为之间具体路径的调节效应如图 4-9 所示，其中，左侧路径图为低收入组在未限制模型中的标准化路径系数图，右侧路径图为高收入组在未限制模型中的标准化路径系数图。通过判断未限制模型中高低群组的系数临界比的绝对值是否大于 1.96，可以发现收入对积极情感→购买绿色产品和积极情感→抵制非绿色产品共两条路径有显著的调节作用。

三、对中介效应的调节作用检验

由于调节变量对绿色消费中的情感—行为路径有调节作用，而抵制非绿色产品行为又对积极情感→购买绿色产品和消极情感→购买绿色产品这两条

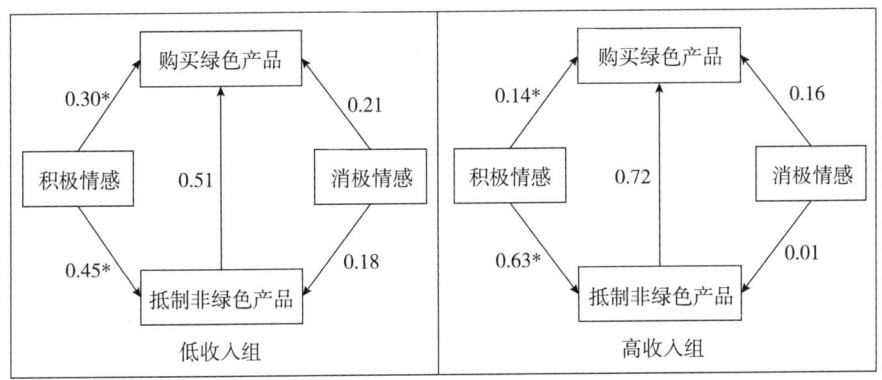

图 4-9 不同收入群组的情感—行为模型

注：上标 * 的路径表明调节效应是显著的。
资料来源：笔者绘制。

路径有部分中介效应，所以调节变量可能会产生对中介效应的调节作用（Moderated Mediation），它描述的是中介效应被调节变量影响而改变的现象（Jeffrey 等，2007）。根据 Preacher 等（2007）建议的算法，本书运用估计值和 Bootstrap 1000 次获得的标准误来检验原始模型中被调节的中介效应是否具有异质性，即不同组别的中介效果是否受到显著影响，其显著性评判依据为在显著性水平为 0.05 的情况下，Z 值的绝对值是否大于 1.96。①

表 4-38 汇总了所有人口统计变量（遵循前文的操作原则将这些变量划分为两个组别）对中介效应的调节作用检验结果。其中，性别所对应 Z 值的绝对值均小于 1.96，可知性别对中介效应的调节作用不显著。年龄所对应 Z 值的绝对值均小于 1.96，可知年龄对中介效应的调节作用不显著。学历所对应 Z 值的绝对值均大于 1.96，可知学历对中介效应的调节作用均显著。收入所对应 Z 值的绝对值在积极情感→抵制非绿色产品→购买绿色产品上小于 1.96，但在消极情感→抵制非绿色产品→购买绿色产品上大于 1.96，由此可知收入对前者的调节作用不显著但对后者的调节作用是显著的。

---

① Z 值的算法请参考 Preacher 等（2007）。

表 4-38 人口统计变量对中介效应的调节作用检验

调节变量	自变量	中介变量	因变量	间接效应				Z-Value
				组别 1		组别 2		
				估计值	标准误	估计值	标准误	
性别	积极情感	抵制非绿色产品	购买绿色产品	0.192	0.048	0.238	0.046	-0.692
	消极情感	抵制非绿色产品	购买绿色产品	0.037	0.033	0.075	0.033	-0.814
年龄	积极情感	抵制非绿色产品	购买绿色产品	0.240	0.041	0.191	0.057	0.698
	消极情感	抵制非绿色产品	购买绿色产品	0.042	0.031	0.055	0.036	-0.274
学历	积极情感	抵制非绿色产品	购买绿色产品	0.208	0.048	0.083	0.036	2.083
	消极情感	抵制非绿色产品	购买绿色产品	0.218	0.050	0.033	0.031	3.145
收入	积极情感	抵制非绿色产品	购买绿色产品	0.174	0.045	0.083	0.037	1.562
	消极情感	抵制非绿色产品	购买绿色产品	0.323	0.068	0.021	0.043	3.754

资料来源：笔者整理。

第六节 四类情感的效应比较

一、CB-SEM 与 PLS-SEM 的比较

PLS-SEM 最早是由 Herman Wold 基于经济计量分析的需求而提出来的。PLS-SEM 与 CB-SEM 最主要的差异就在于前者是利用观察变量的线性组合定义出一个主成分结构后，再利用回归方法来解释检验主成分间的预测与解释关系，因此称为主成分形式的结构方程模式（Component-based SEM）（Marcoulides 等，2009；Tenenhaus，2008）。而 CB-SEM 是针对变量的协方差进行分析，由此定义一个因子结构来解释它们之间的关系，故此被称为协方差形式的结构方程模型（Tenenhau，2008；Reinartz 等，2009）。所以，CB-SEM 与 PLS-SEM 的关系就好比共同因子分析（Common Factor Analysis）与主成分分析（Principal Component Analysis）的关系。PLS-SEM 作为一种不需要数据分布（Distribution-free）假设的回归分析技术，其所抽取出的因子为零相关的正交因子，可使作为解释变量的潜变量对于因变量的回归分析不易受到传统多元共线性问题的影响，其代表性软件有 LVPLS、SmartPLS、PLS-Graph、

Visual PLS、SPAD-PLS 和 PLS-GUI 等。因此，虽然 PLS-SEM 相对 CB-SEM 减损了分析过程中的理论价值与概念的诠释，但其在进行预测时具有相当的便捷性与弹性，在重视应用与实际预测控制的实践领域能凸显其效用。CB-SEM 和 PLS-SEM 的区别如表 4-39 所示。

表 4-39 CB-SEM 和 PLS-SEM 之间的主要区别

比较内容	CB-SEM	PLS-SEM
潜在变量的本质	共同因子	主成分
变量测量假设	有测量误差	没有测量误差
样本数据的分布	符合多元正态性	没有假设
分析对象	协方差结构	方差结构
模型估计目的	参数估计	预测求解
收敛状况	复杂模型容易出现不收敛的情况	容易收敛
模型优劣评估方法	模型拟合度指标 组合信度 平均方差萃取量 决定系数	决定系数 效应量 交叉效度的冗余度 GoF
显著性评估	基于中心极限定理的标准误进行评估	基于模拟数据的标准差进行评估
测量模式	反映型指标为主，形成型指标为辅	反映型指标和形成型指标均可
最小样本量需求	大（简单模型 200 个样本以上，复杂模型至少需要 400 个样本）	单个潜变量所对应的最大指标数量的 10 倍
多元共线性威胁	威胁小	在形成型指标所构成的潜变量当中威胁很大
潜在变量分数	不正定的可能性比较大	可以直接求得
代表性软件	LISREL、EQS、AMOS、Mplus、SAS	LVPLS、SmartPLS、PLS-Graph、Visual PLS、SPAD-PLS 和 PLS-GUI

资料来源：邱皓政（2011）。

近三年，随着 PLS-SEM 在社会领域中越来越流行，学者针对它的定位也讨论得越来越激烈，其争论的焦点主要为六个，涉及结构方程模型的界定、测量误差缺失所带来的影响、测量模型的精准度、结构模型对理论假设的支持度、最小样本量的需求和探索性研究的适用性，具体如表4-40所示：

表4-40　近三年学者在PLS上的争论焦点

序号	争论焦点	唱衰方	支持方
1	PLS是不是结构方程模型	不是	是
2	PLS能不能降低测量误差带来的影响	不能	能
3	PLS是否可以用于评估测量模型	不可以	可以
4	PLS能否对路径系数的虚无假设进行检验	不能	能
5	PLS对最小样本量的需求是否更低	不是	是
6	PLS是否适用于理论探索和前期研究	不适用	完全适用
唱衰阵营	Edward E. Rigdon，Mikko Ronkko，Joerg Evermann，Cameron N. McIntosh，Jeffrey R. Edwards，and John Antonakis（Mcintosh等，2014；Ronkko和Evermann，2011；Ronkko等，2015；Rigdon，2012；Ronkko，2014）		
支持阵营	Jorg Henseler，Theo K. Dijkstra，Marko Sarstedt，Christian M. Ringle，Adamantios Diamantopoulos，Detmar W. Straub，David J. Ketchen Jr.，Joseph F. Hair G. Tomas M. Hult，and Roger J. Calantone（Dijkstra，2014；Bentler和Huang，2014；Sarstedt等，2012；Henseler等，2014）		

资料来源：笔者整理。

本书使用SmartPLS 2.0对四种情感与绿色消费行为之间的关系进行分析，以期通过情感来预测行为，从而指导绿色消费的宣传推广活动。由于本书所分析的样本量较大，再加上前文已通过SPSS的因子分析证明潜变量的单一维度性，因此，PLS-SEM可以获得较稳定的因子结构并在数据中度（Moderate）违犯多元正态性分布时仍然能够得到较稳定的估计结果。图4-10为本书基于PLS-SEM构建的概念模型。

二、多元共线性评估和共同方法变异检测

过去的研究往往根据情感的效价（Valence，即积极情感和消极情感）展开分析，然而近年的研究发现同一效价的不同情感对人们行为决策的影响有显著的不同。因此，一方面为了进一步验证前文所得到的数据分析结果，另一方面为了更深入地探索不同情感对绿色消费行为的影响效应，我们对四类情感与绿色消费行为的关系进行分析与研究（特别是对四类情感的影响效应进行比较）。但是，由于四类情感之间存在较高的相关性，若使用CB-SEM对

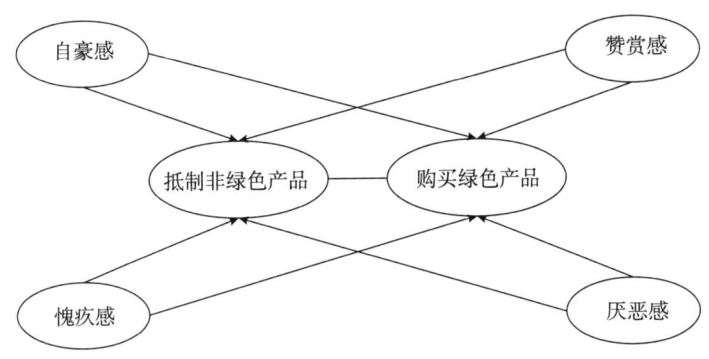

图 4-10　基于 PLS-SEM 构建的概念模型

资料来源：笔者整理。

它们直接进行分析，潜变量之间的高度共线性容易导致诸多问题（如 Heywood 现象），使分析结论不可靠。因此，本节引入另一种结构方程模型分析方法——基于偏最小二乘法的结构方程模型对数据实施进一步的分析，以验证前文的假设。本书通过 SmartPLS 2.0 对模型进行估算（样本量大小为 927），获得潜变量得分（Latent Variable Scores）后，将其代入 SPSS 22.0 中通过线性回归（购买绿色产品的 Scores 为因变量，其他变量的 Scores 为自变量）获得容忍度（Tolerance）和方差膨胀因子（The Variance Inflation Factor, VIF），如表 4-41 所示。从该表可以看到，所有变量的容忍度均大于 0.2，方差膨胀因子小于 5，因此有理由相信本模型不会有严重的多元共线性问题。这里要特别注意的是，方差膨胀因子的上限标准并不固定，并不存在一个所谓的"一刀切"（Cutoff）数值，它必须根据模型特点、样本量和数据的分布特性进行调整。但鉴于本书并非专门研究量化统计技术和数据分析，我们借助此类"一刀切"标准把这些复杂问题转换成"是或否"的简单问题。[①]

表 4-41　多元共线性检验结果

	赞赏感	愧疚感	厌恶感	自豪感	抵制非绿色产品
容忍度	0.419	0.471	0.532	0.388	0.742
方差膨胀因子	2.385	2.125	1.879	2.579	1.348

资料来源：笔者整理。

---

① 这种现象在大部分 SCI 和 SSCI 期刊的学术论文中也存在，属于一种折中的做法。

前文在 CB-SEM 分析阶段对 CMV 的检验较为粗略，只能初步确认本书不存在较严重的 CMV 问题，现在引入一种更为严格的 CMV 检测方法。鉴于该方法在 CB-SEM 下较容易出现计算不收敛的情况，因此需要通过构建 PLS-SEM，在该模型中进行 CMV 的评估。

首先，把所有潜变量的反映型指标转化为单指标的潜变量，即在潜变量和它的指标之间增加一层潜变量，示意如图 4-11 所示。

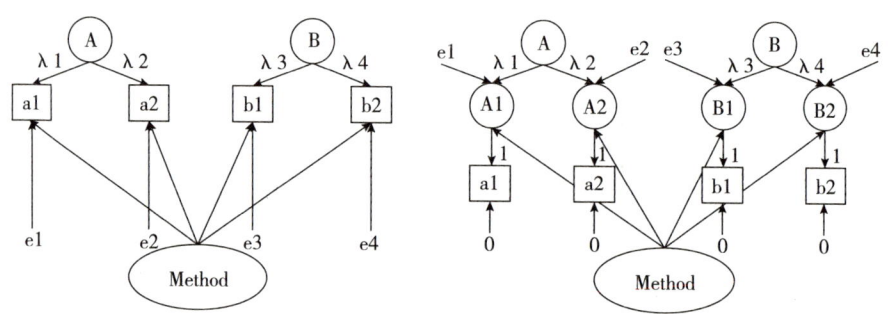

图 4-11 将显变量转化为单指标潜变量

资料来源：Liang 等（2007）。

其次，在模型中引入一个全新的 Method 潜变量，并将上文所有的单指标潜变量作为它的反映型指标，如图 4-12 所示。

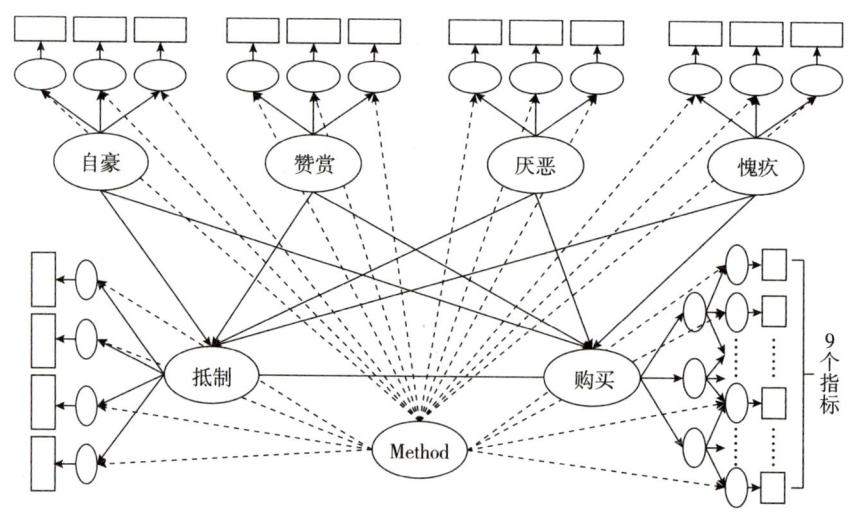

图 4-12 在模型中引入 Method 潜变量

资料来源：笔者整理。

最后，通过 SmartPLS 2.0 的 Factor Weighting Scheme 算法进行路径系数估计，再设置 Cases 为 927 个和 Samples 为 5000 次，相关的估计结果汇总如表 4-42 所示。从该表中可以看到，原路径的载荷全部显著大于 Method 的载荷，且均值高达 0.825，平均方差解释力达到 0.692，而 Method 的对应参数均未达到 0.01。因此，本书不存在显著的 CMV 问题。

表 4-42　CMV 分析结果

潜变量	反映型指标	原路径的载荷	方差解释力 1	对 Method 的载荷	方差解释力 2
自豪	自豪 A	0.749***	0.560	0.064	0.004
	自豪 B	0.768***	0.589	-0.066	0.004
	自豪 C	0.712***	0.507	-0.054	0.003
赞赏	赞赏 A	0.905***	0.818	-0.007	0.000
	赞赏 B	0.929***	0.864	0.017	0.000
	赞赏 C	0.899***	0.808	-0.011	0.000
厌恶	厌恶 A	0.834***	0.695	0.047	0.002
	厌恶 B	0.936***	0.876	-0.049	0.002
	厌恶 C	0.883***	0.781	0.005	0.000
愧疚	愧疚 A	0.817***	0.668	0.063	0.004
	愧疚 B	0.924***	0.855	-0.027	0.001
	愧疚 C	0.913***	0.833	-0.034	0.001
抵制非绿色产品	抵制 A	0.775***	0.601	-0.011	0.000
	抵制 B	0.777***	0.603	0.053	0.003
	抵制 C	0.797***	0.636	0.000	0.000
	抵制 D	0.889***	0.790	-0.042	0.002
购买绿色产品	购买 A	0.999***	0.998	-0.253*	0.064
	购买 B	0.746***	0.556	-0.025	0.001
	购买 C	0.620***	0.384	0.153*	0.023
	购买 D	0.783***	0.614	-0.005	0.000
	购买 E	0.932***	0.868	-0.146*	0.021
	购买 F	0.612***	0.375	0.151*	0.023

续表

潜变量	反映型指标	原路径的载荷	方差解释力 1	对 Method 的载荷	方差解释力 2
购买绿色产品	购买 G	0.708***	0.502	0.107	0.011
	购买 H	0.911***	0.830	-0.116	0.013
	购买 I	0.710***	0.504	0.086	0.007
	购买 J	0.931***	0.867	-0.134*	0.018
均值		0.825	0.692	-0.009	0.008

资料来源：笔者整理。

三、最小样本量估计

使用 PLS-SEM 的研究者最经常滥用该方法的理由就是它只需要小样本数据即可获得可靠的分析结果（Marcoulides 和 Saunders，2006；Goodhue 等，2012）。实际上，虽然 PLS-SEM 能够基于相对 CB-SEM 所要求的样本量更小的样本数据分析复杂模型，但过小的样本仍旧会使结构方程模型的估计结果变得非常不可靠，根据最常被学者引用的 10 倍经验法则，PLS-SEM 的样本量至少是单个潜变量的形成型指标最大数目的 10 倍或者结构模型中单个潜变量被指向路径数目最大值的 10 倍。但这个法则由于其过于宽松的标准和毫无根据的计算依据，广受学者的诟病（Henseler 等，2009；Hair 等，2013；Hair 等，2014），同时也给了许多研究者一种假象，即 PLS-SEM 对样本量的需求是非常小的。Hair 等（2011）建议研究者应当基于模型复杂度和数据的特点（如数据是否符合正态分布）来确定模型分析的最小样本量。因此，更为科学的 PLS-SEM 最小样本大小评估法是基于统计功效来得到特定模型和特定样本数据下的数据量多少。由于本书此前已经基于 RMSEA 和统计功效获得 CB-SEM 的最小样本量为 316，而 PLS-SEM 所需样本量必然小于这一数值（Tenenhaus，2008；Marcoulides 等，2009；Vinzi 等，2010），所以我们可以据此直接得出结论，即本书的样本量是充足的。此外，由于本书的模型当中没有形成型指标，无须进行分块（Block）的共线性检验。

Aguirre-Urreta 和 Rönkkö（2015）提出了一种在 R 语言环境下通过蒙特卡洛（Monte Carlo）模拟和统计功效进行事后样本量充足性检验的方法。本书基于 927 个样本数据，使用 R 3.2.2 软件进行上述检验。该方法要求研究者在进行正式检验前获得基于 PLS-SEM 的模型分析数据（包括反映型指标的载荷系数和残差、潜变量之间的相关系数、潜变量之间的路径系数以及内生潜变量的残差),此处不再赘述。此外,在前文分析过程中可知,本书的观察变量并不完全遵从正态分布,而是有一定的偏离,因此本书通过 AMOS 22.0 获取各个观察变量的偏度值与峰度值,填入代码当中。通过 R 的 1000 次样本量为 927 的蒙特卡洛模型运算,最终结果经整理后如表 4-43 所示。从该表内容可以发现,只有路径 hate→resist 和 admire→buy 的统计功效小于 0.8,即除了厌恶感对抵制非绿色产品和赞赏感对购买绿色产品这两条路径,其他所有路径在被估算时所需要的样本量都是充足的。

表 4-43 样本量充足性检验结果

路径	平均估计值	标准差估计值	平均标准误	统计功效	路径	平均估计值	标准差估计值	平均标准误	统计功效
guilty→resist	0.097	0.008	0.008	1	hate→ne3	0.913	0.007	0.007	1
hate→resist	0.007	0.008	0.008	0.158	resist→energy4	0.79	0.006	0.006	1
pride→resist	0.257	0.008	0.008	1	resist→friend4	0.81	0.005	0.005	1
admire→resist	0.068	0.008	0.008	1	resist→mark4	0.827	0.004	0.005	1
guilty→buy	0.049	0.008	0.008	1	resist→self4	0.851	0.004	0.004	1
hate→buy	0.054	0.008	0.008	1	pride→pe4	0.931	0.001	0.002	1
pride→buy	0.14	0.008	0.008	1	pride→pe5	0.943	0.001	0.001	1
admire→buy	0.022	0.008	0.008	0.753	pride→pe6	0.922	0.002	0.002	1
guilty→ne4	0.909	0.004	0.004	1	admire→pe1	0.926	0.004	0.004	1
guilty→ne5	0.921	0.003	0.003	1	admire→pe2	0.942	0.003	0.003	1
guilty→ne6	0.915	0.004	0.003	1	admire→pe3	0.921	0.004	0.004	1
hate→ne1	0.908	0.007	0.007	1	buy→always	0.868	0.006	0.006	1
hate→ne2	0.92	0.006	0.006	1	buy→brand	0.862	0.007	0.006	1
—	—	—	—	—	buy→more	0.864	0.006	0.006	1

注:为使表格内容不产生歧义,表格中的路径均由代码中所使用的英文变量所构成。其中,buy 为"购买绿色产品",resist 为"抵制非绿色产品",ne1~ne3 为"厌恶感"的反映型指标,ne4~ne6 为"愧疚感"的反映型指标,pe1~pe3 为"赞赏感"的反映型指标,pe4~pe6 为"自豪感"的反映型指标,band、always、more 为"购买绿色产品"的反映型指标,energy4、friend4、mark4 和 self4 为"抵制非绿色产品"的反映型指标。

资料来源:笔者整理。

四、模型路径估计

根据 Hair 等（2010）和 Hair 等（2012）的建议，研究者需要预先保留 30% 左右的样本用于模型稳定性检验。为了达到上述目的，本书通过调用 SPSS 22.0 中的 RV. BERNOULLI 函数，将样本划分为 644 和 283 两个样本。本书首先基于样本大小为 644 的样本构建结构方程模型。在估计 SEM 的标准化路径系数时选用的加权方式是路径加权方式（Path Weighting Scheme）（Henseler 等，2009；Henseler，2010）。而在估计 SEM 中各路径的显著性时，Jackknife 只是被看作 Boostrap 的近似替代方法，效率太低，因此本书使用 Bootstrap 估计模型中的标准差来计算路径显著性，其中 Sign Changes 选择 Individual Changes，Cases 设为 644，Samples 设为 5000（Sarstedt 等，2011；Hair 等，2011）。模型路径估计系数如表 4-44 所示，赞赏感对两种绿色消费行为的影响效应均不显著，愧疚感对"购买绿色产品"的影响效应不显著，厌恶感对"抵制非绿色产品"的影响效应不显著，其他路径均在 0.05 的显著性水平上是显著的。并且，无论是购买绿色产品还是抵制非绿色产品，自豪的直接影响效应都是最大的。此外，购买绿色产品和抵制非绿色产品的决定系数分别为 0.575 和 0.218，前者介于 $R^2_{substantial} = 0.75$ 与 $R^2_{moderate} = 0.5$，后者接近 $R^2_{moderate} = 0.5$ 与 $R^2_{weak} = 0.25$，修正后的 R^2（Ajusted R^2）值分别为 0.548 和 0.169。由此可看出，情感对绿色消费行为的解释力非常强。此外，根据 Martin（2000）建议的标准 $R^2_{substantial} = 0.67$；$R^2_{moderate} = 0.33$；$R^2_{weak} = 0.19$，我们亦可得出以上结论。

表 4-44 PLS-SEM 的路径估计结果

路径	估计值	标准误	T 值	P	显著性
赞赏感→购买绿色产品	-0.005	0.022	0.238	0.812	—
赞赏感→抵制非绿色产品	0.045	0.041	1.098	0.273	—
愧疚感→购买绿色产品	0.070	0.037	1.892	0.059	—
愧疚感→抵制非绿色产品	0.109	0.046	2.354	0.019	*
厌恶感→购买绿色产品	0.111	0.034	3.211	0.001	***
厌恶感→抵制非绿色产品	0.001	0.027	0.029	0.977	—
自豪感→购买绿色产品	0.310	0.043	7.231	0.000	***

续表

路径	估计值	标准误	T值	P	显著性
自豪感→抵制非绿色产品	0.373	0.051	7.251	0.000	***
抵制非绿色产品→购买绿色产品	0.482	0.035	13.850	0.000	***

注：* 表示该路径在 0.05 的显著性水平下显著；** 表示 0.01 的显著性水平下显著；*** 表示 0.001 的显著性水平下显著。

资料来源：笔者整理。

基于结构方程模型的标准化路径载荷所计算出的情感对行为的间接影响效应和总影响效应如表4-44所示。由该表中的数据可以发现，积极情感（自豪感和赞赏感）对绿色消费行为的总影响效应大于消极情感（愧疚感和厌恶感）对绿色消费行为的总影响效应。

（1）效应量（Effect Size）。效应量是指总体中存在某种现象的程度，它的种类繁多，本书需要检验的是相关类（Correlation-type）效应量中的方差比 f^2。它代表特定潜变量对内生潜变量的影响效应大小，具体做法是将删除该潜变量的前后模型进行比较，根据 Chin（2010）的计算公式对效用大小进行计算：

$$f^2 = \frac{R^2_{included} - R^2_{excluded}}{1 - R^2_{included}}$$

本书计算得到厌恶、愧疚、赞赏和自豪的效用量如表4-45所示。从表中可知，对于"抵制非绿色产品"而言，自豪感的效用量最大，厌恶感的效用量最小；对于"购买绿色产品"而言，自豪感的效用量最大，赞赏感的效用量最小。根据 Cohen（1992）的建议，小、中、大的 f^2 值分别为 0.02、0.15 和 0.35。但值得注意的是，f^2 小并不意味着该变量对内生变量是无足轻重的。

（2）预测相关性（Predictive Relevance，Q^2）。交叉效度的冗余度（Stone，1974；Geisser，1974）（Cross-validated Redundancy，即 Q^2）可以评估结构模型的预测相关性（Predictive Relevance）。Q^2 值的计算是基于样本重复利用技术（Sample Re-use Technique），通过把被删除数据矩阵的估算值与实际值比较所得。估算值与实际值的差别越小，Q^2 值就越大。由于本书的样本量为644，不能被5整除，所以在使用 Blindfolding 计算 Q^2 时设置间隔长度（Omission Distance）为5。特别地，当内生潜变量（本书中即为"购买绿色产品"）的 Q^2 值大于0时，即表明结构模型对该变量是具有预测相关性的。所

有潜变量的 Q^2 值如表4-45所示，从该表可看出所有 Q^2 的值均大于0，因此本书的结构模型对所有内生潜变量均有预测相关性。

表4-45　模型中各潜变量的 Q^2 值

潜变量	赞赏感	愧疚感	厌恶感	自豪感	抵制非绿色产品	购买绿色产品
Q^2	0.631	0.551	0.542	0.603	0.135	0.453

（3）拟合优度指标（Goodness-of-Fit Index，GoF）。GoF 用于评估结构方程模型与数据的拟合程度，它等于共同度平均值与 R^2 平均值的几何平均数。根据 Wetzels 等（2009）的建议，$GoF_{small} = 0.1$，$GoF_{medium} = 0.25$，$GoF_{large} = 0.36$。然而，Henseler 和 Sarstedt（2013）、Hair 等（2013）以及其他诸多学者均认为 GoF 并不具备评价模型拟合度的功能。因此，本书不再使用该指标。

五、中介效应检验

（1）中介效果的显著性。虽然根据前文的路径估算结果，可知部分路径系数是不显著的，其他路径是显著的。一方面，对于影响效应不显著的这些路径，涉及该路径的中介效应必然不显著。另一方面，在剩余路径中，"抵制非绿色产品"是否有效中介了情感对"购买绿色产品"的影响效应，不能仅仅通过对上述路径系数的观察得出结论，而应通过计算来评估。由于 Baron 和 Kenny 的中介效应检测方法与 Sobel Test 均要求数据符合正态分布，而这一要求几乎不可能被满足，导致其检验结果的可靠性大打折扣，因此，本书采用自助法对上述中介效应的显著性进行检验。根据 Hair 等（2013）的建议，先运用自助法（样本大小设为1579，样本量设为5000）对原模型进行估计，得到与中介效应相关的路径 a 与路径 b 的各5000个系数估计值后，利用 MS-EXEL 2010 计算出5000个间接效应值（公式为 I=a×b）。最后，调用 STDEV 函数估算间接效应值的标准误，再将 Smart PLS 估计得到的路径 a 与路径 b 相乘得到间接效应后，将其绝对值除以标准误，得到的 T 值及其显著性情况如表4-46所示。因此，"抵制非绿色产品"在愧疚感、自豪感和"购买绿色产品"之间有显著的中介效应，涉及赞赏感和厌恶感的中介效应是不显著的。此外，本书再引入方差占比（Variance Accounted For，VAF），VAF=间接效应÷总效应×100%。如果 VAF 大于80%，则认为完全中介模型；VAF 小于20%，则认为无中介效应；其余情况属于部分中介模型。由表4-46中的数值可以发现,愧疚感、自豪感和"购买绿色产品"之间的关系均是被部分中介。

表4-46 情感对"购买绿色产品"间接效应的显著性检验

	估计值	标准误	T值	P	显著性
赞赏感	0.022	0.020	1.085	0.279	—
愧疚感	0.053	0.023	2.275	0.023	*
厌恶感	0.000	0.013	0.029	0.977	—
自豪感	0.180	0.025	7.120	0.000	***

注:*表示该路径在0.05的显著性水平下显著;**表示0.01的显著性水平下显著;***表示0.001的显著性水平下显著;由于路径"赞赏感—抵制非绿色产品"和"厌恶感—抵制非绿色产品"的路径系数不显著,因此涉及赞赏感和厌恶感的中介效应必然是不显著的。

资料来源:笔者整理。

(2)直接效应、间接效应和总效应。基于结构方程模型的标准化路径载荷所得出的情感对行为的直接影响效应、间接影响效应和总影响效应如表4-47所示。从该表可以发现,无论从直接影响效应、间接影响效应、总影响效应还是效应量来看,自豪感的相关数值均是最大的,也正是这一点使积极情感对"购买绿色产品"的作用大于消极情感。

表4-47 影响效应和效应量汇总

自变量	因变量	直接影响效应	间接影响效应	总影响效应	VAF	效应量	
						抵制	购买
自豪感	购买绿色产品	0.310	0.180	0.490 ***	36.73%	0.078	0.092
赞赏感		-0.005	0.022	0.016	137.50%	0.001	0.000
愧疚感		0.070	0.053	0.123 **	43.09%	0.008	0.005
厌恶感		0.111	0.000	0.111 **	0.00%	0.000	0.014

注:总影响效应=直接影响效应+间接影响效应,不显著的路径系数设为0.000;购买指"购买绿色产品",抵制指"抵制非绿色产品";VAF = Variance Accounted For;由于四舍五入的原因,数值会稍有出入。

资料来源:笔者整理。

六、模型稳定性检验

由于预留样本随机提取自总调查样本当中,它与总样本数据的同质性得到了保证。为此，我们可以将这些数据导入目标模型当中，对其模型估算结果与原结果进行比较，由此验证模型的稳定性。根据 Sarstedt 等（2011）提供的算法，本书通过样本量、路径估计值和标准误可获得两组数据在模型中估计结果的差异显著性情况（如表4-48所示）。从下表可以看出，所有路径差异的 P 值均大于 0.05，即模型中的所有路径差异均不显著，所以本书模型是稳定的。此外，还有学者认为上述操作应重复多次，从而使"模型稳定"这个结论更为可靠（Perreault 等，1979；Hair 等，2010）。为此，本书重复上述分析过程四次，依次使用的数据样本为（659，268）；（666，261）；（639，288）；（662，265），分析结果均证实本模型是稳定的。综上所述，我们有理由相信本书基于 PLS-SEM 构建的模型是稳定的，相关分析结果是可靠的。

表 4-48　模型稳定性检验结果汇总

路径	估计值		差值	标准误		标准误的齐性检验	差异比较	
	原始样本	验证样本		原始样本	验证样本		T值	P
赞赏感→购买绿色产品	-0.005	0.007	-0.012	0.022	0.028	0.001	0.337	0.736
赞赏感→抵制非绿色产品	0.045	0.075	-0.030	0.041	0.092	1	0.346	0.730
愧疚感→购买绿色产品	0.070	0.125	-0.055	0.037	0.049	0.006	0.897	0.370
愧疚感→抵制非绿色产品	0.109	0.153	-0.044	0.046	0.073	0.842	0.521	0.603
厌恶感→购买绿色产品	0.111	0.098	0.013	0.034	0.044	0.001	0.234	0.815
厌恶感→抵制非绿色产品	0.001	0.034	-0.033	0.027	0.042	0.727	0.670	0.503
自豪感→购买绿色产品	0.310	0.164	0.146	0.043	0.064	0.393	1.886	0.060
自豪感→抵制非绿色产品	0.373	0.317	0.056	0.051	0.110	1	0.529	0.597
抵制非绿色产品→购买绿色产品	0.482	0.479	0.003	0.035	0.060	0.995	0.045	0.964

注：根据标准误的齐性检验结果，在 0.05 的显著性水平下，检验值小于 0.05 表示标准误不齐，否则表明方差齐性，两种情况应使用不同的算法。

资料来源：笔者整理。

本章对绿色消费的情感和行为这两个核心范畴及相互关系进一步进行专门的大样本调查和实证检验，结果证实了情感—行为模型在绿色消费领域确实成立。主要发现如下：①绿色消费情感具有显著的二维特征，即可分为积极情感和消极情感两个基本维度。且在绿色消费领域，消费者同样倾向于积极、美好的情感，而非消极、使自己不愉快的情感。②绿色消费行为可分为"有所为"和"有所不为"两种境界，即购买绿色产品和抵制非绿色产品两个维度。且在绿色消费行为两维度中，抵制非绿色产品可以独立形成，同时它也是购买绿色产品形成的中介条件，对后者有显著的正向影响。③相对于认知来说，情感对行为有更重要、更显著的影响。换言之，绿色消费领域，"晓之以理"不如"动之以情"同样成立。对特定消费者来说，如果其对绿色消费的认知上升到情感，这意味着其对绿色消费的浅层、短暂、低卷入的了解知晓提升到深刻、持久、高卷入的心灵触动，这有助于激发消费者的绿色消费动机，促成其绿色消费行为。④相对于消极情感来说，积极情感能更有效地减少消费者产品购买的负外部性并增加其正外部性。与之相反，消极情感会让个体产生对现状回天无力的感觉（换言之，会削弱个体的控制感），这种负面能量能够显著地削弱它对绿色消费行为的推动作用（White 等，2019）。⑤绿色消费情感对"购买绿色产品"的影响力大于其对"抵制非绿色产品"的影响力，即情感对"有所为"的影响效应大于其对"有所不为"的影响效应。鉴于"有所不为"决策中消费者并未实际购买产品，即没有"看得见、摸得着"的实体，因此这一决策带来的情感满足感不如"有所为"。⑥对自身消费的情感（自豪感和愧疚感）要比对他人消费的情感（赞赏感和厌恶感）更能促进个体行为。对他人消费的情感与个体间的心理距离相对较远，相应的情感往往容易呈现出麻木、沉睡或休克（未能被唤醒），故而其对自身行为没有产生应有的启动和促进作用。⑦相对于高学历者来说，低学历者的情感—行为路径系数更大。即学历和收入对情感—行为模型存在显著的调节效应。高学历者的情感更容易被控制、压抑，故其情感对行为的影响效应往往不太显著。

第五章

情感—行为模型的在线实验检验

第四章我们通过问卷调查对绿色消费的情感—行为模型进行了检验。现在进一步的问题变为，什么样的绿色情感诉求更有利于促进消费者的绿色消费决策过程？是倾向于"正能量"的绿色情感诉求（如激发自豪、赞赏等情感）更有效？抑或是倾向于"负能量"的绿色情感诉求（如激发内疚、鄙视等情感）更有效？绿色情感诉求的影响作用又受到哪些情境因素的调节？这促成了本章的研究。本章基于情感行为反应理论和购买决策过程理论，提出了"绿色情感诉求—行为决策过程"的理论模型假设。以节能环保冰箱的购买决策过程为例进行实验设计并设计出测量量表，接着通过网络在线实验收集一手数据（4×2个实验组，共400个有效被试），运用方差分析模型和阶层回归模型考察不同绿色情感诉求对绿色消费决策过程的影响效应和作用机理，分析绿色情感诉求的主效应，重点探究正面情感诉求和负面情感诉求之间的差异，分析广告态度和感知价值的中介效应，测度绿色涉入度和儒家价值观在模型中的调节效应。

第一节 假设提出和概念模型

一、问题提出和绿色情感诉求双因素假说

绿色诉求广告通过向消费者传播绿色、低碳、节能、环保的产品和消费信息，对提高消费者绿色消费意识、促进绿色消费行为非常重要。在现有研究文献当中，很多学者从许多不同的角度对不同绿色诉求广告的营销效果或消费者对不同绿色诉求广告的反应进行了大量研究（Melody 和 Roxanne，1995），其分析维度包括绿色和非绿色诉求（Ku 和 Wu，2012）、环境利益和

经济利益诉求（Xu，2015）、自我利益和他人利益诉求（杨智等，2017）、长期利益诉求和短期利益诉求（Xu，2015）、抽象诉求和具体诉求（Yang等，2015）、强制诉求和建议诉求（Kronrod等，2012）、强势诉求和非强势诉求（陈凯和邓婷，2017）、理性诉求和感性诉求（Matthes等，2014）、真实环境诉求和虚假环境诉求（孙蕾和蔡昆濛，2016）等。在理性诉求和情感诉求的绿色广告研究中，Matthes等（2014）通过对比情感型、功能型、情感功能型三种绿色广告的广告效果发现，情感型绿色广告能够通过广告态度这个中介变量显著影响其品牌态度，而功能型绿色广告只影响绿色涉入度高的消费者的品牌态度。毛振福等（2017）从绿色广告诉求类型和消费者自我建构类型两个维度分析了消费者绿色消费意愿的形成机制，其研究结果证实了理性诉求和感性诉求这两种绿色广告效果的显著差异性。黎建新等（2014）基于绿色产品类型（自利型绿色产品和利他型绿色产品）和广告诉求类型（理性诉求广告和情感诉求广告）的2×2研究表明，理性诉求广告对自利型绿色产品的广告态度和购买意愿的影响更为积极，相对地，情感诉求对利他型绿色产品的上述变量影响效应更加显著。

　　影响绿色消费决策过程的绿色诉求广告可以分为两种：理性诉求和情感诉求。从我们前两章的研究可以推知，相对理性诉求来说，情感诉求有时对行为有更重要的影响。成功的绿色诉求广告在于洞悉并激发人的情感（正面或者负面的情感），以便让接受者以某种方式达到心灵触动。然而，目前多数研究只是笼统地将绿色广告划分为理性和情感两个类别，侧重比较理性和感性绿色广告之间的效果差异及其背后的机制，专门针对情感诉求广告的研究相对缺乏。而且，不同类型情感对消费者绿色消费行为的驱动作用可能存在较大差异，有必要研究更精细的、更有针对性的情感维度对绿色消费行为的作用。因此，本书以情感型绿色广告作为切入点，研究不同的情感诉求广告对消费者绿色消费行为的影响效应差异。

　　根据前一章的相关研究，绿色情感至少可以分为自豪感、内疚感、赞赏感、鄙视感四个维度，相应地，绿色情感诉求也可以分为自豪诉求、内疚诉求、赞赏诉求、鄙视诉求四个维度，本章也以这四维度为基础假设开展研究。其中，自豪诉求旨在激发消费者对于自身实行绿色消费决策的欣慰、自豪或开心情感，内疚诉求旨在激发消费者对于自身未实行绿色消费决策的羞耻、内疚或痛心情感，赞赏诉求旨在激发消费者对于他人实行绿色消费决策的赞许、欣赏或敬重情感，鄙视诉求旨在激发消费者对于他人未实行绿色消费决策的厌恶、鄙视或愤怒情感。自豪诉求、赞赏诉求为正面情感诉求（偏向于正能量诉求），内疚诉求、鄙视诉求为负面情感诉求（偏向于负能量诉求）；自豪诉求、内疚诉求为个体对自身合宜或不合宜行为的情感，赞赏诉求、鄙视诉求为个体对他人合宜或不合宜行为的情感。绿色情感诉求的双因素假设如图 5-1 所示。

对象 \ 方向	情感方向	
	正面诉求	负面诉求
自身行为	自豪诉求（实验组Ⅰ）	内疚诉求（实验组Ⅱ）
他人行为	赞赏诉求（实验组Ⅲ）	鄙视诉求（实验组Ⅳ）

（情感对象）

图 5-1 绿色情感诉求的双因素假设

资料来源：笔者绘制。

二、绿色情感诉求对广告态度的影响

现有研究文献表明，广告信息中明确包含商品的绿色消费信息有助于推动消费者的绿色消费行为（Stöckigt 等，2018）。熊小明等（2018）认为，绿色广告宣传需要考量消费者的心理情境。情感诉求广告通过洞察并激发人类情感（正面或负面情感）促进人类的合宜行为（Antonetti 和 Maklan，2014），然而不同绿色情感诉求对受众的影响和效果不同。Lutz（1985）对情感反应的基础研究发现，消费者只有在和其情感特性匹配的广告刺激下才能产生相应的情感反应，在这一过程中消费者对广告的态度并非固定不变，当消费者接触到广告时，消费者感受会随着广告中所传达的情感变化而变化，消费者也会出现由陌生到吸引再到感触的心理变化，由此形成消费者对诉求广告的态度。Fredrickson（2001）的"积极情感的扩建理论"指出，正面情感诉求注重引发受众情绪和感官的愉悦，从而激发对广告信息的认可或对产品品牌的喜爱，由此正面情感能更有效地促进个体采取相关行为。Cochran 等（2004）的实验研究也发现，自豪诉求能够显著影响广告态度。负面情感则不同，一般来说负面情感（内疚、恐惧）对广告态度的影响比正面情感（自豪、赞赏）更复杂。负面情感诉求会促使受众对所接受的信息采取较为理智、细致和具体的分析性认知策略进行处理。如广告中负面信息对自己所产生的威胁可能性和程度；如果产生威胁，是否能避免、应如何避免、什么行为能够避免等问题都会进入受众的接受与认知过程（Manrai 等，1997）。由此，负面情感诉求的效果相对不太稳定，甚至有时适得其反（Bessarabova 等，2015）。由此，本书提出如下假设：

H1：不同绿色情感诉求对广告态度有不同的影响。

H1a：相较于内疚诉求，自豪诉求更能正向影响广告态度。

H1b：相较于鄙视诉求，赞赏诉求更能正向影响广告态度。

三、绿色情感诉求对感知价值的影响

感知价值是消费者通过对产品或服务的价值、功能等进行评估，并与自己的需求进行比较，权衡感知利益与感知成本，最终对产品或服务进行价值评价（De Medeiros 等，2015）。Zeithaml（1998）认为，不同的消费者由于个体偏好、认知等差异会产生不同的感知价值，感知价值也会随着消费者经历和时间的推移而发生改变，同时正面情感对感知价值的影响作用会更持久。Voss 等（1998）提出感知价值是一个动态而非静态的概念，消费者处于不同情感氛围下其感知价值也会产生差异性，即情感诉求会显著影响感知价值。Hume 等（2010）研究发现，广告引发的情感反应正面影响顾客感知价值。另外积极的情感诉求广告有助于引发积极情感，而这些情感很可能导致受众对目标对象产生积极评价（感知价值）。Kwon 等（2016）指出，绿色诉求（品牌第三方评级）会显著影响消费者的绿色感知价值。孙瑾等（2015）进一步发现，绿色诉求广告显著影响消费者的绿色感知价值，并进而影响其购买意向。由此，本书提出如下假设：

H2：不同绿色情感诉求对感知价值有不同的影响。

H2a：相较于内疚诉求，自豪诉求更能正向影响感知价值。

H2b：相较于鄙视诉求，赞赏诉求更能正向影响感知价值。

四、绿色情感诉求对购买意向的影响

一般来说，购买意向有助于营销者预测其实际购买行为（张砚和李小勇，2017）。在多数研究文献里，购买意向常被用来作为实际购买行为的替代指标（Rees 等，2015）。很多学者研究发现，观看或体验绿色情感诉求广告后激发的情感会有效促进购买意向（Harth 等，2013）。Page（1990）认为，情感诉求能够引起消费者更高水平的记忆和更多的积极行为活动。绿色情感诉求以情感传播为主要方式，消费者通过观看广告、体验广告中的情境而产生情感上的共鸣，从而达到"深入人心"的效果，留下理性诉求难以匹敌的深刻印象。一些学者认为，当绿色情感诉求与个体情感需求相适应时，绿色情感诉求对购买意向的影响最大。且正面情感带给消费者的回忆更加积极，更容易被消费者心理认可和行为接受（Tih 等，2016）。Meneses（2010）研究发现，情感感染比理性传播更能显著影响购买意向，且正面情感对购买意向的影响大于负面情感。此外，Rowe 等（2019）对居民购买低排量车行为进行研究后发现，自豪感能显著提高购买意向，而内疚却无此影响效应。由此，本书提出如下假设：

H3：不同绿色情感诉求对购买意向有不同的影响。

H3a：相较于内疚诉求，自豪诉求更能正向影响购买意向。

H3b：相较于鄙视诉求，赞赏诉求更能正向影响购买意向。

五、广告态度、感知价值对购买意向的影响

很多因素影响着绿色情感诉求刺激后购买意向的生成，消费者对诉求的态度和对产品的态度是其中最重要的影响因素（Chen 等，2014），消费者对诉求信息的态度和对产品的态度会显著提高购买意向（Fornara 等，2016）。Spears 等（2004）认为，广告态度很大程度上决定了购买意向，广告态度是积极还是反感能够有效预测购买意向。许多学者的研究结论也支持广告态度是广告诉求和购买意向的中介变量（Mitchell 和 Olson，1981）。对感知价值来说，Eggert 等（2002）认为，影响消费者购买决策的因素很多，其中感知价值和消费者满意的影响绝对不容忽视。事实上，很多学者从不同角度研究感知价值和购买意向，多数研究结果均支持感知价值能够显著影响购买意向（孙瑾和张红霞，2015）。Zeithaml（1998）从心理学角度研究发现，消费者在选择购买产品时，如果感知收益大于感知成本就能显著提高消费者的购买意向。杨晓燕等（2006）的研究强调，随着消费者环保意识的增强，绿色感知价值对绿色消费相对更重要。De Medeiros 等（2016）基于 Zeithaml 的模型研究发现，感知绿色产品价值增加了购买决策中的支付意愿。潘煜等（2009）研究指出，感知价值是消费者购买的最直接动机，且它在解释变量对购买行为的影响中起显著的中介作用。孙瑾等（2015）进一步研究发现，绿色感知

价值在绿色诉求广告和购买意向之间承担着显著的中介作用。由此，本书提出如下假设：

H4：面对绿色情感诉求时，广告态度对购买意向有显著的正向影响，并在绿色情感诉求对购买意向的影响中起中介作用。

H5：面对绿色情感诉求时，感知价值对购买意向有显著的正向影响，并在绿色情感诉求对购买意向的影响中起中介作用。

六、绿色涉入度对绿色情感诉求—行为决策过程路径的调节作用

一般来说，不同个体对特定绿色广告或绿色产品的关注程度不一样，即消费者对特定事务的参与程度并不完全相同，这种差异会影响到个体的心理状态和行为（Batra 和 Ray，1986）。绿色涉入度（Green Involvement）反映了消费者对绿色广告或绿色产品的关注程度。Batra 和 Ray（1986）认为，绿色涉入度会影响消费者对绿色诉求的态度，相对低涉入度消费者来说，高涉入度消费者的广告态度更为积极。随着研究的深入，学者开始从内在和外在角度分析涉入度，发现涉入度对消费者的影响复杂（高键和盛光华，2017）。Ruiz 等（2004）的研究发现涉入度受到涉入类型和程度的限制，对消费者行为的调节作用不尽相同。Xu 等（2015）认为，高涉入度者比低涉入度者的产品决策过程复杂得多，高涉入度和低涉入度者对信息的反应不同，对信息的接受程度也不同。Souza 等（2005）的研究发现，消费者涉入度能够调节广告诉求对广告态度和感知价值的影响，低涉入度消费者更倾向于漠视绿色诉求。Schuhwwerk 等（1995）研究发现，对绿色涉入度低的被试，绿色诉求广告对广告态度和购买意向有重要作用。而对绿色涉入度高的被试，绿色诉求广告的作用并不显著。由此，本书提出如下假设：

H6a：绿色涉入度对绿色情感诉求—广告态度路径有显著的正向调节作用。

H6b：绿色涉入度对绿色情感诉求—感知价值路径有显著的正向调节作用。

H6c：绿色涉入度对绿色情感诉求—购买意向路径有显著的正向调节作用。

H6d：绿色涉入度对广告态度—购买意向路径有显著的正向调节作用。

H6e：绿色涉入度对感知价值—购买意向路径有显著的正向调节作用。

七、儒家价值观对绿色情感诉求—行为决策过程路径的调节作用

消费者的行为总是遵从特定文化背景下的价值观念和思想体系（Han 和 Ling, 2016）。因为绿色消费观所提倡的是人们的消费行为、消费尺度不仅要适应当前的生产力发展水平、生态环境和生产资源，而且还要适应人们的精神需求、文化需求，是一种适度、有节制的消费观（王鑫和袁祖社, 2019）。文化价值观调节着情感诉求和受众吸引力之间的关系，主导人们的态度并影响人们的行为（劳可夫和王露露, 2015）。Sharma 和 Jha（2017）的研究表明，要推动不同文化价值观的消费者进行绿色消费，必须注意文化差异的影响。Elizabeth 等（2018）发现在绿色消费的跨文化研究中，文化背景发挥了不可忽略的作用。儒家价值观是东方文化背景下影响最为深远的基本价值观（王国猛等, 2010），它对中国人的观念和行为有深刻的影响，是中国文化区别于世界其他文化的重要标志（张连刚, 2010）。儒家价值观内涵和维度非常丰富，我们主要借鉴 Zhang 等（2003）提出的行为身份匹配（Behavior-Identity Matching）、集体主义或群体一致（Conformity）、爱面子（Face）或维护个人声誉三个维度。这三个维度也为张梦霞（2005）和潘煜等（2009）所接受，且相关研究亦表明，儒家价值观这三个维度能对消费者行为产生较大影响。Contrada（2001）认为，个体消费行为会受到来自社会阶层地位、家庭地位等身份的影响。为了与其身份地位相匹配，高行为身份匹配消费者选择产品时会偏向于购买衬托个人身份地位的产品（戴鑫等, 2009）。Tang（2014）指出，中国人很看重他人对自己行为的看法和评价，特别是和自己同一社会阶层的评价。研究发现，高度重视与他人保持良好关系的消费者（即高群体一致消费者）经常在购买时更考虑生态问题（潘煜等, 2014）。张梦霞（2005）和潘煜等（2009）研究指出，东方人很注重"面子"，且"面子"在东方人的消费行为中起了很大的作用，它能够有效地影响消费者态度，进而影响购买意向。而且，高面子意识消费者在观看绿色诉求信息后，为了增加或者维护自己的面子，往往会产生积极的广告态度和感知价值，并最终产生相应的购买意向。由此，本书提出如下假设：

H7a：儒家价值观对绿色情感诉求—广告态度路径有显著的正向调节作用。

H7b：儒家价值观对绿色情感诉求—感知价值路径有显著的正向调节作用。

H7c：儒家价值观对绿色情感诉求—购买意向路径有显著的正向调节作用。

H7d：儒家价值观对广告态度—购买意向路径有显著的正向调节作用。

H7e：儒家价值观对感知价值—购买意向路径有显著的正向调节作用。

根据 Woodworth 的 S-O-R 模型，外部刺激作用于有机体必然产生相应的反应。作为结果的反应既取决于外部刺激，又取决于有机体内部。相应地，绿色情感诉求必然会对有机体产生特定的情感和消费行为反应（即情感行为反应理论），且行为反应前有机体内部也必然会产生特定的购买决策过程（即购买决策过程理论）。综上，本书基于情感反应理论和购买决策过程理论，探究不同绿色情感诉求对绿色消费决策过程的影响效应和作用机理，重点探索正面情感诉求和负面情感诉求之间的效果差异，同时考察绿色涉入度和儒家价值观的调节作用。本书的假设模型（绿色情感诉求—行为决策过程假设模型）如图 5-2 所示。其中，绿色情感诉求为解释变量，绿色消费行为决策过程为结果变量（广告态度和感知价值为中介变量，购买意向为最终变量），绿色涉入度和儒家价值观为情境变量（调节变量）。

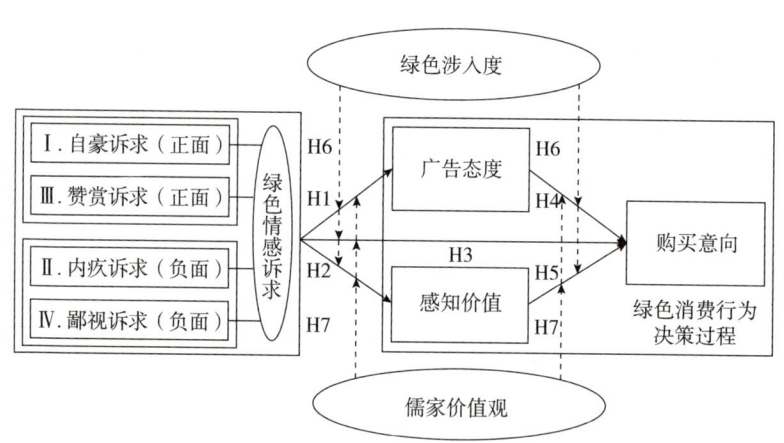

图 5-2　绿色情感诉求—行为决策过程假设模型

注：图中实线表示影响作用，虚线表示调节作用。

资料来源：笔者绘制。

第二节 实验设计和测量量表

一、实验产品

戴鑫等（2009）通过收集杂志、电视和其他媒体上的绿色诉求广告发现，来自第二产业的绿色诉求广告数量最为突出，其中比较有代表性的是家用电器、汽车等行业。另据历年《中国广告年鉴》和《2015年中国广告市场发展报告》，全国广告市场中家电行业的广告投入一直位居前列，而且家电产品和消费者关系密切，冰箱、空调、彩电等家电产品已经走进每家每户。随着消费者环保意识的提高，家电产品广告所传递的绿色信息也更为消费者所看重。由此，本书选择家电产品（具体以冰箱产品为例）进行研究。此外，如果实验中出现真实的企业品牌，可能会误导消费者，消费者会误以为实验目的是推销产品，从而不能获得其真实想法。基于此，本书构造了一个虚拟的绿色冰箱品牌（Grennes）作为实验品牌进行设计。我们假定该冰箱具有良好的节能环保性能（如一级能效标准、超高效压缩机、高效无氟制冷、3天只要1度电等）。

二、刺激材料

本书采用网络在线实验收集数据，实验刺激材料为四个自制的绿色情感诉求广告视频。为了设计实验刺激材料，我们分别对四组被试进行了焦点小组访谈，每组含10名消费者（男女各5名）。焦点小组访谈中，我们就以下两个问题开展深入挖掘、启发讨论：①说出您脑海中体现自豪、内疚、赞赏、鄙视的绿色诉求广告背景画面、广告语以及卡通动画形象；②分别说说自豪、内疚、赞赏、鄙视情感诉求对绿色消费决策的影响。根据受访者描绘的相关图片和文字、动画和视频，同时借鉴相关的期刊、报纸、电视和互联网上的绿色情感诉求广告，初步设计出四组绿色情感诉求材料（包含文字和图片）；接着将绿色情感诉求材料制作成幻灯片，通过专业软件将幻灯片转换为视频，利用电脑软件加入专业配音，最终完成四组不同的绿色情感诉求广告视频（时间都是50秒）。广告文本材料如表5-1所示（限于篇幅，该表仅仅列出了绿色情感诉求的文本材料，图片、动画和视频略去）。

表 5-1　绿色情感诉求的内容设计

诉求类型	绿色情感诉求内容
自豪诉求 （实验组Ⅰ）	蔚蓝的天空，洁白的云彩，绿色的家园，清澈的河水，宜人的气候，丰富的资源。 这一切都有赖于我们每一位在日常购买消费中积极主动的关爱和保护。 Grennes 节能环保冰箱，一级能效标准，我购买，我自豪！ Grennes 节能环保冰箱，超高效压缩机，我购买，我自豪！ Grennes 节能环保冰箱，高效无氟制冷，我购买，我自豪！ Grennes 节能环保冰箱，3 天只要 1 度电，我购买，我自豪！ 我购买 Grennes 节能环保冰箱，我是节能达人环保卫士， 我自豪，我骄傲！我自豪骄傲！
内疚诉求 （实验组Ⅱ）	天空有雾霾，河水有污染，环境在破坏，气候在暖化，冰川在消融，能源在耗竭。 这一切都来源于我们每一位在日常购买消费中不经意间的漠视和破坏。 Grennes 节能环保冰箱，一级能效标准，我没买，我内疚！ Grennes 节能环保冰箱，超高效压缩机，我没买，我内疚！ Grennes 节能环保冰箱，高效无氟制冷，我没买，我内疚！ Grennes 节能环保冰箱，3 天只要 1 度电，我没买，我内疚！ 我没买 Grennes 节能环保冰箱，我是节能环保落后分子， 我内疚，我痛心！我内疚痛心！
赞赏诉求 （实验组Ⅲ）	蔚蓝的天空，洁白的云彩，绿色的家园，清澈的河水，宜人的气候，丰富的资源。 这一切都有赖于我们每一位在日常购买消费中积极主动的关爱和保护。 Grennes 节能环保冰箱，一级能效标准，他购买，我赞赏！ Grennes 节能环保冰箱，超高效压缩机，他购买，我赞赏！ Grennes 节能环保冰箱，高效无氟制冷，他购买，我赞赏！ Grennes 节能环保冰箱，3 天只要 1 度电，他购买，我赞赏！ 他购买 Grennes 节能环保冰箱，他是节能达人环保卫士， 我赞赏，我敬重！我赞赏敬重！
鄙视诉求 （实验组Ⅳ）	天空有雾霾，河水有污染，环境在破坏，气候在暖化，冰川在消融，能源在耗竭。 这一切都来源于我们每一位在日常购买消费中不经意间的漠视和破坏。 Grennes 节能环保冰箱，一级能效标准，他没买，我鄙视！ Grennes 节能环保冰箱，超高效压缩机，他没买，我鄙视！ Grennes 节能环保冰箱，高效无氟制冷，他没买，我鄙视！ Grennes 节能环保冰箱，3 天只要 1 度电，他没买，我鄙视！ 他没买 Grennes 节能环保冰箱，他是节能环保落后分子， 我鄙视，我厌恶！我鄙视厌恶！

资料来源：笔者设计。

三、测量量表

四个刺激材料之后是统一的实验问卷,包括广告态度、感知价值、购买意向、绿色涉入度和儒家价值观五个变量,分别参考 Tang 等(2014)、杨晓燕等(2006)、王建明等(2015)、Souza 等(2005)和 Zhang 等(2003)的相关量表,并根据本书研究目的进行了一定的调整和修正。为了增强量表的准确性和适用性,我们对不合适题项进行剔除,并让一些相关领域专家和典型消费者对初始量表的措辞和结构提出意见,对于表达不清楚的题项进行修改或调整。接着我们随机招募四组被试(被试不仅限于在校学生,还包括社会人士,这样可以得到更好的测试效果)进行预测试,共获得 120 份预测试样本(平均每组 30 个被试)。对于回收的预测试样本,我们进行了初步统计分析,以检验量表的信度和效度,根据分析结果再次调整不合适的题项,从而完成最终量表设计(具体问卷量表如表 5-2 所示)。在最终量表中,广告态度、感知价值、购买意向、绿色涉入度和儒家价值观五个变量分别有 5、4、4、4 和 9 个测量题项。本书使用李克特五级量表进行测量,"1"代表不同意,"2"代表不太同意,"3"代表一般,"4"代表大致同意,"5"代表同意。

表 5-2 问卷量表

变量名称	测量题项
广告态度	1. 该绿色诉求提供的信息十分丰富; 2. 这则绿色诉求令人印象深刻; 3. 这则绿色诉求很有吸引力; 4. 我喜欢这则绿色诉求; 5. 这则绿色诉求很有说服力。
感知价值	1. 选择该节能环保冰箱有助于改善生态环境; 2. 选择该节能环保冰箱对社会发展有好处; 3. 选择该节能环保冰箱能帮我赢得更多赞许; 4. 选择该节能环保冰箱能帮我树立积极健康的个人形象。
购买意向	1. 我会收集和了解该节能环保冰箱的更多信息; 2. 我会向朋友推荐该节能环保冰箱; 3. 需要时我会考虑购买该节能环保冰箱; 4. 这则广告会促使我购买该节能环保冰箱。

续表

变量名称	测量题项
绿色涉入度	1. 我对环境问题很关注； 2. 我对绿色诉求的信息很关注； 3. 我对市场上新流行的绿色产品很关注； 4. 我对绿色产品相关的活动很关注。
儒家价值观	1. 个人的行为应该与其社会地位相符； 2. 个人的穿着打扮应与其身份相匹配； 3. 消费行为应当与个人的身份相匹配； 4. 在家庭中，我不会把丢面子的事情告诉家人； 5. 在购物中，我不会在朋友面前购买降价的商品； 6. 在工作中，我不希望别人批评我； 7. 我认为老师的教诲很重要； 8. 我认为虚心使人进步，骄傲使人落后； 9. 我在购买之前会重点考虑周围人的意见。

资料来源：笔者整理。

第三节 样本描述和操控性检验

一、样本描述

我们将绿色情感诉求广告视频和测试量表在问卷星中进行在线编辑，制成四个不同的网络链接，然后通过互联网随机发放链接进行在线实验。剔除无效样本后，共回收有效样本 400 份，每个诉求组各包含 100 份有效样本。从回收样本的性别分布看，男女被试的比例基本持平；从年龄看，被试主要集中在 34 周岁以下，这是由于年轻人上网时间更多，能在不受干扰的情况下观看实验刺激材料并完成测量问卷；从学历来看，被试学历以本科或以上学历为主，这是因为高学历者更容易理解实验刺激材料和测量问卷，保证样本质量；从个人月收入来看，多数被试的月收入在 6600 元以下（另有 133 位被试未填报个人月收入）。总体上，被试样本的人口统计分布与城镇消费者一般状况接近。被试样本的描述性统计如表 5-3 所示。

表 5-3 被试样本的描述性统计分析

变量	分类	自豪诉求组Ⅰ	内疚诉求组Ⅱ	赞赏诉求组Ⅲ	鄙视诉求组Ⅳ	合计	百分比（%）
性别	1. 男	41	54	45	66	206	51.500
	2. 女	59	46	55	34	194	48.500
年龄	1. 24 周岁或以下	48	29	43	63	183	45.750
	2. 25~34 周岁	45	66	56	36	203	50.750
	3. 35~44 周岁	5	3	0	0	8	2.000
	4. 45 周岁或以上	2	2	1	1	6	1.500
学历	1. 高中/中专或以下	11	14	3	5	33	8.250
	2. 大专或高职	6	17	6	19	48	12.000
	3. 本科	50	36	33	48	167	41.750
	4. 硕士或以上	33	33	58	28	152	38.000
月收入	1. 2200 元或以下	24	18	22	22	86	32.210
	2. 2201~4400 元	25	32	12	18	87	32.584
	3. 4401~6600 元	15	22	9	11	57	21.348
	4. 6601 元以上	6	17	8	6	37	13.858

注：月收入占比等于该月收入层次人数除以填写月收入人数（即已减去未填写月收入的人员）。
资料来源：笔者整理。

二、操控性检验

数据正式分析之前，本书先对四则绿色情感诉求进行操控性检验。我们通过测量比较不同组别被试在以下四个题项上的得分来进行操控性检验：①如果我购买该节能环保冰箱，我会为我的行为感到自豪；②如果我没有购买该节能环保冰箱，我会为我的行为感到内疚；③如果他人购买该节能环保冰箱，我会为他的行为感到赞赏；④如果他人没有购买该节能环保冰箱，我会为他的行为感到鄙视。通过对数据分析发现，自豪诉求组（Pride）在题项 1 上的均值显著高于其他诉求组（Other）（$M_{pride} = 3.920$，$SD_{pride} = 1.032$；$M_{other} = 3.223$，$SD_{other} = 1.293$；$F = 23.931$，$P < 0.001$）；内疚诉求组（Guilty）在题项 2 上的均值显著高于其他诉求组（Other）（$M_{guilty} = 3.840$，$SD_{guilty} = 1.080$；$M_{other} = 2.310$，$SD_{other} = 1.110$；$F = 144.488$，$P < 0.001$）；赞赏诉求组（Admiring）在题项 3 上的均值显著高于其他诉求组（Other）（$M_{admiring} = 3.770$，$SD_{admiring} = 1.110$；$M_{other} = $

3.117，$SD_{other}=1.186$；$F=23.568$，$P<0.001$）；鄙视诉求组（Disdainful）在题项4上的均值显著高于其他诉求组（Other）（$M_{disdainful}=3.280$，$SD_{disdainful}=1.349$；$M_{other}=2.050$，$SD_{other}=1.082$；$F=85.142$，$P<0.001$）。这表明本书中不同绿色情感诉求的实验操控成功。此外，广告态度、感知价值、购买意向、绿色涉入度和儒家价值观五变量的Cronbach's α系数分别为0.930、0.874、0.871、0.878和0.798（均超过0.700），五变量的KMO检验统计量分别为0.896、0.754、0.810、0.823、0.775（均超过0.700），Bartlett's球形检验结果拒绝零假设（显著性水平为0.000），这意味着上述五变量的内在信度和建构效度良好。

第四节 绿色情感诉求的主效应

这里暂不考虑不同绿色情感诉求之间的差异，先考察消费者面对绿色情感诉求的一般反应。广告态度、感知价值、购买意向、绿色涉入度和儒家价值观五变量之间的相关系数如表5-4所示。可以看出，广告态度、感知价值、购买意向、绿色涉入度和儒家价值观之间的皮尔逊相关系数均在0.01的水平上显著正相关，相关系数在0.45~0.75，为中度相关。

表5-4 不同变量之间的相关系数

	均值	标准差	广告态度	感知价值	购买意向	绿色涉入度	儒家价值观
广告态度	3.445	1.085	1				
感知价值	3.735	1.026	0.742**	1			
购买意向	3.496	1.084	0.756**	0.752**	1		
绿色涉入度	3.779	0.848	0.571**	0.560**	0.621**	1	
儒家价值观	3.702	0.850	0.452**	0.452**	0.457**	0.534**	1

注：*代表显著性水平$P<0.05$，**代表显著性水平$P<0.01$，***代表显著性水平$P<0.001$。下同。

资料来源：笔者整理。

下面用单因素方差分析（ANOVA）检验不同绿色情感诉求对绿色消费决策过程的影响，如表5-5、图5-3所示。具体来说，自豪诉求、赞赏诉求的广告态度、感知价值显著高于内疚诉求、鄙视诉求（显著性水平为 0.05），即假设 H1、假设 H2 成立。自豪诉求、赞赏诉求和内疚诉求的购买意向显著高于鄙视诉求（显著性水平为 0.05），即假设 H3 成立。在 0.05 的显著性水平下，自豪诉求和赞赏诉求在广告态度、感知价值和购买意向上没有显著差异，内疚诉求和鄙视诉求之间在广告态度和感知价值上无显著差异，但在购买意向上存在显著差异。

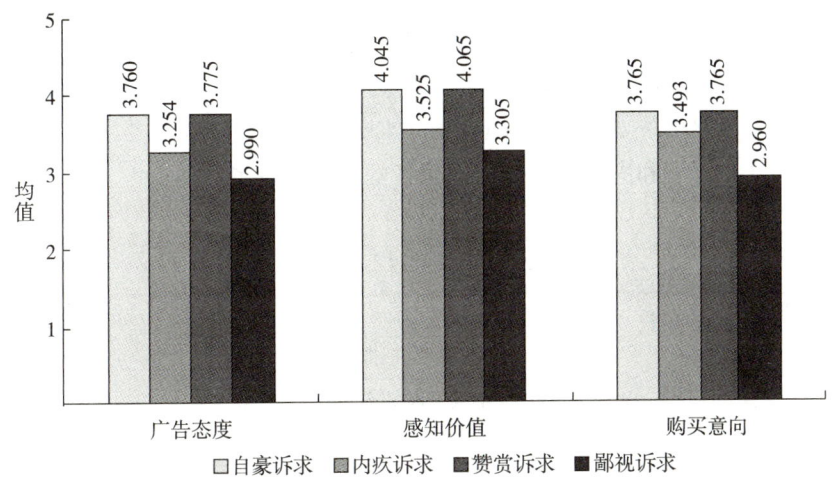

图 5-3　不同绿色情感诉求下购买决策过程的均值比较

资料来源：笔者绘制。

表 5-5　不同绿色情感诉求对购买决策过程的影响

绿色情感诉求	样本量	广告态度均值		感知价值均值		购买意向均值	
		alpha = 0.05 的子集		alpha = 0.05 的子集		alpha = 0.05 的子集	
		子集 I	子集 II	子集 I	子集 II	子集 I	子集 II
鄙视诉求	100	2.990		3.305		2.960	
内疚诉求	100	3.254		3.525			3.493
自豪诉求	100		3.760		4.045		3.765
赞赏诉求	100		3.775		4.065		3.765
显著性水平		0.072	0.918	0.112	0.885	1.000	0.152

注：表中为 SNK（Student-Newman-Keuls）检验结果。表中特定"子集"表示特定细分集合内在 95% 置信区间上特定变量均值没有显著差异。

资料来源：笔者整理。

下面检验绿色情感诉求对不同消费者的绿色消费决策过程影响是否存在差异。我们根据绿色涉入度不同将消费者分为两类：绿色涉入度得分高于平均值（3.741）就归入高绿色涉入度组（共 193 个被试，占被试总数的 48.250%），绿色涉入度得分低于平均值（3.741）则归入低绿色涉入度组（共 207 个被试，占被试样本的 51.750%）。同样，我们根据儒家价值观不同也将消费者分为两类：儒家价值观得分高于平均值（3.541）就归入高儒家价值观组（共 186 个被试，占被试总数的 46.500%），儒家价值观得分低于平均值（3.541）则归入低儒家价值观组（共 214 个被试，占被试总数的 53.500%）。绿色情感诉求对于不同绿色涉入度和儒家价值观消费者的影响存在显著差异（显著性水平小于 0.001），如表 5-6 所示。简言之，绿色情感诉求对高绿色涉入度和高儒家价值观消费者的影响作用更显著。

表 5-6　绿色情感诉求对不同消费者的影响

解释变量	分类变量	结果变量	组别	均值	标准差	F 值	显著性水平
绿色情感诉求	绿色涉入度	广告态度	低涉入度组	2.939	0.858	124.454	<0.001
			高涉入度组	3.998	1.038		
			全部组	3.445	1.085		
		感知价值	低涉入度组	3.291	0.959	103.012	<0.001
			高涉入度组	4.221	0.866		
			全部组	3.735	1.026		
		购买意向	低涉入度组	2.977	0.887	133.228	<0.001
			高涉入度组	4.063	0.994		
			全部组	3.496	1.084		
	儒家价值观	广告态度	低价值观组	3.046	0.968	69.282	<0.001
			高价值观组	3.881	1.038		
			全部组	3.445	1.085		
		感知价值	低价值观组	3.327	0.972	83.688	<0.001
			高价值观组	4.182	0.891		
			全部组	3.735	1.026		
		购买意向	低价值观组	3.086	0.985	73.856	<0.001
			高价值观组	3.944	1.009		
			全部组	3.496	1.084		

资料来源：笔者整理。

第五节 中介效应检验

下面分析广告态度和感知价值在模型中的中介作用。为了便于分析和结果解释，我们将四种绿色情感诉求进行配对分析，自豪诉求和内疚诉求一对，赞赏诉求和鄙视诉求一对，最后将正面情感诉求（包括自豪诉求和赞赏诉求）和负面情感诉求（包括内疚诉求和鄙视诉求）进行配对分析。我们先将绿色情感诉求转换为哑变量（Dummy Variable），1代表自豪/赞赏/正面情感诉求，0代表内疚/鄙视/负面情感诉求。接着采用Preacher等（2004）提出的自助法（Bootstraping）检验中介效应。表5-7显示了绿色情感诉求和广告态度对购买意向的直接效应检验结果。可以看出，绿色情感诉求对中介变量广告态度的直接效应以及中介变量广告态度对购买意向的直接效应均在0.01的显著性水平上显著，绿色情感诉求对购买意向的直接效应在0.05的显著性水平上却不再显著（表中显著性水平分别为0.219、0.051、0.454，均大于0.05）。

表5-7 绿色情感诉求和广告态度对购买意向的直接效应

中介变量	解释变量	路径	路径系数	标准误	Z值	显著性水平
广告态度	自豪/内疚诉求	绿色情感诉求 → 购买意向	0.111	0.090	1.232	0.219
		绿色情感诉求 → 广告态度	0.506	0.140	3.604	<0.001
		广告态度 → 购买意向	0.758	0.044	17.159	<0.001
	赞赏/鄙视诉求	绿色情感诉求 → 购买意向	0.230	0.117	1.966	0.051
		绿色情感诉求 → 广告态度	0.785	0.152	5.160	<0.001
		广告态度 → 购买意向	0.721	0.052	14.007	<0.001
	正面/负面诉求	绿色情感诉求 → 购买意向	0.056	0.074	0.749	0.454
		绿色情感诉求 → 广告态度	0.646	0.104	6.226	<0.001
		广告态度 → 购买意向	0.748	0.034	21.786	<0.001

资料来源：笔者整理。

绿色情感诉求对购买意向的间接效应（基于自助法）如表5-8所示。可以看出，广告态度对购买意向的间接效应在99%置信区间上都显著大于零（双尾检验）。结合表5-7和表5-8的分析发现，绿色情感诉求对购买意向的间接效应显著，同时直接效应却不再显著，由此可以认为广告态度在绿色情感诉求—购买意向路径之间的中介效应显著（且为完全中介），即假设 H4 成立。

表 5-8 绿色情感诉求对购买意向的间接效应（以广告态度为中介）

中介变量	解释变量	系数	标准误	95%置信区间		99%置信区间	
				下限	上限	下限	上限
广告态度	自豪/内疚诉求	0.387	0.106	0.177	0.598	0.112	0.659
	赞赏/鄙视诉求	0.563	0.117	0.346	0.801	0.275	0.872
	正面/负面诉求	0.486	0.081	0.652	0.332	0.706	0.285

资料来源：笔者整理。

表 5-9 为绿色情感诉求和感知价值对购买意向的直接效应检验结果。可以看出，绿色情感诉求对中介变量感知价值的直接效应以及中介变量感知价值对购买意向的直接效应均在 0.01 的显著性水平上显著，同时在自豪/内疚诉求组以及赞赏/鄙视诉求组，绿色情感诉求对购买意向的直接效应在 0.05 的显著性水平上不显著。但在正面情感/负面情感诉求组，绿色情感诉求对购买意向的直接效应在 0.01 的显著性水平上显著。

表 5-9 绿色情感诉求和感知价值对购买意向的直接效应

中介变量	解释变量	路径			路径系数	标准误	Z值	显著性水平
感知价值	自豪/内疚诉求	绿色情感诉求	→	购买意向	0.130	0.097	1.338	0.182
		绿色情感诉求	→	感知价值	0.520	0.131	3.967	<0.001
		感知价值	→	购买意向	0.773	0.051	15.307	<0.001
	赞赏/鄙视诉求	绿色情感诉求	→	购买意向	0.210	0.114	1.844	0.067
		绿色情感诉求	→	感知价值	0.760	0.145	5.259	<0.001
		感知价值	→	购买意向	0.783	0.052	14.965	<0.001
	正面/负面诉求	绿色情感诉求	→	购买意向	0.084	0.032	2.587	0.010
		绿色情感诉求	→	感知价值	0.168	0.045	3.719	<0.001
		感知价值	→	购买意向	0.778	0.035	22.060	<0.001

资料来源：笔者整理。

绿色情感诉求对购买意向的间接效应（基于自助法）如表 5-10 所示。因为置信区间不包含 0，感知价值对购买意向的间接效应在 99%置信区间上都显著大于零（双尾检验）。结合表 5-9 和表 5-10 的分析发现，绿色情感诉求对购买意向的间接效应显著，同时直接效应仍旧显著（从整体上考虑正面情感/负面情感诉求组），由此可以认为，感知价值在绿色情感诉求—购买意向路径之间的中介效应显著（且为部分中介），即假设 H5 成立。

表 5-10 绿色情感诉求对购买意向的间接效应（以感知价值为中介）

中介变量	解释变量	系数	标准误	95%置信区间		99%置信区间	
				下限	上限	下限	上限
感知价值	自豪/内疚诉求	0.402	0.109	0.190	0.621	0.134	0.685
	赞赏/鄙视诉求	0.598	0.120	0.365	0.836	0.295	0.924
	正面/负面诉求	0.131	0.037	0.203	0.060	0.228	0.036

资料来源：笔者整理。

综上所述，广告态度和感知价值在绿色情感诉求—购买意向路径之间存在显著的中介效应。且从两变量的中介效应对比看，广告态度的中介效应更大（从整体上考虑正面情感/负面情感诉求组时，间接效应为 0.486），感知价值的中介效应相对较小（从整体上考虑正面情感/负面情感诉求组时，间接效应为 0.131）。这表明，消费者对绿色情感诉求的个体主观态度相对于绿色情感诉求的客观价值信息更重要。

第六节 调节效应检验

一、绿色涉入度的调节效应检验

先检验绿色涉入度对绿色情感诉求—中介/结果变量路径（即绿色情感诉求—广告态度，绿色情感诉求—感知价值，绿色情感诉求—购买意向三条路径）的调节效应。鉴于绿色情感诉求和绿色涉入度均为分类变量，我们采用方差分析模型检验调节效应，结果如表 5-11 所示。从该表可以看到，在 0.05 的显著性水平上，绿色涉入度对于绿色情感诉求和广告态度、感知价值、购买决策之间的路径均不存在显著的调节效应，可见假设 H6a、假设 H6b、假设 H6c 不成立。

表 5-11　绿色涉入度对绿色情感诉求—中介/结果变量路径的调节效应

	源	Ⅲ型平方和	df	均方	F 值	显著性水平
广告态度	校正模型	140.107	7	20.015	23.816	<0.001
	绿色情感诉求	26.836	3	8.945	10.644	<0.001
	绿色涉入度	92.739	1	92.739	110.349	<0.001
	绿色诉求×绿色涉入度	2.224	3	0.741	0.882	0.450
感知价值	校正模型	114.522	7	16.360	20.974	<0.001
	绿色情感诉求	26.435	3	8.812	11.297	<0.001
	绿色涉入度	69.799	1	69.799	69.799	<0.001
	绿色诉求×绿色涉入度	1.522	3	0.507	0.651	0.583
购买意向	校正模型	146.098	7	20.871	25.343	<0.001
	绿色情感诉求	27.762	3	9.254	11.237	<0.001
	绿色涉入度	101.433	1	101.433	123.165	<0.001
	绿色诉求×绿色涉入度	1.560	3	0.520	0.631	0.595

资料来源：笔者整理。

图 5-4 展示了不同绿色涉入度水平下各绿色情感诉求组的广告态度、感知价值和购买意向均值，从图中可直观地看出广告态度、感知价值和购买意向三变量均值在不同绿色涉入度水平上的差异变化相近。

下面检验绿色涉入度对中介变量—结果变量路径的调节作用。鉴于广告态度、感知价值这两个中介变量是连续变量，绿色情感诉求为分类变量，我们做层次回归（Hierarchical Regression）分析以检验调节效应，分析调节效应前我们对所有变量进行了中心化处理，结果如表 5-12 所示。从该表可以发现，绿色涉入度对广告态度—购买意向路径不存在显著的调节作用，与之相对，绿色涉入度对于感知价值—购买意向存在显著的正向调节效应，即假设 H6d 不成立，假设 H6e 成立。具体来说，对于高绿色涉入度个体来说，感知价值与购买意向之间的正向作用相对较强，增加感知价值可以更有效地促进其提高购买意向；而对于低绿色涉入度个体来说，感知价值与购买意向之间的正向作用相对较弱，增加感知价值对促进其提高购买意向相对低效。图 5-5 为绿色涉入度的调节效应图，从该图亦可发现上述分析结果。

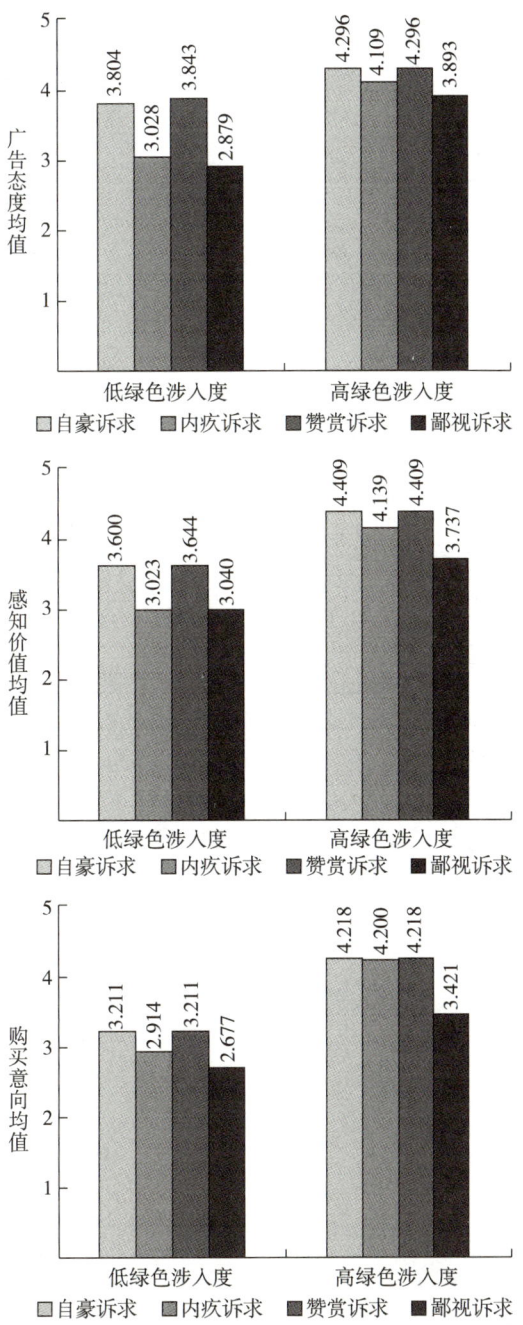

图 5-4　不同绿色涉入度水平下的各变量均值

资料来源：笔者绘制。

表 5-12　绿色涉入度对中介变量—结果变量路径的调节作用

	广告态度→购买意向			感知价值→购买意向		
	模型一	模型二	模型三	模型四	模型五	模型六
广告态度	0.756***	0.596***	0.592***			
感知价值				0.752***	0.589***	0.607***
绿色涉入度		0.280***	0.282***		0.291***	0.290***
广告态度×绿色涉入度			0.033			
感知价值×绿色涉入度						0.126***
相关系数 R	0.756	0.791	0.791	0.752	0.790	0.800
判定系数 R^2	0.572	0.625	0.626	0.566	0.624	0.639
调整的 R^2	0.571	0.623	0.623	0.564	0.622	0.637
F 值	532.183	330.737	220.958	518.037	329.000	234.017
F 值的显著性水平	<0.001	<0.001	<0.001	<0.001	<0.001	<0.001
F 值变化	532.183	55.893	1.150	518.037	61.377	17.200
F 值变化的显著性水平	<0.001	<0.001	0.284	<0.001	<0.001	<0.001

注：表中六个模型的因变量都是购买意向，六个模型的解释变量分别为：广告态度（模型一），广告态度、绿色涉入度（模型二），广告态度、绿色涉入度及两者交互项（模型三），感知价值（模型四），感知价值、绿色涉入度（模型五），感知价值、绿色涉入度及两者交互项（模型六）。

资料来源：笔者整理。

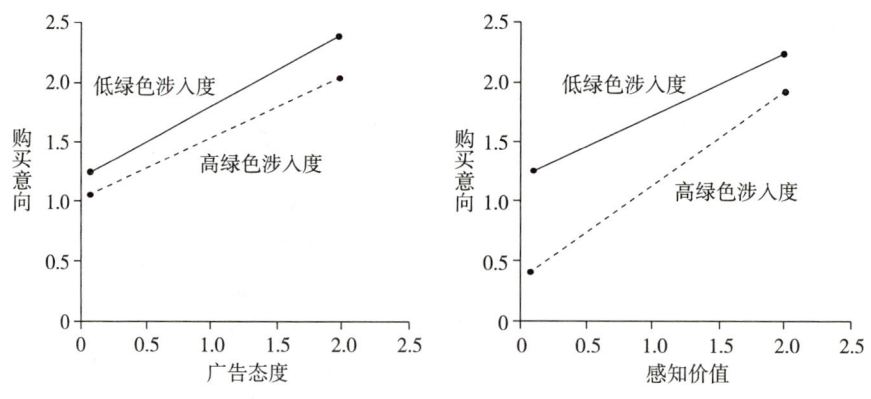

图 5-5　绿色涉入度的调节效应

资料来源：笔者绘制。

二、儒家价值观的调节效应检验

下面检验儒家价值观对解释变量—中介/结果变量路径的调节效应，同样采用方差分析模型进行检验，结果如表 5-13 所示。从该表可以看到，在 0.05 的显著性水平上，儒家价值观对于绿色情感诉求和广告态度、感知价值、购买决策之间的路径均不存在显著的调节效应，可见假设 H7a、假设 H7b、假设 H7c 不成立。

表 5-13 儒家价值观对绿色情感诉求—中介/结果变量路径的调节效应

	源	Ⅲ型平方和	df	均方	F 值	显著性水平
广告态度	校正模型	106.875	7	15.268	16.502	<0.001
	绿色情感诉求	35.230	3	11.743	12.693	<0.001
	儒家价值观	60.345	1	60.345	65.225	<0.001
	绿色诉求×儒家价值观	1.982	3	0.661	0.714	0.544
感知价值	校正模型	111.842	7	15.977	20.306	<0.001
	绿色情感诉求	32.788	3	10.929	13.890	<0.001
	儒家价值观	63.430	1	63.430	80.612	<0.001
	绿色诉求×儒家价值观	5.825	3	1.942	2.468	0.062
购买意向	校正模型	112.810	7	16.116	17.739	<0.001
	绿色情感诉求	38.510	3	12.837	14.130	<0.001
	儒家价值观	68.711	1	68.711	75.634	<0.001
	绿色诉求×儒家价值观	1.294	3	0.431	0.475	0.700

资料来源：笔者整理。

图 5-6 展示了不同儒家价值观水平下各绿色情感诉求组的广告态度、感知价值和购买意向均值，从图中可直观地看出广告态度、感知价值和购买意向三变量均值在不同儒家价值观水平上的差异变化相近。

下面检验儒家价值观对中介变量—最终变量路径的调节作用，结果如表 5-14 所示。可以看出，儒家价值观对广告态度—购买意向路径不存在显著的调节作用，对感知价值—购买意向路径则存在显著的正向调节作用，即假设 H7d 不成立，假设 H7e 成立。具体来说，对于高儒家价值观个体来说，感知价值与购买意向之间的正向作用相对较强，增加感知价值可以更有效地促进其提高购买意向；而对于低儒家价值观个体来说，感知价值与购买意向之间的正向作用相对较弱，增加感知价值对促进其提高购买意向相对低效。图 5-7 为

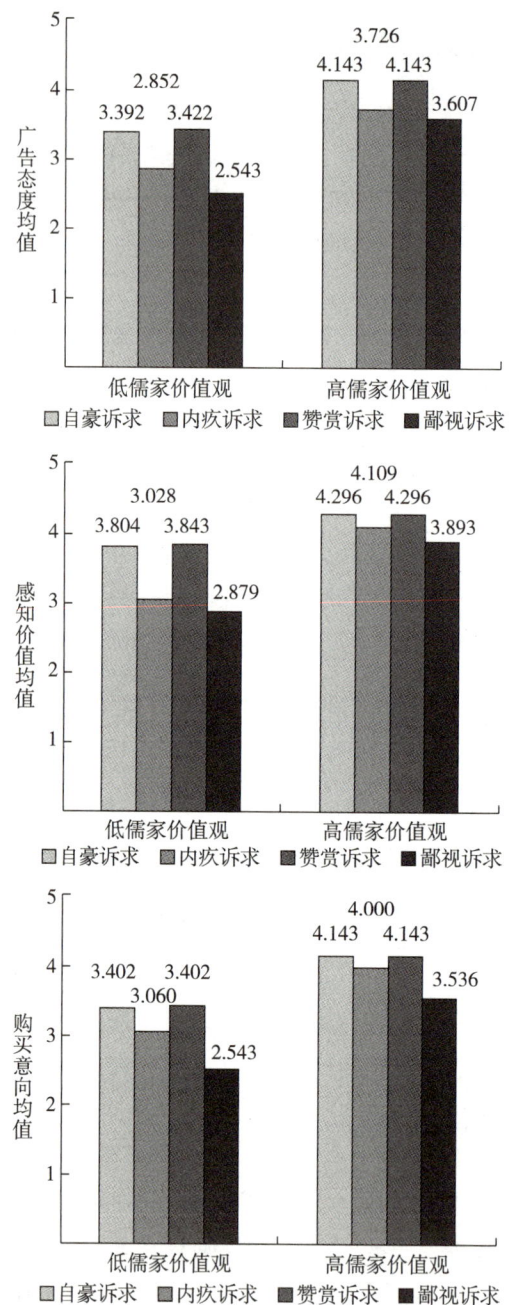

图 5-6 不同儒家价值观水平下的各变量均值

资料来源：笔者绘制。

儒家价值观的调节效应图,从该图亦可发现上述分析结果。

表 5-14 儒家价值观对中介变量—结果变量路径的调节作用

	广告态度→购买意向			感知价值→购买意向		
	模型一	模型七	模型八	模型四	模型九	模型十
广告态度	0.756***	0.691***	0.689***			
感知价值				0.752***	0.685***	0.696***
儒家价值观		0.145***	0.144***		0.148***	0.138***
广告态度×儒家价值观			0.019			
感知价值×儒家价值观						0.121***
相关系数 R	0.756	0.767	0.768	0.752	0.763	0.773
判定系数 R^2	0.572	0.589	0.589	0.566	0.583	0.597
调整的 R^2	0.571	0.587	0.586	0.564	0.581	0.594
F 值	532.183	284.196	189.266	518.037	277.355	195.865
F 值的显著性水平	<0.001	<0.001	<0.001	<0.001	<0.001	<0.001
F 值变化	532.183	16.065	0.344	518.037	16.499	14.300
F 值变化的显著性水平	<0.001	<0.001	0.558	<0.001	<0.001	<0.001

注:表中六个模型的因变量都是购买意向,六个模型的解释变量分别为:广告态度(模型一),广告态度、儒家价值观(模型七),广告态度、儒家价值观及两者交互项(模型八),感知价值(模型四),感知价值、儒家价值观(模型九),感知价值、儒家价值观及两者交互项(模型十)。

资料来源:笔者整理。

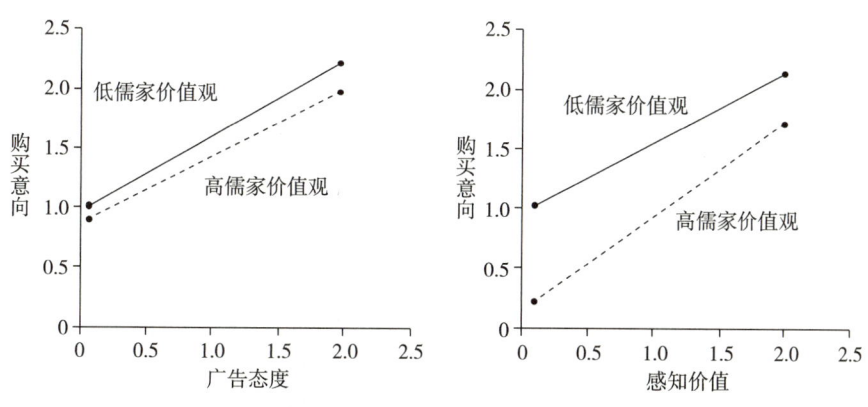

图 5-7 儒家价值观的调节效应

资料来源:笔者绘制。

此外，为了更深入地挖掘出有效激发情感的绿色情感诉求深层特征，我们对消费者进行了进一步的深度访谈，并对访谈资料进行了编码分析，结果如表 5-15 所示。

表 5-15　有效激发情感的绿色情感诉求深层特征编码

主范畴	对应子范畴	范畴的内涵
真实性	内容真实	内容真实可靠、可信性、权威性。
	真情实感	内容或主角有真情、情感、激情。
贴近性	贴近个体实际需求	贴近需求，如内容实时，与时俱进，与热点对接，或与传统文化对接，或跟个体有相关性、实用性，不空洞、不高高在上，等等。
	贴近个体心理（精神）需求	内容满足受众心理需求，特别是情感需求，如怀旧、亲情、爱情、友情等，或体现对弱者、小孩、动物的同情、怜悯等。
深刻性	含义深刻	内容有深度，语言含义深刻，内容不能太浅显。
	发人深思	发人深省，让人思考意义。
实践性	主角的实践经历、亲身经历	内容多源于生活，源于普通人身边的事情。
	互动性、参与性	亲身实践、互动参与、亲身体验参观和实践。
艺术性	视觉艺术性	图片、视频、文字、醒目对比、数字、拟人性、人格化等。震撼、感染力、画面感等，通过线条、色彩、光线效果、布局和对比度等表现艺术家审美意境所达到的程度。
	听觉艺术性	通过系列乐音所构成的旋律、节奏在抒发音乐情感时的表现力。
创意性	故事创意	活泼性、生动性、故事性、情节性、氛围性、整体性、条理性（主题情节不能杂乱无章）等。 故事性、述说或者用非语言展示一个生动的故事情节或故事氛围。
	形式创意	新颖性、独特性、个性化，形式有创新，不枯燥。
移情性	震撼性、打动性、对比联系	能够将传播联系到个体行为。
	感染性，让人感同身受，产生情感共鸣，如亲情、友情、爱情	能够将传播信息联系到个体心理态度，似乎广告讲述的就是自己身边的事，生活就是这样普通。

资料来源：笔者整理。

可以发现，绿色情感诉求中下述七个主要范畴（概念）对于有效激发情感非常关键：①真实性，即绿色情感诉求的内容设计和展现方式真实可靠，反映真情实感；②贴近性，即绿色情感诉求的内容设计和展现方式贴近个体实际需求，或者贴近个体心理（精神）需求；③深刻性，即绿色情感诉求的内容设计和展现方式含义深刻、发人深思；④实践性，即绿色情感诉求的内容设计和展现方式体现了主角的实践经历、亲身经历，或让受众实现参与互动，或让受众亲身体验实践；⑤艺术性，即绿色情感诉求的内容设计和展现方式的视觉艺术性、听觉艺术性水准很高；⑥创意性，即绿色情感诉求的内容创意和展现方式新颖、有新意；⑦移情性，即绿色情感诉求的内容设计和展现方式具有强大的震撼性、打动性，或通过对比联系具有很高的感染性，让受众感同身受、产生情感共鸣（如亲情、友情、爱情等）。在我们看来，这七个维度是有效激发情感的绿色情感诉求深层特征（或最主要特征），也是有效激发情感的绿色情感诉求最基本特征（或最一般特征）。它们犹如北斗七星一样指引着一切绿色情感诉求，如图5-8所示。

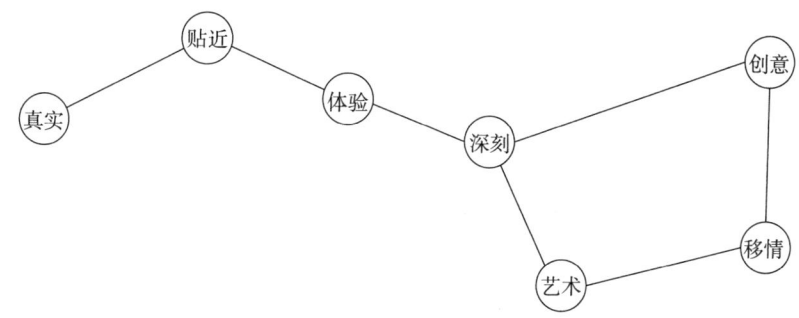

图 5-8　有效激发情感的绿色情感诉求深层特征

资料来源：笔者绘制。

为了考察七个特征维度对激发绿色情感的影响作用，我们对访谈资料进行了进一步分析，发现如下这些关键概念（信息节点）被受访者反复提及："震撼打动""调动起来""深深触动""改变观念""避免忘记""调整改进""持续坚持"等。对这些关键概念进行深描、诠释可以发现，上述七个特征维度对激发绿色情感的影响作用也主要体现为三方面：首先，七个特征维度对激发绿色情感具有激活和启动作用；其次，七个特征维度对激发绿色情感具有组织和调整作用；最后，七个特征维度对激发绿色情感具有维持和强化作用。绿色情感诉求七个特征对情感与行为的影响作用如图5-9所示。

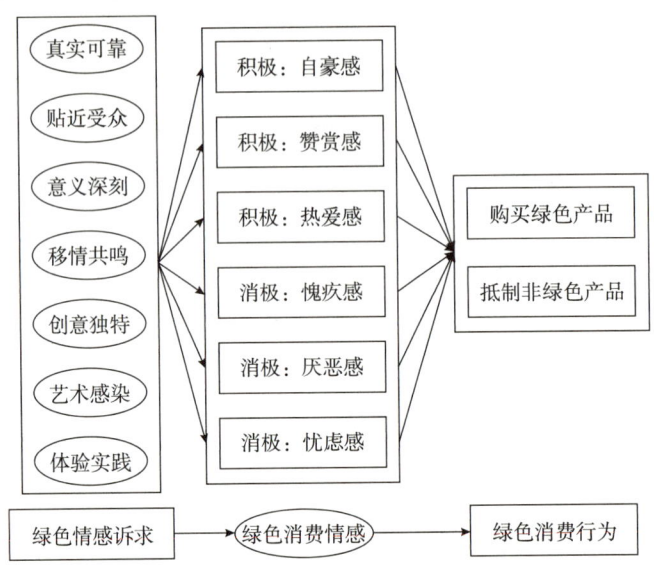

图5-9 绿色情感诉求七个特征对情感与行为的影响作用
资料来源：笔者绘制。

本书遵循"绿色情感诉求—行为决策过程"的理论逻辑和假设框架，考察了不同绿色情感诉求对购买决策过程的影响效应和作用机制。主要研究结论总结如下：①绿色情感诉求中传递正能量更能产生积极效果。即相对于负面情感诉求来说，正面情感诉求对购买决策过程的影响效应更显著。具体来说，自豪诉求相对内疚诉求的影响效应更显著，赞赏诉求相对鄙视诉求的影响效应更显著。且这一结论不受绿色涉入度和儒家价值观两情境变量的调节影响。②绿色情感诉求对绿色消费决策过程的作用不受消费者与情感对象间心理距离（Psychical Distance）的影响。即自豪诉求（偏向于成就自我，个体的心理距离较近）和赞赏诉求（偏向于敬重他人，个体的心理距离较远）的影响效应没有显著差异，内疚诉求（偏向于反省自我，个体的心理距离较近）和鄙视诉求（偏向于指责他人，个体的心理距离较远）的影响效应也基本没有显著差异。③绿色情感诉求的边缘路径（Peripheral Route）相对中心路径（Central Route）更重要。从广告态度和感知价值两变量的中介效应对比来看，广告态度的中介效应更大，中介路径也更重要。可见，绿色情感诉求的"形式生动"(偏向于边缘路径)相对"内容丰富"(偏向于中心路径)往往更重要。④不同消费者群体间的绿色消费决策过程可能会出现"鸿沟扩大"现象。具体体现为,不同消费者面对绿色情感诉求刺激后的购买决策过程不同,对高绿色涉入度、高儒家价值观消费者来说,绿色情感诉求对其绿色消费决策过程的作用更显著。此外,绿色涉入度和儒家价值观两情境变量对感知价值—购买意向这一间接路径存在正向调节作用。⑤我们探索性地将有效激发情感的绿色情感诉求特征归纳为七个维度:真实性、贴近性、深刻性、实践性、艺术性、创意性、移情性。这七个维度是有效激发情感的绿色情感诉求最主要的特征。

第六章

情感—行为模型研究的结论和启示

本章基于前文质性研究、问卷调查研究（CB-SEM 分析和 PLS-SEM 分析）和网络在线实验研究，对绿色消费的情感—行为模型研究结果进行深层次解读，总结出主要研究结论。在此基础上总结出绿色消费的情感—行为模型（最终模型），并进行相应的理论阐释。最后讨论绿色消费情感—行为模型的管理启示，提出情感—行为模型的进一步思考——绿色信息传播的基本思路。

第一节 质性研究的主要结论

在质性研究阶段，我们基于扎根理论技术对访谈资料进行开放式编码、主轴编码和选择性编码，把本书的核心问题范畴化为"绿色消费情感"及"绿色消费行为"两大主要范畴，并探索了相互之间的逻辑关系，为后面的量化研究奠定基础。主要研究结论如下：

第一，绿色消费情感具有显著的二维特征，即积极情感和消极情感两个基本维度。由此可见，Watson 等（1985）对情感的二维划分法对绿色消费情感也同样适用。在绿色消费情感的四维度中，从情感的效价看，厌恶感、愧疚感属于负面（消极）情感，赞赏感、自豪感则属于正面（积极）情感；从情感的对象看，厌恶感、赞赏感、愧疚感、自豪感是对人（个体环境行为）的情感。与之相对，忧虑感、热爱感是对物（外界生态环境）的情感；从情感的强度看，任一维度的绿色消费情感至少都可以分为：低强度、中强度和高强度三种强度。以愧疚感为例，低强度的愧疚感体现为消费者对非绿色消费感到羞耻、羞愧，中强度的愧疚感体现为消费者对非绿色消费感到内疚、悔恨，高强度的愧疚感体现为消费者对非绿色消费感到痛苦、痛心。又如，对于忧虑感来说，低强度的忧虑感体现为消费者对气候变化问题关注、关心，中强度的忧虑感体现为消费者对气候变化问题担忧、担心，高强度的忧虑感体现为消费者对气候变化问题害怕、恐惧。基于情感的强度差异，我们可以用 18 个情感关键词来描述绿色消费情感的六维度（我们还开发了相应的测量量表）。绿色消费情感的维度结构及其特征如表 6-1 所示。

表 6-1　绿色消费情感的维度结构及其特征

情感维度	低强度	中强度	高强度	情感效价	情感对象
忧虑感	关注	担忧	害怕	负面情感	物（外界生态环境）
热爱感	热爱	向往	珍惜	正面情感	
厌恶感	讨厌	鄙视	气愤	负面情感	人（个体环境行为）
愧疚感	羞耻	内疚	痛心		
赞赏感	赞许	欣赏	敬重	正面情感	
自豪感	欣慰	开心	自豪		

资料来源：笔者整理。其中，忧虑感、热爱感是基于笔者的前期研究汇总整理的。

第二，绿色消费行为可分为"有所为"和"有所不为"两种境界，即分为"购买绿色产品"和"抵制非绿色产品"两个维度。消费者"购买绿色产品"和"抵制非绿色产品"均可视为绿色消费行为的表现。在我们先前的质性研究中，我们也发现了消费碳减排行为（这可以视为一种特定的绿色消费行为）分为两个维度（王建明，2015）。对消费碳减排行为来说，它一方面表现为减少高碳消费行为，另一方面也表现为增加低碳消费行为，我们称为消费碳减排行为的双因素假说（王建明，2015）。其中，低碳消费行为更多地与转变行为习惯相关（如消费者节约使用油气电、重复利用产品、循环回收废旧产品、少用一次性产品、拒绝过度包装产品等），实行低碳消费行为对个体来说一般不会产生效用损失；而高碳消费行为更多地与物质主义价值观念和生活方式相关（如消费者倾向物质消费、时尚消费、奢侈消费、豪华消费、冲动消费等），转变高碳消费行为对个体来说往往会导致效用损失。进一步说，低碳消费行为的对立面是"非低碳消费行为"，而不是"高碳消费行为"；同理，高碳消费行为的对立面是"非高碳消费行为"，而不是"低碳消费行为"。与之相应，绿色消费行为也存在两个基本维度（类似于双因素假说）。即"购买绿色产品"的对立面是"未购买绿色产品"，而不是"抵制非绿色产品";同理,"抵制非绿色产品"的对立面是"未抵制非绿色产品",而不是"购买绿色产品"。

第三,在推进绿色消费过程中,"晓之以理"不如"动之以情"。即相对于认知来说,情感的作用更重要,即绿色消费情感是绿色消费行为更重要、更显著的驱动因子。这与Kals等(1999)的结论基本一致,也证实了休谟的论断在绿色消费领域依然成立。笔者认为,绿色消费认知具有短暂性、浅层性、情境性、低卷入性,而绿色消费情感则具有持久性、深刻性、稳定性、高卷入性。根据我们的深度访谈,多数受访者对绿色消费并非缺乏感知或认识,而是这种感知或认识未能配合相应的情感反应或情感共鸣,这导致他们的感知和认识未能有效转化为动机和行为。对特定消费者来说,如果其对绿色消费的认知上升到情感,这意味着消费者对绿色消费的短暂、浅层、易逝、低卷入的了解知晓提升到持久、深刻、稳定、高卷入的心灵触动,这有助于激发消费者的绿色消费动机,更有效、更持久地促成其绿色消费行为。

第四,绿色消费情感可以激发个体行为动机,促成绿色消费行为,最终走出"知易行难"困境。一般认为,认知是个体行为的基础,相应地,对绿色消费的认知会促进个体实行相应的绿色消费行为。但认知和行为之间的低相关("知易行难")却成为理论界和实践部门经常面临的尴尬困境(王建明,2013)。进一步说,"知易行难"的背后实质上是"知强情弱"(消费者对绿色消费有基本认知却缺乏情感共鸣)。由此可见,绿色消费情感在绿色消费认知和绿色消费行为之间充当着中介的作用(至少部分中介的作用)。这实际上也证实了经典的知信行模型(KAP Model)在绿色消费行为领域依然成立。在知信行模型中,行为改变是一个过程,存在着知识、信念和行为改变三个过程。其中,"知"是"认知和学习",它是个体行为的基础;"信"是"态度和信念"(其中也包括情感),它是个体行为的动力;"行"是"行为"(如产生促进好的行为,消除坏的行为等行为改变的过程),它是最终目标。个体具备了知识,同时对知识进行积极的思考,上升为情感和信念,才可能采取积极的态度去改变行为。① 笔者认为,如果消费者对绿色消费的了解知晓提升到心灵触动,这有助于激发消费者的绿色消费动机,促成绿色消费行为,最终走出"知易行难"的尴尬困境。

第五,绿色消费情感通过影响动机的强度、方向和持续性,从而促成绿

---

① 当然,在经典的知信行模型中,情感因素未能独立出来,而是混杂在信念和态度变量中。

色消费行为。绿色消费情感对绿色消费行为的影响作用主要体现为三个方面：首先，绿色消费情感对绿色消费行为具有激活和启动作用。绿色消费情感作为一个独立的心理过程，它能激活个体的绿色消费行为动机（提高绿色消费行为动机的强度），从而对绿色消费行为产生激活和启动作用。其次，绿色消费情感对绿色消费行为具有组织和调整作用。绿色消费情感既能对良好行为动机（如绿色消费行为动机）发挥组织、协调作用，也能对不良行为动机（如非绿色消费行为动机）发挥调整、阻断作用，从而对绿色消费行为产生组织和调整作用。最后，绿色消费情感对绿色消费行为具有维持和强化作用。绿色消费情感可以维持行为动机的稳定（避免消费者忽略或忘记），强化个体对行为动机的心理投入，增强行为动机的持续性，从而对绿色消费行为产生维持和强化作用。由此可见，绿色消费情感通过影响动机的强度、方向和持续性，从而促成绿色消费行为。绿色消费情感对绿色消费行为的影响机制如第三章的图 3-4 所示。

第二节　问卷调查研究的主要结论

在大样本问卷调研阶段，我们对绿色消费的情感和行为这两个核心范畴及相互关系进一步进行大样本实证检验。先基于相关研究文献结论和质性分析结果提出绿色消费的情感—行为模型假说，再通过结构方程模型（包括 CB-SEM 和 PLS-SEM）对这一模型假说进行验证，结果证实了情感—行为模型在绿色消费领域确实成立。主要结论如下：

第一，绿色消费情感的二维特征从统计上完全显著，即消费者绿色消费情感确实可分为积极情感和消极情感两个维度。由此可见，Watson 等（1988）对情感的二维划分法在绿色消费情感中再次得到验证。一般来说，情感可以用愉悦度（愉悦—不愉悦）这一向量来度量，这里的积极和消极绿色消费情感也是根据愉悦度正负来划分的。描述性统计分析还显示，积极绿色消费情感（赞赏感、自豪感）的均值要明显高于消极绿色消费情感（厌恶感、愧疚感）。可见，消费者存在逃避不愉快并尽可能追求愉悦的本能。在绿色消费领域，消费者同样倾向于积极、美好的情感，而非消极、使自己不愉快的情感。此外，从情感的对象看，绿色消费情感可分为对他人购买的情感（赞赏感、厌恶感）和对自身购买的情感（自豪感、愧疚感），这同样体现出鲜明的二维特征。

第二，相对于"有所为"（购买绿色产品）来说，消费者更容易做到"有所不为"（抵制非绿色产品）。大样本问卷调研再次证实绿色消费行为可分为"有所为"和"有所不为"两种境界，即购买绿色产品和抵制非绿色产品两个维度。且相对于"购买绿色产品"来说，"抵制非绿色产品"的均值更高，可见消费者更容易做到"有所不为"。现有的文献中，这方面的研究几乎还没有，本书的这一结论值得管理者关注和重视。从量的角度来看，前者是消费者购买绿色产品种类或数量的增加，后者是消费者购买非绿色产品种类或数量的减少；从质的角度来看，以行为外部性作为评判标准，"购买绿色产品"能增加行为的正外部性，"抵制非绿色产品"能减少行为的负外部性。在绿色消费行为两维度中，"抵制非绿色产品"可以独立形成，同时它也是"购买绿色产品"形成的中介条件，对后者有显著的正向影响。与之相对，"购买绿色产品"既能独立形成，也可以借助"抵制非绿色产品"这一中介变量间接形成。进一步说，"购买绿色产品"是"抵制非绿色产品"的深化发展和逻辑结果。

第三，积极情感对绿色消费行为的影响效应显著大于消极情感。换言之，相对消极情感来说，积极情感能更有效地减少消费者产品购买的负外部性并增加其正外部性。这再次证实了Meneses（2010）的研究。大自然选择赋予人类快乐的情感以满足其生理欲望和繁衍。快乐的情感对人的活动起到增力作用，正如弗洛伊德认为人在无意识领域中本能地追求快乐。笔者认为，基于Fredrickson（2001）提出的"积极情感的扩建理论"（The Broaden-and-build Theory of Positive Emotions），积极情感能够帮助人们拓展其注意、认知和行为的范围，从而更加有效地捕获以及分析信息，由此做出更为恰当的行动决策，并具有长期地、持续地增强个体能力的效应（如增强个体的智力、体力、社会和心理调节能力等）。与之相反，消极情感会让个体产生对现状回天无力的感觉（换言之，会削弱个体的控制感），进而容易使人产生"破罐子破摔"的动机，这种负面能量能够显著地削弱消极情感对绿色消费行为的推动作用（White等，2019）。当然需要指出的是，愧疚等消极情感对绿色消费行为的影响作用依然不可忽视。一方面，愧疚可以诱发"消退动机"和"消退行为"。消费者由于愧疚产生的自责心理可能会驱使个体今后尽量避免重复或减少过去的不合宜行为（如非绿色消费行为）。另一方面，除了诱发"消退动机"和"消退行为"外，愧疚还可以推动个体产生符合社会规范要求的合宜行为

（如绿色消费行为）。由此可见，尽管愧疚是负面的情感，但其可以促使人们反思并改变过往的不合宜或消极行为（White 等，2019），以使其行为符合社会规范要求。

表 6-2 为依据问卷调查分析结果所得到的绿色消费情感—行为矩阵，它直观地展示了绿色消费情感二维度与绿色消费行为二维度之间影响效应的相对大小。总体而言，绿色消费情感对绿色消费行为有显著的促进作用。具体来说，积极维度的绿色消费情感对购买绿色产品行为的促进作用在所有影响效应当中最为明显，即两者的相性是最好的；消极维度的绿色消费情感对抵制非绿色产品行为的促进作用最小，两者的相性最弱。

表 6-2 绿色消费的情感—行为矩阵

		绿色消费行为		
		购买绿色产品	抵制非绿色产品	整体绿色消费行为
绿色消费情感	积极绿色情感	★★★（影响力最大）	★★（影响力中等）	★★☆（影响作用较大）
	消极绿色情感	★☆（影响力较小）	★（影响力最小）	★（影响作用小）
	整体绿色情感	★★☆（影响作用较大）	★☆（影响作用较小）	★★（有显著影响）

资料来源：笔者整理。

第四，绿色消费中的"有所为"相对"有所不为"能更显著地响应绿色消费情感。进一步说，绿色消费情感对"购买绿色产品"的影响力大于其对"抵制非绿色产品"的影响力，即情感对"有所为"的影响效应大于其对"有所不为"的影响效应。笔者认为，"有所不为"决策中消费者并未实际购买产品，即没有"看得见、摸得着"的实体，因此这一决策带来的情感满足感不如"有所为"。这与人们受到情感激发后往往考虑的是"做什么"而非"不做什么"现象相一致。更重要的是，这一结论实际上还暗含着如下启迪：在绿色消费中，相对于避免消费者"做坏事"来说，情感更能促进消费者"做好事"。究其原因，理性、刚性的手段（如法律、惩罚等）更容易促进消费者"少做坏事"，但相对难以有效促进消费者"多做好事"；与理性、刚性的手段相对，感性、柔性的手段（如情感诉求、道德教化等）则更容易促进消费者"多做好事"，相对难以有效促进消费者"少做坏事"。

第五，情感—行为矩阵受消费者与情感对象间心理距离（Psychical Distance）的影响作用。进一步说，对自身消费的情感（自豪感和愧疚感）要比对他人消费的情感（赞赏感和厌恶感）更能促进个体行为。根据解释水平理论（Construal Level Theory），人们对特定事件的解释会随着他/她对该事件的心理距离之远近而发生改变，进而影响与此相关的行为。自己与他人分别对应社会距离（Scoial Distance，心理距离的一种）的近和远（王财玉，2017）。同样地，笔者认为，对他人消费的情感与个体间的心理距离相对较远，卷入度较低，① 相应的情感往往容易呈现出麻木、沉睡或休克（未能被唤醒），故而其对自身行为没有产生应有的启动和促进作用。与之相对，对自身消费的情感与个体间的心理距离相对更近，卷入度较高，相应的情感更容易被激活或唤醒，故而其对自身行为能产生更大的启动和促进作用。

第六，学历和收入对情感—行为模型存在显著的调节效应。具体而言，相对高学历者来说，低学历者的情感—行为路径系数更大。笔者认为，高学历者的情感更容易被控制、压抑，故其情感对行为的影响效应往往不太显著（"秀才造反，十年不成"也暗含着这一道理）。与之相对，低学历者的情感更容易被唤醒、激活，故其情感对行为的影响效应更显著。此外，相对低学历者来说，高学历者一旦抵制了非绿色产品，则更可能以购买绿色产品作为"补偿"；相对高收入者来说，低收入者的积极情感——购买绿色产品路径系数更大；相对低收入者来说，高收入者的积极情感——抵制非绿色产品路径系数更大。至于这些结果是否可靠，则还需要学者们进一步的专门研究。

第三节 在线实验研究的主要结论

在线实验研究中，我们遵循"绿色情感诉求—行为决策过程"的理论逻辑和基本框架，通过网络在线实验收集一手数据（4×2 个实验组，共 400 个有效被试），运用方差分析模型和阶层回归模型考察不同绿色情感诉求对绿色消费决策过程的影响效应和作用机理，先分析绿色情感诉求的主效应，重点探究正面情感诉求和负面情感诉求之间的差异，然后分析广告态度和感知价值的中介效应，最后测度绿色涉入度和儒家价值观在模型中的调节效应。主要研究结论如下。

第一，自豪诉求相对于内疚诉求更有效。这与 Meneses（2010）和 Koenig-

---

① 卷入度是指与个人切身相关的程度，它会直接地影响消费者接受与处理信息。

lewis 等（2014）的研究结论相类似。Meneses（2010）认为，情感诉求对购买行为的作用大于仅仅展示产品绿色属性的理性诉求，并且相对于负面情感来说，正面情感对行为能够产生更显著的影响。笔者认为，自豪诉求能激发个体对自身合宜行为的愉悦感、满足感和成就感，为了维持并增加这种快乐的情感体验，他们会自觉实行绿色消费决策；与之相对，内疚诉求会激发个体对自身不宜行为的懊恼、不安、惭愧、自责甚至负罪心理，为了缓解这种压力、紧张和痛苦的情感体验，他们也会转而实行绿色消费决策。但是，人们往往更倾向于接受使自己开心、愉悦而不是难过、痛苦的情感，另外内疚诉求还可能触发个体的心理防御机制（Psychological Defense Mechanism）。由此相对于自豪诉求来说，内疚诉求对绿色消费决策过程的推动作用相对不太明显。

第二，赞赏诉求相对于鄙视诉求更有效。现有的绿色情感诉求研究中，关于赞赏诉求和鄙视诉求对绿色消费决策作用的文献几乎还没有。笔者认为，赞赏诉求传达的是他人绿色消费对环境的积极影响，给消费者提供榜样、标杆、典范、楷模的力量，促进消费者从内心深处对他人的合宜行为支持、肯定、赞赏，从而激发消费者产生绿色消费决策（这就是"见贤思齐"）。鄙视诉求向消费者传递他人的不合宜行为，激发消费者的反感、厌恶、可恶、难受、反省心理（这就是"见不贤而内自省"）。然而，一些人即便对他人不宜行为产生了鄙视、厌恶情感，这种负面情感可能也同时引起个体对他人不宜行为的宽恕、谅解或者麻木，甚至触发个体的心理防御机制，这导致鄙视诉求对消费者自身合宜行为的促进作用还不够明显。由此可见，相对于赞赏诉求来说，鄙视诉求对绿色消费决策过程的推动作用也相对不太明显。

第三，广告态度和感知价值在购买决策过程中的中介作用显著。对广告态度来说，它直观地反映了消费者对绿色情感诉求信息的认可度，也直接地反映了绿色情感诉求信息制作的优劣。消费者观看绿色情感诉求信息后一旦产生积极的广告态度，就会对绿色产品产生良好印象和高度认可，进而对绿色产品产生浓厚兴趣和购买意向。由此，管理者能够从消费者的广告态度有效预测其购买行为。Spears 等（2004）的研究结果也支持了这一点。对感知价值来说，消费者所感知到的产品绿色价值越高，其对产品的绿色环保特征就越认可，相应的购买意向也就越强。孙谨等（2015）的研究结果也表明了这一点。可见，识别、研究目标消费者的感知价值，找出目标消费者最关注的价值领域，并将情感诉求重点投入消费者最看重的价值领域，这会更有效地提高购买意向。

第四，绿色情感诉求对高绿色涉入度、高儒家价值观消费者的传播效果更好。对绿色涉入度来说，高绿色涉入度消费者更加关注绿色环保活动，也更关注市场上出现的绿色产品信息和绿色广告信息。看到绿色情感诉求时，高绿色涉入度消费者会认真关注、提取有用信息，从而产生积极的广告态度、感知价值和购买意向（Ruiz 和 Sicilia，2004）。与之相对，低绿色涉入度消费者对环境问题相对冷漠，不关心绿色信息和绿色活动，也不太了解绿色产品的属性或意义，故绿色情感诉求激发下的绿色消费决策也不是很明显。对儒家价值观来说，高儒家价值观消费者讲究"以仁为本"，喜欢采取和他人一致的行为，注重"面子"意识，倾向于采取符合身份地位的行动。他们会通过购买绿色产品、践行绿色消费来维护自己的社会地位，在绿色情感诉求下的绿色消费决策也相对显著。这和潘煜等（2009，2014）研究结果相类似。

第五，绿色涉入度、儒家价值观对解释变量—结果变量之间的直接路径不存在显著调节作用。这表明，对于不同绿色涉入度消费者来说，相对于内疚、鄙视诉求来说，自豪、赞赏诉求对绿色消费决策过程的传播效果都同样更好（在不同绿色涉入度情境下，绿色情感诉求的传播效果没有显著差异）。本书的结论与 Schuhwerk 等（1995）、Souza 等（2005）对绿色涉入度的研究结论不一样。由此可见，绿色情感诉求对绿色消费决策过程的作用可能不同于一般的绿色诉求广告（如理性绿色诉求）。同样，对于不同儒家价值观消费者来说，相对于内疚、鄙视诉求来说，自豪、赞赏诉求对绿色消费决策过程的传播效果都同样更好（在不同儒家价值观情境下，绿色情感诉求的传播效果没有显著差异）。关于儒家价值观对绿色情感诉求的调节作用，目前还罕有相关的研究。本书的结论有一定的启发意义，值得学者们和管理者重点关注。

第六，绿色涉入度和儒家价值观对感知价值—购买意向路径存在显著的正向调节作用。对绿色涉入度来说，由于高绿色涉入度消费者对绿色事务的关注、参与程度更高，这使其观看绿色情感诉求后的感知价值更高，更重要的是由于他们对感知价值更敏感，提高他们的感知价值对绿色消费意向的促进作用也更大。与之相对，低绿色涉入度消费者的感知价值更低，他们对感知价值相对不太敏感，提高他们的感知价值对绿色消费意向的促进效果相对也较差。同样对儒家价值观来说，儒家价值观以修身、做人为核心，高儒家价值观的人很注重行为身份匹配、群体一致和维护"面子"，看重那些和他们处于同一社会群体的人对他们行为的反映和评价。对于高儒家价值观个体来说，他们更在意该绿色产品能否提高其社会地位、获得他人认可，因此他们也对感知价值更敏感，绿色情感诉求对购买意向的影响会相对较强；反之对于低儒家价值观个体来说，他们对感知价值相对不敏感，绿色情感诉求对购买意向的影响亦相对较弱。由此，不同群体间的绿色消费决策过程可能会出现"鸿沟扩大"现象，即"马太效应"（Matthew Effect）在绿色情感诉求中也在一定程度上存在。

此外，为了挖掘出有效激发情感的绿色情感诉求深层特征，我们对消费者进行了进一步的深度访谈，并对访谈资料进行了分析。结果发现，绿色情感诉求中下述七个主要范畴（概念）对于有效激发情感非常关键：真实性、贴近性、深刻性、实践性、艺术性、创意性、移情性。这七个维度是有效激发情感的绿色情感诉求深层特征（或最主要特征），如第五章的图5-8所示。为了考察七个特征维度对激发绿色情感的影响作用，我们对访谈资料进行了进一步分析，发现如下这些关键概念（信息节点）被受访者反复提及："震撼打动""调动起来""深深触动""改变观念""避免忘记""调整改进""持续坚持"等。对这些关键概念进行深描、诠释可以发现，上述七个特征维度对激发绿色情感的影响作用也主要体现为三方面：首先，七个特征维度对激发绿色情感具有激活和启动作用；其次，七个特征维度对激发绿色情感具有组织和调整作用；最后，七个特征维度对激发绿色情感具有维持和强化作用。绿色情感诉求七个特征对情感与行为的影响作用如第五章的图5-9所示。

第四节 情感—行为模型构建和启示

一、情感—行为模型的建构及其阐释

国内外很多研究均认为，相对理性因素来说，情感因素往往对行为有更重要的影响（Meneses，2010；Elgaaied，2012；Kanchanapibul等，2014；汪兴东和景奉杰，2012；贺爱忠等，2013；王建明和吴龙昌，2015）。情感会激发个体行为动机，影响个体意识，在两难情境下左右其行为决策，是驱动行为的更重要、更显著因素。特别是与西方文化更偏向理性、物理相对应，东方文化更偏向情感、情理。古人云"道始于情"，"感人心者，莫先乎情，莫

始乎言,莫切乎声,莫深乎义"。忽视了情感因素,就不可能有效理解中国人的行为模式及其心理过程。本书基于混合研究方法对绿色消费的情感和行为这两个核心范畴及相互关系进行了专门研究。结果显示,在中国文化情境下,情感—行为模型在绿色消费领域确实成立,消费者的绿色消费情感对驱动其绿色消费行为确实有更重要和更显著的影响。绿色消费的情感—行为模型(简化的最终模型)如图6-1所示。

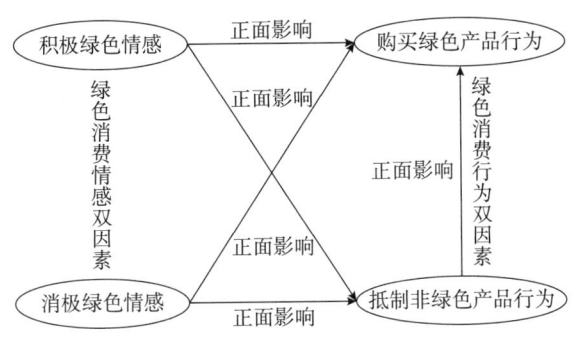

图6-1 绿色消费的情感—行为模型(简化的最终模型)

注:出于简化需要,最终模型没有展示各个具体的解释变量、结果变量,也省略了各个具体的中介变量和调节变量及其中介和调节路径。关于各个具体变量及其在模型中的作用,读者可以参考本书其他章节。

资料来源:笔者绘制。

绿色消费情感—行为模型的基本理论命题包括:①绿色消费情感具有显著的二维特征,即绿色消费情感可以归纳为双因素四维度(即自豪感、赞赏感、愧疚感、厌恶感);②绿色消费行为可分为"有所为"和"有所不为"两种境界,即分为"购买绿色产品"和"抵制非绿色产品"两个维度;③绿色消费情感可以激发个体行为动机,促成绿色消费行为,最终走出"知易行难"困境;④绿色消费情感通过影响动机的强度、方向和持续性,从而促成绿色消费行为;⑤不同维度情感对不同维度行为的影响效应差别较大,绿色消费情感对"购买绿色产品"的影响效应大于其对"抵制非绿色产品"的影响效应;⑥相对消极情感来说,积极情感(如自豪感)能更有效地推动绿色消费行为及其决策过程;⑦绿色消费中的"有所为"决策相对"有所不为"能更显著地响应绿色情感;⑧情感—行为关系路径受消费者与情感对象间心理距离的调节作用;⑨绿色广告态度和绿色感知价值在绿色情感诉求—行为决策模型中扮演重要中介作用；⑩绿色涉入度、儒家价值观对情感—行为决策模型部分路径存在显著调节作用；⑪绿色情感诉求中传递"正能量"更能产生积极效果，即相对于负面情感诉求（负能量）来说，正面情感诉求（正能量）对购买决策过程的影响效应更显著；⑫不同情境特征消费者对绿色情感诉求的购买决策过程不同，即对高绿色涉入度、高儒家价值观消费者来说，绿色情感诉求对其绿色消费决策过程的作用更显著；⑬激发绿色情感是促进绿色消费行为决策的有效路径，即以情促行——拨情感之弦，促绿色之行。对这些理论命题，鉴于前文已经进行了详细阐述，这里不再赘述。

　　本书构建的绿色消费情感—行为模型是对传统绿色消费行为模型的一个重要发展。首先，本书首次将情感因素作为一个核心范畴纳入行为模型，并分析了绿色消费情感的分类维度和内部结构。目前学者们对绿色消费行为影响因素（或前置因素）的研究大都集中于认知层面，专门针对情感层面的实证研究很少，更是罕有学者深入探索情感的维度结构，本书在一定程度上弥补了这一缺陷。其次，本书突破了以往研究中对绿色消费行为的粗略分析方法，对绿色消费行为进行了更细致的剖析（如将绿色消费行为分为"有所为"和"有所不为"两种境界，即分为"购买绿色产品"和"抵制非绿色产品"两个维度），这有利于我们从多维视角理解绿色消费行为的复杂特征。最后，本书基于混合研究方法（综合运用质性研究方法、问卷调研方法、在线实验方法等多种分析方法）检验了绿色消费情感对绿色消费行为的影响效应和作用路径。多种研究方法的数据资料和分析结果相互佐证（三角验证），提高了研究结果的"鲁棒性"，从而可以更全面地测度绿色情感对绿色消费行为的影响效应，并对作用机理进行深入解析、深度诠释，弥补了前人在这方面的研究不足。

二、情感—行为模型的管理启示

　　在当今时代下，很多消费者已经习惯了"看客"身份，对看似"事不关己""距离遥远"的生态环境问题和绿色消费行为往往呈现出漠不关心、无动于衷、麻木冷淡的"情感冷漠症"特征。在这一时代背景下，有效推进绿色消费更应洞悉并激发人的情感。本书的研究显示，激发消费者对环境问题或环保行为的情感是启动和促进绿色消费行为的一条更有效路径，即"动之以情"比"晓之以理"更重要。①

成功的绿色传播在于洞悉并激发受众的情感,以便让受众以某种方式达到心灵触动、感动。在实践中,绿色传播(包括绿色公益活动、环保公益广告、环保新闻节目、环保主题教育、环保知识竞赛、环保参观实践等)经常见诸各类报刊、电视、广播、网络新媒体和户外媒体。② 然而,当前的绿色传播与生态文明建设要求还存在较大的差距。③ 这里的关键在于,政府、企业和公益机构在绿色传播过程中往往以提高理性的认知为主。绿色传播多偏向于理性诉求和口号宣传阶段,重在提高消费者对环境问题的感知、认识,忽视了微观个体的情感诉求或情感共鸣。换言之,我们仅仅做到了"晓之以理",大多忽略了"动之以情"。这导致不少绿色传播的实际绩效(效果)不尽如人意,甚至引发受众的反感和抵触。笔者认为,如果绿色传播活动试图单纯通过理性路径以促进绿色消费行为,那么它就很难高效率、低成本完成这一转化,进而很难推动绿色消费模式的形成。绿色传播应以普及环保知识为基础,触动受众心灵为灵魂,重在拨动情感之弦,敲醒沉睡的心灵(以情促行,拨情感之弦 促绿色之行)。具体来说,绿色消费情感—行为模型的主要管理启示如下。

(1) 关注受众的心理和情感需求,注重绿色传播中的情感元素,这在互联网时代的绿色传播中异常重要和关键。相关政府部门或机构应更多地传达感染、感动、触动等情感诉求,而不是大篇幅地展现事实、数据、道理等认知信息。相关政府部门或机构应改变传统单纯注重理性、认知的绿色传播思路,更多地运用诗歌、音乐、图片、视频和故事等多样化形式提高绿色传播

---

① 弗兰西斯·哈奇森(2009)也认为感情、本能和道德是原始的、天赋的、有力的、不可还原的,相对于理性主义者所说的思辨理性或认知陈述(事实、真理等),它们在道德活动中的作用永远先于后者,优于后者,重于后者。
② 绿色传播是指政府部门或相关机构通过报刊、电视、广播、网络和户外等媒体以及公益广告、主题节目、专题栏目、参观实践等方式对消费者倡导绿色环保生活方式和消费模式的宣传教育活动。
③ 绿色传播也得到了中央和各政府部门的高度重视。中央和各政府部门专门下发了很多文件,如《关于加快推动生活方式绿色化的实施意见》(环发〔2015〕135 号)、《关于促进绿色消费的指导意见》(发改环资〔2016〕353 号)、《全国环境宣传教育工作纲要(2016—2020 年)》(环宣教〔2016〕38 号)等。这些体现了中央和各政府部门对于绿色传播的高度重视。

的艺术感染力和情感穿透力,① 这样往往能更有效地增强消费者的绿色消费情感,从而启动和促进其绿色消费行为。

(2) 通过榜样塑造、形象标杆、典型模范等激励措施激发消费者对绿色消费的积极情感(自豪感、赞赏感)。在很多绿色诉求侧重渲染恶化、崩溃、羞耻、厌恶、负罪、愤怒等负能量的今天,本书的研究却发现在绿色情感诉求中,负能量诉求不如正能量诉求,这一结论值得管理者高度关注和重视。在我们看来,绿色情感诉求应更多地聚焦于正面情感诉求(关注正能量),这可以达到更好的沟通效果。在绿色诉求中多纳入自豪、赞赏等正面情感元素,这可以更好地吸引消费者对特定绿色广告和绿色产品的关注,激发积极的广告态度、获得更高的感知价值,促进绿色消费意向。

(3) 通过体验式、情境化措施激发消费者对非绿色消费的消极情感(羞耻感、愧疚感)。中国文化情境下消费者羞耻感形成具有"体验—情境"特征,学校、社区和公司可以结合自身的文化建设进程,组织成员参加环保类公益活动,譬如环保知识竞赛、公益环保广告大赛、周边环境的污染调查等活动,让参与者切身体会到环境污染的严重性以及危害性。通过上述实践活动,参与者的绿色消费情感和绿色消费动机能够得到显著增强,从而有助于形成积极的绿色消费行为。

(4) 管理者应注重培育并提高消费者对绿色广告、绿色产品和绿色活动的敏感和关注,培养他们对绿色环保理念的兴趣。消费者对环境保护和绿色活动越敏感、越关注,绿色消费决策过程就越容易生成。由此在向消费者传播绿色产品知识的过程中,让他们知道"什么是绿色产品"以及"绿色产品对环境和可持续发展所带来的好处"是远远不够的,更要提高消费者对绿色广告、绿色产品和绿色活动的敏感和关注,通过阐明个体对保护环境应负的责任,认识到降低人类活动对生态环境的负面影响人人有责,个人也要挑起

---

① 绿色传播涉及的政府部门或机构较多,包括发改委、宣传部门、建设部门、环保部门、教育部门等政府部门、各城市政府、社会团体及各类环保组织等,政策制定者可以出台相关激励政策,鼓励发改委、宣传部门、建设部门、环保部门、教育部门等政府部门、各城市政府、社会团体及各类环保组织在绿色传播中加强"以情促行"。具体来说,政策制定者可以:第一,成立"以情促行"实施工作领导小组,对各部门的绿色传播进行指导和协调,适时出台鼓励"以情促行"的指导意见和工作方案;第二,设立"以情促行"专家委员会,为"以情促行"提供智力支持;第三,做好"以情促行"的相关管理人员培训,提高其掌控能力和业务水平;第四,推动"以情促行"的信息反馈和新闻传播,特别是利用微博、微信等新媒体互动平台;第五,强化"以情促行"的考核激励,根据各政府部门、城市政府、社会团体以及环保组织的实际成效进行相应奖励。

保护自然生态环境的担子，培养他们对绿色环保理念的兴趣。而且，根据我们第五章的实证研究，这也有利于避免不同阶层间"知识鸿沟"（Knowledge Gap）的扩大。

（5）推进绿色消费的信息传播活动不但要包括对购买绿色产品的倡导，还应包含对抵制非绿色产品的呼吁。这两种行为紧密相连，但对不同的个体而言，其所接受的行为表现形式可能大相径庭，因此上述两种行为的促进不可偏废。在特定的时间段（如周末、环保活动日、环境文化节）持续开展节水、节电、垃圾分类、废旧品回收等环保活动，宣传绿色产品的环保价值和非绿色产品对环境的危害，不断增强周边群众的环保意识，使其自觉抵制非绿色产品。而且，将上述信息传播活动常规化，使相关人员及其受众认识到环保的重要性，在情感上认可绿色消费行为。

（6）管理者应对目标消费者进行洞察和细分，对不同消费者传播的诉求侧重点应有所不同。绿色诉求活动应当进行市场细分。只有向特定目标消费者传播更有效、更具针对性、更易接受的内容，才能提升绿色诉求的效率与效果。具体而言，如对高绿色涉入度和高儒家价值观消费者，应更多地让其感受到绿色产品的潜在价值，这会更有利于促进绿色消费决策过程；又如对于高学历消费群体，绿色诉求应当着重倡导对非绿色产品的抵制；对于低学历消费群体，绿色诉求则更应侧重激发低学历者对绿色产品的购买；再如对于高收入消费群体，绿色诉求应注意提升他们对绿色产品的认同感，增强其购买绿色产品的积极情感更为重要；对于低收入消费群体，绿色诉求可以从让他们意识到购买非绿色产品的危害性入手，增强其对非绿色产品的抵制则与提升他们对绿色产品的认同感一样重要。

此外，管理者应注重培育并提高消费者对儒家价值观等中国传统文化价值观的认同、接受。充分认识儒家价值观对消费者日常行为的影响，积极传播儒家价值观，这样更有利于促进绿色消费决策过程（当然，这也有利于夯实社会主义核心价值观的基础）。绿色情感诉求还应该重视广告态度和感知价值的中介作用，影响并提高受众的广告态度和感知价值。例如，绿色情感诉求中采用令人印象深刻的图片、动画等展示绿色产品价值，使消费者能产生更积极的态度体验和更高的感知价值，从而有效促进其绿色消费行为。

三、情感—行为模型的进一步思考：绿色信息传播思路

根据绿色消费的情感—行为模型，通过绿色诉求向消费者提供绿色信息

往往是鼓励消费者绿色消费的第一步（Longo 等，2019），也是激发消费者绿色消费情感的第一步。根据米歇尔的个体认知—情感系统理论（Cognitive-Affective System Theory of Personality，CAPS），个体所感受到的情感和情绪对社会信息加工和行为处理有重大影响，个体在加工社会信息的过程中往往具有情感和情绪的唤醒功能，可以触动人的情绪反应，反过来影响人的相关认知和行为。从绿色消费的情感—行为模型出发，如何更进一步、更有效地进行绿色信息传播，以唤醒绿色消费情感，促进绿色消费行为，下面我们探索性地提出几点基本思路。

首先，绿色传播者应综合运用理性信息、感性信息和非言语信息等多种信息内容和表现形式。绿色传播者在设计绿色信息时，应综合运用多种信息内容和表现形式，以更有效地激发绿色消费情感、推动绿色消费行为。按信息内容和表现形式的不同，绿色信息内容分为理性信息、感性信息和非言语信息三方面（科特勒等，2006），如表6-3所示。绿色传播者综合运用这几种信息内容和表现形式，可以更好地提高传播的效果和效率。

表6-3 绿色信息内容的分类

类型	信息内容和表现形式
理性信息	集中传递数据与事实的绿色信息，如告知消费者当前的气候变化形势、能源消耗量与耗竭速度、垃圾日排放量、资源浪费状况、环境污染形势等。
感性信息	旨在诱发某种积极情感情绪（如愉快、激动、兴奋或自豪等）或消极情感情绪（如恐惧、内疚、罪恶或羞耻等）的感性绿色信息，这些情感情绪因素能激发期望的行为、抑制非期望的行为。
非言语信息	视觉、图片、形象、符号、代言人的形体语言，包括口语表达、面部表情、身体动作、眼神交流、空间距离、体型外表等非言语的绿色信息。

资料来源：科特勒等（2006），笔者进行了汇总整理。

其次，绿色传播者应综合运用传统的线下信息渠道（如大众传播渠道、组织传播渠道等）和新兴的线上信息渠道（如社会化媒体渠道等）等多种信息渠道。绿色传播的渠道非常多，绿色传播的传统渠道如表6-4所示（这些渠道大致分为大众传播渠道、组织传播渠道和人际传播渠道三类）。

表 6-4　绿色传播的传统渠道

类型	具体渠道和方式
广告	播放（电视、广播、互联网） 印刷（报纸、杂志） 直接邮寄（信件、函件、电子邮件） 票据和发票的背面广告
公共关系	电视和广播中的故事报道、报纸杂志里的文章、公共事件、社团关系
印刷材料	小册子、新闻信、飞行物上的宣传、广告牌、目录
专门宣传物	服装：T恤衫、球衣、帽子
信号灯和展示品	路标、信号标和广告牌、零售展品
私人性发布	面对面访谈、演示、演讲、电话 研讨会、小型会议和培训班、学习班
流行媒介	歌曲、电影脚本、电视节目、广播节目 喜剧书籍、喜剧漫画
户外活动	广告牌、公共汽车宣传牌、汽车车身、公共汽车站的展示、地铁、出租车、贺卡 洗手间、公用电话亭、机场广告牌和信号灯
专门活动	联欢会、发言会、会谈、展览、参观
实用性物品	信封、小册子、纸张、贴纸、日历、钥匙扣、手电、水瓶、垃圾袋、钢笔和铅笔、书签、手提袋、便笺纸

资料来源：科特勒等（2006），笔者进行了汇总整理。

在绿色传播的传统渠道中，报纸、电视等大众传播渠道的传播范围广、速度快、影响力大，往往适合于整体消费者群体。人际传播渠道的反馈迅速、实时互动，易于被目标消费者接受，也利于传播者和目标消费者之间的情感交流，更适合于特定的细分消费者群体。组织传播渠道（组织所实施的信息传播活动，包括组织内部的信息传播和组织与外界的信息传播）的实施具有正式、权威、指令等特征。本书认为，绿色传播者应结合使用大众传播渠道、组织传播渠道和人际传播渠道，特别应重视利用人际传播渠道（如人与人之间的直接、面对面的信息传播和情感交流）。

除上述传统媒体渠道之外，在当前移动互联网时代，还有一块特别重要的信息传播渠道——社会化媒体（Social Media）。安东尼·梅菲尔（Antony

Mayfield）指出，社会化媒体是一种给予用户极大参与空间的新型在线媒体，具有参与、公开、交流、对话、社区化、连通性等特征，其最大特点是赋予每个人创造并传播内容的能力（阳翼，2015）。社会化媒体主要有社交网络、内容社区、论坛、博客、微博、微信、播客、小视频等形式，能够以多种多样的形式呈现文本、图像、视频等信息。本书认为，绿色传播者应特别重视社会化媒体，绿色传播可以利用的社会化媒体渠道如表6-5所示。在当前移动互联网时代，时间越来越碎片化、渠道越来越分散化、方式越来越自主化，体验、社交、互动、娱乐、族群成为移动互联网时代信息传播的新特征，绿色传播者也要积极关注并利用移动互联网时代信息传播的新特征。例如，在移动互联网时代，每一个电脑、手机终端都可以是绿色传播源，每一个消费者都可以是绿色传播者。如何有效地开发、利用海量的微博、微信、小视频、网络社群等社会化媒体渠道，这是需要重点研究的课题。

表6-5 绿色传播的社会化媒体渠道

序号	社会化媒体渠道	序号	社会化媒体渠道
1	社交网络	10	百科
2	商务社交网络	11	问答
3	社会化商务	12	社会化书签
4	电子商务	13	音乐/图片分享
5	签到/位置服务	14	博客/博客聚合
6	微博	15	视频分享
7	即时通信	16	论坛/论坛聚合
8	RSS订阅	17	社交游戏
9	消费点评	18	抖音、快手

资料来源：阳翼（2015），笔者进行了整理补充。

最后，绿色传播者应改变信息传播的格局、逻辑和模式，更多使用互动、轻松、幽默、生活化、平民化的传播方式。除传播渠道外，绿色传播的方式也非常重要。在新媒体环境、社会化媒体时代，传统的单向、正式、指令、枯燥乏味、我说你听的传播方式往往效果非常有限，绿色传播需要更多地使用互动、轻松、幽默、生活化、平民化的传播方式进行传播。例如，绿色传播者可以采用可爱、卖萌、调皮等"萌思维"以提升传播效果。这里的"萌思维"主要指通过网络语、动漫、漫画、吉祥物、柔性行为等"萌宣传""萌力量"进行绿色传播,达到软化自身形象,吸引受众粉丝关注、引发态度和行为变化。又如,绿色传播者可以借用"甄嬛体""元芳体""凡客体""蓝精灵体""高晓松体""聚美优品体"等方式发布绿色信息口号。贵州民族大学食堂包点店张贴了两张幽默且有趣的绿色信息提示:"亲,因暂不能使用一次性用品,元芳,你看怎么办?""亲,不能使用一次性用品,本是极好的,倘若能自带餐具,是最好不过了,如此既环保又卫生,倒也不负上天的恩泽。"[1] 这两则绿色信息提示改变了过去古板生硬的语气,不仅让大家记忆深刻,而且让大家更乐意接受。再如,官微用拟人化的口吻发布绿色信息口号"啊……我受不了,雾霾君,滚蛋吧""小草也会疼"。这样的绿色传播不再高高在上、让人敬而远之,而是更注重感性风格,更接地气,传播效果必然也更好。限于篇幅,类似的绿色传播方式我们不再赘述。总之,绿色传播者要积极关注移动互联网和新媒体时代受众(粉丝)的新需求、新动向和新特征,改变绿色传播方式的格局、逻辑和模式,这样才会达到更有效(而不是适得其反)的情感激发和行为推进效果。

---

[1] 谭娟等:《食堂大师傅也搞元芳体》,《贵州都市报》2015年11月19日第8版。

第七章

以情促行的实施路径和具体策略

激发消费者的绿色消费情感是启动和促进绿色消费行为的一条更有效的路径。在需求和供给层面发生根本性变革的数字经济时代背景下,如何激发消费者的绿色消费情感以启动和促进相应的绿色消费行为,这是理论界和实践人士需要高度重视的课题。为此,本章进一步分析以情促行(拨情感之弦 促绿色之行)的实施路径和具体策略。主要包括积极培育消费者对自身绿色消费的自豪感、大力培养消费者对他人绿色消费的赞赏感、适度激发消费者对自身非绿色消费的愧疚感、尽量触发消费者对他人非绿色消费的厌恶感、有效提升消费者对美好生态环境的热爱感和充分唤醒消费者对环境污染问题的忧虑感六个方面。①

第一节 积极培育消费者对自身绿色消费的自豪感

"内化于心"方能"外化于行"。政策制定者可以通过榜样塑造、形象标杆、典型模范等各种形式的措施树立正面的榜样形象,真正地打动人心,让受众触动、感动,在潜移默化中激发消费者内心的积极情感能量。只有消费者从内心真正触动,真心认同绿色消费行为,认为绿色消费行为是有益的、令人愉悦或者自豪的行为,他们才更可能行动起来改变自身的消费行为模式。具体来说,积极培育消费者对自身绿色消费的自豪感从内容和方式两个层面分别阐述。

---

① 在本书的质性和量化研究中,我们主要研究了自豪感、愧疚感、赞赏感、厌恶感这四个情感,它们都是对人(个体行为)的情感。热爱感、忧虑感是对物(外界生态环境)的情感,本书并未专门研究。鉴于在我们的前期研究中(王建明,2015),热爱感、忧虑感对绿色消费行为也会产生显著影响,因此,本章也加入了热爱感、忧虑感,以更全面地总结以情促行的实施路径和具体策略。

从内容上说，一方面，让消费者充分认识到自身绿色消费对美丽生态环境和生态文明建设的意义，以充分唤起消费者用行动保护生态环境的自豪感。首先，应该让每一个消费者明确认识到自身绿色消费能有效保护生态环境、缓解环境污染问题。美丽生态环境的建设和保护离不开每一个人的努力。如果人人都有保护绿水青山的意识并行动起来，那就是为人类社会做贡献，即使是很小的一步，无数的一小步合起来就是一大步。其次，让消费者充分意识到其绿色消费对绿色产品生产企业也是一种支持，能帮助绿色企业做大做强，进而推动更多的企业投入绿色产品的生产中。绿色产品的购买和使用增加，生态环境会更加美丽，消费者会有更多的获得感，从而形成良性循环。可见，消费者的绿色消费不仅能直接产生生态环保效应，还能促进生产方式转型，继而间接改善生态环境质量，因而是实现绿色发展不可或缺的一环（张友国，2019）。另一方面，让消费者充分认识到自身绿色消费对个人的价值和意义，以培育其自豪感。让消费者懂得其形成绿色环保的消费方式，在享受美好生态环境的同时也能有效节省个人开支，甚至促进身体健康，进而使其产生愉悦感和自豪感。如消费者利用闲鱼等二手物品交易平台购买二手商品可以节省支出，使用淋浴节水阀在保护水资源的同时减少了水费支出。通过增强消费者对自身绿色消费行为的自我认可及肯定，使其从绿色消费中得到精神满足和物质效用，进而提升其获得感和自豪感（庹新岗，2016）。

从方式上说，一方面，采用适当的公益广告、新闻报道、宣传教育等信息传播方式激发消费者对自身绿色消费的自豪感。从线上信息传播方式来说，可以通过电商平台、抖音、微博、微信等方式进行传播，采取灵活生动的形式加大环境新闻报道和公益广告传播的力度。如在电商平台上增添用户环保达人标识功能，激发消费者的自豪感；制作环保抖音小视频，鼓励消费者进行点赞、转发、评论，增强消费者愉悦感，从而使其从内心真正有所触动、认同绿色消费行为。从线下信息传播方式来说，可以通过公益讲座、绿色沙龙、学术研讨会等形式进行信息传播，推动消费者发自内心认同绿色消费行为对社会及个人的裨益，增强其对自身绿色消费的自豪感。

另一方面，更重要的是采用实践、体验和参与等方式激发消费者对自身绿色消费的自豪感。卢梭（2015）认为，"真正的教育不是由原理构成，而是实践。我们从出生那一刻开始，就不断地自己教育自己"。步入经验世界，融入、探索、实践和体验等方式将会在激发消费者自豪感中发挥有效的促进作用。通过参与丰富多样的实践、体验活动，使其亲身感受绿色消费的魅力，创造出更高的绿色消费价值，同时拉近消费者与绿色消费的距离，使其获得直接经验和愉悦记忆，使参与者内心真正感受到自己作为环保一分子的自豪感。还可以将自己的感受与他人交流（包括家人、亲戚、圈中朋友等），在参与者增加自身绿色消费的同时，也带动身边的人在之后购买中选择绿色产品。实践、体验和参与方式具体可以采用艺术表演、摄影展览、竞赛问答、榜样标识、绿色积分、典型模范、绿色优先、精神鼓励等，下面分别阐述。

（1）艺术表演。如采用舞蹈表演形式，以"绿色我在行"为演出主题，由社区舞蹈队（如跳广场舞的中老年人）一同参与编排，编舞围绕绿色环保主题，演出服装和道具选用绿色环保材料，歌曲内容选用绿色环保主题，整个过程突出每一个人为绿色环保出力的自豪感。未来还可以组织社区间的舞蹈比赛，扩大环保艺术表演的影响力，使代表社区参加比赛的消费者由内心深处油然而生自豪感。或将比赛视频在社区人流密集处播放，进一步提升消费者的自豪感。还可以利用视频播放网站上传舞蹈视频，以短视频的形式加大传播，进一步增强其自豪感。

（2）摄影展览。通过"拍摄身边的绿色消费画面"摄影展，展示优秀"绿色消费画面"作品，强化摄影人对绿色消费的认同。使画面中的消费者因自身绿色消费行为被展示，受到其他消费者的关注和欣赏而产生自豪感。同时，参观者之间也可以进一步交流，扩大绿色消费的影响力。

（3）竞赛问答。通过线上绿色消费知识问答 PK 赛，两两自动匹配比较答题速度与正确率，赢得最终段位可获取达人标识、绿色信用积分，或者通过分享成果获得他人的赞赏从而感到自豪。如参与者之间交流绿色节能小技巧、绿色信用积分的获取方法，并在社区的帖子中回答他人的绿色消费疑问获得感激与赞赏，进而增强其自豪感。

（4）榜样标识。实施"绿色消费公益计划"，如淘宝的公益资助计划，"您每购买一个绿色产品，我们将为山区儿童捐助 1 分钱"等形式。还可在电商平台上增添环保达人标识功能，将环保达人作为榜样代言人，激发榜样代言人内心的自豪感，进而促进绿色消费行为。也可以评选绿色消费榜样家庭，悬挂绿色消费榜样家庭门牌，增强其作为榜样家庭的自豪感。

（5）绿色积分。运用绿色积分等经济激励方法引导消费者培养绿色消费的自豪感和行为习惯。在消费者购买环保产品、绿色出行（共享单车、步行、公交）、使用电子发票、节约用水用电等活动中给消费者累积绿色积分，吸引消费者参与绿色积分评比，依据绿色积分高低领取不同的奖品。在领取奖品时提醒消费者其来源是绿色积分活动，使消费者以此为傲，并在以后的生活中回想到获得奖品以及使用奖品时的优越与自豪感，从而树立绿色消费理念，继续购买绿色产品。

（6）典型模范。将绿色积分较高的个人或家庭的节能小技巧放入社区网站、群聊、公告栏等，培养"绿色消费领袖"，树立消费者的榜样或标杆意识，同时鼓励消费者将其拥有的绿色消费相关知识分享给他人，使其受到他人的赞赏从而产生自豪感。还可以进一步扩大消费者参与范围，将绿色积分推广到不同社区，进一步实现社区间的比较，塑造绿色信用积分社区典范，使整个社区的消费者皆有自豪感。

（7）绿色优先。建立个人绿色消费档案，反馈消费者的绿色消费状况，给良好绿色消费记录的人提供更多优惠政策。如在超市、商场等消费场所，设置绿色环保产品特别标识、环保产品绿色购买通道、绿色环保购买积分、绿色环保产品优惠活动等。用特别标识将绿色环保产品与一般产品进行区分，给予绿色环保产品适当优惠，或给予环保产品绿色购买通道，让购买者优先通过以节约其时间，使购买者产生区别于其他人的优越与自豪感。

（8）精神鼓励。如在环保产品绿色购买通道中挂上写有"感谢您的购买，您已经为环境问题做出了宝贵贡献，碳排放因你而减少"等称赞类信息提示标语，激发购买者的自豪情感。在支付时给予绿色信用积分的放送，并配上"真棒！您又完成了一笔绿色消费！您距离绿色环保达人更近了一步"等图文标识鼓励购买者，进一步增强其自豪感。

培育消费者对自身绿色消费自豪感的具体方式如表 7-1 所示。①

表 7-1　培育消费者对自身绿色消费自豪感的具体方式

类别		具体方式
公益广告信息传播宣传教育	线上	利用微信、微博、抖音等各类公共文化载体。如建立环保公众号、拍摄环保短视频等形式宣传绿色消费的行为及益处，以增加绿色消费者的自豪感。
	线下	通过公益讲座、绿色沙龙、学术研讨会等形式进行信息推广。通过线下互动交流绿色消费的行为，鼓励消费者分享绿色购买经验，增加其自豪感。

---

① 需要说明的是，培育自豪感的具体方式其实对于其他情感维度（如赞赏感、愧疚感、厌恶感、热爱感、忧虑感）也可以同样适用。

续表

类别		具体方式
实践体验参与	艺术表演	利用舞蹈、作词、作曲等艺术表演及其视频推广。组织或鼓励消费者参与社区舞蹈艺术表演，结合线上舞蹈视频推广，增加参与者的自豪感。
	摄影展览	举办"拍摄身边的绿色消费画面"摄影展。通过展示优秀"绿色消费画面"作品，强化摄影人对绿色消费的认同。使画面中的消费者因自身绿色行为被展示，受到其他消费者的关注和欣赏而产生自豪感。
	竞赛问答	举行环保知识问答PK赛。交流绿色节能小技巧、绿色信用积分的获取方法。让消费者亲身体验到绿色消费的好处和价值，增加其自豪感。
	榜样标识	实施"绿色消费公益计划"。在账号上点亮环保达人的标识，增加消费者的身份认同感和自豪感。
	绿色积分	建立绿色积分制度。吸引消费者参与个人及家庭的绿色积分评比，获胜者领取相应奖品（如一级能效小家电），领取奖品时提醒消费者其来源是绿色积分活动，使消费者以此为傲，并形成自豪感。
	典型模范	树立绿色消费榜样家庭。悬挂绿色消费榜样家庭门牌，增强其作为榜样家庭的自豪感。
	绿色优先	设置环保产品绿色购买通道。给予环保产品绿色购买通道，或给予绿色环保产品适当优惠，或让购买者优先通过节约其时间，使购买者产生区别于其他人的优越与自豪感。
	精神鼓励	运用称赞类信息提示标语。在环保产品绿色购买通道中挂上"感谢您的购买，您已经为环境问题做出了宝贵贡献，碳排放因你而减少"等称赞类信息提示标语，激发购买者的自豪情感。在支付时给予绿色信用积分的放送，并配上"真棒！您又完成了一笔绿色消费！您距离绿色环保达人更近了一步"等图文标识鼓励购买者。

注：以上所有方式皆可线上线下同时进行，例如，竞赛问答既可以利用APP举行，也可以在学校课堂内举行。

资料来源：笔者整理。

第二节 大力培养消费者对他人绿色消费的赞赏感

只有消费者在内心情感上真心依从、认同和内化他人的良好环境行为（如绿色消费行为），他们才能真正行动起来调整自身的消费行为模式。目前很多人对他人良好绿色行为的情感反应很麻木、冷淡、不关心、不信任、无兴趣、不动情、无动于衷，呈现出"情感冷漠症"的病态特征。为此，政策制定者可以通过传播沟通、教育培训、实践体验、社会营销、经济激励、行政法规等各种形式树立正面的榜样形象，在潜移默化中激发消费者内心的积极情感能量，引导消费者对他人良好环境行为的情感态度从赞美、赞许到欣赏、感谢到敬重、钦佩，最终促进其行动起来改变自身行为模式。具体来说，大力培养消费者对他人绿色消费的赞赏感从内容和方式两个层面分别阐述。

从内容上说，第一，让消费者充分认识到他人绿色消费对社会或个人的价值和意义。当前不少消费者对他人良好的绿色消费行为表现出冷漠、麻木、漠不关心，主要原因在于没有深刻意识到他人良好的绿色消费行为给社会和个人带来的巨大价值。2018年8月，《电商报》一篇名为"4亿支付宝用户被联合国点赞！你在蚂蚁森林种的树真的改变了世界"的报道，引起了网友的强烈反响。截至2018年5月底，蚂蚁森林的参与者已经多达3.5亿人，种植和维护真树5552万棵，种植面积超过76万亩，预计控沙超过百万亩。① 通过为蚂蚁森林点赞等类似活动，让消费者懂得为他人良好的绿色消费行为点赞，为千千万万绿色消费者的合宜行为点赞，正是他们的合宜行为给我们的社会带来了巨大的价值。

第二，提高消费者的绿色消费意识。只有消费者自身的绿色消费意识提高了，才能提高对他人绿色消费的关注度和敏感度，才能进一步对他人绿色消费有一个深刻而清醒的认识，洞悉他人绿色消费对社会的价值，理解他人绿色消费对社会的意义，进一步对他人良好的绿色消费行为给予肯定、赞美，然后学习其行为，最终内化为自己的绿色消费行为。因此，提高消费者自身的绿色消费意识是唤醒消费者对他人良好绿色消费赞赏感的前提。

第三，增强消费者的绿色责任意识。只有树立绿色消费责任意识，消费者才会有绿色自我担当，才会从心里对他人的绿色消费给予理解、支持，并认同、赞赏他人的良好绿色消费行为，以他人的良好行为为标杆调整自己的行为。Hines等（1986）在研究中也证实了绿色责任感和环境行为之间的作用，肯定了绿色责任感会激发个体实施负责任的环境行为。因此，引导消费者树立绿色消费责任意识是解决消费者对他人绿色消费麻木和不作为、培养

---

① 风清：《4亿支付宝用户被联合国点赞！你在蚂蚁森林种的树真的改变了世界》，《电商报》2018-08-16，https://baijiahao.baidu.com。

消费者对他人良好的绿色消费赞赏感的关键。

第四，为消费者树立绿色消费榜样。绿色消费行为作为一种亲环境的道德行为，不受法律的制约，很多情况下无法通过强制的手段来要求消费者执行，因此，树立绿色消费的榜样是引导消费者认识他人绿色消费对个人价值的一个有效途径。人们的绿色消费行为更多受到榜样的影响，黄蕊等（2018）证实了榜样效应正向影响消费者的绿色消费行为。规范焦点理论也指出，要想影响和改变人的行为，仅仅通过向其宣传或反馈一些有关该行为的可行建议和具体榜样示例就能奏效。通过树立绿色消费的榜样，让消费者了解、学习他人良好的绿色消费行为和习惯，认同和赞赏他人良好的消费行为和习惯，最终主动学习他们良好的绿色消费行为和习惯。

第五，培养消费者感恩社会、感恩他人的情感。当个体意识到外部的恩惠，且这种恩惠并非自己应得时，就会产生一种道德动机，驱动其做出亲社会行为来回报得到的恩惠（黄蕊等，2018）。他人的绿色消费不但可以给社会带来长远的福利，而且具有积极的社会影响，会对消费者个体产生正外部性影响，消费者对他人的绿色消费进行赞赏和感恩，这进而促进其做出绿色消费行为来回馈。因此，培养消费者对自然、对社会、对他人的感恩之情是解决对他人绿色消费麻木不仁问题、唤醒消费者对他人良好行为赞赏感的保障。

从方式上说，一方面，采用适当的公益广告、新闻报道、宣传教育等信息传播方式激发消费者对他人绿色消费的赞赏感。从线上信息传播方式来说，可以采用微博、微信、互联网等信息传播手段塑造绿色消费榜样，来激发消费者对他人绿色消费的赞赏感。具体可以利用新媒体技术开展线上丰富的绿色消费榜样评选活动，收集他人良好的绿色消费素材，发动消费者对榜样事迹进行公开学习，提升消费者的参与感，在交流和学习中为他人良好的绿色消费行为点赞，最终推动自身良好绿色消费行为和习惯的养成。从线下信息传播方式来说，将社区良好绿色消费行为的事迹、绿色消费小贴士、绿色消费小技巧等收集起来，制成绿色消费个性化宣传手册，号召社区消费者进行宣传学习与讨论，在活动中收集对他人绿色消费行为的评论，尤其是赞赏和鼓励。通过线下丰富的活动，让消费者和身边的绿色消费榜样交流，并向其学习，使之在为他人绿色消费行为点赞的同时，也在交流和学习中提升自己的绿色消费水平。

另一方面，更重要的是采用实践、体验和参与等方式激发消费者对他人绿色消费的赞赏感。通过实践、体验和参与方式让消费者参与进来，提高消费者的积极性和参与感，切实体会他人良好的绿色消费习惯和行为，并积极向他们学习，最终促进自身的绿色消费行为。具体而言：

（1）榜样塑造。微博开启绿色消费超级话题社区，征集"我身边的环保主义者""我身边的节能达人""我身边的环保卫士"等事迹，评选出各种绿色消费的榜样、示范，其他用户转发、评论、点赞等可参与抽奖，调动用户的积极性，激发消费者参与的热情，为他人良好的绿色消费行为点赞，从内心对他人的绿色消费行为给予积极评价和点赞，激发其赞赏感。

（2）绿色贴士。通过设置微信小程序"绿色消费小贴士""绿色消费贴士答题PK小程序"，收集各种绿色消费小知识、小贴士，开启关注、评论、点赞、转发、打赏积分等功能，增加用户之间的互动，促进消费者绿色消费理念的交融，提升绿色消费的参与感、融入感，切实体会绿色消费带来的心理满足和情感满足，真诚学习他人良好的绿色消费行为，最终达到在绿色消费中"见贤思齐"。

（3）社会规范。政府针对某些绿色产品制定特殊政策，形成良好的社会规范来引导消费者的消费方向。如针对新能源汽车采取购买新能源汽车政府给予补贴优惠，实行新能源汽车上牌不摇号、新能源汽车行驶不限号、特殊路段新能源汽车不限行等措施，积极引导绿色消费的新方向、新风尚，树立绿色消费的风向标，塑造绿色出行的榜样示范，以此鼓励消费者向新方向、新风尚看齐，从而购买新能源汽车。

（4）企业活动。通过引导企业进行"绿色消费感恩回馈""绿色消费以旧换新"等实践活动以促进绿色消费榜样塑造，激发消费者对他人绿色消费的赞赏感。企业可以开展绿色产品"旧瓶换新装"等活动，推动消费者循环使用绿色产品、合理处理产品包装，让消费者在享受经济优惠的同时，增加绿色消费切实的体验，树立消费者循环使用的消费理念，为企业践行绿色消费行为点赞，最终将绿色消费践行到底。

（5）消费体验。如针对某些绿色产品，开设绿色产品线下体验店，让消费者亲身体验绿色产品的功能，增加消费者的体验感、参与感。只有切身体会到了绿色产品的属性，才能对绿色产品有一个更深入的了解，这样可以更深入地了解他人绿色消费为社会带来的价值，引导消费者为他人绿色消费点赞。

（6）明星倡议。利用"粉丝效应"塑造绿色消费榜样。在绿色产品的包装中添加由明星签名的绿色消费倡议书，由具有良好绿色消费形象的明星带头发起绿色消费倡议行动。明星是公众人物，其一言一行受到大家的期待和关注，由明星发起的绿色消费活动更具有号召力和感染力，更具有榜样效应，会受到更多消费者和粉丝的称赞，追随其绿色消费行为。

培育消费者对他人绿色消费赞赏感的具体方式如表7-2所示。

表7-2 培育消费者对他人绿色消费赞赏感的具体方式

类别		具体方式
公益广告信息传播宣传教育	线上	采用微博、微信、互联网等信息手段，塑造绿色消费榜样
	线下	将社区良好绿色消费行为的事迹、小贴士制成绿色消费个性化宣传手册
实践体验参与	榜样塑造	通过微博等线上征集、评选身边"绿色消费"事迹来塑造绿色消费榜样，让消费者进行评论转发等互动，为他人绿色消费行为点赞
	绿色贴士	设置"绿色消费贴士"等微信小程序，收集各种绿色消费小知识，让消费者进行互动参与，提升对绿色消费的认知，增加对他人绿色消费的赞赏感
	社会规范	制定绿色消费的社会规范来引导消费者的消费方向。如新能源汽车不摇号、不限行等优惠政策，形成良好的社会规范，使消费者对购买新能源汽车进行赞赏
	企业活动	企业开展"绿色消费感恩回馈""绿色消费以旧换新"等实践活动以促进绿色消费榜样塑造，激发消费者对他人绿色消费的赞赏感
	消费体验	开设绿色产品线下体验店，增加消费者的体验感、参与感，引导消费者为他人绿色消费点赞
	明星倡议	绿色产品的包装中添加由明星签名的绿色消费倡议书，由明星发起绿色消费倡议行动，树立榜样

资料来源：笔者整理。

第三节 适度激发消费者对自身非绿色消费的愧疚感

古人云，"知耻而后勇""五刑不如一耻"。内疚与羞耻感作为人类高度社会化的负性自我道德情感体验，是影响个体后续行为的重要因素（高学德等，2008），① 消费者对自身不合宜行为的羞耻、内疚情感会促进其调整自身行为模式（White 等，2019）。目前很多人对于自身未践行绿色消费行为已经麻木（羞耻、内疚情感已经淡化甚至荡然无存）。如何有效而又恰当地激发消费者的羞耻、内疚情感，使情感转化为行动，而又不会产生排斥心理，这是需要我们进一步思考的问题。相关部门既可以通过经济激励、行政法规等刚性措施激发消费者对于自身未践行绿色消费行为的羞耻、内疚感，也可以通过传播沟通、批评教育、现场展示、培训讲座等多样化的柔性手段激发消费者的羞耻、内疚感。在某种程度上，这些柔性手段对激发消费者内心深处的羞耻、内疚感更重要，效果也更持久。具体来说，适度激发消费者对自身非绿色消费的愧疚感从内容和方式两个层面分别阐述。

从内容上说，一方面是消费者愧疚情感的唤醒。亚当·斯密指出，道德感源于我们的心灵有能力"设身处地为痛苦的人着想"，即同理心（克兹纳里奇，2018）。② 让消费者充分认识到非绿色消费、非环保行为对他人、生态环境、地球生物带来的危害，激发其同理心（"设身处地为痛苦的人着想"）和内疚羞耻感。例如，在产品上增加让其内疚的标识或图片信息提示；购买时（特别是在线购买时）增加预警信息，适度激发其愧疚感，如"您购买的这件产品消耗了多少稀缺资源，您已经过度消费，请注意保护环境"，又如"您已经过度消耗能源和碳排放多少了，北极熊恳请您放过他们"。另一方面是积极情感与正面行为的引导。让消费者充分认识到自身非绿色消费行为是可以通过身体力行进行修正的，即通过正面积极行为的补偿来消除负面情感。这其中包含促进行为（有所为）和抵制行为（有所不为）两类，引导消费者实行绿色消费行为，抵制非绿色行为。例如，国家可以出台政策，在产品广告中必须说明产品耗费的资源量（或者二氧化碳排放量），同时配有温馨提示，如"周一出行改乘公共交通，北极熊会为您点赞"。

---

① 在有关绿色营销的研究中，甚至有学者发现负面情绪的唤醒比积极情绪更有利于促进绿色产品购买或绿色环保行为（White 等，2011；Olsen 等，2014；Chang 等，2015）。

② 卢梭将道德法则建立在人的自然情感之上，认为自爱心和怜悯心这两种基本的天然情感能够激发人们实施道德行为，"良心"指引人们在道德上向善，而"良心"是紧密依赖于人的自然情感的。在中国，"良心"一词最早见于《孟子·告子上》。孟子主张"恻隐之心，人皆有之；羞恶之心，人皆有之；恭敬之心，人皆有之；是非之心，人皆有之"。将恻隐、羞恶、恭敬和是非之心称为"良心"。"良心"是道德情感的基本形式，激发消费者的绿色情感应当从人的本性"良心"出发，从"良心"这一根本上启动和促进消费者具有道德属性的绿色行为。

在具体操作上，激发愧疚感可以分为三个层面内容，分别是个人层面、情境层面以及诉求层面（见表7-3）。个人层面强调融入自我效能、个人规范、社会规范，并运用自我参照引发消费者的内疚羞耻感；情境层面注意产品类别的选择，并非所有产品都适合运用负面情感引导消费。一般来说，宜选择更易对他人、社会造成影响的产品，同时注意环境氛围的营造，不能触发消费者的自我保护机制；诉求层面强调信息来源的可信度，减少操作的痕迹，把握好诉求的强度。因为负面情感对行为的影响是非线性的，是呈倒U形的（O'Keefe，2000；Hibbert 等，2007），太弱起不到效果，太强会使消费者产生抵制。

表7-3 激发愧疚感内容的可操作层面

操作水平	可操作的内容	主要出处
个人层面	使消费者对信息的内容不存在怀疑 使消费者在活动开始前对活动存在积极的态度 在信息中强调自我效能 在信息中强调个人规范和社会规范 运用自我参照引发消费者的负罪感	Hibber 等（2007） Chang（2012），Hibber 等（2007） Basiletal（2008），Lindsey（2005） Lindsey 等（2007） Block（2005）
情境层面	选择容易对他人造成影响的一类产品 在活动中出现或连接其他人 避免消费者自我保护机制出现的可能性 近距离地展示所要沟通的事项	Agrawal 和 Duhachek（2010），Fisher 等（2008） Basil 等（2006），Dahi 等（2005），Peloza 等（2013） Brennan 和 Binney（2010） Chang（2012）
诉求层面	使消费者感知到因为个人的行为导致其他人成为受害者 增加诉求的强度：强诉求产生强愧疚 强调信息来源的可信度 降低信息的操作痕迹	Fisher 等（2008），Lindsey（2005） Durkin 等（2012） Coulter 和 Pinto（1995），O'Keefe（2000，2002） Cotte（2005），Coulter 等（1999）

资料来源：Antonetti 等（2015），引用时根据本书研究目的进行了调整。

从方式上说，一方面，采用适当的环保广告、公益纪录片、主题活动等多种信息传播方式激发消费者对自身非绿色行为的愧疚感。比如法国导演伯兰特的《海洋星球》，以精妙的构思及细致的手法使观众切身感受人类对和谐家园的破坏，从而唤醒观众的内疚羞愧感；又如通过走进社区、企事业单位及学校的环保专题讲座，更直观地呈现身边的非绿色行为后果。生态环境部宣传教育中心开展的"美丽中国，我是行动者"的宣传进社区活动就是一个典型案例。此外，内疚和羞耻感都是基于一定的道德水平产生的道德情感（张琨，2011），但是又有不同。内疚源于个体感受到了某种行为对他人产生伤害，并应该为之负责，常会伴有补偿性行为的出现；而羞耻感是来自个体行为违背了某种道德标准产生的不光彩感受，此种情况下，个体常会出现回避性行为。研究表明，愧疚感的激发搭配积极的言语表达方式，如强调遵守行为带来的好处，激发效果更为显著；而配合消极的言语表达方式，如不遵守行为带来的不良后果，更易于激发羞耻感（Duhachek 等，2012）。鉴于此，在两种情感的营造上，激发方式会有重叠也会有不同。

另一方面，更重要的是采用实践、体验和参与等方式激发消费者对自身非绿色行为的愧疚感。例如，在电影《私人订制》中，四位员工在"世界道歉日"到来之际，分别对被污染的环境进行道歉就是一个虽略显夸张，但却很有意义的活动。① 我们也可以借鉴类似方式，在适当场合、适当地点引导消费者为自身破坏和污染生态环境的行为，向被污染的环境进行道歉，从而激发消费者对自身非绿色行为的愧疚感。又如，2019 年 3 月杭州地铁举办的"囤物展"在体验、参与式运用上极具创新性。此项活动通过营造愧疚感与消费者建立情感联结，倡导消费者有效利用资金，不要过度消费。② 不仅有海报文案，同时展览实物，使消费者既有观感的刺激，还有身临其境的体验感，充分利用了中国文化情境下消费者羞耻感形成具有"体验—情境"的特征。海报的设计同样具有"体验"感，消费者可以"手撕"海报。怎样减少过度

---

① 在电影《私人订制》中，四位员工分别对被雾霾遮蔽的太阳、被污染的河水、因挖煤下陷的草场、因砍伐萎缩的树林道歉："——阳光，我想对你道歉，虽然我们之间隔着厚厚的霾，但我想对你说，你是公平的，让我们犯了错，让自己陷进了深深的混沌里，我该怎么向你道歉，才能让我们回到童年时的记忆中，天空是湛蓝的，空气是清新的，阳光是明媚的，我知道你会说，你们太贪婪了"；"——森林植被，我在老照片上，看到这儿曾经是一片林海，浩茫连绵，方圆几百里都是森林，听当地人说，砍伐是从 50 年代开始的，大卡车一辆接一辆，每天不停地往外运，都是一人抱不过来的大树，那些树比我爷爷的爷爷岁数都要大，一直伐到 90 年代中，现在就仅剩你们这一小片了，我知道这座山再往下挖，可能你们这一小片也留不住了"；"——草原，我问他们，你为什么会变成这样，他们说因为有煤，草原的下面已经被掏空了，他们说每到雨季，隆隆的雷场和大地的沉陷声，就会在草原上此起彼伏，我不知道你还愿不愿意养育我们，我不知道你还能不能养育我们"；"——水源：好多好多次了，我都要对你道个歉，他们说你是臭的、是黑的、是有毒的，我说过去你是清澈的、是甘甜的，老话说，水是母亲，儿女却把你糟践成这样，我知道你已经忍无可忍了，不知道你是不是后悔，后悔给了我们生命"。

② 《总有刁民想让朕花钱，这一次，我劝你们别再买了》，搜狐网，2019-03-27，http://www.sohu.com/a/304308950_349163。

消费行为，消费者撕下海报后可以自己找到答案，在情感唤醒后及时提供行为引导。此项活动还因创新性的海报加展览的形式成功吸引消费者注意力，使消费者自发传播，借助互联网触发更大范围的情绪扩散，是利用负面情绪进行绿色营销的成功案例，值得我们借鉴。

在具体操作上，激发愧疚情感的具体方式可以从四个维度——行为诱因、行为时点、行为指向、行为结果来分析（见表7-4）。对于行为诱因维度，针对过度消费、非绿色消费的消费者，可以通过传播沟通、展览等方式激发内疚、羞耻情感；对绿色产品持观望态度的消费者，可以使用传播沟通、宣传教育以及经济激励方式，使消费者意识到自己不作为带来的不良后果，而经济激励又为触发消费行为指明方向。对于行为时点维度，其重点在使用行为与回收利用行为两个阶段，可以利用社区竞赛、信息反馈、参与式体验来让消费者意识到绿色行为带来的好处，与其他人参照自己的不足之处，激发内疚羞耻感，促进绿色行为。对于行为指向维度，可以采用宣传教育、公益广告、反面案例宣教形式展示非绿色消费对自己、他人带来的不良影响，以及社会标准的违背。对于行为结果维度，可以利用互联网传播，如反映海洋污染后果的"帮海龟拔吸管"的视频，以及一系列"垃圾填海"后果的报道，来触发内疚羞耻感，引发抵制塑料吸管行动。

表7-4 情感激发方式的可操作维度

操作维度	操作类别	激发方式	情感类型
行为诱因	行动：过度消费，非绿色消费 未行动：未购买绿色产品	现场展示、体验 公益广告、现场体验	内疚、羞耻 内疚
行为时点	绿色消费行为 绿色使用行为 绿色回收行为	宣传教育、主题活动 参与式体验、社区竞赛 信息反馈、现场展示	内疚、羞耻 内疚、羞耻 内疚、羞耻
行为指向	自己 他人 社会标准 营销者	传播沟通、讲座 宣传教育、培训讲座 培训讲座、公益广告 赠送礼品、高标准服务	内疚 内疚 羞耻 内疚
行为结果	促进绿色消费行动 抵制非绿色消费行动	传播沟通、展览 现场展示、宣传教育	内疚 羞耻

资料来源：借鉴费显政等（2011）的编码项目与编码类别，引用时根据本书研究目的进行了调整。

第四节 尽量触发消费者对他人非绿色消费的厌恶感

　　本书的质性研究显示，厌恶感对绿色消费行为存在显著的负向影响。但大样本问卷调查结果却显示，厌恶感对绿色消费行为的影响相对偏小。本书认为这可能有两方面原因：一方面，随着经济发展和物质主义的日趋兴盛，社会"底线"在下降，对非绿色行为的"容忍度"在放宽，很多人对他人非绿色行为的厌恶感并不强烈，甚至非常淡薄。很多人认为绿色消费行为是个体的自由选择和决策，他人不该"干涉"。另一方面，一些人即便对他人非绿色行为产生了厌恶感，这种厌恶感也呈现出麻木、沉睡或休克的状态（未能被唤醒），对其自身行为也没产生应有的促进作用。但总的来说，触发消费者对他人非绿色消费的厌恶感对于促进其自身的绿色消费行为也是必要的。厌恶感的产生是为了回避潜在病菌的威胁，通过行为免疫系统的动力成分——厌恶情感，产生一系列生理、认知和行为反应来减小被病菌感染的概率（彭明和张雷，2016）。让消费者充分认识到他人非绿色消费对社会的负面影响，能够启动消费者的行为免疫系统，激发消费者对非绿色消费导致的环境恶化等产生生理厌恶，继而产生对他人非绿色消费的鄙视和反感。由此厌恶感如同可怕的精神惩罚，而人的自尊心会促使其不愿做被厌恶的害群之马。触发消费者对他人非绿色消费的厌恶感从内容和方式两个层面分别阐述。

　　从内容上说，一方面，让消费者充分认识到他人非绿色消费对社会的负面影响。随着经济的不断发展，生态环境遭受破坏的问题越来越严重。全球变暖、臭氧层破坏、垃圾成灾等一系列环境问题出现，严重破坏人类的生存环境并且影响整个社会的正常运行。消费者的非绿色消费对这一问题的形成也起到了不可推卸的责任。另一方面，让消费者充分认识到他人非绿色消费对个人的负面影响，即与个体密切相关。随着社会公众对于非绿色行为的容忍度不断下降，消费者普遍认为是否进行绿色消费是个体的自由选择和决策，与己无关的思想盛行。除此之外，一些消费者对他人的非绿色消费即便产生厌恶感和鄙视感也处于麻木或者休克状态。但是，他人的非绿色消费行为对于环境造成的损害会直接或间接地影响到个人的日常生活并且损害切身利益，因此需要让消费者了解他人的非绿色消费行为对社会和个人造成的负面影响。结合中国的实际情况，由于大多数消费者深受中国传统文化的影响，"克己复礼"、"见不贤而内自省"等思想根深蒂固,对于他人的不当行为往往抱有"多一事不如少一事"的态度(这与西方思想文化截然不同),① 因此需要采取相应的措施激发消费者对非绿色消费行为的厌恶感和鄙视感,换言之,就是将这份情感外化为行动而不仅仅是停留于个人的思考。

从方式上说,一方面,采用公益广告、新闻报道、宣传教育等信息传播方式触发消费者对他人非绿色消费的厌恶、鄙视感。具体而言:

(1)采用适当的公益广告激发消费者对他人非绿色消费的厌恶、鄙视感。例如,制作有关非绿色消费行为对环境以及个人造成负面影响的公益广告,通过电视、互联网、公众号、短视频等方式进行传播。可以借鉴"蝴蝶效应"(The Butterfly Effect)原理,② 将广告聚焦于一群普通的消费者,他们从事于各行各业,他们的日常生活中充斥着高污染、高耗能、高排放等非绿色消费行为,最终不仅对整个生态系统造成巨大的伤害,也危及这个系统中的每一个消费者。通过类似这种公益广告可以让人们充分意识到某些看似习以为常、微不足道的非绿色消费行为,通过生态系统的循环作用,会给社会和个人带来极其严重的负面影响,从而激发人们对这类行为的厌恶感和鄙视感,并且进一步促进自身的绿色消费行为。

(2)在商品包装上设计让人们产生厌恶和鄙视的标识或图片等提示信息。政府部门可以要求对环境造成负面影响的企业产品在相关显眼位置印上提示标语,以激发厌恶感。例如,为了保护森林资源,需提倡减少一次性纸巾使用量,或者尽量使用手帕。政府可以要求生产一次性纸巾的企业必须在包装袋的右下角印上森林资源遭到破坏的图片信息,并且要求零售商(超市、便利店等)在货架上挂上"保护森林资源,你我共同努力"等标签,从而激发人们对他人过量消耗一次性纸巾的厌恶感和鄙视感,以此节制自己的非绿色消费行为。

---

① 类似于德国这类工业大国,物质资源极为丰富,但是消费者们都秉承着"钱是自己的,资源是大家"的"大社会"意识。以在餐厅消费为例,德国的消费者习惯于"吃多少,买多少"的点餐方式,而中国消费者却倾向于"面子消费"的点餐方式,这样的浪费行为在中国人眼中已经变得习以为常、熟视无睹,但是在德国人眼中却是难以容忍的恶劣行径,且他们不仅仅停留于内心的指责和鄙视,还会采取进一步的有效措施,例如,与顾客交谈试图劝导消费者弥补这类浪费行为,如果协商失败,则会采取报警等强制性措施。

② "蝴蝶效应"是指在一个动力系统中,初始条件下微小的变化能带动整个系统长期巨大的连锁反应,这是一种混沌现象。"蝴蝶效应"的一个常见阐述是:"一只南美洲亚马逊河流域热带雨林中的蝴蝶,偶尔扇动几下翅膀,可以在两周以后引起美国得克萨斯州的一场龙卷风。"

(3) 通过高雅艺术进社区、校园、单位等活动，利用话剧、音乐剧等表演形式让人们了解非绿色消费行为对社会和个人造成负面的影响。一般来说，单向的科普讲座内容和形式比较枯燥，绝大多数情况下只是一味地向人们展示我们的生态环境目前所处的危险境地以及如何通过绿色消费来保护环境，听众也许只是对讲座内容表示赞同，但是并不能最大限度唤醒其绿色消费意识以及对非绿色消费行为的厌恶感。相反，声情并茂的表演、演出，使人们的视觉、听觉以及情感都伴随整场演出而变化，让观众更能接受和信服演出内容所传达的精神内涵，并且演出的形式增强了人们对于非绿色消费的画面感，相较于单一的文字和口号形式可以使效果更加显著。使人们在情感上产生共鸣，从而激发其对非绿色消费的厌恶感和鄙视感，进而促进自身的绿色消费行为。

另一方面，更重要的是采用实践、体验和参与等方式激发消费者对他人非绿色消费的厌恶、鄙视感。具体而言：

(1) 结合 VR、3D 等技术开设绿色消费和非绿色消费模拟体验馆。当体验者在体验馆中做出绿色消费决策时，将体验到舒适感，如感受到生态环境得到改善，城市和乡村变得更加宜居等。反之，当体验者做出非绿色消费决策时，将会体验到厌恶甚至是恶心。如感受到生态环境不断恶化，水、气、土壤等的污染使人类感染疾病等。通过模拟环境改善和环境恶化两种情景，体验者可以真真切切地感受到他人和自己的非绿色消费行为所产生的恶果，这远比道听途说带来的影响效果更加强烈。这种绿色消费模拟体验馆相比真实世界，可以让消费者提前感受到非绿色消费行为对社会和个人带来的极大危害，从而激发消费者对他人非绿色消费行为的厌恶感，进而促进其自身的绿色消费行为。

(2) 设置非绿色消费"黑名单"。对非绿色消费进行"黑名单"管理，进入"黑名单"的消费者按消费比例上缴"非绿色消费税"。或者对于"黑名单"上的非绿色消费群体，社会舆论予以一定的道德谴责，这进一步让人们了解非绿色消费行为对社会以及个人带来负面影响，唤起消费者对于他人非绿色消费行为的厌恶和鄙视情感。

(3) 评估绿色消费信用等级，设置蚂蚁森林高耸化等级。如黑铁绿色消费者、青铜绿色消费者、白银绿色消费者、黄金绿色消费者、铂金绿色消费者、钻石绿色消费者、最强王者绿色消费者等，人们相应会对长期处于较低等级的消费者产生厌恶感和鄙视感。不仅如此，定期公布非绿色消费"黑榜"

对于激发消费者绿色消费行为也是不可或缺的，例如，公布哪些行为属于非绿色消费 Top 10，向消费者定期推送非绿色消费的具体行为及其严重后果，增加个体对此类行为的厌恶、鄙视感。

（4）针对非绿色消费增加预警信息，以触发对非绿色消费行为的厌恶和鄙视。国家可以要求某些商家在消费者选购商品环节设置信息提示功能，例如，"消费该项商品消耗了多少资源，消耗的资源已经达到上限，请注意保护环境"。在支付环节设置再次提醒信息，或者设置强制性倒计时给予消费者思考和反省的时间。还可以将支付选项设置为更小或更不醒目的灰色，放弃支付选项设置成更大或更醒目的颜色。以上这些方式，都可以通过在线体验等形式让消费者在生活实践中去感受非绿色消费对社会和个人带来的负面影响，从而激发对他人非绿色消费行为的厌恶感和鄙视感，最终进一步推进自身的绿色消费行为。

触发消费者对他人非绿色消费厌恶感的具体方式如表 7-5 所示。

表 7-5　触发消费者对他人非绿色消费厌恶感的具体方式

类别		具体方式
广告、宣传、教育类	公益广告	制作有关非绿色消费行为对环境以及个人造成负面影响的公益广告，通过电视、互联网、公众号、短视频等方式进行传播。通过公益广告让人们充分意识到某些看似习以为常、微不足道的非绿色消费行为，通过生态系统的循环作用，会给社会和个人带来极其严重的负面影响。
	在产品上附上特殊标志或图片	要求对环境造成负面影响的企业产品在相关显眼位置添加能够激发厌恶感的内容，否则对从事该行业的相关企业增加税收或者限制该产品的生产等。
	高雅艺术进社区、学校、单位	通过高雅艺术进社区、校园、单位等活动，利用话剧、音乐剧等表演形式让人们了解非绿色消费行为对社会和个人造成负面的影响。
实践、体验、参与类	绿色消费体验馆	体验馆中结合 3D 技术，当体验者做出绿色消费决策时，会在全身的感官上给予舒适的体验。如感受到生态环境得到改善，城市和乡村变得更加宜居等。相反，当体验者做出非绿色消费决策时，会在全身的感官上给予不舒适甚至是恶心的体验。如感受到生态环境不断恶化，水、气、土壤等的污染使人类感染疾病等。

续表

类别		具体方式
实践、体验、参与类	非绿色消费"黑名单"	对非绿色消费进行"黑名单"管理。进入"黑名单"的消费者按照消费比例上缴"非绿色消费税",或者对黑名单上的非绿色消费群体,社会舆论从道德层面进行剖析,进一步让人们了解非绿色消费行为对社会以及个人带来负面影响,并且激发人们内心沉睡已久的对于非绿色消费的厌恶和鄙视感。
	绿色消费信用等级	设置蚂蚁森林高耸化等级(黑铁绿色消费者、青铜绿色消费者、白银绿色消费者、黄金绿色消费者、铂金绿色消费者、钻石绿色消费者、最强王者绿色消费者),评估绿色消费信用等级。
	非绿色消费榜单	定期公布非绿色消费"黑榜"。如公布哪些行为属于非绿色消费Top 10,让消费者定期关注和了解非绿色消费的具体行为及其严重后果。
	购买时增加预警信息	要求某些商家在消费者选购商品环节设置信息提示功能,如该项商品消耗了多少资源,消耗的资源已经达到上限,请注意保护环境。在支付环节设置再次提醒信息,或者设置强制性倒计时给予消费者思考和反省的时间,或者将支付选项设置为更小或更不醒目的灰色,放弃支付选项设置成更大或醒目的颜色。

资料来源:笔者整理。

第五节 有效提升消费者对美好生态环境的热爱感

"惟知之深,故爱之切"。只有消费者深入地发现生态环境的美好,理解生态环境的价值,才可能亲近、向往、热爱生态环境。提升热爱感须从消费者体验、实践开始,亲身体会到的热爱感必然更能得到个体心理重视,心理承诺也更高,这就是"触景生情""以境生情"。更重要的是,基于直接经验形成的热爱感,其可接近性和可获得性更好,唤醒度也会更高。通过个体的亲身体验,在互动、感悟、认同、接纳中提高其欣赏美好生态环境的环境审美功能,从而实现热爱感的升华。具体来说,有效提升消费者对美好生态环境的热爱感从内容和方式两个层面分别阐述。

从内容上说,一方面,让消费者充分认识到美好的生态环境是社会可持续发展的前提,与人类生存与发展密切相关,以激发消费者内心深处对美好生态环境的热爱感。美好的生态环境不仅关系到当代人和社会的可持续发展,也惠及子孙后代,既是人们赖以生存的必要条件,也是社会发展生生不息的源泉,而美好的生态环境正是源于消费者对环境的深切关注、无限向往、由衷热爱和切实保护。让消费者从社会长远发展的角度提高对美好生态环境的认知,知而后情深,情深而爱其美,将美好的生态环境与社会生活视作共同体去热爱。让消费者充分认同热爱环境就是热爱生活,点燃消费者内心对美好环境、美好生活的向往与期盼,使消费者对美好环境和环境保护持有积极肯定的态度,从而更加关注热爱环境、亲近环境。

另一方面,提升消费者的环境审美能力,触动消费者内心深处对美好环境的热爱感。满足消费者对美的精神渴求,提升消费者的环境审美能力,调动消费者的环境审美热情,激发消费者的环境审美欲望和"善感之心",塑造消费者"与物共适"的生态审美观,让消费者受到美好环境的感染,在热爱环境和保护环境中受益,从而从内在驱动消费者追求和热爱美好的环境。让消费者在环境审美中接触美、认识美、体验美和感悟美,从而接纳美、欣赏美、热爱美和享受美,对美好环境的审美能够吸引消费者热爱和追求美好,情操得到陶冶。在这一过程中,舒适的体验和愉悦的记忆也会支配消费者热爱环境的自觉作为。

有效提升消费者对美好生态环境的热爱,让消费者以热爱为动力源,情系环保,以情促行,持续主动地实行绿色消费行为。具体可以从以下角度切入:①发掘消费者热爱环境和保护环境的兴趣。兴趣是最大的动力,发挥兴趣的力量,激活消费者保护环境的动机,以内在热情驱动消费者关心环保,使消费者在爱护环境的行动中发现乐趣,引发思索,克服障碍,吸引消费者由消极被动参与转变为积极主动融入。②建立消费者对热爱环境和保护环境的利益关联。热爱环境和保护环境不仅是投入,也是收益。建立起消费者与热爱环境、保护环境的利益联结,使其切实意识到热爱环境和保护环境能带来显著的短期或长远利益,从根本上转变消费者的态度(张文彬等,2018),从而激励环保行为或环保消费者,促进人与自然和谐共生。③撬动消费者环境保护和热爱环境的正义。以环境正义唤醒消费者热爱环境的思想和行动自觉,满足消费者的合理环境资源需求,确保消费者享受良好生态环境的平等权利,引起环境保护共鸣。④培养消费者环境保护和热爱环境的敏感执着和持续参与。濡化消费者内心,升华环境热爱的情感,使消费者对环境保护或者环境破坏的行为保持较高的敏感度，在深刻的环保自觉中持续有效地进行环境保护，为建设美好的生态环境尽应有之力。⑤营造消费者绿色消费和热爱环境的浓厚氛围。传递热爱环境的正能量，建设随时随处可见环保行为和热爱环境的氛围，让美好的生态环境可接近、可感受、可获得，以无形的力量唤醒消费者的环保意识，潜移默化地影响消费者热爱环境、保护环境的意识与习惯。

从方式上说，一方面，以适当的公益广告、信息传播和宣传教育等方式激发消费者的热爱感。首先，可以采用公益广告方式营造热爱环境和关注环保的浓厚氛围，传递热爱环境的正能量，提升消费者对环境的认知，从而自发地热爱环境和保护环境。例如，将公益广告嵌入微信朋友圈，定期推送短视频等形式的广告，潜移默化中唤醒消费者的环境热爱感。在电梯间铺设线下公益广告，采用投影广告或视频广告等形式，以听觉和视觉的双重刺激激发消费者对美好环境的感悟。其次，通过形式多样的信息传播美好生态环境的价值，引起消费者热爱环境和保护环境的兴趣和热情，使消费者享受乐趣，主动思索，积极融入。例如，微信新上线的环保微信表情包"云小朵的绿色生活"，让微信用户在信息交流和斗图的乐趣中学习《公民生态环境行为规范（试行）》，轻松自然地接纳环境保护，培养对美好生态的热爱。另外，以宣传教育的方式教化消费者热爱环境的意义。例如，制作以环保为主题的动画片，塑造环保动画人物，打造如同"大头儿子""小头爸爸""小猪佩奇"等有影响力的卡通人物，并在动画片中呈现美好生态环境的画面，借以提升消费者对美好环境的热爱情感，让消费者产生深刻的认同。还可借环保主题的摄影展和艺术展进行宣传教育，以艺术的形式呈现环境的美好，以艺术感染力加深消费者对美好环境的印象，深入消费者的精神世界，熏陶心灵，从而产生环境热爱感。

另一方面，更重要的是采用实践、体验和参与等方式激发消费者的热爱感。首先，通过增加消费者与大自然的接触，增进消费者与大自然的亲密联结，使人们意识到大自然对人类生存的重要作用，让消费者在多样化的活动体验中自然真切地感受热爱环境、保护环境的意义，培养消费者亲近自然、热爱自然、感恩自然的感情。其次，鼓励消费者亲身参与社会实践活动，在参与中加深对美好生态环境的情感认同。在活动过程中应以情感体验为主，将环保理念渗透到活动当中，以丰富有趣的形式引起消费者的热情，使其在亲身经历中获得直接经验和情感体验。如在社区举办"变废为宝"比赛活动，以家庭为单位参赛，激发消费者环保参与的热情，引导消费者形成垃圾分类的意识和习惯，以及"不以善小而不为"的理念，鼓励消费者热爱环境。杭州王马社区垃圾分类飞行棋地图游戏，寓教于乐，就是一个典型案例。① 最后，引导消费者将环保融入自身的生活，建立环境热爱与消费者利益的关联，提升环境热爱感。将环境热爱和环境保护作为生活的常态，在日常生活中对环保倾注精力与时间，引导消费者在日常生活中参与环保，以热爱为动力，将观念上的参与转化为行动上的参与（李咏梅，2015）。将自身由被动的参与者变为环保的带头者，以角色转换转变个体的心态和思维方式，从而形成深厚的热爱感。例如，在线下对住宅区部分可回收垃圾进行有偿回收，消费者的闲置物品可兑换生活用品，或者对自觉无偿投放可回收垃圾的消费者提供物业专项奖励服务等，让消费者感受环境热爱与自身利益的共赢，逐渐升华自身的环境热爱感。

有效提升消费者对生态环境热爱感的具体方式如表 7-6 所示。

表 7-6　有效提升消费者对生态环境热爱感的具体方式

类别		具体方式
公益广告、信息传播、宣传教育	微信等广告推送	微信等广告推送宣传。以图片或小视频等生动直观的形式呈现绿水青山的美好画面，发挥微信及时性、共享性、交互性的推广优势，以视觉冲击引起消费者对美好生态的肯定和认同，以及热爱环境和保护环境的自觉（线上）。
	电梯广告铺设	在电梯间铺设线下公益广告，采用投影广告或视频广告等形式，在公共场所营造热爱环境的氛围，以听觉和视觉的双重刺激让美好的环境画面深入消费者的脑海，激发消费者对美好环境的感悟和热爱，从而推动其环保行为（线下）。
	微信表情包/网络语言体	设计图文并茂的微信表情或动态表情包，融入热爱环境和保护环境的理念，让用户在信息交流、微信斗图的乐趣中接纳环保，传播环保理念，热爱环境。如"确认过眼神，你是热爱环境的人"，配以网络热门的表情。借土味情话体表达对环境的热爱，如"我是九，你是三，除了你还是你，美好环境，每天爱你多一点""莫文蔚的阴天，孙燕姿的雨天，周杰伦的晴天，不如你和我聊天，你和我聊天都不如碧海净土蓝天"，等等（线上）。

---

① 《保护环境从我做起——王马社区开展环境保护宣传活动》，下城新闻网，2018-11-27，http://www.hzxcnews.com/content/2018-11/27/content_8828691.htm。

续表

类别		具体方式
公益广告、信息传播、宣传教育	环保影片	制作以环保为主题的动画片，塑造深入人心的环保动画人物，打造如同"大头儿子""小头爸爸""小猪佩奇"等有影响力的卡通人物，在动画片中呈现美好生态环境的画面，感染和带动观众热爱环境。制作环保为主题的风景宣传片，展示生态环境的美好，借以提升消费者对美好环境的认知和情感，让消费者产生深刻的认同，提升热爱感（线上）。
	艺术展览	以环保主题的摄影展、艺术展感染和教化消费者，以美的视觉感受激发消费者的热情，以照片、艺术品、视频等形式宣传环境热爱的内涵、传达环境热爱的价值，提升消费者的环境审美能力（线下）。
活动体验	社区活动	社区举办"变废为宝"比赛活动，以家庭为单位参赛，激发消费者环保参与的热情，增添活动趣味。如杭州王马社区垃圾分类飞行棋地图游戏，寓教于乐。引导消费者形成垃圾分类的意识和习惯，以及"不以善小而不为"的理念，鼓励消费者热爱环境（线下）。
	生态出游（环保毅行）	组织环保出游活动，如"环保毅行""森林氧吧"等，集环保、健身、交友于一体，让消费者亲近、感受大自然的美丽，在美好环境的放松身心，陶冶情操，真切感受大自然的美好和热爱环境的重要性（线下）。
	公益环保手工活动	图书馆、青少年宫定期开展环保创意手工系列活动。公益嘉年华—环保人士现场互动、普及垃圾分类，赠送家庭厨余垃圾袋等小礼品。让消费者"以境生情"，在互动参与中感受环境热爱的意义（线下）。
	绿色消费倡导活动	鼓励电商平台举办以绿色环保为主题的购物优惠活动，类似于"双11""6·18"等，引导消费者参与绿色消费，从绿色消费中受益，自觉购买绿色产品，培养对绿色品牌的热爱和忠诚，提升环境热爱感（线上）。在超市等大型消费场所放置智能语音导购机器人，与消费者进行互动，提醒消费者购买绿色标识产品，对购买绿色产品的消费者发出语音致谢，对绿色消费进行鼓励，激发消费者的绿色消费热情和环境热爱感（线下）。
日常参与	废旧物回收	对消费者日常的可回收垃圾进行有偿回收，闲置物品可兑换生活用品，或者对于自觉无偿投放可回收垃圾的消费者提供社区物业专项奖励服务等，让消费者感到自身环保举动的价值，肯定其对环境的热爱（线下）。
	绿色消费账户	利用支付宝等平台，设立绿色支付/购买账户，年度消费数据中反馈个体消费中的绿色消费数据，以及城市绿色消费的大数据，以纵向和横向比较激发消费者对环境的关注和热爱（线上）。

续表

类别		具体方式
日常参与	社区环境美化	鼓励消费者日常参与社区环境美化，或者在社区、主要街道，针对环保行为进行随机抓拍和实名表扬，肯定消费者热爱环境的正义，给予热爱环境的消费者以正向激励，让消费者在社区美好生态环境的建设中亲自参与并付出努力，建立深厚的感情联结，从而升华对环境的热爱（线下）。

资料来源：笔者整理。

第六节 充分唤醒消费者对环境污染问题的忧虑感

"生于忧患，死于安乐"。只有唤起消费者内心深处的忧患意识和忧虑情感，他们才可能行动起来实行绿色消费行为以应对生态环境问题。通过传播环境污染形势严重、对社会危害上升的现实，特别是提示环境问题与个体密切相关，每个人都受到环境问题的实质性影响，唤醒消费者对环境问题的忧患意识和忧虑情感。当然，"恐惧诉求"应该适度使用，不宜过度。如果消费者对环境问题过于害怕恐惧，这反而会让其产生形势崩溃、回天无力、破罐破摔的心理和行为反应（White 等，2019）。具体来说，充分唤醒消费者对环境污染问题的忧虑感从内容和方式两个层面分别阐述。

从内容上说，首先，让消费者充分认识到当前环境污染的严重形势及其对社会危害上升的严峻现实，以充分唤起消费者内心，使其产生生态环境问题将对社会造成巨大危害的忧虑感。以全球气候变化这一环境性问题为例，应让消费者充分认识到，全球气候变化导致生态系统退化、自然灾难频发、海平面上升等诸多全球性问题，对人类的生存和发展产生严重威胁，也极大地威胁着自然生态系统的平衡。臭氧层的破坏使平流层温度发生变化，导致地球气候异常，生态平衡破坏等严重后果。人类自私的行径破坏了海洋原有的生态系统，导致大量有害污染物质进入海洋生态系统，损坏海水质量、环境质量和海洋生物资源等。

其次，让消费者充分认识到环境问题与个体密切相关，每个人都受到环境问题的实质性、严重性影响，这样充分唤起消费者内心，使其产生生态环境问题终将威胁到自身生存的忧虑感。臭氧层的破坏会使过量的紫外线辐射到达地面，对人体健康造成危害。大气污染、水体污染等生态问题直接影响着人们的身体状况。水资源缺乏将导致个人的基本用水需求无法得到满足，土地沙漠化引起的沙尘暴将严重影响消费者的生活。所有的生态环境问题与个人息息相关，倘若我们仍旧恣意妄为，那么每个人终将受到应有的惩罚。

最后，让消费者充分认识到环境污染问题的爆发离我们并不遥远，人类破坏环境的行为都将很快产生报复性影响，这样充分唤起消费者内心，使其产生生态环境问题刻不容缓的忧虑感。以 PM2.5 污染为例，中国当前大气中 PM2.5 污染形势严峻，而 PM2.5 会对呼吸系统和心血管系统造成伤害。除此之外，雾霾会影响生殖能力、致畸、致突变、诱发白血病等。同样水污染也已经对人体的身体健康产生了巨大威胁，每年死于水污染传染病的人数以万计，重金属污染的饮用水水源将导致人体慢性中毒（林慧敏，2016）。

从方式上说，一方面，采用适当的信息传播方式（如恐怖诉求传播）唤起消费者的忧虑感，具体可以采用线上线下两种方式进行传播。对线上信息传播方式来说，第一，可以利用当下火热的短视频软件（如抖音短视频）来录制一些反映环境污染现状的短视频。在短视频中加入一些搞怪和夸张的元素，适度利用"恐怖诉求"来唤醒消费者对于环境问题的忧虑意识。第二，通过微信群进行打卡、接龙等形式分享现实中的非绿色行为以及给环境带来的危害。当前社会中，微信的普及程度不断增加，利用其作为传播的载体能够起到良好的效果。通过在微信群里分享现实中所见到的一些非绿色行为以及这些行为所产生的一系列消极后果，从而让消费者产生对生态环境问题的忧虑感。现实中的每个人的环境污染行为都会增加一定的环境负担，整个社会对环境造成的危害是难以想象的。这一传播方式可以引起消费者对环境污染形势的忧虑感。除了线上传播，还可以充分利用线下信息传播方式来唤醒消费者对环境污染问题及非绿色行为的忧虑感。第一，通过在学校和单位统一播放特定具体的全球生态环境问题纪录片形式来触动人们心底对环境污染问题及非绿色行为的忧虑感。例如，地球上已经没有无污染的海洋，塑料已经布满世界海沟最深处。即使生活在地球最深处的生物，也正以惊人的数量食用塑料垃圾。一个英国研究小组从世界上最深的 6 个海沟中捕获片脚类动物带回实验室分析，发现超过 80% 片脚类生物的消化系统内部存在塑料纤维和颗粒。海洋里诞生、进化、繁衍了难以计数的生命，却因为塑料垃圾流入海洋，导致数千万的海洋生物因塑料致死。[①] 人们对于具体环境问题比抽象环境描述的感触会更深刻。纪录片的形式具体生动形象，能够让消费者快速融入场景中，从而唤醒其对现实具体环境问题的忧虑感。第二，在社区或者学校开设系列讲座，展示当前全球环境污染问题的各种现象图片，让消费者直观地了解到问题的严峻性，还可以结合触目惊心的视频和详细的文字来描述这一问题，从而真正激发消费者内在的忧虑感。

另一方面，采用实践、体验和参与等方式来唤醒消费者的忧虑感。第一，可以设计嵌入环境污染场景元素的体验式游戏激发人们的忧虑感。具体而言，游戏中添加一些环境恶化的场景元素，玩家可以通过游戏功能模拟践行一定的绿色行为来改善这些场景背景，如果玩家在游戏中没有完成要求的绿色行为任务，那么这些场景背景将在接下来的游戏中变得更加满目疮痍。此游戏可以使玩家在游戏场景中体验人类行为对环境污染问题的影响，从而唤醒其对这类问题的忧虑感。第二，组织消费者参观垃圾填埋场等场所，实地感受环境污染问题的严峻性。通过实地来到垃圾填埋场，面对堆积如山的垃圾和刺鼻的气味，消费者会更加深刻意识到环境污染问题的解决刻不容缓，并且对此产生忧虑感。第三，开展环境污染社会调研活动，实地考察当前空气污染、水污染、垃圾污染、土壤污染等环境污染现状。由于消费者大多数情况下都是在被动接受一系列宣传教育和信息传播，无法真正地将这些信息转化成个人的绿色意识和践行绿色的动力。通过实践参与，主动了解当前生态环境污染存在的问题，更加容易激发其内心的忧虑感，促使其主动践行绿色消费行为。第四，学校或单位组织开展以"非绿色行为对社会环境造成严重危害"为主题的话剧或舞台剧表演活动。通过消费者亲身参与表演与观看形式生动的演出，感受环境污染的严重性，从而对环境污染问题产生忧虑感。

激发消费者对环境污染问题忧虑感的具体方式如表7-7所示。

[①]《地球可能没有无污染的海洋了！塑料已布满世界海沟最深处》，光明网，https：//baijiahao. baidu. com/s？id=1627576690514250940&wfr=spider&for=pc. 2019-3-10，2019-03-07。

表 7-7 激发消费者对环境污染问题忧虑感的具体方式

类型		具体方式
信息传播	录制抖音短视频	在短视频中加入一些搞怪和夸张的元素，适度利用"恐怖诉求"来唤醒消费者对于环境问题的忧虑意识。
	建立微信群	在微信群中打卡分享现实中所见到的一些非绿色行为以及这些行为所产生的一系列消极后果，从而让消费者产生对生态环境问题的忧虑感。
	播放纪录片	播放具体的全球生态环境问题纪录片来触动人们心底对环境污染问题的忧虑感。
	开设讲座	展示当前全球环境污染问题的各种现象图片，结合触目惊心的视频和详细的文字来描述这一问题，从而真正激发消费者内在的忧虑感。
实践参与	设计体验式游戏	游戏中添加一些环境恶化的场景元素，玩家可以通过践行一定的绿色行为来改善这些场景背景，如果玩家在游戏中没有完成要求的绿色行为任务，那么这些场景背景将在接下来的游戏中变得更加满目疮痍。
	组织参观垃圾填埋场	让消费者来到垃圾填埋场，面对堆积如山的垃圾和刺鼻的气味，消费者会更加深刻意识到环境污染问题的严峻性，并且对此产生忧虑感。
	开展环境污染社会调研活动	实地考察当前水污染现状，激发其对水污染现状的忧虑感。
	组织开展话剧和舞台剧表演	组织开展以"非绿色行为对社会环境造成严重危害"为主题的话剧或舞台剧表演活动。通过消费者亲身参与表演与观看形式生动的演出，感受环境污染的严重性，从而对此产生忧虑感。

资料来源：笔者整理。

本章从自豪感、赞赏感、愧疚感、厌恶感、热爱感和忧虑感这六个维度讨论了以情促行的实施路径和具体策略。最后需说明的是，本书中的"以情促行"（拨情感之弦 促绿色之行）主要针对消费者绿色消费行为这一特定行为，但是它对于一般的合宜行为（如一般的公益行为或相关的亲社会行为等）也同样适用。在一般合宜行为领域，情感同样可以激发行为动机，促成相应的合宜行为，从而走出普遍存在的"知易行难"困境。由此通过激发情感

(包括自豪感、赞赏感、愧疚感、厌恶感、热爱感和忧虑感等)以促成相应的合宜行为,这或许会成为很多公共部门或非营利组织的一条重要政策路径,值得各级政府部门、地方政府、社会团体、环保组织高度重视。换言之,"以情促行"是一条重要的"美德之路"①,也是习近平总书记"法安天下,德润人心"思想的贯彻落实和具体应用。

---

① 实际上,这一观点与二百多年前亚当·斯密在《道德情操论》中提出的"德之路"(Road to Virtue)思想有相通之处。斯密相信,基于"利己"的"富之路"(Road to Fortune)与基于"利他"的"德之路"能够协调统一。本书实际上也是基于这样的前提假定进行研究的。

第八章

研究局限和未来展望

本章为全书的研究局限和未来展望。一方面总结本书在研究方法、实验对象、研究数据、分析工具等方面的研究局限，同时梳理绿色消费的情感和行为及其相关关系规律的进一步研究方向；另一方面基于笔者近十多年对绿色消费的研究，结合中国推进绿色消费过程中的实际问题，展望推进绿色消费中需要进一步研究或突破的空间。

第一节 研究局限

在绿色消费行为研究的不断发展中，认知因素对绿色消费行为影响作用的有限性日渐凸显。与此同时，越来越多的学者发现情感因素比认知因素更有助于人们对绿色消费行为形成机理的理解。相应地，越来越多的学者在绿色消费研究中开始将视线从认知因素转移到情感因素上来。本书主要运用混合研究方法对绿色消费情感和绿色消费行为及其相关关系的客观规律进行了研究。但囿于人力、时间和精力的限制，本书也存在一些不足。主要体现在：

第一，本研究在情感—行为模型中纳入情感类变量而没有加入认知类变量，无法直接将情感类变量和认知类变量对绿色消费行为的影响效应进行比较。未来研究亦可将认知因素和情感因素同时纳入模型分析中，更为全面和系统地分析这两类变量对绿色消费行为的影响差异。但需要注意以下两点：一是鉴于现有绿色消费行为研究中，已有一部分学者同时对认知因素和情感因素进行过分析，所以未来研究更需要在这两类变量中选择更为精细化的变量，从而突破现有研究的深度；二是除了关注情感类变量和认知类变量对绿色消费行为的直接影响效应外，还需要更多关注情感类变量和认知类变量对绿色消费行为的影响机制和作用路径，以及情感类变量和认知类变量之间的交互作用和过程机制。

第二，本书的实证研究主要通过现场调研获得截面数据，着眼于各类情感和绿色消费行为之间的静态关系。相关性并不能直接证明因果关系，统计分析得到的路径系数与方向也与实际的因果关系相去甚远，尤其是基于非实验数据研究因变量 X 对自变量 Y 的影响效应时，X 的解释力可能不是外生性的，而是内生于假设模型之中，这就导致变量之间前后因果关系的证据不够充分。今后有必要在访谈、调研、实验的过程中引入时间变量，即通过对同一样本群体的多轮调研（可以是问卷形式、现场观察形式或多种形式的混合）来获取与绿色消费行为相关的纵向数据（Longitudinal Data），凭借情感变量和绿色消费行为在不同时间点（至少2个）的状态比对来分析情感与行为之间的相互作用关系。

第三，部分变量的测量可能有一定的主观性，后续研究中需要进一步改良。例如，在实验研究阶段本研究用 9 个题项测量儒家价值观，这虽然从操作上简便易行，但可能也过于简化（显然，儒家价值观博大精深，很难用区区几个题项精确测量）。又如，对购买意向的测量本书也没有精确地测量消费者购买的可能性，这或许会对结果变量测量的精准性带来不利影响。曹海英（2018）研究也发现绿色消费意向和绿色消费行为之间并没有呈现出正相关关系。相应地，近年来已有越来越多学者针对消费者实际购买行为进行研究以规避这一缺陷（Testa 等，2019）。此外，后续研究中还需要注意测量消费者考虑购买、重复购买、向他人推荐购买等行为的意向或概率。

第四，本书实证研究中主要考察了六种绿色消费情感，尚未考虑更复杂、更精细的情感诉求维度。在已知情感能够显著推动绿色消费行为的前提下，政府部门、社会机构和商家在特定情境下应该具体使用什么样的绿色情感诉求才能最有效地提升推广效果，这是一个重要的研究课题。事实上，人类情感是丰富多彩、复杂多变的（不同时期、不同文化背景下的情感表现也不尽相同），例如，内疚还可进一步细分为懊悔、自责、痛心、羞愧、负罪等不同程度，自责和羞愧对绿色消费决策过程的影响机制也许就不尽相同。对更精细化情感诉求维度的进一步研究值得重视，特别有必要进一步探索绿色诉求的更精细情感维度（懊悔、自责、痛心、羞愧、负罪等）对绿色消费行为的影响作用（且内疚、羞愧等特定情感对绿色消费行为的影响作用甚至可能是非线性的）。

第五，本书实证研究主要选择空调、电冰箱和洗衣机等白色家电产品进行访谈、调查和实验研究，没有考虑产品特征的差异。显然，绿色产品特征不同，消费者的购买决策过程也不一定相同（Urban 等，2019）。本书结论是否适用于其他绿色产品类型，如绿色食品、新能源汽车、节能灯泡、绿色酒店、绿色餐饮等，这还有待进一步检验。此外，未来还需要使用更精心设计的实验或问卷进行研究。特别是经过精心设计的实验能够最大限度地排除干扰变量对研究结论的影响并再现真实场景中的行为表现，避免被研究群体的自我臆断，从而使基于实验数据所获得的结论更能印证情感与绿色消费行为之间的因果关系以及作用大小，其研究结论会更可靠。

基于近20年来绿色消费的情感和行为及其相互关系的研究进展，未来可以从以下方面对绿色消费的情感和行为及其相互关系规律开展进一步的研究。

（1）绿色消费情感的测量亟须进一步探索并规范。从诸多研究中绿色消费情感的测量来看，学者对情感的测量较为混乱，没有一致的定则和范式。甚至有的学者在一篇论文中使用两种不同的情感测量范式（其研究目的并非探索情感测量方式的不同对绿色消费行为研究带来的影响），例如，Antonetti 和 Maklan（2014）的研究。此外，各国语言对情感的描述性词汇往往不对等，比如英语中描述愤怒/愧疚/恐惧的词汇就比描述悲伤的词汇更加丰富，这种现象很可能会导致研究不同情感对绿色消费行为影响差异的分析结论带来偏差，也阻碍了跨文化情境下情感与绿色消费行为关系研究的可比性。由此可见，在中国文化情境下发展出一套以研究绿色消费行为为目的、均衡各种特定情感表征方式的情感测量范式非常必要，它不但需能够帮助研究者排除语言表述所带来的研究偏差，还应有助于增强不同情感对绿色消费行为影响效应的可比性，便于学者在跨文化研究成果对比中更有效地发现问题。

（2）精细化情感维度对绿色消费行为的影响效应有待刻画。Raghunathan 和 Pham（1999）的研究发现，就算同属消极情感这一维度，焦虑和悲伤对个体决策的影响效应也不同。而且 Harth 等（2013）的研究已经证实，不同的情感（愧疚、愤怒和自豪）对于具体的绿色消费行为而言，其驱动作用并不一样。例如，自豪感与敬畏感同为积极情感，但他们存在程度的差异，对绿色消费的作用强度也不同。与渺小感有关的敬畏感可以使个体产生时间充裕的感觉，抑制烦躁感，激发个体在亲社会行为上的时间投入（Rudd 等，2012）。但在过去的研究中，大部分学者倾向于把多种彼此差异较大的情感整合为一个情感变量,整体上研究其对绿色消费行为的作用。这就使情感变量内部构成一个"黑箱",大大削弱了研究结论在实践指导中的针对性和可操作性。未来的研究对情感的选取应当更为精细化,即模型中引入的情感变量应越来越具体(既不是成分复杂的复合情感,更不是藏匿在其他变量中的隐含情感),这样情感之间的相互作用以及特定情感对行为的作用机理也可以从"黑箱"中解放出来。以自我意识情感为例,自我意识情感相较于其他情感(尤其是基本情感)而言,对行为决策的影响力更为突出。从近年的相关文献来看,已经有学者开始专门研究一种或两种自我意识情感(自豪、愧疚)对绿色消费行为的作用机理。可见,研究更精细的、更具有针对性的情感维度在绿色消费行为中的作用将越来越受到学者的重视。

(3)绿色消费行为中积极情感和体验情感的作用亟待挖掘。一方面,现有研究往往更关注消极情感(包括愧疚、害怕、后悔等)对绿色消费行为的作用,而对积极情感(如自豪、喜爱等)的研究相对很少。这一研究偏好影响了学者对绿色消费行为中积极心理状态的作用机制的理解。更为重要的是,从近年的相关研究结论来看,积极情感对绿色消费行为的影响效应大于消极情感。由此可见,增强对积极情感和绿色消费行为之间关系的研究力度对理解绿色消费行为的形成机理可能更有裨益,也更有助于实质性推动绿色消费行为的营销策略开发。另一方面,由于人们往往会高估预期情感,即人们预想某种行为可能激发的情感强度比该行为实际发生时导致的情感强度更大。所以,如果学者仅仅对预期情感和绿色消费行为进行研究,研究结果可能会和实际情况产生较大的偏差。要使研究结论对社会实践提供更有效的指导意见,就必须着重地、更深入地挖掘体验情感对绿色消费行为的作用机制。

(4)中和技术理论在绿色消费的情感—行为研究中的有效性尚需进一步检验。根据中和技术理论(Techniques of Neutralization Theory)的基本观点,人们在接受外部的社会规范之后,违反规范的行为会导致其产生愧疚感。然而,当事人此时往往会使用各类中和技术(譬如,否认造成的损害、推卸责任、谴责批判者)为自己开脱,从而削弱甚至抵消内心的愧疚感。根据 Antonetti 和 Maklan(2014)对自豪、愧疚与绿色消费行为关系的研究,愧疚感能够有效地强化当事人对目标行为的自我归因,即人们在体验过这些情感之后,很难通过各种中和技术削弱甚至抵消内心的愧疚感,因为他们自认为不能再声称负面的行为结果与自己无关。那么究竟中和技术理论是否适用于绿色消费行为这种具有道德属性的行为？如果适用，Antonetti 和 Maklan（2014）的结论就一定是错误的吗？这将是非常有趣的问题，有待学者综合分析人们的心理决策过程并进行实证检验。

（5）绿色消费情感对绿色消费行为作用机理的整合模型有待进一步发展。整合模型为学者理解绿色消费行为提供了一个更全面、更深入的研究视角。目前已有学者尝试在绿色消费行为研究中通过 MGB 模型的运用、NAM 和 TPB 模型的整合或在 TPB 模型中整合顾客满意感、服务质量和整体印象这些变量等方式，将主要的认知类因素与情感类因素综合到一个模型中进行全盘考虑。然而，目前还没有一个统一、公认、权威的情感—行为整合模型被学者普遍接受。以情感因素在现有绿色消费行为模型中的角色和机理为例，情感在各理论模型当中几乎全部充当着自变量（独立自变量、中介变量或被中介的自变量）的角色，尚未有学者对情感在绿色消费行为模型中的调节/控制变量角色进行过专门的研究。这是由于情感不可能充当调节/控制变量角色，还是仅仅因为这方面的研究匮乏所致？这些都有待学者们在现有情感—行为模型基础上进一步拓展和整合。

（6）绿色消费情感在时间维度下对绿色消费行为的动态影响机制尚待研究。目前，只有极少数的绿色消费行为研究在其分析过程中引入了时间变量，即进行有时间跨度的分析。情感与绿色消费行为关系的研究更是如此，绝大多数学者只分析了情感类变量是否具有影响行为的能力或是如何与其他变量组成影响路径模型对行为施加静态的影响，却并未对情感在时间维度下影响行为的动态过程进行分析。由于绿色消费行为的启动、形成和维持是一个动态的过程，在不同的行为发展阶段，特定情感的强度及其对行为的影响效应势必有较大的差异。如果忽视这一动态过程，那么相关研究所得出的结论对实践的指导意义必然显著被削弱。由此可见，在情感与绿色消费行为的研究中加入时间变量的考量，进而探索情感对绿色消费行为的动态影响机制，这就成为一个非常有趣也是极具价值的研究主题。在绿色情感诉求的研究中，绿色情感诉求对绿色消费决策过程的长期动态效应同样值得关注。已有学者研究证实时间参照对绿色消费行为有重要影响（王财玉等，2017）。本书第五章的实验研究主要分析的是绿色情感诉求对绿色消费决策过程的短期静态影响，尚未考虑时间跨度的作用。未来需要进一步考察长期动态维度下绿色情感诉求对绿色消费决策过程的影响。这是一个既有挑战又极具价值的研究领域。

(7) 最后也是非常重要的一点，数字经济时代的绿色消费行为模式及其情感影响值得关注。传统的绿色消费行为往往可以视为"个体独享型"绿色消费模式。此时，个体的绿色消费尽管会受到他人和社会的影响，但往往是专属、独享、专用或自用的（不与他人共享），属于低层次的绿色消费模式。数字经济时代的绿色消费行为模式必然是升级版（如从 1.0 到 2.0 再到 3.0），是"社会集约共享型"绿色消费模式。此时，移动互联、大数据技术、物联网、社交媒体等网络技术迅猛发展，驱动着个体与他人乃至全社会形成全方位的数据交互和资源环境要素共享（如共享出行、共享居住、闲置物品在线交易、集约式消费等），进而推进空间格局优化、社会系统创新和生活方式变革，最终在全社会实现高层次的绿色消费模式。在数字经济时代背景下，传统的情感或行为机制理论未必能有效解释或预测数字经济时代的"社会集约共享型"绿色消费行为模式。数字经济时代的绿色消费行为有着新的内涵、新的特征、新的模式、新的规律，此时绿色消费行为的内在机制及其情感影响作用值得学者重点关注。

第二节　未来展望

最后，基于笔者近十多年对绿色消费的研究，结合中国推进绿色消费过程中存在的实际问题，本书认为在推进绿色消费中如下领域存在进一步研究或突破空间。

第一，对绿色消费特征表现及其行为机制深入洞察，探寻绿色消费的独特特征。近年来，中国理论界对绿色消费或绿色消费行为的研究数量增长非常快，但一定程度上也存在浅层性、表面性、就事论事、吐槽评论较多等现象。为了进一步推进绿色消费研究，要有更多地基于行为观察、现场实验、实验室实验、大数据技术等对消费者真实行为进行洞察，特别是探寻移动互联和社交媒体时代绿色消费的独特特征，深入洞察和深刻理解绿色消费及其决策过程和演变规律，洞悉深层次决定因素（经济、心理、情感、社会、文化、价值观等因素）对绿色消费行为的作用机制。

第二，将绿色消费的行为机制洞察和现代监管（或干预、引导）体系进行整合研究。以往的研究要么仅仅关注推进绿色消费的行为机制因素（影响或决定因素），没有讨论相应的监管体系，要么主要关注推进绿色消费的监管政策，没有对绿色消费的行为机制"黑箱"进行基础性分析，将两者整合起来进行研究的文献非常少见。本书认为，绿色消费的行为机制洞察是研究现代监管体系的基础，探讨推进绿色消费的现代监管体系需要首先理解绿色消费的行为机制"黑箱"。由此，同时研究绿色消费的行为机制和现代监管体系，才能更好地推进绿色消费研究。

第三，不同学科间进一步交叉融合共同推进绿色消费和现代监管（或干预、引导）体系研究。目前绿色消费的很多研究往往局限于某一个学科领域（有时甚至仅仅局限于某一个二级、三级学科领域），不同学科间的交叉融合、协同攻关还不够。绿色消费研究涉及的学科包括管理学、经济学、数据科学、法学、心理学、社会学、教育学、伦理学、生态学、环境科学等，不同学科面临的问题和挑战是相同的，但不同学科的理论基础、假设前提、研究范式、研究工具等都有一定的差别，由此可见不同学科之间的交叉融合、开拓学术视野对于推进绿色消费和现代监管体系研究非常重要。

第四，整合使用不同研究方法推进绿色消费和现代监管体系研究。现有的推进绿色消费研究多数仍然采用传统情境范式（如主要采用问卷调查对绿色消费问题进行统计和分析），未考虑以移动互联、社交媒体、共享经济和消费升级等为特征的数字经济时代背景下行为决策过程的变化和研究方法的进展。整合不同的研究方法，综合不同的研究范式，如利用互联网大数据技术来洞察理解绿色消费，通过政策实验、个案研究、眼动技术等分析绿色消费的行为机制和监管体系，这样才会提高研究的深度和广度，研究结论也才会更加客观、全面。

第五，与政府部门更好地进行对接协同，评估推进绿色消费和现代监管体系的实际绩效。推进绿色消费的研究涉及各级城市政府、发改部门、环境部门、商务部门、住建部门、教育部门、宣传部门、科技部门、质监部门、街道办、居委会等政府机构/部门，更好地与这些政府机构/部门对接，开展合作攻关的政策实验研究或政策效果评估，这不仅可以直接服务于绿色消费监管体系的重大需求，也可完善"政产学研用"协同创新的科学发展模式，促进研究成果转化为政策实践，更好地推进绿色消费监管体系的研究进步和实践发展。

第六，基于数字经济时代背景开展绿色消费和现代监管体系升级版研究。相对于传统时代、过去时期来说，数字经济时代（以移动互联、社交媒体、共享经济和消费升级等为特征）的绿色消费必然是升级版（如从 1.0 到 2.0

再到 3.0)。那么,绿色消费 1.0 是什么?绿色消费 2.0 是什么?绿色消费 3.0 是什么?绿色消费 3.0 与绿色消费 1.0、绿色消费 2.0 有何本质区别?彼此间的界限是什么?由此,论证绿色消费 3.0 的科学内涵、基本要义和总体方位,分析其新内涵、新特征和新模式,梳理推进绿色消费 3.0 的现代化监管政策工具体系,这在数字经济时代背景下具有异常重大的价值。

附　录

附录1　质性研究的深度访谈提纲

1. 你听说过节能环保家电吗？
2. 你认为节能环保家电和一般家电有什么不同之处？
3. 节能环保家电是指在运行过程中能够节水节电并对环境污染小的家电，目前市场上的空调、冰箱和洗衣机等家电都有这种节能环保型号的。那么，如果你周围的人购买了非节能环保的白色家电，你是否会在情感上感到讨厌、鄙视或者气愤？为什么，能否具体说明一下原因？
4. 如果你周围的人购买了节能环保的白色家电，你是否会在情感上感到赞许、欣赏或者敬重？为什么，能否具体说明一下原因？
5. 如果你购买了节能环保的白色家电，你是否会在情感上感到开心、欣慰或者自豪？为什么，能否具体说明一下原因？
6. 如果你购买了非节能环保的白色家电，你是否会在情感上感到内疚、羞耻或者痛心？为什么，能否具体说明一下原因？
7. 对于前面提到的这些情感，就是鄙视、赞许、开心和内疚等，你觉得不同人的情感强烈程度会不会不一样？
8. 哪些人的情感可能会更强烈？为什么？
9. 你觉得自己在购买家电的时候，会专门挑选节能环保的家电吗？为什么？
10. 你觉得自己在购买家电的时候，愿意花比买一般家电更多的钱来买节能环保家电吗？为什么？

11. 你觉得自己在购买家电的时候，会放弃原来用习惯的品牌而购买节能环保的品牌吗？比如你以前用海尔的冰箱一直用得很好，现在想买一台新的冰箱，这个时候有另外一个大品牌的冰箱是节能环保的，而功能、款式和海尔的冰箱都一模一样，那你会不会买这种牌子的冰箱？为什么？

12. 你觉得自己在购买家电的时候，就一定不会挑选节能等级最差就是最耗电的那种家电吗？这种家电可能外形很漂亮或者价钱很便宜。为什么？

13. 你觉得此前提到的鄙视、赞许、开心和内疚这四类情感能不能促使人们购买节能环保家电或者抵制、不购买非节能环保家电？为什么？

14. 你觉得哪一类情感对人们专门购买节能环保家电的促进作用更大？为什么？

15. 你觉得哪一类情感最能够促使人们抵制、不购买能效等级最差的家电？为什么？

16. 你觉得哪一类情感会使人们为购买节能环保家电多付钱？为什么？

17. 你觉得哪一类情感最能使人们放弃原来用惯了的家电品牌，改用节能环保家电的品牌？为什么？

18. 你认为可以使用哪些方法来激发人们对购买节能环保家电或者抵制非节能环保家电的情感？能否具体说明一下有哪些措施？

19. 在你说的这些办法中，你觉得最有效的是哪一种？

说明：由于扎根理论是一个不断提出、分析、对比和修正的过程，此处提供的深度访谈提纲仅仅是初次访谈时所遵循的访谈架构，后续访谈会根据此前受访者在访谈中反馈内容以及我们的分析过程进行一定的修改。

附录 2　量化研究的大样本调研问卷

尊敬的居民：

您好！本次调研希望了解您的消费行为和心理态度，答案没有对错之分，根据自己的实际情况作答。本问卷采用匿名方式，您所提供的信息仅供学术研究之用，绝不向外披露，请放心填写。

浙江财经大学社会调研组

备注：1. 本问卷中的白色家电主要指空调、电冰箱和洗衣机。

2. 节能环保主要是指电器在运行过程中能够节水节电并对环境污染小。

3. 在7个选项中，7代表"完全真实"，4代表"一般"，1代表"完全不真实"。请在最符合您的答案序号上画"○"。

A. 看到他人购买了非节能环保的白色家电	7完全真实　完全不真实1
1. 我会感到很讨厌	7　6　5　4　3　2　1
2. 我会感到很鄙视	7　6　5　4　3　2　1
3. 我会感到很气愤	7　6　5　4　3　2　1

B. 如果我购买了非节能环保的白色家电	7完全真实　完全不真实1
1. 我会感到很内疚	7　6　5　4　3　2　1
2. 我会感到很羞耻	7　6　5　4　3　2　1
3. 我会感到很痛心	7　6　5　4　3　2　1

C. 看到他人购买了节能环保的白色家电	7完全真实　完全不真实1
1. 我会感到很赞许	7　6　5　4　3　2　1
2. 我会感到很欣慰	7　6　5　4　3　2　1
3. 我会感到很敬重	7　6　5　4　3　2　1

D. 如果我购买了节能环保的白色家电	7完全真实　完全不真实1
1. 我会感到很开心	7　6　5　4　3　2　1
2. 我会感到很欣慰	7　6　5　4　3　2　1
3. 我会感到很自豪	7　6　5　4　3　2　1

E. 对于能效等级最好的白色家电	7完全真实　完全不真实1
1. 我愿意专门购买该类产品	7　6　5　4　3　2　1
2. 我愿意为该类产品多付些价钱	7　6　5　4　3　2　1
3. 我愿意放弃常用品牌，购买该类品牌	7　6　5　4　3　2　1
4. 我不愿购买能效等级最差的产品	7　6　5　4　3　2　1

F. 对于朋友/亲人认为节能环保的白色家电	7完全真实　完全不真实1
1. 我愿意专门购买该类产品	7　6　5　4　3　2　1
2. 我愿意为该类产品多付些价钱	7　6　5　4　3　2　1
3. 我愿意放弃常用品牌，购买该类品牌	7　6　5　4　3　2　1
4. 我不愿购买他们认为会危害环境的产品	7　6　5　4　3　2　1

G. 对于自己认为节能环保的白色家电　　　　　7 完全真实　完全不真实 1

1. 我愿意专门购买该类产品	7　6　5　4　3　2　1
2. 我愿意为该类产品多付些价钱	7　6　5　4　3　2　1
3. 我愿意放弃常用品牌，购买该类品牌	7　6　5　4　3　2　1
4. 我不愿购买自己认为会危害环境的产品	7　6　5　4　3　2　1

H. 对于有节能环保标志的白色家电　　　　　7 完全真实　完全不真实 1

1. 我愿意专门购买该类产品	7　6　5　4　3　2　1
2. 我愿意为该类产品多付些价钱	7　6　5　4　3　2　1
3. 我愿意放弃常用品牌，购买该类品牌	7　6　5　4　3　2　1
4. 我不愿购买没有节能环保标志的产品	7　6　5　4　3　2　1

I1 我的性别：

①男　②女

I2 我的年龄：

①15~24 周岁　②25~34 周岁　③35~44 周岁　④45~54 周岁　⑤55~69 周岁

I3 我的学历：

①初中及以下　②高中/中专　③高职/大专　④本科　⑤研究生及以上

I4 个人月收入：（学生不用填）

①3200 元以下　②3201~4800 元　③4801~6400 元　④6401~8000 元　⑤8001 元以上

附录 3　量化研究的在线实验材料

网络在线实验的实验刺激材料为四个自制的时间 50 秒的绿色情感诉求视频（包含文字、图片、动画和配音），分别代表自豪诉求（实验组Ⅰ）、内疚诉求（实验组Ⅱ）、赞赏诉求（实验组Ⅲ）、鄙视诉求（实验组Ⅳ）四个实验组，绿色情感诉求的广告文本见第五章的表 5-1。被试者看完不同的绿色情感诉求视频后，填写下面的调查问卷。

调查问卷

尊重的女士/先生：

您好！我们是浙江财经大学的研究人员，正在进行关于消费者态度和意向的相关学术研究。本调研是完全匿名的，回答并无对错之分，结果仅用于学术研究，敬请您安心作答。其中在5个选项中，1代表"不同意"，3代表"一般"，5代表"同意"，请在最符合您的答案序号上画"√"。

第一部分：请您看完这则广告后，来回答此部分的问题。

看完这则广告后，我认为：

	不同意	不太同意	一般	大致同意	同意
0.1 如果我购买该节能环保冰箱，我会为我的行为感到自豪	1	2	3	4	5
0.2 如果我没有购买该节能环保冰箱，我会为我的行为感到内疚	1	2	3	4	5
0.3 如果他人购买该节能环保冰箱，我会为他的行为感到赞赏	1	2	3	4	5
0.4 如果他人没有购买该节能环保冰箱，我会为他的行为感到鄙视	1	2	3	4	5

看完这则广告后，我觉得这则绿色广告给我的感觉是：

	不同意	不太同意	一般	大致同意	同意
1.1 这则绿色广告令人印象深刻	1	2	3	4	5
1.2 这则绿色广告很有吸引力	1	2	3	4	5
1.3 这则绿色广告很有说服力	1	2	3	4	5
1.4 这则绿色广告提供了很多信息	1	2	3	4	5
1.5 我喜欢这则绿色广告	1	2	3	4	5

看完这则绿色广告后，我认为：

	不同意	不太同意	一般	大致同意	同意
2.1 选择该节能环保冰箱有助于改善生态环境	1	2	3	4	5
2.2 选择该节能环保冰箱对社会发展有好处	1	2	3	4	5
2.3 选择该节能环保冰箱能帮我赢得更多赞许	1	2	3	4	5
2.4 选择该节能环保冰箱能帮我树立积极健康的个人形象	1	2	3	4	5

看完这则绿色广告后，我觉得：

	不同意	不太同意	一般	大致同意	同意
3.1 我会收集和了解该节能环保冰箱的更多信息	1	2	3	4	5
3.2 我会向朋友推荐该节能环保冰箱	1	2	3	4	5
3.3 需要时我会考虑购买该节能环保冰箱	1	2	3	4	5
3.4 这则广告会促使我购买该节能环保冰箱	1	2	3	4	5

第二部分：本部分是想了解您的环保情况以及价值观，答案无所谓对与错，请根据您的真实情况，回答以下问题。

	不同意	不太同意	一般	大致同意	同意
4.1 我对环境问题很关注	1	2	3	4	5
4.2 我对绿色广告的信息很关注	1	2	3	4	5
4.3 我对市场上新流行的绿色产品很关注	1	2	3	4	5
4.4 我对绿色产品相关的活动很关注	1	2	3	4	5

续表

	不同意	不太同意	一般	大致同意	同意
5.1 个人的行为应该与其社会地位相符	1	2	3	4	5
5.2 个人的穿着打扮应与其身份相匹配	1	2	3	4	5
5.3 消费行为应当与个人的身份相匹配	1	2	3	4	5
5.4 在家庭中,我不会把丢面子的事情告诉家人	1	2	3	4	5
5.5 在购物中,我不会在朋友面前购买降价的商品	1	2	3	4	5
5.6 在工作中,我不希望别人批评我	1	2	3	4	5
5.7 我认为老师的教诲很重要	1	2	3	4	5
5.8 我认为虚心使人进步,骄傲使人落后	1	2	3	4	5
5.9 我在购买之前会重点考虑周围人的意见	1	2	3	4	5

第三部分:个人资料

6.1 性别	A. 男	B. 女			
6.2 年龄	A. 24周岁或以下	B. 25~34周岁	C. 35~44周岁	D. 45~54周岁	E. 55周岁或以上
6.3 学历	A. 初中或以下	B. 高中或中专	C. 大专或高职	D. 本科	E. 硕士或以上
6.4 个人月收入(学生不用填)	A. 2200元或以下	B. 2201~4400元	C. 4401~6600元	D. 6601~8800元	E. 8801元以上

本问卷到此结束,请您再次检查一下是否有遗漏之处,再次感谢您对此次调查的协助与支持,谢谢您!

参考文献

[1] Aguilar-Luzón M. D. C., García-Martínez J. M. Á., Calvo-Salguero A., et al. Comparative Study Between the Theory of Planned Behavior and the Value-Belief-Norm Model Regarding the Environment, on Spanish Housewives' Recycling Behavior [J]. Journal of Applied Social Psychology, 2012, 42 (11): 2797-2833.

[2] Aguirre-Urreta M., Rönkkö M. Sample Size Determination and Statistical Power Analysis in PLS Using R: An Annotated Tutorial [J]. Communications of the Association for Information Systems, 2015, 36 (1): 33-51.

[3] Ajzen I. The Theory of Planned Behavior [J]. Organizational Behavior and Human Decision Processes, 1991, 50 (2): 179-211.

[4] Akehurst G., Afonso C., Martins Gonçalves H. Re-examining Green Purchase Behaviour and the Green Consumer Profile: New Evidences [J]. Management Decision, 2012, 50 (5): 972-988.

[5] Algoe S. B., Haidt J. Witnessing Excellence in Action: The "Other-Praising" Emotions of Elevation, Gratitude, and Admiration [J]. The Journal of Positive Psychology: Dedicated to Furthering Research and Promoting, 2009, 4 (2): 105-127.

[6] Ali A., Adil M. Determining the Predictors of Green Consumer Behavior in India: An Empirical Study [J]. Journal of Marketing & Communication, 2014, 9 (3): 11-17.

[7] Ali A., Khan A. A., Ahmed I., et al. Determinants of Pakistani Consumers' Green Purchase Behavior: Some Insights from a Developing Country [J]. International Journal of Business and Social Science, 2011, 2 (3): 217-226.

[8] Almossawi M. Promoting Green Purchase Behavior to the Youth (Case of Bahrain) [J]. British Journal of Marketing Studies, 2015, 2 (5): 1-16.

[9] Amatulli C., De Angelis M., Peluso A. M., et al. The Effect of Negative Message Framing on Green Consumption: An Investigation of the Role of Shame [J]. Journal of Business Ethics, 2017, 18 (7): 1-16.

[10] Ang S., Straub D. W. Production and Transaction Economies and IS Outsourcing: A Study of the U. S. Banking Industry [J]. Mis Quarterly, 1998, 22 (4): 535-552.

[11] Antonetti P., Baines P., Walker L. From Elicitation to Consumption: Assessing the Longitudinal Effectiveness of Negative Emotional Appeals in Social Marketing [J]. Journal of Marketing Management, 2015, 31 (9-10): 940-969.

[12] Antonetti P., Maklan S. Feelings that Make a Difference: How Guilt and Pride Convince Consumers of the Effectiveness of Sustainable Consumption Choices [J]. Journal of Business Ethics, 2014, 124 (1): 117-134.

[13] Antonetti P., Maklan S. Exploring Postconsumption Guilt and Pride in the Context of Sustainability [J]. Psychology & Marketing, 2014, 31 (9): 717-735.

[14] Arvola A., Vassallo M., Dean M., et al. Predicting Intentions to Purchase Organic Food: The Role of Affective and Moral Attitudes in the Theory of Planned Behaviour [J]. Appetite, 2008, 50 (2-3): 443-454.

[15] Ashton-James C. E., Tracy J. L. Pride and Prejudice: How Feelings about the Self Influence Judgments of Others [J]. Personality and Social Psychology Bulletin, 2012, 38 (4): 466-476.

[16] Aulakh P. S., Gencturk E. F. International Principal-agent Relationships [J]. Industrial Marketing Management, 2000, 29 (6): 521-538.

[17] Azizan S. A. M., Suki N. M. Consumers' Intention to Purchase Green Product: Modernization Effects of Gender, Age, Income and Education: 1st International Conference on Innovation and Sustainability [Z]. Kuala Lumpur, Malaysia, 2013: 197-207.

[18] Bagozzi R. P., Gopinath M., Nyer P. U. The Role of Emotions in Marketing [J]. Journal of the Academy of Marketing Science, 1999, 27 (2): 184-206.

[19] Bagozzi R. P., Heatherton T. F. A General Approach to Representing Multifaceted Personality Constructs: Application to State Self-esteem [J]. Structural Equation Modeling: A Multidisciplinary Journal, 1994, 133 (1): 35-67.

[20] Bagozzi R. P., Yi Y., Phillips L. W. Assessing Construct Validity in Organizational Research [J]. Administrative Science Quarterly, 1991, 36 (3): 421-

458.

[21] Bamberg S., Möser G. Twenty Years after Hines, Hungerford, and Tomera: A New Meta-analysis of Psycho-social Determinants of Pro-environmental Behaviour [J]. Journal of Environmental Psychology, 2007, 27 (1): 14-25.

[22] Bandalos D. L. The Effects of Item Parceling on Goodness-of-Fit and Parameter Estimate Bias in Structural Equation Modeling [J]. Structural Equation Modeling: A Multidisciplinary Journal, 2002, 9 (1): 78-102.

[23] Bandura A. Social Cognitive Theory of Mass Communication [M] // Bryant J., Oliver M. B. Media Effects: Advances in Theory and Research, New York: Lawrence Erlbaum, 2009: 94-124.

[24] Barclay D., Thompson R., Higgins C. The Partial Least Squares (PLS) Approach to Causal Modeling: Personal Computer Adoption and Use as an Illustration [J]. Technology Studies, 1995, 2 (2): 285-309.

[25] Baron R. M., Kenny D. A. The Moderator-mediator Variable Distinction in Social Psychological Research: Conceptual, Strategic and Statistical Considerations [J]. Journal of Personality and Social Psychology, 1986, 51 (6): 1173-1182.

[26] Batra R., Ray M. L. Situational Effects of Advertising Repetition: The Moderating Influence of Motivation, Ability, and Opportunity to Respond [J]. Journal of Consumer Research, 1986, 12 (4): 432-445.

[27] Baumeister R. F., Vohs K. D., Dewall C. N., et al. How Emotion Shapes Behavior: Feedback, Anticipation, and Reflection, Rather Than Direct Causation [J]. Personality and Social Psychology Review, 2007, 11 (2): 167-203.

[28] Baumgartner H., Homburg C. Applications of Structural Equation Modeling in Marketing and Consumer Research: A Review [J]. International Journal of Research in Marketing, 1996, 13 (2): 139-161.

[29] Becker P. H. Common Pitfalls in Published Grounded Theory Research [J]. Qualitative Health Research, 1993 (3): 254-260.

[30] Bentler P. M. EQS: Structural Equations Program Manual [M]. Los Angeles: BMDP Statistic Software, 1989.

[31] Bentler P. M., Huang W. On Components, Latent Variables, PLS and Simple Methods: Reactions to Rigdon's Rethinking of PLS [J]. Long Range Planning, 2014, 47 (3): 138-145.

[32] Bessarabova E., Turner M. M., Fink E. L., et al. Extending the Theory of

Reactance to Guilt Appeals: "You Aren't Guilting Me into Nothing" [J]. Zeitschrift Für Psychologie, 2015, 223 (4): 215-224.

[33] Biswas A., Roy M. Green Products: An Exploratory Study on the Consumer Behaviour in Emerging Economies of the East [J]. Journal of Cleaner Production, 2015, 87: 463-468.

[34] Bollen K. A., Stine R. A. Bootstrapping Goodness-of-fit Measures in Structural Equation Model [J]. Sociological Methods Research, 1992, 21 (2): 205-229.

[35] Bollen K., Richard L. Conventional Wisdom on Measurement: A Structural Equation Perspective [J]. Psychological Bulletin, 1991, 110 (2): 305-314.

[36] Brown K. W., Kasser T. Are Psychological and Ecological Well-being Compatible? The Role of Values, Mindfulness, and Lifestyle [J]. Social Indicators Research, 2005, 74 (2): 349-368.

[37] Brundtland G. H. Our Common Future [M]. Oxford: Oxford University Press, 1987.

[38] Bulut Z. A., Kökalan Çımrin F., Doğan O. Gender, Generation and Sustainable Consumption: Exploring the Behaviour of Consumers from Izmir, Turkey [J]. International Journal of Consumer Studies, 2017 (6): 597-604.

[39] Byrne B. M. Structural Equation Modeling with AMOS: Basic Concepts, Applications and Programming (2nd ed.) [M]. New York: Routledge, 2010.

[40] Campbell D. T., Fiske D. W. Convergent and Discriminant Validation by the Multitrait-multimethod Matrix [J]. Psychological Bulletin, 1959, 56 (2): 81-105.

[41] Carrus G., Passafaro P., Bonnes M. Emotions, Habits and Rational Choices in Ecological Behaviours: The Case of Recycling and Use of Public Transportation [J]. Journal of Environmental Psychology, 2008, 28 (1): 51-62.

[42] Chan R. Y. K. Determinants of Chinese Consumers' Green Purchase Behavior [J]. Psychology and Marketing, 2001, 18 (4): 389-413.

[43] Chan R. Y. K., Lau L. B. Y. Antecedents of Green Purchases: A Survey in China [J]. Journal of Consumer Marketing, 2000, 17 (4): 338-357.

[44] Chang H., Zhang L., Xie G. X. Message Framing in Green Advertising: The Effect of Construal Level and Consumer Environmental Concern [J]. International Journal of Advertising, 2015, 34 (1): 158-176.

[45] Chang M. C., Wu C. C. The Effect of Message Framing on Pro-environ-

mental Behavior Intentions [J]. British Food Journal, 2015, 117 (1): 339-357.

[46] Charmaz K. Constructing Grounded Theory: A Practical Guide through Qualitative Analysis [M]. London: Sage, 2006.

[47] Charmaz K. Grounded Theory [A]. In Smith J A, Harre R, Langen H L. Rethinking Methods in Psychology [C]. London: Sage, 1995.

[48] Chen F. The Intention and Determining Factors for Airline Passengers' Participation in Carbon Offset Schemes [J]. Journal of Air Transport Management, 2013 (29): 17-22.

[49] Chen H., Long R., Niu W., et al. How Does Individual Low-carbon Consumption Behavior Occur? An Analysis Based on Attitude Process [J]. Applied Energy, 2014, 116 (5): 376-386.

[50] Chen M. F., Lee C. L. The Impacts of Green Claims on Coffee Consumers' Purchase Intention [J]. British Food Journal, 2015, 117 (1): 195-209.

[51] Chen Y. The Drivers of Green Brand Equity: Green Brand Image, Green Satisfaction, and Green Trust [J]. Journal of Business Ethics, 2010, 93 (2): 307-319.

[52] Chen Y., Chang C. Enhance Green Purchase Intentions [J]. Management Decision, 2012, 50 (3): 502-520.

[53] Chen Y., Chang C. Towards Green Trust [J]. Management Decision, 2013, 51 (1): 63-82.

[54] Cheung G. W., Rensvold R. B. Evaluating Goodness-of-fit Indexes for Testing Measurement Invariance [J]. Structural Equation Modeling, 2002, 9 (2): 233-255.

[55] Chin W. W. How to Write Up and Report PLS Analyses [A]. In Vinzi V E, Chin W W, Henseler J, et al. Handbook of Partial Least Squares [C]. Verlag Berlin Heidelberg: Springer, 2010, 655-690.

[56] Cleveland M., Kalamas M., Laroche M. "It's not Easy Being Green": Exploring Green Creeds, Green Deeds, and Internal Environmental Locus of Control [J]. Psychology & Marketing, 2012, 29 (5): 293-305.

[57] Clogg C. C., Petkova E., Shihadeh E. S. Statistical Methods for Analyzing Collapsibility in Regression Models [J]. Journal of Educational Statistics, 1992, 17 (1): 51-74.

[58] Cohen J. A Power Primer [J]. Psychological Bulletin, 1992, 112 (1): 155-159.

[59] Cohen T. R., Wolf S. T., Panter A. T., et al. Introducing the GASP Scale: A New Measure of Guilt and Shame Proneness [J]. Journal of Personality and Social Psychology, 2011, 100 (5): 947-966.

[60] Collado S., Corraliza J. A., Staats H., et al. Effect of Frequency and Mode of Contact with Nature on Children's Self-reported Ecological Behaviors [J]. Journal of Environmental Psychology, 2015, 41: 65-73.

[61] Corbin J., Strauss A. Analytical Ordering for Theoretical Purpose [J]. Qualitative Inquiry, 1996, 2 (2): 139-150.

[62] Corbin J., Strauss A. Grounded Theory Research: Procedures, Canons, and Evaluative Criteria [J]. Qualitative Sociology, 1990, 13 (1): 3-21.

[63] Corral-Verdugo V. The Positive Psychology of Sustainability [J]. Environment, Development and Sustainability, 2012, 14 (5): 651-666.

[64] Corral-Verdugo V., Bonnes M., Tapia-Fonllem C., Fraijo-Sing B., Frias-Armenta M., Carrus G. Correlates of Pro-ustainability Orientation: The Affinity towards Diversity [J]. Journal of Environmental Psychology, 2009, 29 (1): 34-43.

[65] Coyne I. T. Sampling in Qualitative Research. Purposeful and Theoretical Sampling, Merging or Clear Boundaries [J]. Journal of Advanced Nursing, 1997, 26: 623-630.

[66] Cudeck R., Browne M. W. Cross-Validation of Covariance Structures [J]. Multivariate Behavioral Research, 1983, 18 (2): 147-167.

[67] Cureton E. E. The Upper and Lower 27 Percentage Rule [J]. Psychometrika, 1957, 22 (3): 293-296.

[68] Dąbrowska A., Janoś-Kresło M. Collaborative Consumption as a Manifestation of Sustainable Consumption [J]. Problemy Zarzadzania, 2018, 3 (75): 132-149.

[69] Davcik N. S. The Use and Misuse of Structural Equation Modeling in Management Research [J]. Journal of Advances in Management Research, 2014, 11 (1): 47-81.

[70] De Groot J. I. M., Steg L. Morality and Prosocial Behavior: The Role of Awareness, Responsibility, and Norms in the Norm Activation Model [J]. The Journal of Social Psychology, 2009, 149 (4): 425-449.

[71] De Leeuw A., Valois P., Ajzen I., et al. Using the Theory of Planned Behavior to Identify Key Beliefs Underlying Pro-environmental Behavior in High-school Students: Implications for Educational Interventions [J]. Journal of Environmental

Psychology, 2015, 42: 128-138.

[72] De Medeiros J. F., Ribeir O. J. L. D., Cortimiglia M. N. Influence of Perceived Value on Purchasing Decisions of Green Products in Brazil [J]. Journal of Cleaner Production, 2015, 110: 158-169.

[73] De Rivera J., Possel L., Verette J., et al. Distinguishing Elation, Gladness, and Joy [J]. Journal of Personality and Social Psychology, 1989, 57 (6): 1015-1023.

[74] Dembkowski S., Hanmer-Lloyd S. The Environmental Value – Attitude – System Model: A Framework to Guide the Understanding of Environmentally-Conscious Consumer Behaviour [J]. Journal of Marketing Management, 1994, 10 (7): 593-603.

[75] Demiralp E., Thompson R. J., Mata J., et al. Feeling Blue or Turquoise? Emotional Differentiation in Major Depressive Disorder [J]. Psychological Science, 2012, 23 (11): 1410-1416.

[76] Denzin Y., Lincoln S. Hand Book of Qualitative Research [M]. Thousand Oaks, CA: Sage, 1994.

[77] Diamantopoulos A., Schlegelmilch B. B., Sinkovics R. R., et al. Can Socio-demographics Still Play a Role in Profiling Green Consumers? A Review of the Evidence and an Empirical Investigation [J]. Journal of Business Research, 2003, 56 (6): 465-480.

[78] Diamantopoulos A., Siguaw J. A. Introducing LISREL: A Guide for the Uninitiated [M]. Thousand Oaks, CA: Sage, 2000.

[79] Dijkstra T. K. PLS' Janus Face-response to Professor Rigdon's Rethinking Partial Least Squares Modeling: In Praise of Simple Methods' [J]. Long Range Planning, 2014, 47 (3): 146-153.

[80] Dowd K., Burke K. J. The Influence of Ethical Values and Food Choice Motivations on Intentions to Purchase Sustainably Sourced Foods [J]. Appetite, 2013, 69: 137-144.

[81] Duhachek A., Agrawal N., Han D. H. Guilt Versus Shame: Coping, Fluency, and Framing in the Effectiveness of Responsible Drinking Messages [J]. Journal of Marketing Research, 2012, 49 (6): 928-941.

[82] Duhachek A., Agrawal N., Han D. Guilt Versus Shame: Coping, Fluency, and Framing in the Effectiveness of Responsible Drinking Messages [J]. Journal of Marketing Research, 2012, 49 (6): 928-941.

[83] Dwyer P. C., Maki A., Rothman A. J. Promoting Energy Conservation Be-

havior in Public Settings: The Influence of Social Norms and Personal Responsibility [J]. Journal of Environmental Psychology, 2015, 41: 30-34.

[84] Eaves A. Synthesis Technique for Grounded Theory Data Analysis [J]. Journal of Advanced Nursing, 2001, 35 (5): 654-663.

[85] Efron B., Tibshirani R. J. An Introduction to the Bootstrap [M]. New York: Chapman & Hall, 1994.

[86] Eggert A., Ulaga W. Customer Perceived Value: A Substitute for Satisfaction in Business Markets? [J]. Journal of Business & Industrial Marketing, 2002, 17 (3): 107-118.

[87] Ekman P. An Argument for Basic Emotions [J]. Cognition and Emotion, 1992, 6 (3-4): 169-200.

[88] Ekman P., Friesen W., O'sullivan M., et al. Universals and Cultural Differences in the Judgments of Facial Expressions of Emotions [J]. Journal of Personality and Social Psychology, 1987, 53 (4): 712-717.

[89] Ekstrom R. B., French J. W., Harman H. H., et al. Manual for Kit of Factor-referenced Cognitive Tests [M]. Princeton, New Jersey: Educational Testing Service, 1976.

[90] Elgaaied L. Exploring the Role of Anticipated Guilt on Pro-environmental Behavior-A Suggested Typology of Residents in France Based on Their Recycling Patterns [J]. Journal of Consumer Marketing, 2012, 29 (5): 369-377.

[91] Ellsworth P. C., Smith C. A. From Appraisal to Emotion: Differences among Unpleasant Feelings [J]. Motivation and Emotion, 1988, 12 (3): 271-302.

[92] Ellsworth P. C., Smith C. A. Shades of Joy: Patterns of Appraisal Differentiating Pleasant Emotions [J]. Cognition and Emotion, 1988, 2 (4): 301-331.

[93] Enders C. K. An SAS Macro for Implementing the Modified Bollen-Stine Bootstrap for Missing Data: Implementing the Bootstrap Using Existing Structural Equation Modeling Software [J]. Structural Equation Modeling, 2005, 12 (4): 620-641.

[94] Ertz M., Durif F., Lecompte A., Boivin C. Does "Sharing" Mean "Socially Responsible Consuming"? Exploration of the Relationship Between Collaborative Consumption and Socially Responsible Consumption [J]. Journal of Consumer Marketing, 2018 (4): 392-402.

[95] Hair J. F., Black W. C., Babin B. J., et al. Multivariate Data Analysis (7th ed.) [M]. Englewood Cliffs: Prentice Hall, 2010.

[96] Ferguson M. A., Branscombe N. R. Collective Guilt Mediates the Effect of Beliefs about Global Warming on Willingness to Engage in Mitigation Behavior [J]. Journal of Environmental Psychology, 2010, 30 (2): 135-142.

[97] Finch J. The Impact of Personal Consumption Values and Beliefs on Organic Food Purchase Behavior [J]. Journal of Food Products Marketing, 2006, 11 (4): 63-76.

[98] Fineman S. Emotional Subtexts in Corporate Greening [J]. Organization Studies, 1996, 17 (3): 479-500.

[99] Follows S. B., Jobber D. Environmentally Responsible Purchase Behaviour: A Test of a Consumer Model [J]. European Journal of Marketing, 2000, 34 (5-6): 723-746.

[100] Fornara F., Pattitoni P., Mura M., et al. Predicting Intention to Improve Household Energy Efficiency: The Role of Value-Belief-Norm Theory, Normative and Informational Influence, and Specific Attitude [J]. Journal of Environmental Psychology, 2016, 45 (3): 1-10.

[101] Fornell C. Evaluating Structural Equation Models with Unobservable Variables and Measurement Error [J]. Journal of Marketing Research, 1981, 18 (1): 39-50.

[102] Fredrickson B. L. The Role of Positive Emotions in Positive Psychology: The Broaden-and-Build Theory of Positive Emotions [J]. American Psychologist, 2001, 56 (3): 218-226.

[103] Freedman L. S., Schatzkin A. Sample Size for Studying Intermediate Endpoints within Intervention Trials of Observational Studies [J]. American Journal of Epidemiology, 1992, 136 (9): 1148-1159.

[104] Frijda N. H. The Laws of Emotion [M]. Nawwah, NJ: Erlbaum, 2007.

[105] Fritz M. S., Mackinnon D. P. Required Sample Size to Detect the Mediated Effect [J]. Psychological Science, 2007, 18 (3): 233-239.

[106] Gadenne D., Sharma B., Kerr D., et al. The Influence of Consumers' Environmental Beliefs and Attitudes on Energy Saving Behaviours [J]. Energy Policy, 2011, 39 (12): 7684-7694.

[107] Gatersleben B., Murtagh N., Cherry M., et al. Moral, Wasteful, Frugal, or Thrifty? Identifying Consumer Identities to Understand and Manage Pro-environmental Behavior [J]. Environment and Behavior, 2017, 1: 24-49.

［108］ Gausel N., Brown R. Shame and Guilt—Do They Really Differ in Their Focus of Evaluation? Wanting to Change the Self and Behavior in Response to Ingroup Immorality ［J］. The Journal of Social Psychology, 2012, 152 (5): 547-567.

［109］ Geisser S. A Predictive Approach to the Random Effects Model ［J］. Biometrika, 1974, 61 (1): 101-107.

［110］ Gelman A., Park D. K. Splitting a Predictor at the Upper Quarter or Third and the Lower Quarter or Third ［J］. American Statistical Association, 2008, 62 (4): 1-8.

［111］ Glaser B. Basics of Grounded Theory Analysis ［M］. Mill Valley, CF: Sociology Press, 1992.

［112］ Glaser B. G. Conceptualization: On Theory and Theorizing Using Grounded Theory ［J］. International Journal of Qualitative Method, 2002, 1 (2): 23-38.

［113］ Glaser B. G. Constructivist Grounded Theory? ［J］. Historical Social Research, 2007: 93-105.

［114］ Glaser B. G. Theoretical Sensitivity: Advances in the Methodology of Grounded Theory ［M］. Mill Valley, CA: Sociology Press, 1978.

［115］ Glaser B. G., Strauss A. L. The Discovery of Grounded Theory: Strategies for Qualitative Research ［M］. Chicago: Aldine Publishing Company, 1967.

［116］ Goodhue D. L., Lewis W., Thompson R. Does PLS Have Advantages for Small Sample Size or Non-normal Data? ［J］. MIS Quarterly, 2012, 36 (3): 891-1001.

［117］ Green S. B., Yang Y. Commentary on Coefficient Alpha: A Cautionary Tale ［J］. Psychometrika, 2009, 74 (1): 121-135.

［118］ Greene C. N., Organ D. W. An Evaluation of Causal Models Linking the Received Role with Job Satisfaction ［J］. Administrative Science Quarterly, 1973, 18 (1): 95-103.

［119］ Grimmer M., Bingham T. Company Environmental Performance and Consumer Purchase Intentions ［J］. Journal of Business Research, 2013, 66 (10): 1945-1953.

［120］ Grimmer M., Meghann W. Green Marketing Messages and Consumers' Purchase Intentions: Promoting Personal Versus Environmental Benefits ［J］. Journal of Marketing Communications, 2014, 20 (4): 231-250.

［121］ Grob A. A Structural Model of Environmental Attitudes and Behaviour

[J]. Journal of Environmental Psychology, 1995, 15 (3): 209-220.

[122] Hafner B. R., Elmes D., Read D., White M. P. Exploring the Role of Normative, Financial and Environmental Information in Promoting Uptake of Energy Efficient Technologies [J]. Journal of Environmental Psychology, 2019, 63: 26-35.

[123] Hahnel U. J. J., Gölz S., Spada H. How Does Green Suit Me? Consumers Mentally Match Perceived Product Attributes with Their Domain-specific Motives When Making Green Purchase Decisions [J]. Journal of Consumer Behaviour, 2014, 13 (5): 317-327.

[124] Hair J. F. J., Hult G. T. M., Ringle C. M., et al. A Primer on Partial Least Squares Structural Equation Modeling (PLS-SEM) [M]. Thousand Oaks, California: Sage Publications, Inc., 2013.

[125] Hair J. F. J., Ringle C. M., Sarstedt M. PLS-SEM: Indeed a Silver Bullet [J]. Journal of Marketing Theory and Practice, 2011, 19 (2): 139-152.

[126] Hair J. F. J., Sarstedt M., Hopkins L., et al. Partial Least Squares Structural Equation Modeling (PLS-SEM) [J]. European Business Review, 2014, 26 (2): 106-121.

[127] Hair J. F. J., Sarstedt M., Ringle C. M., et al. An Assessment of the Use of Partial Least Squares Structural Equation Modeling in Marketing Research [J]. Journal of the Academy of Marketing Science, 2012, 40 (3): 414-433.

[128] Hall R. J., Snell A. F., Foust M. S. Item Parceling Strategies in SEM: Investigating the Subtle Effects of Unmodeled Secondary Constructs [J]. Organizational Research Methods, 1999, 2 (3): 233-256.

[129] Han H. The Norm Activation Model and Theory-broadening: Individuals' Decision-making on Environmentally-responsible Convention Attendance [J]. Journal of Environmental Psychology, 2014, 40: 462-471.

[130] Han H., Kim Y. An Investigation of Green Hotel Customers' Decision Formation: Developing an Extended Model of the Theory of Planned Behavior [J]. International Journal of Hospitality Management, 2010, 29 (4): 659-668.

[131] Han H., Yoon H. J. Hotel Customers' Environmentally Responsible Behavioral Intention: Impact of Key Constructs on Decision in Green Consumerism [J]. International Journal of Hospitality Management, 2015, 45: 22-33.

[132] Han J., Ling J. Emotional Appeal in Recruitment Advertising and Applicant Attraction: Unpacking National Cultural Differences [J]. Journal of Organizational

Behavior, 2016, 37 (8): 1202-1223.

[133] Hanss D., Böhm G. Promoting Purchases of Sustainable Groceries: An Intervention Study [J]. Journal of Environmental Psychology, 2013, 33: 53-67.

[134] Harland P., Staats H., Wilke H. A. M. Explaining Proenvironmental Intention and Behavior by Personal Norms and the Theory of Planned Behavior [J]. Journal of Applied Social Psychology, 1999, 29 (12): 2505-2528.

[135] Harth N. S., Leach C. W., Kessler T. Guilt, Anger, and Pride about Ingroup Environmental Behaviour: Different Emotions Predict Distinct Intentions [J]. Journal of Environmental Psychology, 2013, 34 (34): 18-26.

[136] Hartmann P., Apaolaza-Ibáñez V. Consumer Attitude and Purchase Intention toward Green Energy Brands: The Roles of Psychological Benefits and Environmental Concern [J]. Journal of Business Research, 2012, 65 (9): 1254-1263.

[137] Hau K. T., Marsh H. W. The Use of Item Parcels in Structural Equation Modeling: Non-normal Data and Small Sample Sizes [J]. The British Journal of Mathematical and Statistical Psychology, 2004, 57 (2): 327-351.

[138] Hayat F., Khan A. A., Ashraf M. A. Energy Planning and Sustainable Development of Pakistan [J]. International Journal of Energy Sector Management, 2019 (1): 24-44.

[139] Hayes A. F., Slater M. D., Snyder L. B. The Sage Sourcebook of Advanced Data Analysis Methods for Communication Research [M]. Thousand Oaks, CA: Sage, 2008: 13-54.

[140] Henseler J. On the Convergence of the Partial Least Squares Path Modeling Algorithm [J]. Computational Statistics, 2010, 25 (1): 107-120.

[141] Henseler J., Dijkstra T. K., Sarstedt M., et al. Common Beliefs and Reality About PLS: Comments on Ronkko and Evermann (2013) [J]. Organizational Research Methods, 2014, 17 (2): 182-209.

[142] Henseler J., Ringle C. M., Sinkovics R. R. The Use of Partial Least Squares Path Modeling in International Marketing [J]. Advances in International Marketing, 2009, 20: 277-319.

[143] Henseler J., Sarstedt M. Goodness-of-fit Indices for Partial Least Squares Path Modeling [J]. Computational Statistics, 2013, 28 (2): 565-580.

[144] Hibbert S., Smith A., Davies A., et al. Guilt Appeals: Persuasion Knowledge and Charitable Giving [J]. Psychology and Marketing, 2007, 24 (8): 723-742.

[145] Hines J. M., Hungerford H. R., Tomera A. N. Analysis and Synthesis of Research on Responsible Environmental Behavior: A Meta-analysis [J]. The Journal of Environmental Education, 1987, 18 (2): 1-8.

[146] Hoyle R. H., Panter A. T. Structural Equation Modeling: Concepts, Issues and Applications [M]. Thousand Oaks, CA: Sage, 1995.

[147] Huang Y., Yang M., Wang Y. Effects of Green Brand on Green Purchase Intention [J]. Marketing Intelligence & Planning, 2014, 32 (3): 250-268.

[148] Hume M., Mort G. S. The Consequence of Appraisal Emotion, Service Quality, Perceived Value and Customer Satisfaction on Repurchase Intent in the Performing Arts [J]. Journal of Services Marketing, 2010, 24 (2): 170-182.

[149] Hutcherson C. A., Gross J. J. The Moral Emotions: A Social-functionalist Account of Anger, Disgust and Contempt [J]. Journal of Personality and Social Psychology, 2011, 100 (4): 719-737.

[150] Iyer R., Muncy J. A. Purpose and Object of Anti-consumption [J]. Journal of Business Research, 2009, 62 (2): 160-168.

[151] Izard C. E. Human Emotions [M]. New York: Plenum Press, 1977: 189-452.

[152] Jackson D. L. Revisiting Sample Size and Number of Parameter Estimates: Some Support for the N: q Hypothesis [J]. Structural Equation Modeling: A Multidisciplinary Journal, 2003, 10 (1): 128-141.

[153] Jiang Y., Kim Y. Developing Multi-dimensional Green Value: Extending Social Exchange Theory to Explore Customers' Purchase Intention in Green Hotels-Evidence from Korea [J]. International Journal of Contemporary Hospitality Management, 2015, 27 (2): 308-334.

[154] Kaiser F. G. A Moral Extension of the Theory of Planned Behavior: Norms and Anticipated Feelings of Regret in Conservationism [J]. Personality and Individual Differences, 2006, 41 (1): 71-81.

[155] Kalafatis S. P., Pollard M., East R., et al. Green Marketing and Ajzen's Theory of Planned Behaviour: A Cross-market Examination [J]. Journal of Consumer Marketing, 1999, 16 (5): 441-460.

[156] Kals E., Schumacher D., Montada L. Emotional Affinity toward Nature as a Motivational Basis to Protect Nature [J]. Environment and Behavior, 1999, 31 (2): 178-202.

[157] Kanchanapibul M., Lacka E., Wang X. J., et al. An Empirical Investigation of Green Purchase Behaviour among the Young Generation [J]. Journal of Cleaner Production, 2014, 66: 528-536.

[158] Kang J., Liu C., Kim S. Environmentally Sustainable Textile and Apparel Consumption: The Role of Consumer Knowledge, Perceived Consumer Effectiveness and Perceived Personal Relevance [J]. International Journal of Consumer Studies, 2013, 37 (4): 442-452.

[159] Kashdan T. B., Ferssizidis P., Collins R. L., et al. Emotion Differentiation as Resilience Against Excessive Alcohol Use: An Ecological Momentary Assessment in Underage Social Drinkers [J]. Psychological Science, 2010, 21 (9): 1341-1347.

[160] Keltner D., Haidt J. Social Functions of Emotions at Four Levels of Analysis [J]. Cognition & Emotion, 1999, 13 (5): 505-521.

[161] Khaola P. P., Potiane B., Mokhethi M. Environmental Concern, Attitude towards Green Products and Green Purchase Intentions of Consumers in Lesotho [J]. Ethiopian Journal of Environmental Studies and Management, 2014, 7 (4): 361-370.

[162] Kim Y. J., Njite D., Hancer M. Anticipated Emotion in Consumers' Intentions to Select Eco-friendly Restaurants: Augmenting the Theory of Planned Behavior [J]. International Journal of Hospitality Management, 2013, 34: 255-262.

[163] Kim Y. Understanding Green Purchase: The Influence of Collectivism, Personal Values and Environmental Attitudes, and the Moderating Effect of Perceived Consumer Effectiveness [J]. Seoul Journal of Business, 2011, 17 (1): 65-92.

[164] Kim Y., Choi S. M. Antecedents of Green Purchase Behavior: An Examination of Collectivism, Environmental Concern, and PCE [J]. Advances in Consumer Research, 2005, 32: 592-599.

[165] Kline R. B. Principles and Practice of Structural Equation Modeling [M]. 2nd ed. New York: Guilford, 2005.

[166] Kline R. B. Principles and Practice of Structural Equation Modeling [M]. 3rd ed. New York: The Guilford Press, 2011.

[167] Klöckner C. A. A Comprehensive Model of the Psychology of Environmental Behaviour—A Meta-Analysis [J]. Global Environmental Change, 2013, 23 (5): 1028-1038.

[168] Koenig-Lewis N., Palmer A., Dermody J., et al. Consumers' Evaluations

of Ecological Packaging-Rational and Emotional Approaches [J]. Journal of Environmental Psychology, 2014, 37 (3): 94-105.

[169] Korsgaard M. A., Roberson L. Procedural Justice in Performance Evaluation: The Role of Instrumental and Non-instrumental Voice in Performance Appraisal Discussions [J]. Journal of Management, 1995, 21 (4): 657-669.

[170] Kronrod A., Grinstein A., Wathieu L. Go Green: Should Environmental Messages Be So Assertive? [J]. Journal of Marketing, 2012, 76 (1): 95-102.

[171] Ku H. H., Wu C. Y. Communicating Green Marketing Appeals Effectively: The Role of Consumers' Motivational Orientation to Promotion Versus Prevention [J]. Journal of Advertising, 2012, 41 (4): 41-50.

[172] Kularatne T., Wilsona C., Månsson J., et al. Do Environmentally Sustainable Practices Make Hotels More Efficient [J]. Tourism Management, 2019, 71: 213-225.

[173] Kwon W. S., Englis B., Mann M. Are Third-party Green-brown Ratings Believed? The Role of Prior Brand Loyalty and Environmental Concern [J]. Journal of Business Research, 2016, 69 (2): 815-822.

[174] Lance C. E., Butts M. M., Michels L. C. The Sources of Four Commonly Reported Cutoff Criteria: What Did They Really Say? [J]. Organizational Research Methods, 2006, 9 (2): 202-220.

[175] Landis R. S., Beal D. J., Tesluk P. E. A Comparison of Approaches to Forming Composite Measures in Structural Equation Models [J]. Organizational Behavioral Research, 2000, 3 (2): 186-207.

[176] Laroche M., Bergeron J., Barbaro Forleo G. Targeting Consumers Who Are Willing to Pay More for Environmentally Friendly Products [J]. Journal of Consumer Marketing, 2001, 18 (6): 503-520.

[177] Lee H., Goudeau C. Consumers' Beliefs, Attitudes and Loyalty in Purchasing Organic Foods: The Standard Learning Hierarchy Approach [J]. British Food Journal, 2014, 116 (6): 918-930.

[178] Lee J. A., Holden S. J. S. Understanding the Determinants of Environmentally Conscious Behavior [J]. Psychology and Marketing, 1999, 16 (5): 373-392.

[179] Lench H. C. Automatic Optimism: The Affective Basis of Judgments about the Likelihood of Future Events [J]. Journal of Experimental Psychology: General, 2009, 138 (2): 187-200.

[180] Leonidou L. C., Leonidou C. N., Kvasova M. O. Antecedents and Outcomes of Consumer Environmentally Friendly Attitudes and Behaviour [J]. Journal of Marketing Management, 2010, 26 (13): 1319-1344.

[181] Li J., Fischer K. W. Respect as a Positive Self-conscious Emotion in European Americans and Chinese [A]. Tracy J. L., Robins R. W., Tangney J. P. The Self-conscious Emotions: Theory and Research [C]. New York: The Guilford Press, 2007, 13: 224-242.

[182] Li L. Effect of Collectivist Orientation and Ecological Attitude on Actual Environmental Commitment: The Moderating Role of Consumer Demographics and Product Involvement [J]. Journal of International Consumer Marketing, 1997, 9 (4): 31-53.

[183] Liang H., Saraf N., Hu Q., et al. Assimilation of Enterprise Systems: The Effect of Institutional Pressures and the Mediating Role of Top Management [J]. MIS Quarterly, 2007, 31 (1): 59-87.

[184] Lim W. M. Inside the Sustainable Consumption Theoretical Toolbox: Critical Concepts for Sustainability, Consumption, and Marketing [J]. Journal of Business Research, 2017: 69-80.

[185] Little T. D. Mean and Covariance Structures (MACS) Analyses of Cross-Culture Data: Practical and Theoretical Issues [J]. Multivariate Behavioral Research, 1997, 32 (1): 53-76.

[186] Little T. D., Cunningham W. A., Shahar G. To Parcel or Not to Parcel: Exploring the Question, Weighing the Merits [J]. Structural Equation Modeling, 2002, 9 (2): 151-173.

[187] Lockwood C. M., Mackinnon D. P. Bootstrapping the Standard Error of the Mediated Effect [M]. Cary, NC: SAS Institute, Inc., 1998.

[188] Loehlin J. C. Latent Variable Models: An Introduction to Factor, Path and Structural Analysis [M]. 2nd ed. Hillsdale, NJ, England: Lawrence Erlbaum Associates, Inc., 1992.

[189] Longo C., Shankar A., Nuttall P. "It's Not Easy Living a Sustainable Lifestyle": How Greater Knowledge Leads to Dilemmas, Tensions and Paralysis [J]. Journal of Business Ethics, 2019, 3: 759-779.

[190] Lucke J. F. "Rassling the Hog": The Influence of Correlated Item Error on Internal Consistency, Classical Reliability, and Congeneric Reliability [J]. Applied

Psychological Measurement, 2005, 29 (2): 106-125.

[191] Lutz R. J. Affective and Cognitive Antecedents of Attitude toward the Ad: A Conceptual Framework [A]. Alwitt L. F., Mitchell A. A., et al. Psychological Processes and Advertising Effects: Theory, Research and Application [C]. New Jersey: Lawrence Erlbaum Associates, 1985: 45-63.

[192] Madaleno A., Eusébio C., Varum C. Determinants of Visitors' Intentions to Consume and Recommend Local Agro-Food Products [J]. Journal of Food Products Marketing, 2019, 2: 159-186.

[193] Mainieri T., Barnett E. G., Valdero T. R., et al. Green Buying: The Influence of Environmental Concern on Consumer Behavior [J]. The Journal of Social Psychology, 1997, 137 (2): 189-204.

[194] Manrai L. A., Manrai A. K., Lascu D. N., et al. How Green-claim Strength and Country Disposition Affect Product Evaluation and Company Image [J]. Psychology & Marketing, 1997, 14 (5): 511-537.

[195] Marcoulides G. A., Chin W. W., Saunders C. A Critical Look at Partial Least Squares Modeling [J]. MIS Quarterly, 2009, 33 (1): 171-175.

[196] Marcoulides G. A., Saunders C. PLS: A Silver Bullet? [J]. MIS Quarterly, 2006, 30 (2): 4-8.

[197] Marde S., Verite-Masserot C. Antecedents of Green Consumption: A Scale of Measure [J]. Journal of Consumer Marketing, 2018 (4): 414-425.

[198] Martin J. S. Modern Methods for Business Research [M]. Urbana: Sage Publications Inc., 2000.

[199] Maruyama G. M. Basics of Structural Equation Modeling [M]. Thousand Oaks, CA: Sage, 1998.

[200] Marzillier S., Davey G. The Emotional Profiling of Disgust-Eliciting Stimuli: Evidence for Primary and Complex Disgusts [J]. Cognition and Emotion, 2004, 18 (3): 313-336.

[201] Matsunaga M. Item Parceling in Structural Equation Modeling: A Primer [J]. Communication Methods and Measures, 2008, 2 (4): 260-293.

[202] Matthes J., Wonneberger A., Schmuck D. Consumers' Green Involvement and the Persuasive Effects of Emotional Versus Functional Ads [J]. Journal of Business Research, 2014, 67 (9): 1885-1893.

[203] Mayer F. S., Frantz C. M. The Connectedness to Nature Scale: A Measure

of Individuals' Feeling in Community with Nature [J]. Journal of Environmental Psychology, 2004, 24 (4): 503-515.

[204] Mcfarlin D. B., Sweeney P. D. Distributive and Procedural Justice as Predictors of Satisfaction with Personal and Organizational Outcomes [J]. The Academy of Management Journal, 1992, 35 (3): 626-637.

[205] Mcferran B., Aquino K., Tracy J. L. Evidence for Two Facets of Pride in Consumption: Findings from Luxury Brands [J]. Journal of Consumer Psychology, 2014, 24 (4): 455-471.

[206] Mcintosh C. N., Edwards J. R., Antonakis J. Reflections on Partial Least Squares Path Modeling [J]. Organizational Research Methods, 2014, 17 (2): 210-251.

[207] Mehrabian A., Russell J. An Approach to Environmental Psychology [M]. Cambridge, Mass: MIT Press, 1974.

[208] Mei O. J., Ling K. C., Piew T. H. The Antecedents of Green Purchase Intention among Malaysian Consumers [J]. Asian Social Science, 2012, 8 (13): 248.

[209] Melia K. M. Rediscocering Glaser [J]. Qualitative Health Research, 1996, 6 (3): 368-378.

[210] Melody E. S., Roxanne L. Green or Non-green? Does Type of Appeal Matter When Advertising a Green Product? [J]. Journal of Advertising, 1995, 24 (2): 45-54.

[211] Meneses G. D. Refuting Fear in Heuristics and in Recycling Promotion [J]. Journal of Business Research, 2010, 63 (2): 104-110.

[212] Minton A. P., Rose R. L. The Effects of Environmental Concern on Environmentally Friendly Consumer Behavior: An Exploratory Study [J]. Journal of Business Research, 1997, 40 (1): 37-48.

[213] Mitchell A. A., Olson J. C. Are Product Attribute Beliefs the Only Mediator of Advertising Effects on Brand Attitude? [J]. Journal of Marketing Research, 1981, 18 (3): 318-332.

[214] Mitchell C., Olsen R. J. S., Sandeep R. Chandukala. Green Claims and Message Frames: How Green New Products Change Brand Attitude [J]. Journal of Marketing, 2014, 78: 119-137.

[215] Morren M., Grinstein A. Explaining Environmental Behavior across Borders: A Meta-Analysis [J]. Journal of Environmental Psychology, 2016, 47: 91-106.

[216] Mossholder K. W., Bennett N., Kemery E. R., et al. Relationships Be-

tween Bases of Power and Work Reactions: The Mediational Role of Procedural Justice [J]. Journal of Management, 1998, 24 (4): 533-552.

[217] Mostafa M. M. Antecedents of Egyptian Consumers' Green Purchase Intentions [J]. Journal of International Consumer Marketing, 2006, 19 (2): 97-126.

[218] Muralidharan S., Sheehan K. The Role of Guilt in Influencing Sustainable Pro-Environmental Behaviors among Shoppers [J]. Journal of Advertising Research, 2018, 3: 349-362.

[219] Nam S. J., Hwang H. What Makes Consumers Respond to Creating Shared Value Strategy? Considering Consumers as Stakeholders in Sustainable Development [J]. Corporate Social Responsibility and Environmental Management, 2019 (2): 388-395.

[220] Nerb J., Spada H. Evaluation of Environmental Problems: A Coherence Model of Cognition and Emotion [J]. Cognition and Emotion, 2001, 15 (4): 521-551.

[221] Nesse R. M. Evolutionary Explanations of Emotions [J]. Human Nature, 1990, 1 (3): 261-289.

[222] Nevitt J., Hancock G. R. Performance of Bootstrapping Approaches to Model Test Statistics and Parameter Standard Error Estimation in Structural Equation Modeling [J]. Structure Equation Modeling: A Multidisciplinary Journal, 2001, 8 (3): 353-377.

[223] Newton P., Meyer D. Exploring the Attitudes-Action Gap in Household Resource Consumption: Does "Environmental Lifestyle" Segmentation Align with Consumer Behaviour? [J]. Sustainability, 2013, 5 (3): 1211-1233.

[224] Nisbet E. K., Zelenski J. M., Murphy S. A. The Nature Relatedness Scale: Linking Individuals' Connection with Nature to Environmental Concern and Behavior [J]. Environment and Behavior, 2008, 41 (5): 715-740.

[225] Nong D., Siriwardana M., Perera S., et al. Growth of Low Emission-Intensive Energy Production and Energy Impacts in Vietnam under the New Regulation [J]. Journal of Cleaner Production, 2019 (1): 90-103.

[226] Nunnally J. C., Bernstein I. H. Psychometric Theory [M]. 3rd ed. New York: McGraw-Hill Book Co., 1994.

[227] Nyer P. U. A Study of the Relationships Between Cognitive Appraisals and Consumption Emotions [J]. Journal of the Academy of Marketing Science, 1997, 25 (4): 296-304.

[228] O'keefe D. J. Guilt and Social Influence [J]. Annals of the International

Communication Association, 2016, 23 (1): 67-101.

[229] O'Brien C. Sustainable Happiness: How Happiness Studies Can Contribute to a More Sustainable Future [J]. Canadian Psychology, 2008, 49 (4): 289-295.

[230] O'Brien R. M. Identification of Simple Measurement Models with Multiple Latent Variables and Correlated Errors [J]. Sociological Methodology, 1994, 24: 137-170.

[231] Odou P., Darke P., Voisin D. Promoting Pro-environmental Behaviours Through Induced Hypocrisy [J]. Recherche Et Applications En Marketing (English Edition), 2019, 1: 74-90.

[232] Olli E., Grendstad G., Wollebaek D. Correlates of Environmental Behaviors: Bringing Back Social Context [J]. Environment and Behavior, 2001, 33 (2): 181-208.

[233] Onel N., Mukherjee A., Kreidler N. B., et al. Tell Me Your Story and I Will Tell You Who You Are: Persona Perspective in Sustainable Consumption [J]. Psychology & Marketing, 2018, 10: 752-765.

[234] Onwezen M. C., Antonides G., Bartels J. The Norm Activation Model: An Exploration of the Functions of Anticipated Pride and Guilt in Pro-environmental Behaviour [J]. Journal of Economic Psychology, 2013, 39: 141-153.

[235] Onwezen M. C., Bartels J., Antonides G. Environmentally Friendly Consumer Choices: Cultural Differences in the Self-regulatory Function of Anticipated Pride and Guilt [J]. Journal of Environmental Psychology, 2014, 40: 239-248.

[236] Onwezen M. C., Bartels J., Antonides G. The Self-regulatory Function of Anticipated Pride and Guilt in a Sustainable and Healthy Consumption Context [J]. European Journal of Social Psychology, 2014, 44 (1): 53-68.

[237] Organ D. W., Greene C. N. The Effects of Formalization on Professional Involvement: A Compensatory Process Approach [J]. Administrative Science Quarterly, 1981, 26 (2): 237-252.

[238] Ottman J. A. Green Marketing: Will the Consumer Pay a Premium for Green? [J]. In Business, 1999, 21 (4): 36-37.

[239] Page T J, Thorson E, Heide M P. The Memory Impact of Commercials Varying in Emotional Appeal and Product Involvement [A]. In Agres S J, Edell J A, Dubitsky T M. Emotion in Advertising: Theoretical and Practical Explorations [C]. New York: Quorum Books, 1990: 255-268.

[240] Paladino A., Ng S. An Examination of the Influences on "Green" Mobile Phone Purchases among Young Business Students: An Empirical Analysis [J]. Environmental Education Research, 2013, 19 (1): 118-145.

[241] Passafaro P., Rimano A., Piccini M. P., et al. The Bicycle and the City: Desires and Emotions Versus Attitudes, Habits and Norms [J]. Journal of Environmental Psychology, 2014, 38: 76-83.

[242] Peattie K. Golden Goose or Wild Goose? The Hunt for the Green Consumer [J]. Business Strategy and the Environment, 2001, 10 (4): 187-199.

[243] Peattie K. Green Consumption: Behavior and Norms [J]. Annual Review of Environment and Resources, 2010, 35 (1): 195-228.

[244] Pedersen E. R., Neergaard P. Caveat Emptor-Let the Buyer Beware! Environmental Labelling and the Limitations of "Green" Consumerism [J]. Business Strategy and the Environment, 2006, 15 (1): 15-29.

[245] Peloza J., White K., Shang J. Z. Good and Guilt-free: The Role of Self-accountability in Influencing Preferences for Products with Ethical Attributes [J]. Journal of Marketing, 2013, 77 (1): 104-119.

[246] Perreault W. D., Behrman D. N., Armstong G. M. Alternative Approaches for Interpretation of Multiple Discriminant Analysis in Marketing Research [J]. Journal of Business Research, 1979, 7 (2): 151-173.

[247] Perugini M., Bagozzi R. P. The Role of Desires and Anticipated Emotions in Goal-directed Behaviours: Broadening and Deepening the Theory of Planned Behaviour [J]. British Journal of Social Psychology, 2001, 40 (1): 79-98.

[248] Pickett-Baker J., Ozaki R. Pro-environmental Products: Marketing Influence on Consumer Purchase Decision [J]. Journal of Consumer Marketing, 2008, 25 (2): 281-293.

[249] Ping R. A. On Assuring Valid Measures for Theoretical Models Using Survey Data [J]. Journal of Business Research, 2004, 57 (2): 125-141.

[250] Plutchik R., Kellerman H. Manual of the Emotions Profile Index [M]. Los Angeles: Western Psychological Services, 1974.

[251] Podsakoff P. M., Mackenzie S. B., Lee J., et al. Common Method Biases in Behavioral Research: A Critical Review of the Literature and Recommended Remedies [J]. Journal of Applied Psychology, 2003, 88 (5): 879-903.

[252] Podsakoff P. M., Organ D. W. Self-reports in Organizational Research:

Problems and Prospects [J]. Journal of Management, 1986, 12 (2): 531-544.

[253] Pond Jr R. S., Kashdan T. B., Dewall C. N., et al. Emotion Differentiation Moderates Aggressive Tendencies in Angry People: A Daily Diary Analysis [J]. Emotion, 2012, 12 (2): 326-337.

[254] Pratto F., John O. P. Automatic Vigilance: The Attention-Grabbing Power of Negative Social Information [J]. Journal of Personality and Social Psychology, 1991, 61: 380-391.

[255] Preacher K. J., Hayes A. F. Asymptotic and Resampling Strategies for Assessing and Comparing Indirect Effects in Multiple Mediator Models [J]. Behavior Research Methods, 2008, 40 (3): 879-891.

[256] Preacher K. J., Hayes A. F. SPSS and SAS Procedures for Estimating Indirect Effects in Simple Mediation Models [J]. Behavior Research Methods, Instruments & Computers, 2004, 36 (4): 717-731.

[257] Preacher K. J., Rucker D. D., Hayes A. F. Addressing Moderated Mediation Hypotheses: Theory, Methods, and Prescriptions [J]. Multivariate Behavioral Research, 2007, 42 (1): 185-227.

[258] Princen T., Maniates M., Conca K. Confronting Consumption [M]. Cambridge, MA: MIT Press, 2002.

[259] Prothero A., Dobscha S., Freund J., et al. Sustainable Consumption: Opportunities for Consumer Research and Public Policy [J]. Journal of Public Policy & Marketing, 2011, 30 (1): 31-38.

[260] Qader I. K. A., Zainuddin Y. B. The Impact of Media Exposure on Intention to Purchase Green Electronic Products amongst Lecturers [J]. International Journal of Business and Management, 2011, 6 (3): 240.

[261] Qader I. K. A., Zainuddin Y. Intention to Purchase Green Electronic Products: The Consequences of Perceived Government Legislation, Media Exposure and Safety & Health Concern and the Role of Attitude as Mediator [J]. International Journal of Innovation, Management and Technology, 2010, 1 (4): 432-440.

[262] Raghunathan R., Pham M. T. All Negative Moods Are Not Equal: Motivational Influences of Anxiety and Sadness on Decision Making [J]. Organizational Behavior and Human Decision Processes, 1999, 79 (1): 56-77.

[263] Ramayah T., Lee J. W. C., Mohamad O. Green Product Purchase Intention: Some Insights from a Developing Country [J]. Resources, Conservation and Re-

cycling, 2010, 54 (12): 1419-1427.

[264] Rees J. H., Allpress J. A., Brown R. Nie Wieder: Group-Based Emotions for In-Group Wrongdoing Affect Attitudes toward Unrelated Minorities [J]. Political Psychology, 2013, 34 (3): 387-407.

[265] Rees J. H., Bamberg S. Climate Protection Needs Societal Change: Determinants of Intention to Participate in Collective Climate Action [J]. European Journal of Social Psychology, 2014, 44 (5): 466-473.

[266] Rees J. H., Klug S., Bamberg S. Guilty Conscience: Motivating Pro-environmental Behavior by Inducing Negative Moral Emotions [J]. Climatic Change, 2015, 130 (3): 439-452.

[267] Reinartz W., Haenlein M., Henseler J. An Empirical Comparison of the Efficacy of Covariance-based and Variance-based SEM [J]. International Journal of Research in Marketing, 2009, 26 (4): 332-344.

[268] Revelle W., Zinbarg R. E. Coefficients Alpha, Beta, Omega, and the Glb-Comments on Sijtsma [J]. Psychometrika, 2009, 74 (1): 145-154.

[269] Rezai G., Mohamed Z., Shamsudin M. N., et al. Demographic and Attitudinal Variables Associated with Consumers' Intention to Purchase Green Produced Foods in Malaysia [J]. International Journal of Innovation, Management and Technology, 2011, 2 (5): 401-406.

[270] Rice G., Wongtada N., Leelakulthanit O. An Investigation of Self-efficacy and Environmentally Concerned Behavior of Thai Consumers [J]. Journal of International Consumer Marketing, 1996, 9 (2): 1-19.

[271] Richins M. L. Measuring Emotions in the Consumption Experience [J]. Journal of Consumer Research, 1997, 24 (2): 127-146.

[272] Rigdon E. E. Rethinking Partial Least Squares Path Modeling: In Praise of Simple Methods [J]. Long Range Planning, 2012, 45 (5-6): 341-358.

[273] Roberts J. A. Green Consumers in the 1990s: Profile and Implications for Advertising [J]. Journal of Business Research, 1996, 36 (3): 217-231.

[274] Roberts J. A., Bacon D. R. Exploring the Subtle Relationships between Environmental Concern and Ecologically Conscious Consumer Behavior [J]. Journal of Business Research, 1997, 40 (1): 79-89.

[275] Roberts J. Sex Differences in Socially Responsible Consumers' Behavior [J]. Psychological Reports, 1993, 73: 139-148.

[276] Robinson R., Chery S. Psychosocial and Demographic Variables Associated with Consumer Intention to Purchase Sustainably Produced Foods as Defined by the Midwest Food Alliance [J]. Journal of Nutrition Education and Behavior, 2002, 34 (6): 316-325.

[277] Ronkko M. The Effects of Chance Correlations on Partial Least Squares Path Modeling [J]. Organizational Research Methods, 2014, 17 (2): 164-181.

[278] Rönkkö M., Mcintosh C. N., Antonakis J. On the Adoption of Partial Least Squares in Psychological Research: Caveat Emptor [J]. Personality and Individual Differences, 2015, 87: 76-84.

[279] Rowe Z. O., Wilson H. N., Dimitriu R., et al. Pride in My Past: Influencing Sustainable Choices Through Behavioral Recall [J]. Psychology & Marketing, 2019, 4: 276-286.

[280] Rozin P., Fallon A. E. A Perspective on Disgust [J]. Psychological Review, 1987, 94 (1): 23-41.

[281] Rozin P., Haidt J., Mccauley C. R. Disgust [A]. In Lewis M, Haviland-Jones J M, Barrett L F. Handbook of Emotions (3rd. ed.) [C]. New York: Guilford, 2008, 757-776.

[282] Rudd M., Vohs K. D., Aaker J. Awe Expands People's Perception of Time, Alters Decision Making, and Enhances Well-being [J]. Psychological Science, 2012, 23 (10): 1130-1136.

[283] Ruiz S., Sicilia M. The Impact of Cognitive and/or Affective Processing Styles on Consumer Response to Advertising Appeals [J]. Journal of Business Research, 2004, 57 (6): 657-664.

[284] Sarstedt M., Henseler J. R., Ringle C. M. Multigroup Analysis in Partial Least Squares (PLS) Path Modeling: Alternative Methods and Empirical Results [J]. Advances in International Marketing, 2011, 22: 195-218.

[285] Schlegelmilch B. B., Bohlen G. M., Diamantopoulos A. The Link between Green Purchasing Decisions and Measures of Environmental Consciousness [J]. European Journal of Marketing, 1996, 30 (5): 35-55.

[286] Schriesheim C. A. The Similarity of Individual Directed and Group Directed Leader Behavior Descriptions [J]. Academy of Management Journal, 1979, 22 (2): 345-355.

[287] Schwab D. P. Research Methods for Organizational Studies (2nd ed.)

[M]. Mahwah, NJ: Lawrence Erlbaum Associates, 2005.

［288］ Schwartz S. H. Normative Influences on Altruism ［J］. Advances in Experimental Social Psychology, 1977, 10: 221-279.

［289］ Schwepker Jr. C. H., Cornwell T. B. An Examination of Ecologically Concerned Consumers and Their Intention to Purchase Ecologically Packaged Products ［J］. Environmental Problems and Marketing, 1991, 10 (2): 77-101.

［290］ Sharma R., Jha M. Values Influencing Sustainable Consumption Behaviour: Exploring the Contextual Relationship ［J］. Journal of Business Research, 2017, 76: 77-88.

［291］ Shrout P. E., Bolger N. Mediation in Experimental and Nonexperimental Studies: New Procedures and Recommendations ［J］. Psychological Methods, 2002, 7 (4): 422-445.

［292］ Shrum L. J., Lowrey T. M., Mccarty J. A. Recycling as a Marketing Problem: A Framework for Strategy Development ［J］. Psychology & Marketing, 1994, 11 (4): 393-416.

［293］ Shrum L. J., Mccarty J. A., Lowrey T. M. Buyer Characteristics of the Green Consumer and Their Implications for Advertising Strategy ［J］. Journal of Advertising, 1995, 24 (2): 71-82.

［294］ Smith R. H., Webster J. M., Parrott W. G., et al. The Role of Public Exposure in Moral and Nonmoral Shame and Guilt ［J］. Journal of Personality and Social Psychology, 2002, 83 (1): 138-159.

［295］ Sobel M. E. Asymptotic Confidence Intervals for Indirect Effects in Structural Equation Models ［J］. Sociological Methodology, 1982, 13: 290-312.

［296］ Song H. J., Lee C. K., Kang S. K., et al. The Effect of Environmentally Friendly Perceptions on Festival Visitors' Decision-making Process Using an Extended Model of Goal-directed Behavior ［J］. Tourism Management, 2012, 33 (6): 1417-1428.

［297］ Song H., You G., Reisinger Y., et al. Behavioral Intention of Visitors to an Oriental Medicine Festival: An Extended Model of Goal Directed Behavior ［J］. Tourism Management, 2014, 42: 101-113.

［298］ Souza C. D., Taghian M. Green Advertising Effects on Attitude and Choice of Advertising Themes ［J］. Asia Pacific Journal of Marketing and Logistics, 2005, 17 (3): 51-66.

［299］ Spaargaren G., Van Vliet B. Lifestyles, Consumption and the Environment:

The Ecological Modernization of Domestic Consumption [J]. Environmental Politics, 2000, 9 (1): 50-76.

[300] Sparks P., Shepherd R. Self-identity and the Theory of Planned Behavior: Assessing the Role of Identification with "Green Consumerism" [J]. Social Psychology Quarterly, 1992, 55 (4): 388-399.

[301] Spears N., Singh S. N. Measuring Attitude toward the Brand and Purchase Intentions [J]. Journal of Current Issues and Research in Advertising, 2004, 26 (2): 53-66.

[302] Steenhaut S., Van Kenhove P. The Mediating Role of Anticipated Guilt in Consumers' Ethical Decision-Making [J]. Journal of Business Ethics, 2006, 69 (3): 269-288.

[303] Steg L. Car use: Lust and Must. Instrumental, Symbolic and Affective Motives for Car Use [J]. Transportation Research Part A: Policy and Practice, 2005, 39 (2-3): 147-162.

[304] Stöckigt G., Schiebener J., Brand M. Providing Sustainability Information in Shopping Situations Contributes to Sustainable Decision Making: An Empirical Study with Choice-Based Conjoint Analyses [J]. Journal of Retailing and Consumer Services, 2018, 43: 188-199.

[305] Stone M. Cross-Validatory Choice and Assessment of Statistical Predictions [J]. Journal of the Royal Statistical Society, 1974, 36 (2): 111-147.

[306] Straughan R. D., Roberts J. A. Environmental Segmentation Alternatives: A Look at Green Consumer Behavior in the New Millennium [J]. Journal of Consumer Marketing, 1999, 16 (6): 558-575.

[307] Strauss A., Corbin J. Basics of Qualitative Research: Grounded Theory Procedures and Techniques [M]. Newbury Park: Sage, 1990.

[308] Tamashiro H. R. D. S., Silveira J. A. G. D., Merlo E. M., et al. The Relationship Between Ecological Knowledge, Ecological Concern, Ecological Affection, Subjective Norms and the Green Purchase Behavior in Brazil [J]. African Journal of Business Management, 2013, 7 (34): 3297-3314.

[309] Tanaka J. S. Multifaceted Conceptions of Fit in Structural Equation Models [A]. In Bollen K A, Long J S. Testing Structural Equation Models [C]. Newbury Park, CA: Sage, 1993.

[310] Tang Y., Wang X., Lu P. Chinese Consumer Attitude and Purchase Intent

towards Green Products [J]. Asia-Pacific Journal of Business Administration, 2014, 6 (2): 84-96.

[311] Tangney J. P., Stuewig J., Mashek D. J. Moral Emotions and Moral Behavior [J]. Annual Review of Psychology, 2007, 58: 345-372.

[312] Tanner C., Kast S. W. Promoting Sustainable Consumption: Determinants of Green Purchases by Swiss Consumers [J]. Psychology and Marketing, 2003, 20 (10): 883-902.

[313] Tapia-Fonllem C., Corral-Verdugo V., Fraijo-Sing B., Durón-Ramos M. Assessing Sustainable Behavior and its Correlates: A Measure of Pro-ecological, Frugal, Altruistic and Equitable Actions [J]. Sustainability, 2013, 5 (2): 711-723.

[314] Tellegen A. Structures of Mood and Personality and Their Relevance to Assessing Anxiety, with an Emphasis on Self-report [A]. Tuma A. H., Maser J. D., Hillsdale. Anxiety and the Anxiety Disorders [C]. NJ: Erlbaum, 1985: 681-706.

[315] Tenenhaus M. Component-based Structural Equation Modelling [J]. Total Quality Management, 2008, 19 (4): 871-886.

[316] Testa F., Sarti S., Frey M. Are Green Consumers Really Green? Exploring the Factors Behind the Actual Consumption of Organic Food Products [J]. Business Strategy and the Environment, 2019, 2: 327-338.

[317] Thompson B. Exploratory and Confirmatory Factor Analysis: Understanding Concepts and Applications [M]. Washington, D. C.: American Psychological Association, 2004.

[318] Tih S., Chan K. T., Ansary A., et al. Green Advertising Appeal and Consumer Purchase Intention [J]. Journal Pengurusan, 2016, 47 (1): 1-19.

[319] Tomkins S. Affect Theory [A]. Ekman P. E. Emotions in the Human Face (2nd ed.) [C]. New York: Cambridge University Press, 1982: 353-395.

[320] Torres-Ruiz F. J., Vega-Zamora M., Parras-Rosa M. Sustainable Consumption: Proposal of a Multistage Model to Analyse Consumer Behaviour for Organic Foods [J]. Business Strategy and the Environment, 2018, 4: 588-602.

[321] Tracy J. L., Cheng J. T., Robins R. W., et al. Authentic and Hubristic Pride: The Affective Core of Self-esteem and Narcissism [J]. Self and Identity, 2009, 8 (2-3): 196-213.

[322] Tracy J. L., Robins R. W. Putting the Self into Self-conscious Emotions: A Theoretical Model [J]. Psychological Inquiry, 2004, 15 (2): 103-125.

［323］Tracy J. L., Robins R. W. The Psychological Structure of Pride: A Tale of Two Facets［J］. Journal of Personality and Social Psychology, 2007, 92 (3): 506-525.

［324］Turrentine T. S., Kurani K. S. Car Buyers and Fuel Economy?［J］. Energy Policy, 2007, 35 (2): 1213-1223.

［325］Tybur J. M., Lieberman D., Griskevicius V. Microbes, Mating, and Morality: Individual Differences in Three Functional Domains of Disgust［J］. Journal of Personality and Social Psychology, 2009, 97 (1): 103-122.

［326］Urban J., Bahník Š., Kohlová M. B. Green Consumption Does Not Make People Cheat: Three Replications of a Moral Licensing Experiment Behavior［R］. Prague, 2019.

［327］Van Zomeren M., Spears R., Leach C. W. Experimental Evidence for a Dual Pathway Model Analysis of Coping with the Climate Crisis［J］. Journal of Environmental Psychology, 2010, 30 (4): 339-346.

［328］Verhoef P. C. Explaining Purchases of Organic Meat by Dutch Consumers［J］. European Review of Agricultural Economics, 2005, 32 (2): 245-267.

［329］Vinzi V. E., Chin W. W., Henseler J., et al. Handbook of Partial Least Squares Concepts, Methods and Applications［M］. Verlag Berlin Heidelberg: Springer, 2010.

［330］Voss G. B., Parasuraman A., Grewal D. The Role of Price, Performance, and Expectations in Determining Satisfaction in Service Exchanges［J］. Journal of Marketing, 1998, 62: 46-62.

［331］Wang J., Geng L., Schultz P. W., Zhou K. Mindfulness Increases the Belief in Climate Change: The Mediating Role of Connectedness with Nature［J］. Environment and Behavior, 2017, 1: 3-23.

［332］Wang J. M., Wu L. C. The Impact of Emotions on the Intention of Sustainable Consumption Choices: Evidence from a Big City in an Emerging Country［J］. Journal of Cleaner Production, 2016, 126 (10): 325-336.

［333］Wang J. M., Bao J., Wang C. C., et al. The Impact of Different Emotional Appeals on the Purchase Intention for Green Products: The Moderating Effects of Green Involvement and Confucian Cultures［J］. Sustainable Cities and Society, 2017, 34: 32-42.

［334］Wareham J., Boots D. P., Chavez J. M. A Test of Social Learning and Intergenerational Transmission among Batterers［J］. Journal of Criminal Justice, 2009,

37（2）：163-173.

［335］Watson D., Clark L. A., Tellegen A. Development and Validation of Brief Measures of Positive and Negative Affect: The PANAS Scales［J］. Journal of Personality and Social Psychology, 1988, 54（6）：1063-1070.

［336］Watson D., Tellegen A. Toward a Consensual Structure of Mood［J］. Psychological Bulletin, 1985, 98（2）：219-235.

［337］Watson D., Wiese D., Vaidya J., et al. The Two General Activation Systems of Affect: Structural Findings, Evolutionary Considerations, and Psychobiological Evidence［J］. Journal of Personality and Social Psychology, 1999, 76（5）：820-838.

［338］Weisstein F. L., Asgari M., Siew S. Price Presentation Effects on Green Purchase Intentions［J］. The Journal of Product & Brand Management, 2014, 23（3）：230-239.

［339］Westaby J. D. Behavioral Reasoning Theory: Identifying New Linkages Underlying Intentions and Behavior［J］. Organizational Behavior and Human Decision Processes, 2005, 98（2）：97-120.

［340］Westbrook R. A. Product/Consumption-Based Affective Responses and Postpurchase Processes［J］. Journal of Marketing Research, 1987, 24（3）：258-270.

［341］Wetzels M., Odekerken-Schröder G., Van Oppen C. Using PLS Path Modeling for Assessing Hierarchical Construct Models: Guidelines and Empirical Illustration［J］. MIS Quarterly, 2009, 33（1）：177-195.

［342］Whetten D. A. An Examination of the Interface Between Context and Theory Applied to the Study of Chinese Organizations［J］. Management and Organization Review, 2009, 5（1）：29-55.

［343］White K., Habib R., Hardisty D. J. How to Shift Consumer Behaviors to Be More Sustainable: A Literature Review and Guiding Framework［J］. Journal of Marketing, 2019, 83（3）：22-49.

［344］Wolf S. T., Cohen T. R., Panter A. T., et al. Shame Proneness and Guilt Proneness: Toward the Further Understanding of Reactions to Public and Private Transgressions［J］. Self and Identity, 2010, 9（4）：337-362.

［345］Wu J., Wu C., Lee C., et al. Green Purchase Intentions: An Exploratory Study of the Taiwanese Electric Motorcycle Market［J］. Journal of Business Research, 2015, 68（4）：829-833.

［346］Xu X., Arpan L. M., Chen C. F. The Moderating Role of Individual

Differences in Responses to Benefit and Temporal Framing of Messages Promoting Residential Energy Saving [J]. Journal of Environmental Psychology, 2015, 44 (3): 95-108.

［347］Yan R., Xu H. Understanding Green Purchase Behavior: College Students and Socialization Agents [J]. Journal of Family and Consumer Sciences, 2010 (2): 27-32.

［348］Yang D., Lu Y., Zhu W., et al. Going Green: How Different Advertising Appeals Impact Green Consumption Behavior [J]. Journal of Business Research, 2015, 68 (12): 2663-2675.

［349］Yuksel U. Non-participation in Anti-consumption: Consumer Reluctance to Boycott [J]. Journal of Macromarketing, 2013, 33 (3): 204-216.

［350］Yunus M., Rahman M. T. Green Marketing for Creating Awareness for Green Consumerism [J]. Global Disclosure of Economics and Business, 2014, 3 (1): 18-22.

［351］Zeithaml V. A. Consumer Perceptions of Price, Quality, and Value: A Means-End Model and Synthesis of Evidence [J]. Journal of Marketing, 1998, 52 (3): 2-22.

［352］Zelenski J. M., Nisbet E. K. Happiness and Feeling Connected: The Distinct Role of Nature Relatedness [J]. Environment and Behavior, 2013, 46 (1): 3-23.

［353］Zhang M. X., Jolibert A. Les Valeurs Traditionnelles Des Acheteurs Chinois: Raffinement Conceptuel, Mesure et Application [J]. Recherche Et Applications En Marketing, 2003, 18 (1): 25-42.

［354］Zhao H., Gao Q., Wu Y., et al. What Affects Green Consumer Behavior in China? A Case Study from Qingdao [J]. Journal of Cleaner Production, 2014, 63 (3): 143-151.

［355］［美］巴尼·G. 格拉泽. 扎根理论研究概论：自然呈现与生硬促成 [M]. 费小冬译. 密尔谷：美国社会学出版社, 2009.

［356］白光林, 李国昊. 绿色消费认知、态度、行为及其相互影响 [J]. 城市问题, 2012 (9): 64-68.

［357］白凯, 李创新, 张翠娟. 西安城市居民绿色出行的群体参照影响与自我价值判断 [J]. 人文地理, 2017, 32 (1): 37-46.

［358］才源源, 杜俏颖, 赵婧彤. 感恩对绿色消费意愿的影响机制研究——基

于环保自我担当的中介和印象管理的调节［J］.消费经济，2018，34（2）：79-87.

［359］曹海英.消费者绿色购买行为影响因素的实证分析［J］.统计与决策，2018，34（14）：112-114.

［360］［英］查尔斯·达尔文.人类和动物的表情［M］.周邦立译.北京：科学出版社，1958.

［361］陈凯，邓婷.环境态度、引导用语与绿色出行意向研究［J］.干旱区资源与环境，2017，31（3）：191-196.

［362］陈凯，李华晶，郭芬.消费者绿色出行的心理因素分析［J］.华东经济管理，2014（6）：129-134.

［363］陈瑞，郑毓煌，刘文静.中介效应分析：原理、程序、Bootstrap方法及其应用［J］.营销科学学报，2013（4）：120-135.

［364］陈斌.混合方法研究：远程教育值得推广的研究范式［J］.现代远距离教育，2010（5）：26-29.

［365］陈向明.社会科学中的定性研究方法［J］.中国社会科学，1996（6）：93-102.

［366］陈向明.质的研究方法与社会科学研究［M］.北京：教育科学出版社，2000.

［367］陈向明.质性研究：反思与评论［M］.重庆：重庆出版社，2008.

［368］陈向明.质性研究的新发展及其对社会科学研究的意义［J］.教育研究与实验，2008（2）：14-18.

［369］陈晓红，徐戈，冯项楠等.公众对于"两型社会"建设的态度—意愿—行为分析［J］.管理世界，2016（12）：90-101.

［370］陈转青，高维和，谢佩洪.绿色生活方式、绿色产品态度和购买意向关系——基于两类绿色产品市场细分实证研究［J］.经济管理，2014（11）：166-177.

［371］崔维军，杜宁，李宗锴等.气候变化认知、社会责任感与公众减排行为——基于CGSS 2010数据的实证分析［J］.软科学，2015（10）：39-43.

［372］戴鑫，吴丹，荆美星等.西方绿色广告发展和研究综述［J］.管理学报，2009，6（5）：704-709.

［373］邓翠华，张伟娟.生活方式绿色化及其推进机制论析［J］.福建师范大学学报（哲学社会科学版），2017（4）：65-71.

［374］董蕊，彭凯平，喻丰.积极情绪之敬畏［J］.心理科学进展，2013，21（11）：1996-2005.

［375］董文.情绪心理学［M］.合肥：合肥工业大学出版社，2011.

[376] 杜鹏. 消费者绿色食品支付意愿研究：顾客体验视角 [J]. 农业经济问题, 2012 (11)：98-103.

[377] 范明林, 吴军. 质性研究 [M]. 上海：格致出版社, 2009.

[378] 范叶超, 赫特·斯巴哈伦. 实践与流动：可持续消费研究的社会理论转向 [J]. 学习与探索, 2017 (8)：34-39.

[379] 方杰, 张敏强, 邱皓政. 中介效应的检验方法和效果量测量：回顾与展望 [J]. 心理发展与教育, 2012 (1)：105-111.

[380] 费显政, 丁奕峰. 营销互动中的消费者内疚模型研究 [J]. 管理学报, 2013, 10 (7)：1016-1023.

[381] 费显政, 游艳芬, 杨辉, 丁奕峰. 营销互动中的消费者内疚——对关键事件的探索性研究 [J]. 管理世界, 2011 (9)：116-126.

[382] 费小冬. 扎根理论研究方法论：要素、研究程序和评判标准 [J]. 公共行政评论, 2008 (3)：23-43.

[383] 冯晓杭, 张向葵. 自我意识情绪：人类高级情绪 [J]. 心理科学进展, 2007, 15 (6)：878-884.

[384] [美] 弗里德曼. 社会心理学 [M]. 高地等译. 哈尔滨：黑龙江人民出版社, 1984.

[385] 弗里克, 武威. 质性研究导引 [M]. 孙进译. 重庆：重庆大学出版社, 2011.

[386] 弗兰西斯·哈奇森. 论激情和感情的本性与表现, 以及对道德感官的阐明 [M]. 戴茂堂, 李家莲, 赵红梅译. 杭州：浙江大学出版社, 2009.

[387] 高键, 盛光华. 趋近动机对绿色产品购买意向的影响机制研究 [J]. 华东经济管理, 2017, 31 (1)：99-107.

[388] 高键, 盛光华. 消费者趋近动机对绿色产品购买意向的影响机制——基于 PLS-SEM 模型的研究 [J]. 统计与信息论坛, 2017, 32 (2)：109-116.

[389] 高键. 生活方式对消费意愿的绿色转化：基于绿色心理路径的多重中介效应检验 [D]. 吉林大学, 2017.

[390] 高键. 消费者行为理性对绿色感知价值的机制研究——以计划行为理论为研究视角 [J]. 当代经济管理, 2018, 40 (1)：16-20.

[391] 高学德, 周爱保, 夏瑞雪. 内疚和羞耻关系研究进展及未来展望（综述）[J]. 中国心理卫生杂志, 2008, 22 (7)：534-537.

[392] 关守义. 克龙巴赫 α 系数研究述评 [J]. 心理科学, 2009 (3)：685-687.

[393] 郭玉霞. 质性研究资料分析：NVivo 8 活用宝典 [M]. 台北：高等教育文化事业有限公司, 2009.

[394] 郭祖仪. 也谈"情绪""情感"的定义 [J]. 陕西师范大学学报（哲学社会科学版）, 1987 (2)：115-117.

[395] 韩正彪, 周鹏. 扎根理论质性研究方法在情报学研究中的应用 [J]. 情报理论与实践, 2011, 34 (5)：19-23.

[396] 何佳讯. 中国文化背景下品牌情感的结构及对中外品牌资产的影响效用 [J]. 管理世界, 2008 (6)：95-108.

[397] 何云, 张秀娟. 我国顾客消费情感分类的初步研究 [J]. 消费经济, 2006, 22 (4)：16-19.

[398] 何志毅, 杨少琼. 对绿色消费者生活方式特征的研究 [J]. 南开管理评论, 2004, 7 (3)：4-10.

[399] 贺爱忠, 李韬武, 盖延涛. 城市居民低碳利益关注和低碳责任意识对低碳消费的影响——基于多群组结构方程模型的东、中、西部差异分析 [J]. 中国软科学, 2011 (8)：185-192.

[400] 贺革. 试论心理学研究方法的新发展 [J]. 长沙大学学报, 2000, 14 (1)：66-68.

[401] 侯杰泰, 温忠麟, 成子娟. 结构方程模型及其应用 [M]. 北京：教育科学出版社, 2004.

[402] 胡幼慧. 质性研究：理论、方法及本土女性研究实例 [M]. 台北：巨流图书公司, 2002.

[403] 胡中锋, 黎雪琼. 质的研究之反思 [J]. 广州大学学报（社会科学版）, 2003, 2 (11)：74-78.

[404] 黄蕊, 李桦, 杨扬, 于艳丽. 环境认知、榜样效应对半干旱区居民亲环境行为影响研究 [J]. 干旱区资源与环境, 2018, 32 (12)：1-6.

[405] 贾真, 葛察忠, 李晓亮. 推动生活方式绿色化的政策措施及完善建议 [J]. 环境保护科学, 2015, 41 (5)：26-30, 48.

[406] 贾旭东, 谭新辉. 经典扎根理论及其精神对中国管理研究的现实价值 [J]. 管理学报, 2010, 7 (5)：656-666.

[407] 蒋逸民. 社会科学方法论 [M]. 重庆：重庆大学出版社, 2011.

[408] 凯西·卡麦兹. 建构扎根理论：质性研究实践指南 [M]. 边国英译. 重庆：重庆大学出版社, 2011.

[409] 劳可夫, 王露露. 中国传统文化价值观对环保行为的影响——基于消

费者绿色产品购买行为［J］.上海财经大学学报,2015,17（2）：64-75.

［410］劳可夫,吴佳.基于Ajzen计划行为理论的绿色消费行为的影响机制［J］.财经科学,2013（2）：91-100.

［411］黎建新,刘洪深,宋明菁.绿色产品与广告诉求匹配效应的理论分析与实证检验［J］.财经理论与实践,2014,35（1）：127-131.

［412］黎建新,詹志方.消费者绿色购买研究述评与展望［J］.消费经济,2007,23（3）：93.

［413］黎建新.消费者环境责任行为的成因与促进策略研究［M］.北京：清华大学出版社,2015.

［414］理查德·舒斯特曼.情感与行动：实用主义之道［M］.高砚平译.北京：商务印书馆,2018.

［415］李静,赵必华.中介效应检验方法的探新［J］.社会心理科学,2014,29（7）：10-15.

［416］李咏梅.农村生态环境治理中的公众参与度探析［J］.农村经济,2015（12）：94-99.

［417］李玉静.质性研究方法：内涵与应用［J］.职业技术教育,2015（28）：1-1.

［418］李志刚,李国柱.农业资源型企业技术突破式高成长及其相关理论研究——基于宁夏红公司的扎根方法分析［J］.科学管理研究,2008,26（3）：111-115.

［419］连志英.数字档案资源整合影响因素分析：基于建构型扎根理论的研究［J］.档案学通讯,2015（6）：52-56.

［420］林嵩.结构方程模型原理及AMOS应用［M］.武汉：华中师范大学出版社,2008.

［421］刘立园,武立栋,陈向明."质的研究方法"文献综述［J］.高教学刊,2015（9）：85-86.

［422］龙成志,卿前龙.消费者可持续性知识对绿色消费行为的影响——以品牌可持续性感知为中介［J］.中国流通经济,2017,31（7）：91-102.

［423］龙海霞.质的研究：价值与反思［J］.教育科学论坛,2006（1）：21-24.

［424］卢梭.论人类不平等的起源和基础［M］.邓冰艳译.杭州：浙江文艺出版社,2015.

［425］卢崴诩."理论抽样问题"与扎根理论方法解析［J］.学理论,2015（34）：113-116.

［426］卢谢峰，韩立敏.中介变量、调节变量与协变量——概念、统计检验及其比较［J］.心理科学，2007，30（4）：934-936.

［427］卢谢峰，唐源鸿，曾凡梅.效应量：估计、报告和解释［J］.心理学探新，2011，31（3）：260-264.

［428］罗曼·克兹纳里奇.同理心［M］.黄煜文，林力敏译.北京：中信出版社，2018.

［429］毛振福，余伟萍，李雨轩.绿色购买意愿形成机制的实证研究——绿色广告诉求与自我建构的交互作用［J］.当代财经，2017，390（5）：79-88.

［430］芈凌云，杨洁，俞学燕等.信息型策略对居民节能行为的干预效果研究——基于Meta分析［J］.软科学，2016，30（4）：89-92.

［431］芈凌云.城市居民低碳化能源消费行为及政策引导研究［M］.徐州：中国矿业大学出版社，2012.

［432］聂伟.环境认知、环境责任感与城乡居民的低碳减排行为［J］.科技管理研究，2016，36（15）：252-256.

［433］欧阳斌，袁正，陈静思.我国城市居民环境意识、环保行为测量及影响因素分析［J］.经济地理，2015，35（11）：179-183.

［434］潘煜，高丽，王方华.中国消费者购买行为研究——基于儒家价值观与生活方式的视角［J］.中国工业经济，2009，32（9）：77-86.

［435］潘煜，高丽，张星等.中国文化背景下的消费者价值观研究——量表开发与比较［J］.管理世界，2014（4）：90-106.

［436］庞英，盛光华，张志远.环境参与度视角下情绪对绿色产品购买意图调节机制研究［J］.软科学，2017，31（2）：117-121.

［437］彭雷清，廖友亮，刘吉.环境态度和低碳消费态度对低碳消费意向的影响——基于生态价值观的调节机制［J］.生态经济，2016，32（9）：64-67.

［438］彭明，张雷.厌恶情绪影响道德判断的发展研究［J］.心理科学，2016（5）：1110-1115.

［439］彭远春.国外环境行为影响因素研究述评［J］.中国人口·资源与环境，2013，23（8）：140-145.

［440］秦金亮.国外社会科学两种研究范式的对峙与融合［J］.山西师范大学学报（社会科学版），2002，29（2）：5-10.

［441］乔纳森·爱德华兹.信仰的深情［M］.杜丽燕译.北京：中国致公出版社，2001.

［442］乔纳森·H.特纳.人类情感——社会学的理论［M］.孙俊才，文军

译. 北京：东方出版社，2009.

[443] 邱皓政，林碧芳. 结构方程模型的原理与应用 [M]. 北京：中国轻工业出版社，2009.

[444] 邱林，郑雪，王雁飞. 积极情感消极情感量表（PANAS）的修订 [J]. 应用心理学，2008（3）：249-254.

[445] 盛光华，解芳，曲纪同. 新消费引领下中国居民绿色购买意图形成机制 [J]. 西安交通大学学报（社会科学版），2017，37（4）：1-8.

[446] 盛光华，庞英，张志远. 生态红线约束下环境关心对绿色消费意图的传导机制研究 [J]. 软科学，2016，30（4）：85-88，92.

[447] 盛光华，岳蓓蓓，解芳. 环境共治视角下中国居民绿色消费行为的驱动机制研究 [J]. 统计与信息论坛，2019，34（1）：109-116.

[448] 施特劳斯，科尔宾. 质性研究概论 [M]. 徐宗国译. 台北：巨流图书公司，1997.

[449] 孙剑，李崇光，黄宗煌. 绿色食品信息、价值属性对绿色购买行为影响实证研究 [J]. 管理学报，2010，7（1）：57-63.

[450] 孙瑾，张红霞. 服务业中绿色广告主张对消费者决策的影响——基于归因理论的视角 [J]. 当代财经，2015，364（3）：67-78.

[451] 孙蕾，蔡昆濠. 漂绿广告的虚假环境诉求及其效果研究 [J]. 国际新闻界，2016，38（12）：134-151.

[452] 孙晓娥. 扎根理论在深度访谈研究中的实例探析 [J]. 西安交通大学学报（社会科学版），2011，31（6）：87-92.

[453] 谭永红，丛中，鲁晓华. 中文厌恶感量表的初步编制及信度、效度检验 [J]. 中国心理卫生杂志，2007（10）：696-699.

[454] 陶厚永，李燕萍，骆振心. 山寨模式的形成机理及其对组织创新的启示 [J]. 中国软科学，2010（11）：123-135.

[455] 田海龙. 趋于质的研究的批评话语分析 [J]. 外语与外语教学，2013（4）：6-10.

[456] 田秋丽，谭凌波，谢晋宇. HR部门领导者跨部门平行影响风格及行为研究 [J]. 管理世界，2015（2）：153-169.

[457] 庹新岗. 促进绿色消费需要增进获得感 [N]. 长沙晚报，2016-03-03（2）.

[458] 汪涛，周玲，周南等. 来源国形象是如何形成的？——基于美、印消费者评价和合理性理论视角的扎根研究 [J]. 管理世界，2012（3）：113-126.

[459] 汪兴东,景奉杰.城市居民低碳购买行为模型研究——基于五个城市的调研数据[J].中国人口·资源与环境,2012,22(2):47-55.

[460] 汪兴东,熊彦龄.农户绿色能源消费行为影响因素研究——基于户用沼气和大中型沼气的比较分析[J].南京工业大学学报(社会科学版),2018,17(5):69-78.

[461] 王财玉,雷雳,吴波.伦理消费者为何"言行不一":解释水平的视角[J].心理科学进展,2017,25(3):511-522.

[462] 王财玉,雷雳,吴波.时间参照对绿色创新消费"不作为惰性"的影响[J].心理科学进展,2017,25(1):1-11.

[463] 王财玉.绿色消费态度—行为分离的心理机制[J].资源开发与市场,2017,33(10):1227-1230.

[464] 王大海,段珅,张驰等.绿色产品重复购买意向研究——基于广告诉求方式的调节效应[J].软科学,2018,32(2):134-138.

[465] 王丹丹.消费者绿色购买行为影响机理实证研究[J].统计与决策,2013(9):116-118.

[466] 王根顺,路丽娜,张艳增."质的研究方法"文献综述[J].理工高教研究,2009(4):49-52.

[467] 王国猛,黎建新,廖水香.个人价值观、环境态度与消费者绿色购买行为关系的实证研究[J].软科学,2010,24(4):135-140.

[468] 王汉瑛,邢红卫,田虹.定位绿色消费的"黄金象限":基于刻板印象内容模型的响应面分析[J].南开管理评论,2018,21(3):203-214.

[469] 王红利.教育研究新范式:扎根理论再审视[J].山西师范大学学报(社会科学版),2015(2):127-130.

[470] 王建国,王建明,杜宇.绿色消费态度行为缺口的研究进展[J].财经论丛,2017(11):95-103.

[471] 王建明,王丛丛,吴龙昌.绿色情感诉求对绿色购买决策过程的影响机制[J].管理科学,2017,30(5):38-56.

[472] 王建明,王俊豪.公众低碳消费模式的影响因素模型与政府管制政策——基于扎根理论的一个探索性研究[J].管理世界,2011(4):58-68.

[473] 王建明,吴龙昌.积极情感、消极情感对绿色购买行为的影响——以节能环保家电的购买为例[J].消费经济,2015(2):42-47.

[474] 王建明,吴龙昌.绿色购买的情感——行为双因素模型:假设和检验[J].管理科学,2015,28(6):80-94.

[475] 王建明, 郑冉冉. 心理意识因素对消费者生态文明行为的影响机理 [J]. 管理学报, 2011, 8 (7): 1027-1035.

[476] 王建明. 环境情感的维度结构及其对消费碳减排行为的影响——情感—行为的双因素理论假说及其验证 [J]. 管理世界, 2015 (12): 82-95.

[477] 王建明. 消费碳减排政策影响实验研究 [M]. 北京: 科学出版社, 2016.

[478] 王建明. 资源节约意识对资源节约行为的影响——中国文化背景下一个交互效应和调节效应模型 [J]. 管理世界, 2013 (8): 77-90.

[479] 王璐, 高鹏. 扎根理论及其在管理学研究中的应用问题探讨 [J]. 外国经济与管理, 2010, 32 (12): 10-18.

[480] 王娜, 冉茂刚, 周飞. 品牌真实性对绿色购买行为的影响机制研究 [J]. 华侨大学学报 (哲学社会科学版), 2017 (3): 99-111.

[481] 王锡苓. 质性研究如何建构理论？——扎根理论及其对传播研究的启示 [J]. 兰州大学学报, 2004, 32 (3): 76-80.

[482] 王潇, 杜建刚. 消费情感理论研究综述 [J]. 消费经济, 2013, 29 (5): 67-71.

[483] 王晓红, 胡士磊, 张雪燕. 消费者缘何言行不一: 绿色消费态度——行为缺口研究述评与展望 [J]. 经济与管理评论, 2018, 34 (5): 52-62.

[484] 王晓楠, 瞿小敏. 生态对话视阈下的中国居民环境行为意愿影响因素研究——基于 2013 年 CSS 数据的实证分析 [J]. 学术研究, 2017 (3): 62-70.

[485] 王鑫, 袁祖社. 绿色消费与美好生活内在耦合的实践与价值逻辑——现代性"消费社会"的深刻危机及破解 [J]. 湖北大学学报 (哲学社会科学版), 2019, 46 (2): 36-42.

[486] 王玉君, 韩冬临. 经济发展、环境污染与公众环保行为——基于中国 CGSS 2013 数据的多层分析 [J]. 中国人民大学学报, 2016, 30 (2): 79-92.

[487] 王枬, 葛孝亿. 质的研究中研究者个人身份问题探析 [J]. 教育学术月刊, 2010 (12): 9-12.

[488] 韦得胜, 谢屹, 卫望玺等. 绿色蔬菜购买行为及影响因素研究——基于北京市 200 名消费者的实证分析 [J]. 消费经济, 2014, 30 (5): 61-66.

[489] 韦庆旺, 孙键敏. 对环保行为的心理学解读——规范焦点理论述评 [J]. 心理科学进展, 2013, 21 (4): 751-760.

[490] 温忠麟, 侯杰泰, 马什赫伯特. 结构方程模型检验: 拟合指数与卡方准则 [J]. 心理学报, 2004, 36 (2): 186-194.

[491] 温忠麟, 叶宝娟. 测验信度估计: 从 α 系数到内部一致性信度 [J]. 心理学报, 2011, 43 (7): 821-829.

[492] 温忠麟, 张雷, 侯杰泰等. 中介效应检验程序及其应用 [J]. 心理学报, 2004, 36 (5): 614-620.

[493] 吴宝沛, 张雷. 厌恶与道德判断的关系 [J]. 心理科学进展, 2012, 20 (2): 309-316.

[494] 吴波, 李东进, 王财玉. 基于道德认同理论的绿色消费心理机制 [J]. 心理科学进展, 2016, 24 (12): 1829-1843.

[495] 吴波. 道德认同与绿色消费——环保自我担当的中介作用 [D]. 南开大学, 2014.

[496] 吴明隆. 结构方程模型: AMOS 的操作与应用 [M]. 重庆: 重庆大学出版社, 2009.

[497] 吴明隆. 问卷统计分析实务——SPSS 操作与应用 [M]. 重庆: 重庆大学出版社, 2010.

[498] 吴艳, 温忠麟. 结构方程建模中的题目打包策略 [J]. 心理科学进展, 2011, 19 (12): 1859-1867.

[499] 谢颖, 刘穷志. 可持续消费理论研究新进展 [J]. 经济学动态, 2018, 690 (8): 119-133.

[500] 熊红星, 张璟, 叶宝娟等. 共同方法变异的影响及其统计控制途径的模型分析 [J]. 心理科学进展, 2012, 20 (5): 757-769.

[501] 熊小明, 黄静, 林涛. 环保消费重购意愿的影响机制: 目标进展视角 [J]. 财经论丛, 2018 (1): 86-96.

[502] 休谟. 道德原则研究 [M]. 曾晓平译. 北京: 商务印书馆, 2011.

[503] 徐淑英, 刘忠明. 中国企业管理的前沿研究 [M]. 北京: 北京大学出版社, 2004.

[504] 许水平, 尹继东. 中介效应检验方法比较 [J]. 科技管理研究, 2014 (18): 203-205, 212.

[505] 亚当·斯密. 道德情操论 [M]. 高格译. 北京: 中华工商联合出版社, 2017.

[506] 阎俊. 影响绿色消费者消费行为的因素分析及其营销启示 [J]. 北京工商大学学报 (社会科学版), 2003, 18 (2): 56-58.

[507] 杨爱杰, 芦荣. 生态文明建设过程中生活方式绿色化的实现机制 [J]. 学习月刊, 2015 (24): 12-13.

[508] 杨强, 叶宝娟, 温忠麟. 用 SPSS 软件计算单维测验的合成信度 [J]. 中国临床心理学杂志, 2014, 22 (3): 496-498.

[509] 杨巍峰. 对情绪情感定义的管见——兼与杨泽民同志商榷 [J]. 心理学探新, 1986 (3): 35-39.

[510] 杨晓燕, 周懿瑾. 绿色价值: 顾客感知价值的新维度 [J]. 中国工业经济, 2006, 8 (7): 110-116.

[511] 杨智, 赵倩颖, 王婧婧. 广告诉求和环境态度对绿色产品广告心理效果的影响 [J]. 经济与管理, 2017, 31 (1): 65-71.

[512] 叶宝娟, 温忠麟. 有中介的调节模型检验方法: 甄别和整合 [J]. 心理学报, 2013, 45 (9): 1050-1060.

[513] 易丹辉. 结构方程模型方法与应用 [M]. 北京: 中国人民大学出版社, 2008.

[514] 尹世杰. 关于绿色消费一些值得研究的问题 [J]. 消费经济, 2001, 17 (6): 3-7.

[515] 于伟. 基于计划行为理论的居民环境行为形成机理研究——基于山东省内大中城市的调查 [J]. 生态经济, 2010 (6): 160-163.

[516] 原长弘, 章芬. 战略管理学的混合方法研究: 设计策略与技巧 [J]. 科学学与科学技术管理, 2014, 35 (11): 28-39.

[517] 臧雷振. 政治社会学中的混合研究方法 [J]. 国外社会科学, 2016 (4): 138-145.

[518] 湛泳, 汪莹. 绿色消费研究综述 [J]. 湘潭大学学报 (哲学社会科学版), 2018, 42 (6): 46-48.

[519] 张虎, 田茂峰. 信度分析在调查问卷设计中的应用 [J]. 统计与决策, 2007 (21): 25-27.

[520] 张绘. 混合研究方法的形成、研究设计与应用价值——对"第三种教育研究范式"的探析 [J]. 复旦教育论坛, 2012, 10 (5): 51-57.

[521] 张敬伟. 扎根理论研究法在管理学研究中的应用 [J]. 科技管理研究, 2010, 30 (1): 235-237.

[522] 张琨. 内疚与羞愧的产生及其与行为倾向之间的关系 [D]. 北京: 首都师范大学, 2014.

[523] 张连刚. 基于多群组结构方程模型视角的绿色购买行为影响因素分析——来自东部、中部、西部的数据 [J]. 中国农村经济, 2010 (2): 44-56.

[524] 张露, 帅传敏, 刘洋. 消费者绿色消费行为的心理归因及干预策略分

析——基于计划行为理论与情境实验数据的实证研究［J］.中国地质大学学报（社会科学版），2013，13（5）：49-55.

［525］张梦霞.象征型购买行为的儒家文化价值观诠释——概念界定、度量、建模和营销策略建议［J］.中国工业经济，2005，204（3）：106-112.

［526］张三元.绿色发展与绿色生活方式的构建［J］.山东社会科学，2018（3）：18-24.

［527］张文彬，华崇言，张跃胜.生态补偿、居民心理与生态保护——基于秦巴生态功能区调研数据研究［J］.管理学刊，2018，31（2）：24-35.

［528］张砚，李小勇.消费者绿色购买意愿与购买行为差距研究［J］.资源开发与市场，2017，33（3）：343-348.

［529］张友国.新时代生态文明建设的新作为［J］.红旗文稿，2019（5）：4-6.

［530］赵爱武，杜建国，关洪军.绿色购买行为演化路径与影响机理分析［J］.中国管理科学，2015，23（11）：163-170.

［531］郑昊敏，温忠麟，吴艳.心理学常用效应量的选用与分析［J］.心理科学进展，2011，19（12）：1868-1878.

［532］郑庆杰.解释的断桥：从编码到理论［J］.社会发展研究，2015（1）：149-164.

［533］周浩，龙立荣.共同方法偏差的统计检验与控制方法［J］.心理科学进展，2004，12（6）：942-950.

［534］周江华，仝允桓，李纪珍.基于金字塔底层（BoP）市场的破坏性创新——针对山寨手机行业的案例研究［J］.管理世界，2012（2）：112-130.

［535］周宪，胡中锋.质的研究方法的理论探讨与反思［J］.广东社会科学，2015（4）：51-57.

［536］周杨.美好生活视域下的绿色生活方式构建［J］.中国特色社会主义研究，2019（1）：85-91.

［537］朱迪.混合研究方法的方法论、研究策略及应用——以消费模式研究为例［J］.社会学研究，2012，27（4）：146-166，244-245.

［538］诸大建.可持续发展与治理研究——可持续性科学的理论与方法［M］.上海：同济大学出版社，2015.

后　记

本书是首次对绿色消费的"情感"和"行为"这两个核心范畴进行专门研究的一部学术专著。

本书是浙江省社科规划重点项目（项目名称：《绿色情感对绿色消费行为决策过程的影响：混合研究方法视角》，项目编号：17NDJC026Z）的最终研究成果。同时，本书也获得国家自然科学基金面上项目（项目名称：《定制化信息政策对家庭节能行为决策过程影响的追踪研究》，项目编号：71673238）和浙江省高校高水平创新团队"转型升级和绿色管理创新团队"以及"浙江财经大学杰出中青年教师资助计划"（A类）的资助。

推进绿色消费，保护绿水青山的理念已经深入人心。然而，如何让绿色消费从理念上升为实际行动？从2012年本书第一作者在美国密苏里大学哥伦比亚校区（University of Missouri Columbia）做访问学者开始，我们就关注绿色消费的情感和行为问题。在我们看来，推进绿色消费有理性路径和情感路径两条主要路径，前者旨在提高消费者对绿色消费的认知、知识，后者侧重激发消费者对绿色消费的情感、情绪。特别是与西方文化更偏向理性、物质相对应，东方文化更偏向情感、情理。由此，相对理性路径来说，情感路径对于推进绿色消费往往更有效。

这些年我们在《管理世界》、《管理科学》、《心理科学进展》、*Journal of Cleaner Production*、*Sustainable Cities and Society* 等国内外学术期刊也发表了大量关于绿色消费的情感和行为及其相互关系的研究论文。这些研究成果也得到了学术界的持续关注和后续研究，近几年来，"绿色消费情感"和"绿色消费行为"及其相关关系和内在规律的研究逐渐得到越来越多的学者关注。本书是对"绿色消费情感"和"绿色消费行为"这两个核心范畴及其相互关系规律的深化研究，也是在上述前期研究基础上对"绿色消费情感"和"绿色消费行为"及其相互关系规律研究的一个系统性总结。试图为"推动生活方式绿色化"的政策实践提供理论支撑和实验证据，也从消费视角和需求侧践行"绿水青山就是金山银山"的政策理念。

本书阐述了我们关于"绿色消费的情感—行为模型"的理论命题和论证逻辑，其核心学术思想是"以情促行"（即拨情感之弦，促绿色之行）。在我们看来，推进绿色消费应改变传统上单纯关注认知、理性的思路（如大篇幅展现事实、数据、形势等认知诉求），更多地关注消费者的心理和情感需求，在传播中植入自豪、赞赏等情感元素，以触动心底、打动人心，敲醒沉睡的心灵。具体而言，可以更多地运用诗歌、音乐、图片、视频和故事等多样化形式提高绿色传播的艺术感染力和情感穿透力，更多地传达感染、感动、触动、自豪、赞赏等情感诉求，实现以情促思（思考和认知），以情促意（动机和意念），以情促行（意向和行为），从而更有效地推进绿色消费。

本书由王建明、吴龙昌共同合作完成。研究生王丛丛参与了本书第五章的实验设计、数据获取和分析工作，研究生解晓燕、赵婧、李永强、鲍婧、彭伟、汪逸惟、奚旖旎和刘灵昀等参与了本书部分章节的资料收集、文字整理和书稿校对工作，浙江财经大学工商管理学院的曾垂凯副教授、王建国副教授、罗兴武副教授、高键博士、高友江博士等为本书出版也做了不少工作，在此一并对他们表示感谢。

最后，由于绿色消费的情感—行为研究是一个相对前沿的领域，可直接借鉴的研究文献还并不多见。本书完成时间仓促，加之我们知识和能力欠缺，书中难免存在一些不足和疏漏之处，恳请各位专家学者和广大读者批评指正。

王建明　吴龙昌
2019 年 6 月 5 日于杭州